本书得到河北大学历史学强势特色学科建设经费资助

高等院校宋史专业研究生教材

宋学讲习概论

吕变庭　张　婷／著

科学出版社

内 容 简 介

　　《宋学讲习概论》原是为研究生开设《宋学》课的讲义,后经不断修改和完善而成。全书共 6 讲,分"萌动期""形成与发展期"和"演变期"三个阶段,其中前两个阶段对应北宋,"演变期"则对应南宋,此时学术发展的主要倾向渐趋"内在"和"保守"。由于本教材是供宋史专业的研究生之用,故书中所提出的许多观点和问题可以继续争论,实际上,只有相互切磋,相互砥砺,宋学的研究才能不断推陈出新,宋学这门课程才能不断焕发其生机和活力。

图书在版编目（CIP）数据

宋学讲习概论 / 吕变庭,张婷著. —北京:科学出版社,2016.6
高等院校宋史专业研究生教材
ISBN 978-7-03-049250-0

Ⅰ. ①宋⋯　Ⅱ. ①吕⋯ ②张⋯　Ⅲ. ①中国历史–宋代–研究生–教材
Ⅳ. ①K244

中国版本图书馆 CIP 数据核字（2016）第 147878 号

责任编辑:杨　静　陈　亮 / 责任校对:郭瑞芝
责任印制:肖　兴 / 封面设计:左　讯
编辑部电话:010-64026975
E-mail: chenliang@mail. sciencep.com

科 学 出 版 社 出版
北京东黄城根北街 16 号
邮政编码:100717
http://www.sciencep.com
三河市骏杰印刷有限公司 印刷
科学出版社发行　各地新华书店经销
*
2016 年 6 月第　一　版　　开本:720×1000　1/16
2016 年 6 月第一次印刷　印张:17
字数:296 000
定价:72.00 元
（如有印装质量问题,我社负责调换）

目　录

第一讲　宋学产生的历史背景初探　　　　　　　　　　/ 1

一、赵普的治国理念与"道无为"命题：天下理最大　　/ 1

二、宋学筑基阶段的时政要点与图解　　　　　　　　　/ 3

第二讲　宋学的形成与发展　　　　　　　　　　　　/ 25

一、宋学形成与发展阶段的内容概要　　　　　　　　　/ 25

二、区域文化格局的重新整合及其学术特色　　　　　　/ 34

第三讲　宋学发展时期的诸家学派概述之一　　　　　/ 40

一、胡瑗与安定学案　　　　　　　　　　　　　　　　/ 40

二、孙复与泰山学派　　　　　　　　　　　　　　　　/ 51

三、范仲淹与高平学派　　　　　　　　　　　　　　　/ 58

第四讲　宋学发展时期的诸家学派概述之二　　　　　/ 70

一、周敦颐与濂溪学派　　　　　　　　　　　　　　　/ 70

二、张载与关学　　　　　　　　　　　　　　　　　　/ 93

三、洛学与二程理学的要义　　　　　　　　　　　　　/ 99

四、荆公新学概述　　　　　　　　　　　　　　　　　/ 122

五、司马光与涑水学派 / 128

第五讲 宋学发展时期的诸家学派概述之三 **/ 144**

一、邵雍与百源学派 / 144

二、欧阳修与庐陵学派 / 151

三、二苏与蜀学学派 / 158

第六讲 宋学发展时期的诸家学派概述之四 **/ 173**

一、胡宏与五峰学派 / 173

二、朱熹与闽学 / 187

三、陆九渊与象山学派 / 248

四、陈亮、叶适与事功学派 / 258

第一讲
宋学产生的历史背景初探

邓广铭先生有两篇专论"宋学"的文章，一篇是《略谈宋学》，收录在《邓广铭治史丛稿》（北京大学出版社，1997 年）中，另一篇是《论宋学的博大精深——北宋篇》，收录在《新宋学》第 2 辑（上海辞书出版社，2003年）中。在第一篇文章中，邓先生提出了一个非常重要的命题："宋学是汉学的对立物，是汉学引起的一种反动。"[1] 据夏君虞先生考证，"宋学"在古代有两个：一个是战国时代的墨学，因墨子是当时的宋国人，故后世将他的学说称为"宋学"，但人们更多的是将其称为"墨学"；另一个是宋代学术，就是宋代以义理学为特征的学术思想。本书所讲的宋学，是指宋代的学术。当然，对于理学之外的功利学以及杂学等，亦略有论及。

本讲义依漆侠对宋学的划分法，将宋学的历史发展分成"萌动期"、"形成与发展期"以及"演变期"三个阶段。

一、赵普的治国理念与"道无为"命题：天下理最大

赵普（922—992 年），洛阳人（图 1-1），是宋朝初期一位非常重要的政治家和学术思想家，官至枢密使。赵普不仅帮宋太祖策划了"陈桥兵变"，制定"先南后北"方略，而且更向宋太祖献计，布置了天下第一酒局——"杯酒释兵权"，使国家政权由分权向集权转变。《宋史全文》本传载其事如下。

（1）先南后北战略。"上自即位，数出微行，或过功臣之家，不可测。赵普每退朝，不敢脱衣冠。一夕大雪，普谓上不复出矣，久之，闻扣门声异甚，亟出，则上立雪中。普皇恐迎拜，上曰：'已约吾弟矣。'已而开封

---

① 《邓广铭治史丛稿》，第 165 页。

图 1-1 赵普像

尹光义至，即普堂设重茵地坐，炽炭烧肉，普妻行酒，上以嫂呼之。普从容问曰：'夜久寒甚，陛下何以出？'上曰：'吾睡不能着，一榻之外，皆他人家也，故来见卿。'普曰：'陛下小天下耶？南征北伐，今其时也，愿闻成算所向。'上曰：'吾欲收太原（时为北汉所据）。'普嘿然良久，曰：'非臣所知也。'上问其故，普曰：'太原当西北二边，使一举而下，则边患我独当之，何不姑留以俟削平诸国。彼弹丸黑子之地，将何所逃？'上笑曰：'吾意正尔，姑试卿耳。'于是用师荆湖，继取西川。"① 这就是著名的"雪夜定策"。

（2）崇文重才，忍辱负重。开宝五年（972年）八月，"普独相凡十年，沈毅果断，以天下事为己任，上倚信，故普得成其功。尝欲除某人为某官，帝不用；明日复奏之，又不用；明日又奏之。上怒，裂其奏投于地，普颜色自若，徐拾奏归补缀，明日复进之。上悟，乃可其奏，后果以称职闻。又有立功当迁官，上素嫌其人，不与。普力请与之。上怒曰：'朕故不与迁官，将奈何？'普曰：'刑以惩恶，赏以酬功，古今之通道也。且刑赏者，天下之刑赏，非陛下之刑赏也，岂得以喜怒专之？'上弗听，起，普随之。上入宫，普立于宫门，良久不去。上卒从其请"②。

（3）天下理最大。乾道五年（1169年）三月，"明州州学教授郑耕道进对，奏：'太祖皇帝尝问赵普：天下何物最大？对曰：道理最大。太祖皇帝屡称善。夫知道理为大，则必不以私意而失公中。'"③

---

① 《宋史全文》卷2《宋太祖二》，哈尔滨：黑龙江人民出版社，2004年，第57—58页。
② 《宋史全文》卷2《宋太祖二》，哈尔滨：黑龙江人民出版社，2004年，第76页。
③ 《宋史全文》卷25上《宋孝宗三》，哈尔滨：黑龙江人民出版社，2004年，第1710页。

以上三件事与宋学关系比较密切。赵普不是学者，但在宋学的筑基阶段，他起到了文人学者所起不到的作用，体现了中国古代学术发展的重要特点，即政治化学术，所以宋太祖立下的"不杀士大夫"的誓约，似跟赵普有割不断的联系。尤其是"天下理最大"的命题不仅开启了宋代波澜壮阔的"求理"时代潮流，而且成为宋代"理学"血脉相承的一根思想轴线，意义巨大。从这层意义上讲，没有赵普就没有后来宋学的繁荣，亦就不会出现"皇帝与士大夫共治天下"的局面。关于赵普与宋初政治的复杂关系，则另当别论。

此外，关于宋初佛学家对宋学形成的重要影响，请参见漆侠的《宋学的发展与演变》第二编第四章，兹不赘述。

二、宋学筑基阶段的时政要点与图解

（一）北宋开国约 50 年独步一时的文化面相

北宋开国初期时政要点，如图 1-2 所示。

（二）"图解"表中的几个主要问题提示

1. 五代十国与北宋初期的文化整合

在政治上，五代十国没有可特别称道之处，然而，对于北宋学术发展而言，五代十国却是一个承前启后的关键时期。为了直观起见，我们不妨先移过来一张"五代十国形势图"（图 1-3），然后看看北宋学术流派的兴起与发展和"五代十国"的区域对应关系。

无论《宋元学案》抑或《宋学概要》还是其他讲解宋代的著作，人们习惯于用特定区域来命名宋代的学术流派。主要有以下几个方面。

（1）关学。其核心人物张载系陕西眉县横渠镇人，他一生讲学关中，学生又多是关中人，故人们把他所创立的学术流派称作关学。当时，该区域先后为后梁及后唐的属地。后梁时，关中之地为李茂贞所据。不久，其地为后唐所取。

（2）洛学。其核心人物二程为洛阳人，他们后来讲学亦在洛阳，所以人们把以二程为首的学术流派称作洛学，同关学的朝代变化一样。

（3）蜀学。以三苏（苏洵、苏轼和苏辙）为代表，三苏为四川人，故人们把三苏所创的学术流派称作蜀学，地方特色非常鲜明。当时，四川先后为前蜀、后唐及后蜀等政权所统治。

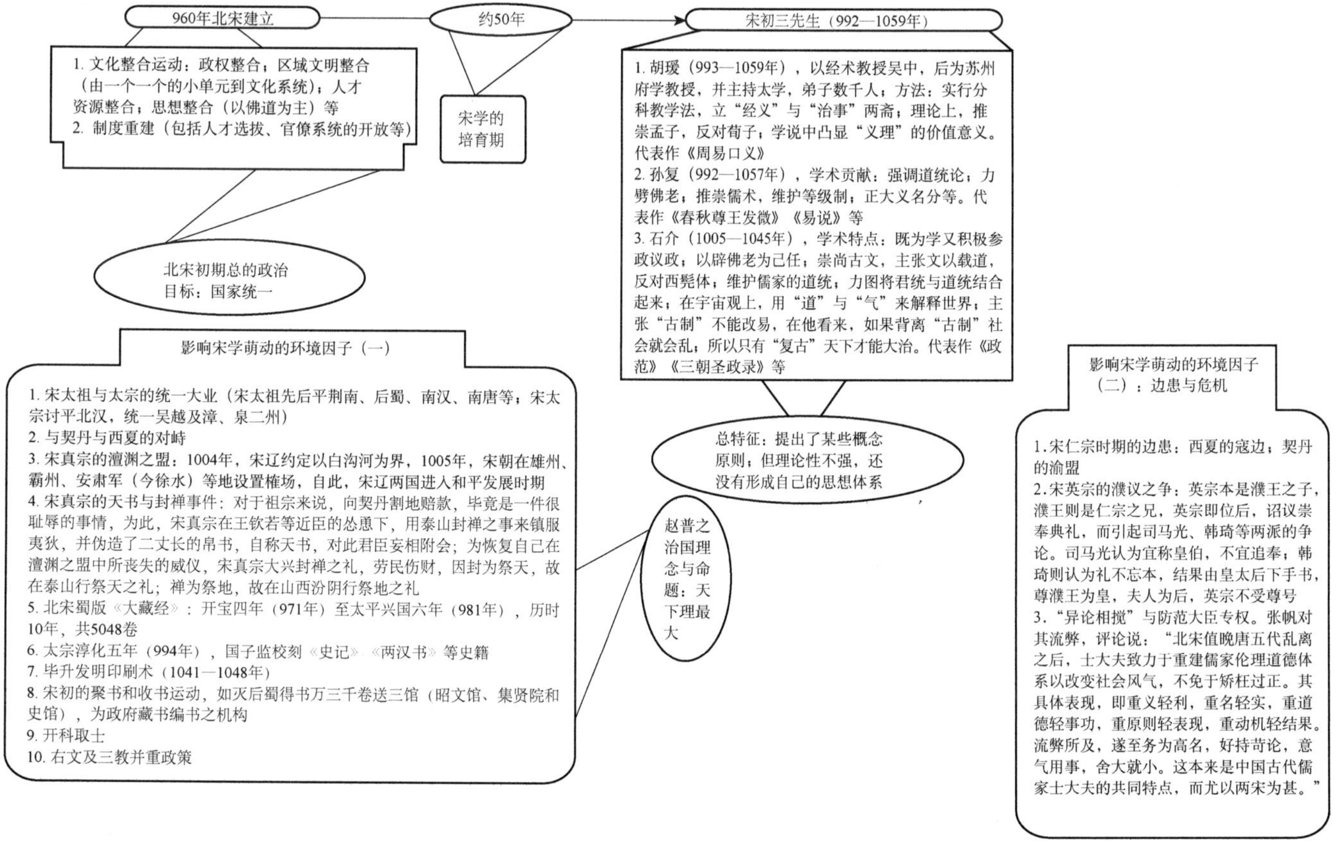

影响宋学萌动的环境因子（二）：边患与危机

1. 宋仁宗时期的边患：西夏的叛服边，契丹的渝盟。
2. 宋英宗的濮议之争，英宗本是濮安懿王之子，濮王则是仁宗之兄。英宗即位后，诏议崇奉濮议典礼，而引起司马光、韩琦等两派的争论。司马光以礼为本不忘本，不宜追本，韩琦则认为应由皇太后下手书，尊濮王为皇，夫人为后，英宗不受尊号。
3. "异论相搅"与防范大臣专权。张咏对其流弊，评论说："北宋值晚唐五代社会乱离之后，士大夫大致乏力于重建儒家伦理道德体系以改变社会风气，不免于矫枉过正。其具体表现，即重文轻武，重名轻实，重道德修养而轻事功，遂至多为高名、好持苟论，意气用事，令人惋惜，含天政之代儒气用事，而此文大夫之同样缺点。这本来是中国古代儒家，而尤以两宋为甚。"

约50年

宋学的培育期

960年北宋建立

1. 文化整合运动：政权整合，区域文明整合（由一个个的小单元到文化系统），人才资源整合，思想整合（以佛道为主）等
2. 制度重建（包括人才选拔、官僚系统的开放等）

北宋初期总的政治目标：国家统一

影响宋学萌动的环境因子（一）

1. 宋太祖与太宗的统一大业（宋太祖先后平荆南、后蜀、南汉、南唐等，宋太宗讨平北汉，统一吴越及漳、泉二州）
2. 与契丹与西夏的对峙
3. 宋辽澶渊之盟：1004年，辽军设置榷场，自此，宋辽两国进入和平发展时期
4. 宋真宗定边以白沟河为界
5. 北宋蜀版《大藏经》至太平兴国六年（981年），历时10年，共5048卷
6. 太宗淳化五年（994年），国子监校刻《史记》《两汉书》等史籍
7. 毕昇发明印刷术（1041—1048年）
8. 宋初的藏书和收书活动，如太祖得蜀平得书之千余卷送往史馆（昭文馆、集贤院和史馆），为政府收藏书编书之机构
9. 开科取士
10. 右文又三教并重政策

宋初三先生（992—1059年）

1. 胡瑗（993—1059年），以经术教授吴中，后专苏州府教授，并主持太学，弟子数千人，立"经义""治事"两斋，实行分科教学方式，反对荀子，推崇孟子，代表作《周易口义》
2. 孙复（992—1057年），学术贡献：维护学级制。既为学又积极参政议政，强调道统论，正文义名分等，代表作《春秋尊王发微》《易说》等
3. 石介（1005—1045年），力辟佛老，以维护儒家道统。反对西昆体，崇尚古文，在他看来，主张"古制"不能改易，所以只有"复古"天下才能治。代表作《三朝圣政录》《三朝名臣言行录》等

总特征：提出了某些概念原则，但理论性不强，还没有形成自己的思想体系

赵普之治国理念：命"天下理最大"

图1-2 北宋开国初期时政要点图

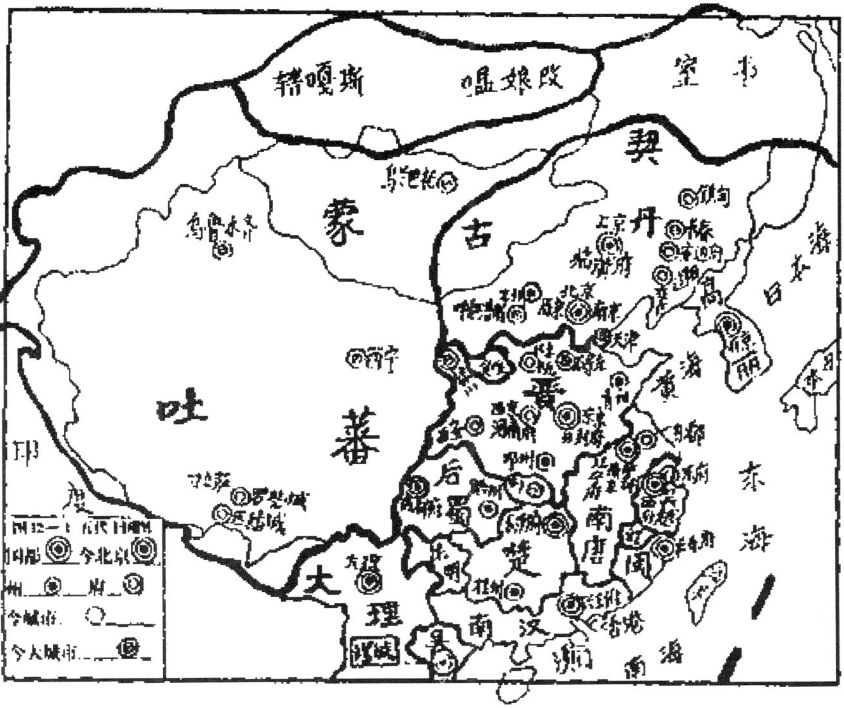

图 1-3　五代十国图（以 1943 年为准）

资料来源：陈洪斌编：《中国万年史》，香港：天马出版有限公司，2007 年，第 352 页

（4）朔学。以司马光为代表，因为司马光为陕州夏县（今山西夏县）涑水乡人。当时，朔州先后为后晋及后汉等政权所统治。

（5）闽学。以朱熹为代表，朱熹生于福建尤溪郑氏草堂。五代十国时，福建为闽国所统治。

（6）江西学派。以欧阳修、李觏、王安石、陆九渊等为代表，他们都生于江西，是宋学中阵容最强大、思想最复杂、影响最深远的一个学术流派。五代时，此地曾为吴及南唐所统治。

（7）湖湘学派。以福建崇安的胡氏父子（胡安国和胡宏）为代表，他们因在潭州湘潭创建碧泉书院以及在衡山山麓开文定书院，吸纳了众多湖湘士人，兼容并蓄，留心经济，以"正人心而雪靖康之耻"，共同构建了在中国古代学术史上具有相当影响力的南宋地域性道学流派。五代十国时，此地为楚国所统治。

（8）浙学。以陈亮、叶适等为代表，强调事功，包括金华、永嘉、永康等诸地的事功学派。因此，学界比较普遍地认为"'浙学'并不是一个学派的单一的称谓，而是表示具有浙地之学或浙人之学这种地域性特点的多个学派、学说的统称"①。五代时，此地为吴越国所统治。

（9）濂学。以北宋理学开山祖周敦颐（今湖南道县人）为代表。《广湖南考古略》道州"安定山"条下述："安定山，在州西，俗名安心寨山。濂溪出其下，壁镌'道山'二大字。山下石窦出泉，即濂溪也，人呼为圣脉泉。"② 五代十国时，此地为楚国所统治。

五代十国对宋代学术的影响，主要表现在两个方面：一是学术思想的传承，如陈抟与周敦颐和邵雍的关系；二是学术资源的积累，如图书资料的集中等。

就宋代整个学术发展的历史特点看，最精华的思想集中在两个三角区域。按照历史进程，北宋初期和中期，以关学、朔学和洛学围成的三角区域，学术思想最为发达；金灭北宋之后，随着宋学的南移，出现了北方衰落、东南高涨的发展态势。终南宋一代，以闽学、江西学派和浙学围成的三角区域，成为擎起宋学高高在上的石基，其中尤以朱熹的思想最为聚光。恰如陈寅恪先生所言："中国自秦以后，迄于今日，其思想之演变历程，至繁至久，要之，只为一大事因缘，即新儒学之产生，及其传衍而已。"③

学习宋学，应特别要注意处理好以下几个关系。

第一，"一"与"多"的关系，即宋代学术虽然呈现出鲜明的区域特色，但是就每个学派自身的发展状况而言，由于人才的频繁流动，往往是一个区域文化与另一个、另两个甚或更多个区域文化的相互交汇、融合和凝练。例如，闽学的主导思想是洛学，但又广泛吸收了关学、濂学、湘学及浙学等其他区域学术的思想精髓。又如张载"少喜谈兵，至欲结客取洮西之地。年二十一，以书谒范仲淹，一见知其远器，乃警之曰：'儒者自有名教可乐，何事于兵。'因劝读《中庸》。载读其书，犹以为未足，又访诸释、老，累年究极其说，知无所得，反而求之《六经》。尝坐虎皮讲《易》京师，听从者甚众。一夕，二程至，与论《易》，次日语人曰：'比见二程，深明《易》道，吾所弗及，汝辈可师之。'撤坐辍讲。与二程语道学之要，涣然自信曰：'吾道自足，何事旁求。'于是尽弃异学，淳如也。"④

就每一学术流派的思想内容而言，不是纯粹的和单一的思想汇总，而

① 朱晓鹏：《传统思想的现代维度》，北京：中国社会科学出版社，2011年，第90页。
② 同德斋主人编：《湖湘文库（甲编）广湖南考古略1》，长沙：湖南教育出版社，2010年，第180页。
③ 陈寅恪：《冯友兰〈中国哲学史（下）〉审查报告》，《三松堂全集》第3册，郑州：河南人民出版社，2000年，第460页。
④ 《宋史》卷427《道学一》，北京：中华书局，1985年，第12723页。

是包括哲学、史学、文学、宗教及科学等多学科的相互渗透，所以坚持多样性统一的原则，是学习宋学的基本方法。

第二，区域与全局的关系。文化的区域性与全局性的关系，是研究宋代学术的一个基本方面。首先，学术都是由具体的个人或群体来作为主体，而一定的人或群体总是生活在特定的历史空间里，他们必然与这个特定的历史空间构成一种"区域学术生态"，并形成反映这种"区域学术生态"的思想特色。但是，学术又是被放大的政治，它的存在和发展受制于一定的政权管理。需要注意的是，政权管理是一个多面体，具有多面性和可变性。例如，张载的祖上居大梁（今开封），大梁是战国时期魏国的国都，五代时为后梁所属。换言之，关学的活动空间在五代时先后为后梁及后唐所治，这两种国家政权以一种惯性力量对关学思想的形成产生影响和作用，这就是一种区域与全局的关系。后来北宋统一了后唐，关学在形成和发展过程中又服从于北宋国家政治的管理。其次，张载"学古力行，为关中士人宗师"①，也体现了张载学术的区域特色。故《宋史·张载传》论述张载的学术思想时说："其学尊礼贵德、乐天安命，以《易》为宗，以《中庸》为体，以孔、孟为法，黜怪妄，辨鬼神。其家昏丧葬祭，率用先王之意，而傅以今礼。"② 其中"其家昏丧葬祭，率用先王之意，而傅以今礼"即是一种文化的重新洗牌和整合，具体方法是用"今礼"规范和校正先前的旧的"昏丧葬祭"，这个过程实际上也是处理区域文化与属于国家政治这个全局文化的相互关系，这无疑是一种矛盾关系，而区域服从大局则是这个矛盾关系的主要方面。

在读书方面，应把程民生的《宋代地域文化》和朱瑞熙的《中国政治制度通史·宋代卷》结合起来，这对我们正确理解宋代区域文化与全局文化的辩证关系非常有帮助。

第三，文化传统与思想创新的关系。我们的学术研究不能割裂传统，事实上也无法与传统彻底决裂，只是因每个学者的实际情况千差万别，有的受传统影响多一点，有的受传统影响少一点，而一点儿也不受传统影响是绝对不可能的。相对于今天，宋代学术受传统文化的影响更加强烈和深刻。还以张载为例，"其家昏丧葬祭，率用先王之意，而傅以今礼"，所谓"用先王之意"即是文化的传统，而"傅以今礼"则是文化传统中没有的东西，没有的东西即是一种新的东西，用现代的词语讲就是"学术创新"。创新是学术的灵魂，没有创新，学术就失去了生命力。然而，如何创新？这

---

① 《宋史》卷 427《道学一》，北京：中华书局，1985 年，第 12724 页。

是一个很复杂的系统工程，我们不去细讲。但有一点非常明确，那就是学术创新是在继承传统基础上的创新，创新的本质是对传统的变革，或者说是总的量变过程中的部分质变，包括阶段性部分质变和局部性部分质变。如程颐评论张载的思想特色时说："《西铭》明理一而分殊，扩前圣所未发，与孟子性善养气之论同功，自孟子后盖未之见。"①又如，王安石的新学更突出了学术的创新原则，因而在宋代产生了重大影响。在学界，一般理解的"学术创新"是指质疑传统，并从中发现问题和解决问题，从而推进研究的深度和广度。如张载通过梳理前人的思想，发现"知人而不知天，求为贤人而不求为圣人，此秦、汉以来学者大蔽也"，因此，他"与诸生讲学，每告以知礼成性、变化气质之道，学必如圣人而后已"②。像伏羲、黄帝、周公等都是"圣人"，如伏羲（《史记·太史公自序》持此观点）或周公作易，虽然"易"的境界既在人又在天，但相比较，"则天"或云"法天"更重要。《周易·系辞上》说："古者包牺氏之王天下也，仰则观象于天，俯则观法于地，观鸟兽之文与地之宜，近取诸身，远取诸物。于是始作八卦以通神明之德，以类万物之情。"实际上，"八卦"反映的是自然万物的变化规律，在这里"以通神明之德，以类万物之情"可理解为宇宙万物运动变化的内在本质或规律。从这个角度讲，张载把"气"而不是"理"作为其哲学思想的出发点，与他的"圣人"主张相一致。后来学界给张载站队，将他排在了"唯物主义"的阵营里，有学者主张张载不是理学家，恐怕最主要的原因就在于此。

应注意两种倾向：一是保守传统重于文化创新，不能与时俱进，这样往往会影响甚或局限其学术思想的传播，容易为后学所抛弃。例如，张载"诏知太常礼院，与有司议礼不合，复以疾归"③，是不是张载被气病了，不敢妄说。但他由于"学古力行"，不合时宜，与众人难以共处，精神抑郁肯定是其生病的主要原因。又如，张载"论定井田、宅里、发敛、学校之法，皆欲条理成书，使可举而措诸事业"④，从"宗法"的角度对现实社会的各种行为进行规范，体现了张载学术的"致用"性，但是用"复古"的形式来操作这件事情，能够理解他的人少之又少，所以张载学术后继乏人。司马光、苏轼等也都或多或少存在这类问题，他们的学说之所以不为当时大多数政客所接受和认可，与此有直接关系。而王安石与司马光、苏轼等

① 《宋史》卷 427《道学一》，北京：中华书局，1985 年，第 12725 页。
② 《宋史》卷 427《道学一》，北京：中华书局，1985 年，第 12724 页。
③ 《宋史》卷 427《道学一》，北京：中华书局，1985 年，第 12725 页。
④ 《宋史》卷 427《道学一》，北京：中华书局，1985 年，第 12724 页。

的矛盾冲突，在很大程度上是新旧两种学术理念的纠结与博弈。二是文化创新重于保守传统，如宋初三先生与佛教，表现得最为突出。佛教究竟对宋代统治有利还是无利？这个问题本来不需要回答，因为答案显而易见。可是，石介和欧阳修等视佛教如雠寇，恨不得将佛教活剥活埋掉，这不是历史的态度，而社会现实也跟他们想的和说的不一样，甚至与他们当初的愿望相反。我们不妨举一个稍微极端一点的史例，据《续资治通鉴长编》卷 7 载：乾德四年（966 年）四月，"河南府进士李霭，决杖配沙门岛。霭不信释氏，尝著书数千言，号《灭邪集》。又辑佛书缀为衾裯，为僧所诉。河南尹表其事，故流窜焉"[①]。"衾裯"是一种单层被子，把佛书撕下来做成被子盖，这是一种极端不尊重宋代文化传统的行为，伤害了无数信仰佛教民众的情感，不利于社会稳定，所以宋朝统治者将其绳之以法，用刑法来遏制这种极端行为的继续发生，很有必要。

黑格尔说过，凡是存在的都是合理的。佛教传入中国并逐渐中国化，在中国化的历史进程中不断吸收中国本土文化中许多积极的思想成果，以丰富自己，因此完全否定佛教，实际上等于否定了中国传统文化。这种做法不符合历史发展的总体趋势，所以他们的思想很快被"三教合一"取代。

第四，学术个性与学术共性的关系。这个问题也可理解为学术的研究风格与时代特色的关系问题。我们在审视宋代的学术流派时，一方面要关注其不同于其他学术流派的研究特点和思想风格，同时又必须把握其学术风格与时代特色的内在联系。例如，我们讲到"存天理、灭人欲"就会想到朱熹，讲到"太极图"就会想到周敦颐，讲到"安乐窝"和"象数学"就会想到邵雍，讲到"先天下之忧而忧，后天下之乐而乐"就会想到范仲淹，讲到"心即理"命题马上就会想到陆九渊，讲到"功利"思想就会想到浙学，等等。这些极富个性的学术思想，深入人心，熠熠生辉。宋代之所以是一个"文化造极"的时代，正是因为这一时期产生了那么多鲜活的学术型生命个体以及在他们身上飘逸着无限柔美，即使"暗淡时光"也遮掩不住的学术风采。宋代学术就是如此让人惊羡不已，回味无穷。严复说得好："中国所以成于今日现象者，为善为恶，姑不具论，而为宋人之所造就，什八九可断言也。"[②] 虽然此言是从"人心风俗"的层面来说的，但是对"中国今日现象"能够影响到"什八九"的程度，已经是一个很不得了

---

① 李涛：《续资治通鉴长编》卷 7 "乾德四年四月"条，上海：上海古籍出版社，1985 年，第 64 页。

② 严复：《严复集》第 3 册《致熊纯如函》，北京：中华书局，1986 年，第 668 页。

的文化奇迹了。这里有一个问题：既然"中国所以成于今日现象者"，"什八九"为"宋人之所造就"，我们干脆把今日社会称为"宋型社会"不就得了。然而不行，因为宋代学术还有另一面，即其"时代特色"。也就是说，宋代学术符合宋代历史的发展面貌和社会发展状况，无论是二程、苏轼，还是朱熹和陆九渊，他们尽管学术个性不同，差异明显，但是从整个时代特色来考量，他们具有一致性和统一性。

首先，他们都是"君主制"的思想产物，"忠君"是那个时代的学术共性。以范仲淹的"先天下"观为例，学界几乎一致认为，范仲淹的"先天下之忧而忧"是一种"民本"思想，笔者提出了不同认识，认为它不是"民本"，而是一种"君本"思想。① 我们知道，"民本"与"君本"是相反、否定的，坚持"民本"必然会否定"君本"，反之，坚持"君本"就必然否定"民本"，两者是不能调和的。如果范仲淹的"先天下"观是一种"民本"思想，那么，它就能够用来指导我们的思想建设，因为我们今天执政党的基本指导原则，就是以民为本。然而，真要把范仲淹的"先天下"思想拿过来，麻烦可就大了。例如，范仲淹说：统治者"正四民而似正四支，每防怠惰"②。又说"帝者民之宗焉"③，等等。在范仲淹看来，帝王就像驱使自己的四肢一样，可以任意驱使民众为其效"忠"。这种"君贵民轻"的思想与真正的"民本"思想相差较大，两者不是一回事。总之，范仲淹的学术思想必然带有那个时代的政治色彩和观念特色，因此，从本质上看，他的思想是为封建君主制度服务的，而不是为"人民"服务的。

其次，宋代学术的整个思想基础是阴阳对立，阳尊阴卑贯穿于宋代每个思想家的大脑神经。笔者认为，宋代是士大夫的天堂，却是妇女的人间地狱。虽然宋代妇女有值得称道之处，但妇女的社会地位开始普遍降低。唐代有个武则天，宋代则有个潘金莲。潘金莲是整个宋代士大夫政治的牺牲品，具有典型意义。由于身份卑贱等种种原因，潘金莲嫁给了一个她并不爱的人，但她有一种反叛心理，大胆地追求"所爱"，可是，宋代士大夫尤其是朱熹却给她们带上了"三从四德"的精神枷锁，在法律上，男子可以"出妻"，出妻的理由是："不顺父母去，无子去，淫去，妬去，有恶疾去，多言去，窃盗去。"④而妻子只能为丈夫"守贞"，主张"终身不改，故

---

① 吕变庭：《范仲淹的"先天下"观是一种"民本"思想吗？》，《党史博采》2005 年第 6 期。
② 范仲淹：《君以民为体赋》，范仲淹著，李勇先、王蓉贵校点：《范仲淹全集》，成都：四川大学出版社，2002 年，第 478 页。
③ 范仲淹：《尧舜帅天下以仁赋》，曾枣庄、刘琳主编：《全宋文》卷 368《范仲淹二》，上海：上海辞书出版社；合肥：安徽教育出版社，2006 年，第 18 页。
④ 《大戴礼记》卷 13《本命》；《唐律·户婚》规定："不顺父母去，无子去，淫去，妒去，有恶疾去，多言去，窃盗去。"

夫死不嫁"，乃"妇德也"。① 这是很不公平的。不是武大郎，而是士大夫的精神枷锁窒息了潘金莲的美丽生命。"一个民族的女性，正是该民族的文明之花，是该文明国家的国家之花。"② 可惜，这朵本该绚丽盛开的"文明国家的国家之花"，在宋代却出现了凋谢。有人说"宋代是一个文明社会"，而且是"古代中国文明的顶峰"③，笔者则加上一个条件："宋代是一个不完整的和有严重阙失的文明社会。"有人想为宋代女性的悲惨境况翻案，认为宋代是妇女"幸福指数最高的时代"④，笔者不敢苟同。笔者赞同张邦伟先生的说法："整个传统时代都是男尊女卑的时代，只有程度上的变化，没有实质性的不同，有宋一带概莫能外。这一成说只怕很难颠覆。"⑤

第五，兴与衰的关系。任何事物都有其从产生、发展到成熟、衰亡的过程，宋代的学术流派亦一样。只不过有的衰亡早，有的衰亡晚而已。如"关学"在宋代就衰亡了，而程朱理学兴盛于元明清，直到五四新文化运动才被推翻，其思想学说也随之衰亡。而把宋代学术作为一个整体看，明清之际的乾嘉学派兴起之后，宋代学术就开始衰落了。这个问题此处不赘述。

2. "天下理最大"：务实与务虚的矛盾

赵普是一个政治家⑥，但他为宋代学术发展提出了一个理论命题："天下理最大"。然而，究竟什么是"理"？赵普没有直接回答。不过，通过以下几点，我们大致能够猜出这个理论命题的主要内涵。

1）"半部论语治天下"

这是一个流传很广的历史故事，据《鹤林玉露》卷 7 载：

> 赵普再相，人言普山东人，所读止《论语》……太宗尝以此论问普，普略不隐，对曰："臣平生所知，诚不出此。昔以其半辅太祖定天下，今欲以其半辅陛下致太平。"普之相业固未能无愧于《论语》，而

① 《礼记·郊特牲》。
② 辜鸿铭：《辜鸿铭文集》下，海口：海南出版社，1996 年，第 72 页。
③ 萧建生：《中国文明的反思》"古代中国文明的顶峰"——宋朝文明的伟大与消亡，北京：中国社会科学出版社，2008 年，第 128 页。
④ 萧建生：《中国文明的反思》"古代中国文明的顶峰"——宋朝文明的伟大与消亡，北京：中国社会科学出版社，2008 年，第 128 页。
⑤ 张邦伟：《不必美化赵宋王朝——宋代顶峰论献疑》，《四川师范大学学报》（社会科学版）2011 年第 6 期。
⑥ 根据张其凡考证，赵普在宋代有四种文集，惜已不传（见《赵普著述考》，张其凡：《宋代人物论稿》，上海：上海人民出版社，2009 年，第 70—71 页）。

其言则天下之至言也。①

故事的真实性，笔者是半信半疑。现在的问题是：南宋的罗大经为什么要编这样一个故事。金泽灿有一个比较合理的解释，参见《那些回不去的历史"真相"》一书（第223—225页）。《论语》在唐代被视为少儿之书，属于低级智力时期的读物。如众所知，赵普曾在五代时期的滁州乡下当过私塾教师，对《论语》的内容相对熟练。谁也没有想到，只有小学一年级水平的赵普，竟然做到了宰相的官位，辅助皇帝治理天下。这在唐代是想都不敢想的事情，而在宋代却变成了现实。那么，《论语》对于治国究竟有没有实际意义呢？赵普用行动回答了这个问题。《宋史》本传云：

> 普少习吏事，寡学术，及为相，太祖常劝以读书。晚年手不释卷，每归私第，阖户启箧（qie）取书，读之竟日。及次日临政，处决如流。既薨（hong），家人发箧视之，则《论语》二十篇也。②

"家人发箧"不单单是看到了《论语》二十篇，而且更重要的是发现了赵普治国的秘密。这个秘密的解开，实际上是为宋代统治者出了一道算题：在上层建筑的意识形态里，究竟是"多"大于"一"，还是"一"大于"多"？"一"就是"一元"，"多"就是"多元"。在古代中国，上述两种情形都曾出现过，作为一种政治公式也都能够成立。如汉武帝"罢黜百家，独尊儒术"，就曾开创了独步千秋的历史功业，为后人称道；反过来，唐朝实行"三教并存"，也开创了星汉灿烂的盛唐局面。如众所知，五代十国是唐朝后期藩镇割据造成的直接后果，这种后果破坏了儒家的基础，可谓礼崩乐坏。那么，如何重建社会秩序，恢复儒家的礼制和道德权威，对宋初的统治者来说，是一个非常现实和迫切的问题。赵普高瞻远瞩，看到了儒家思想对宋朝的深远政治意义。很显然，夺天下时，不能用儒家思想，道教比儒教更有力；治天下时，不能用道家思想，例如，汉初推行黄老政治路线，没有走通；北宋初年也想走黄老政治路线，实践证明，此路不通。佛教治国也不适合宋朝，因为佛教讲男女平等；宋人认为武则天的出现，与唐朝奉佛教为圭臬的国家政治有关，宋初三先生批判佛教最狠，原因就在于此。《论语》讲三纲五常，讲男女有别，讲夏夷之辨，讲学而优则仕，等等，非常适合中央集权统治的政治需要。如上所述，赵普"少习吏事，寡学术"，这就决定了他的思维重实用，即从实用的角度选择治国理论。但由于其自身

---

① 罗大经撰，王瑞来点校：《鹤林玉露》卷1乙编《论语》，北京：中华书局，1983年，第128页。
② 《宋史》卷256《赵普传》，第8940页。

理论水平不高，在当时《论语》不被士人看重的历史条件下，怕朝臣笑话，再加上他有独裁的执政现象。因此，他活着的时候，秘而不宣，直到他死后，这个秘密才大白于天下。

《论语》居然能够把国家治理好，这是出乎当时所有士人意料之外的（详细内容请参看吴国武《经术与性理——北宋儒学转型考论》一书）。朱熹曾说："某少时读《论语》，便知爱，自后求一书似此者卒无有。"① 从操作的层面讲，说的道理越简单就越易于被人们掌握和接受，但是，从人类的思维水平来讲，人们的文化程度越高其所需要的理论思维水平就越高或越复杂。在石器时代，人们的知识水平普遍低下，于是巫术盛行，思维形式是取类比象。在青铜时代，人们的知识水平有了提高，文字的出现、天文观测能力提高等，与之相适应，人们开始用感性经验来思考天、地、人的相互关系，于是占卜就成了这个时期的主要思维形式。在铁器时代，伴随学校教育这种文化传播形式的不断推广，人们的文化知识有了普遍的提高，传统的思维形式已经不能适应社会发展的需要了。先是儒家的实用思维在汉代盛行，后来，佛教的传入，由于其抽象和思辨的水平较儒教高，所以颇为魏晋至隋唐士大夫青睐。入宋之后，上层建筑的意识形态还是一片空白——佛教已经不能为北宋所用了，因为佛教不讲礼数。儒家倒是适合北宋上层建筑的实际，然而，儒家的思维水平不高，与北宋士大夫较高的文化需要不相适应。这样，就出现了一种矛盾境地。一方面，《论语》在处理人与人的伦理道德关系时非常实用，赵普在这方面已经做得很好了；另一方面，广大士大夫的知识层次已经发展到了一个较高水平，与这种思维水平相适应的不是实用性的《论语》，因为它客观地要求有一种理论，具有相对较高的抽象性和思辨性。毫无疑问，"实用性"强调务实，而"抽象性"和"思辨性"则注重务虚。显然，赵普没有办法解决这个问题，但他无疑给宋学的兴起创造了理论条件。

2）商人势力的兴起和宋学的起点：务实

宋代为何会形成与汉、唐不同的文化传统和气象？原因很多，诠释家看法亦各异。其中地理环境的因素最值得注意。汉唐的都城在长安，政治的重心在北方，北方相对封闭，以农业为本，西方人称之为"黄色文明"，或称为农业文明。北方人魁梧彪悍，诚实，不善于经商，其审美趣味以胖为美，等等，因而汉唐的政治取向是重农抑商。与之相反，南方广大区域被视为蛮夷之地，其文化不受重视，因而南方文化在汉唐时期被政治边缘

① 罗大经撰，王瑞来点校：《鹤林玉露》卷 1 乙编《论语》，北京：中华书局，1983 年，第 128 页。

化。宋代则不同，宋代的都城在开封和杭州，都偏东偏南。南方人比较瘦小，善于经商，带有海洋文明的色彩，如广州、泉州等地，商业文化非常发达。从地缘上说，宋代占据着恰恰是为汉唐边缘化的广大区域，即在汉唐称为东夷、南蛮的文化不发达地区。在这里，仅就商品经济而言，我们虽然强调的是在农业文明占主导地位的价值体系里，南方文化不发达，但自汉唐以来，南方的商业文化其实一直都在发展，只是被汉唐的文化政策压抑着、窒息着，甚至有时还被阉割和扼杀，其商业价值观念不被封建统治者认可而已。例如，《史记》有一篇《货殖列传》，里面有这样的记载：

> 鲁人俗俭啬，而曹邴氏尤甚，以铁冶起，富至巨万。然家自父兄子孙约，俯有拾，仰有取，贳（shi，赊买）贷行贾遍郡国。邹、鲁以其故多去文学而趋利者，以曹邴氏也。[①]
>
> 颍川、南阳（指河南），业多贾。[②]

南阳崇尚贾人始于孔氏。《史记·货值列传》载："宛孔氏之先，梁人也，用铁冶为业。秦伐魏，迁孔氏南阳。大鼓铸，规陂池，连车骑，游诸侯，因通商贾之利，有游闲公子之赐与名。然其赢得过当，愈于纤啬，家致富数千金，故南阳行贾尽法孔氏之雍容。"[③]"梁"春秋时在今河南汝州市东南，战国时在梁国都开封市，此处指战国梁。

其他如四川的卓氏、洛阳的师史、齐地的刀间等，"此其章章尤异者也。皆非有爵邑奉禄弄法犯奸而富，尽椎埋去就，与时俯仰，获其赢利，以末致财，用本守之，以武一切，用文持之，变化有概，故足术也。若至力农畜，工虞商贾，为权利以成富，大者倾郡，中者倾县，下者倾乡里者，不可胜数"。

上述商业相对发达的区域偏东、偏南。

然而，对于商人势力，唐朝的政策总体上是利用和限制并重。汉代规定商人不得做官，唐朝仍然沿袭此政策，并且规定商人不可"与朝贤君子比肩而立，同坐而食"。当然，中国的法律历来都具有弹性，刚性不强。例如，武则天的父亲就是一个商人，弃商从戎，倾其所有，支持李渊起兵，后任唐朝的工部尚书。当时，有一批这样的人进入唐朝权力中心，这对唐朝商人地位的变化产生了重要影响。具体地说，唐朝商人的地位前后有变化，以当代学人的认识为例：

---

① 司马迁：《史记》卷129《货殖列传》，北京：中华书局，1985年，第3279页。
② 司马迁：《史记》卷129《货殖列传》，北京：中华书局，1985年，第3269页。
③ 司马迁：《史记》卷129《货殖列传》，北京：中华书局，1985年，第3278页。

陈鹏生先生说："政治上歧视、劣待，经济上相对宽容，大致可以概括商人在唐前期国家法律上的身份与地位实况。"①

又有学者认为"唐代采取了重农扶商"政策，特别是中唐以后商人地位有所提高，因而对传统的"士农工商"的划分开始有了松动。扶商政策的出现，民间对商人态度的转变，商人可以参加科举考试入仕做官，出钱买官等都是明证。这些都是唐中期以后门阀氏族势力的衰落、均田制的废弛、商品经济的发展，中央政府要求加强集权统治的必然结果。

又如，唐代默认商人占有土地的权利，改变了之前历代封建统治者严禁商人占有土地的做法，表现出对商人贱而不抑的倾向，以市籍制度的废除为标志，积聚了几个朝代的重农抑商的坚冰开始融解；从而带来众所周知的唐代商业一度繁荣昌盛的局面。

综上所述，我们可以得出一个初步的认识：唐朝中后期的社会环境与宋代非常相似。所以，钱穆先生指出："唐中叶以后，中国一个绝大的变迁，便是南北经济文化之转移，另有一个变迁，则是社会上贵族门第之逐渐衰落。"② 因此，宋学的历史起点应当就在唐朝中后期，或者说是唐朝中后期的古文运动揭开了宋学的历史序幕。古文运动的显著特点就是用平民化的语言来表达自己的思想和见解。我们知道，唐朝的传奇很火爆，那是因为唐朝士子在投考之前，为了提高自己的知名度，往往写一些灵怪、艳情和剑侠一类的作品，送给有身份的大人先生看，其目的是让他们在士人圈子里多多宣传自己。陈寅恪先生认为，这些"传奇"不是唐朝士人的发明，而是起于民间，士人仿作，故文字多口语化，因此，唐朝的古文运动应是从这里开始的。而韩愈和柳宗元的文句就具有非常典型的口语化特点，从这个意义上说，他们的文学是平民文学。关于这个特点，只需读一读唐宋八大家的散文就会更清楚。而宋代的各个学派，都很注意文字的口语化。像"语录"体的出现，即反映了这种历史发展趋势和时代特点。

此外，古文运动还有一个特点，那就是对传统的反叛，主要是排斥佛老，提倡学习经书以外的许多典籍。而反对骈文和复兴儒学则是他们高扬的两面旗帜，韩愈不仅写出了大量宣扬儒道的散文，如《原道》《原性》等，而且还策略地利用科举行卷来倡导古文，特别是他对儒学的宣传不是一味地因袭，而是根据时代的需要而有所批判。例如，儒家历来讲礼治，讲仁

① 见张晋藩总主编：《中国法制通史》，陈鹏生主编：《隋唐》第四卷，北京：法律出版社，1999 年，第384 页。
② 钱穆：《国史大纲》，北京：商务印书馆，1940 年，第 564 页。

义，反对法治，反对功利，然而，韩愈却并不相信仁义万能，他非常讲现实，讲功利。在《争臣论》中，韩愈称禹、孔子和墨子为二圣一贤，在《读墨子》一文中，韩愈提出"儒墨互用"的思想。他说："孔子必用墨子，墨子必用孔子，不相用，不足为孔墨。"当然，韩愈对待墨家，态度前后不一致，后来苏轼在《韩愈论》里说他"待孔子、孟轲甚尊，其距杨、墨、佛、老甚"，故其"往往自叛其说而不知"。尽管如此，韩愈提出的"儒墨互用"思想应当引起学界的重视，目前宋学对"墨子"的研究还很不够。在此前提下，韩愈更提出了"不平则鸣"的主张。他在《送孟东野序》中说："大凡物不得其平则鸣"，如地震、海啸等，"其于人亦然……周之衰，孔子之徒鸣之，其声大而远……其末也，庄周以其荒唐之辞鸣。楚，大国也，其亡也，以屈原鸣，藏孙辰、孟轲、荀卿以道鸣者也。杨朱、墨翟、管夷吾、老聃等，皆以其术鸣"。在他看来，只有备受压抑的人才能深深感触到时代的脉搏、社会的矛盾，才能写出揭露社会、批判现实的好作品。因此，"文"就是鸣的一种工具，而宋学勃发亦可看做是"不平则鸣"的一种体现，如司马光的《资治通鉴》、沈括的《梦溪笔谈》等都是在其备受压抑的条件下写出来的。

与古文运动相对应，以"雕彩"为特色的骈体是唐朝初期文坛的主流，像唐太宗亦尚浮华，唐朝中期以后，通经致用已经逐渐成为时代的主旋律，平民的力量在上涨。所以，宋学的发展实际上是平民阶层不断凸显和张扬其自身的一种必然结果。当然，对于博大精深的宋学来说，韩愈仅仅是源头之一，还有一个源头也不能忽视，那就是李翱。关于李翱对宋学的意义，我们将放在"洛学"部分解说。

3）五代宋初的最大社会问题：不诚实

《大学》和《中庸》本来是《礼记》中的两节内容，就分量来说，它们在《礼记》中的地位并不突出，例如，《礼运》《王制》《月令》《曾子问》等都在《大学》和《中庸》之上，这说明在唐中叶之前，以均田制为特点的社会经济及建立在其上的科技发展尚未提出变革思维方式的客观要求，因而在一个较长的历史时期内，《大学》和《中庸》的思想价值并没有被提升到应有的高度。自唐中叶实行"两税法"之后，尤其是进入北宋后，租佃制已经成为农民小土地所有制的主要形式。在此土地制度之下，农民获得了一定的人身自由，他们才有可能在主业之外兼营工商等副业，从而促进了宋代商品经济的发展和繁荣，相应地，科学技术亦被推进到了一个新的历史高峰。而经济和科学技术的巨大进步，尤其是江南地区商业经济的发展，必然会引起意识形态领域的思想变革。那么，与农业经济条件的意识形态相比，商业经济条件的意识形态究竟有何特点呢？

《史记》对于商品经济条件下的市民意识曾经有这样的概括："南楚好辞，巧说少信。"[①] 虽然此言有失偏颇，但也不是没有道理。我们不妨看看《夷坚志》所呈现出来的种种"小人"面相，江浙、闽粤等地确实多"巧说少信"之徒。

（1）欠债不还者。"建阳乡民张一，贷熊四郎钱两千，子本倍之，经年不肯偿。熊督索倦矣，好与言曰：'无复较息，但求本钱可乎，张愧谢，稍以与之，竟负元数八百。"[②]

（2）贪财不择手段者。"江、淮、闽、楚间商贾，涉历远道，经月日久者，多挟妇人俱行，供炊爨（cuan）薪水之役，夜则共榻而寝，如姜然，谓之婶子，大抵皆猥（卑下之意）倡也。上饶人王三客，平生贩鬻于庐寿之地，每岁或再往来，得婶子曰翟八姐，翟虽为女妇，身手雄健，膂力过人，其在途，荷担推车，赪（cheng）肩茧足，弗以为劳，壮男子所不若也。性又黠（xia）利，善营逐什一，买贱贸贵，王获息愈益富，锱铢收拾，私所蓄藏亦过千缗，密市黄白。而更无姻眷，年且四十，欲谋终身计。王客狡诈大驵（zang，指马匹生意的经纪人）也，虽丑鄙其色，而以财货动心，诱之以为妻，翟罄橐中物畀（bi）付。他日，将渡江，先一夕，同宿旅舍，未旦先起，挈装赍（ji，送东西给人，陪送的）登舟，趣解缆。及翟至水滨，其去已远，悲恸移时，念进退无门，径赴水死。王遥望见，良自以为得策，遂归故里，治生业，建第宅以居，奉养侈于其旧。"[③]

（3）假僧道谋利者。"饶州安国寺据庄园田池之入，资用饶洽，胜于他刹，名为禅林，而所畜僧行皆土人相承，以牟利自润。"[④]

（4）利用科技手段谋害畜生以获利者。"婺源（今江西婺源县）奸民以屠牛为业者，或能用药毒牛，但慢火焚乌头汁，济以他药，浸铁针长三寸余，插于牛胁皮中，不经日必死，则唤之使宰剥，肉既非带疫，人食之无害，谓为良杀，厥价差高。数年前，鄱阳村屠颇传习之。有江六三者，居城东十五里，常得此伎。农民见牛不病而死，莫能晓，悉付鬻（yu）卖，虽邻里乡曲，皆无一人知其事者。"[⑤]

---

① 司马迁：《史记》卷 129《货殖列传》，北京：中华书局，1985 年，第 3268 页。
② 洪迈：《夷坚志》，北京：中华书局，2006 年，第 575 页。
③ 洪迈：《夷坚志》，北京：中华书局，2006 年，第 802—803 页。
④ 洪迈：《夷坚志》，北京：中华书局，2006 年，第 812 页。
⑤ 洪迈：《夷坚志》，北京：中华书局，2006 年，第 860 页。

（5）兜售毒药以害人求利者。"徽州婺源县怀金乡民程彬，邀险牟利，储药害人。多杀蛇埋地中，覆之以苫（shan），以水沃灌.久则蒸出菌蕈（xun），采而曝干，复入它药。始生者，以食，人即死。恐为累，不敢用。多取其次者，先以饲蛙，视其跃多寡以为度，美其名为万岁丹。愚民有欲死其仇者，以数千金密市之。"①

诸如此类丑恶的现象，当然是商品经济发展到一定阶段后的伴生物。根据事物运动的规律，当它对宋代社会的上层建筑刺激到剧疼的时候，那么，其上层建筑必然会反射性地产生巨大的拮抗力或反作用力。任何思想和学说都是现实生活的反映和体现，只不过有的直接，有的间接，有的抽象，有的具体而已。而宋代以"诚"为标的的各学派之形成即是这种反作用力的一种思想反映和体现。所以，入宋之后，经过释智圆的提倡，周敦颐混合佛道儒，以"诚"为灵魂，明心见性，贯通《中庸》而启发"千古不传之秘"。② 故薛文清说："《通书》一'诚'字括尽。"③

后来，二程进一步将"诚"扩张为宇宙万物的"本体"，《中庸》的地位陡然上升，称其为"学者之至"，与《大学》《论语》《孟子》合称四书。④ 如程颐说："《中庸》之书，学者之至也，而其始则曰：'戒慎乎其所不睹，恐惧乎其所不闻。'盖言学者始于诚也。"⑤ 又"中庸之德，不可须臾离，民鲜有久行其道者也。"⑥ "入德之门，无如《大学》。今之学者，赖有此一篇书存，其他莫如《论》《孟》。"⑦ 所以《宋史》称："颐于书无所不读，其学本于诚，以《大学》、《语》、《孟》、《中庸》为标指，而达于《六经》。"⑧

朱熹从"明人伦"的立场出发，建构了一个以"四书"为核心的理学思想体系，他从 34 岁时编写《论语要义》⑨起，至 71 岁临终前，孜孜矻矻，一直没有中断对"四书"的再造、诠释和修改。⑩ 他自己说："某于《语》、《孟》，四十余年理会，中间逐字称等，不教偏些子，学者将注处宜仔细看。"⑪ 由于《四书集注》具有"六经之阶梯"的独特作用，深得宋理宗的

① 洪迈：《夷坚志》，北京：中华书局，2006 年，第 20 页。
② 牟宗三：《心体与性体》，台北：正中书局，1989 年，第 324—325 页。
③ 黄宗羲原著，全祖望补修：《宋元学案》卷 11《濂溪学案上》，第 483 页。
④ 张势观：《二程〈四书〉理学思想研究》，国立彰化师范大学硕士学位论文；肖永明、朱汉民：《二程理学体系的建构与〈四书〉》，《广西师范大学学报》2004 年第 4 期。
⑤ 程颢、程颐：《二程集》上，北京：中华书局，2004 年，第 325 页。
⑥ 程颢、程颐：《二程集》上，北京：中华书局，2004 年，第 382 页。
⑦ 程颢、程颐：《二程集》上，北京：中华书局，2004 年，第 277 页。
⑧ 脱脱等：《宋史》卷 427《程颐传》，北京：中华书局，第 12720 页。
⑨ 王懋竑撰，何忠礼点校：《朱熹年谱》，北京：中华书局，2006 年，第 24 页。
⑩ 王懋竑撰，何忠礼点校：《朱熹年谱》，北京：中华书局，2006 年，第 407 页。
⑪ 黎靖德编，王星贤点校：《朱子语类》二，北京：中华书局，2004 年，第 437 页。

青睐和推崇，认为其"有补治道"（注意"治道"两字）。如南宋宝庆三年（1227 年）正月，宋理宗诏："朕每观朱熹《论语》、《中庸》、《大学》、《孟子》注解，发挥圣贤之蕴，羽翼斯文，有补治道。"[①] 于是，"朝廷以其《大学》、《语》、《孟》、《中庸》训说立于学官"[②]。元朝皇庆二年（1313 年），规定科举考试以《四书集注》取士，其地位超过"六经"，遂成为中国封建社会后期最重要的官方哲学思想。[③]

如前所述，以韩愈为肇始，由排斥释老到融合三教，传统儒学经过程朱的改造，逐渐转变成为一种理论体系更为完备的新儒学。那么，"新儒学"究竟"新"在何处？就理论的层面而言，《大学》和《中庸》开始被推崇到"经学"的地位，是"新儒学"形成的重要标志。陈寅恪先生说：

> 盖天竺佛教传入中国时，而吾国文化史已达甚高之程度，故必须改造，以蕲适合吾民族、政治、社会传统之特性，六朝僧徒"格义"之学，即是此种努力之表现，儒家书中具有系统易被利用者，则为小戴记之中庸，梁武帝已作尝试矣。（隋书参贰经籍志经部有梁武帝撰中庸讲疏一卷，又私记制旨中庸义五卷。）然中庸一篇虽可利用，以沟通儒释心性抽象之差异，而于政治社会具体上华夏、天竺两种学说之冲突，尚不能求得一调和贯彻，自成体系之论点。退之首先发见小戴记中大学一篇，阐明其说，抽象之心性与具体之政治社会组织可以融会无碍，即尽量谈心说性，兼能济世安民，虽相反而实相成，天竺为体，华夏为用，退之于此以奠定后来宋代新儒学之基。[④]

在陈寅恪先生看来，"新儒学"的"新"主要在于儒学与佛学的结合。确实，"援佛入儒"成为新儒学区别于传统儒学的重要特征。

而对于经学的意义，宋人赵师民（生卒年代不详，约生活于北宋宋真宗、宋仁宗年间）在担任天章阁侍讲时，曾就《论语》"修文德"一辞，与宋仁宗君臣有段对话：

> 宋仁宗问："修文德。"曰："文者，经天纬地之总称。君人之道，抚之以仁，制之以义，接之以礼，讲之以信，皆是。"帝曰："然其所先者，无若信也。"曰："信者，天下之大本，仁义礼乐，皆必由之，

---

① 佚名撰，李之亮校点：《宋史全文》卷 31《宋理宗一》，哈尔滨：黑龙江人民出版社，2004 年，第 2151 页。
② 脱脱等：《宋史》卷 429《朱熹传》，北京：中华书局，第 12769 页。
③ 周春健：《元代四书学研究》，上海：华东师范大学出版社，2008 年。
④ 陈寅恪：《论韩愈》，陈寅恪著：《陈寅恪集·金明馆丛稿初编》，北京：生活·读书·新知三联书店，2001 年，第 322 页。

此实至道之要。"①

从北宋皇帝的感悟中，我们能够体会到"诚信"对于转型期宋代社会的重要性。换言之，随着宋代商品经济的发展，整个社会需要建立一种与之相适应的思想体系，相互制衡，以求义利并举。所以，宋代义理派和功利派的出现，正是宋代商品经济发展在思想方面的体现。

4）隐匿在兵变现象后面的信仰危机：不效忠

宋太祖的陈桥兵变，既是"结义兄弟"长期演变的一种外在体现，又是兵心浮动的历史必然。从字面上看，联系"结义兄弟"的纽带不是血缘，而是一个"义"字。例如，周世宗死于959年，他死后，由7岁的儿子柴宗训即位。"主少国疑"，而为了加强禁军的力量，柴宗训这个小皇帝将一直空缺的殿前副都点检（殿前都点检由赵匡胤担任）一职交给了慕容延钊。赵匡胤与慕容延钊"素所兄事"。另外，柴宗训又将原来空缺的殿前都虞侯一职交给了王审琦，王审琦与赵匡胤不仅是"布衣故交"，而且还是"义社十兄弟"（即赵匡胤、杨光义、石守信、李继勋、王审琦、刘庆义、刘守忠、刘廷让、韩重赟［yun］、王政忠）之一。他与当时已经担任殿前都指挥使的石守信一样，都是赵匡胤势力圈子里的核心人物。这样，整个殿前司系统实际上为一群"结义兄弟"把持着。恰好960年1月，后周朝廷接到北方镇、定二州急报："北汉结契丹入寇。"于是，后周宰相范质、王朴派遣殿前都点检赵匡胤率兵抗御。没有想到正月初二，部队刚行进到距开封40里（1里=500米）的陈桥驿，发动兵变，后周灭亡。而当年周太祖郭威亦是通过"结拜兄弟"和兵变这种方式才推翻后汉政权，登上皇帝宝位的。

这里有一个问题：赵匡胤夺取后周政权之前，讲得是"兄弟义气"，不受礼制约束，即像"兄弟义气"这类是在"礼制"的体系之外滋长，所以五代的"臣犯君"现象屡有发生，站在我们现在所讲问题的角度看，非礼制与礼制已经出现了严重的对立和冲突，对于赵匡胤，他必须对这个问题作出抉择，而绝不能任其发展。所以，在赵匡胤建立北宋政权之后，这套"兄弟义气"是否对他还适用？答案是否定的。著名的杯酒释兵权就是最好的证据。又如，宋太祖在和赵普讨论"天下何者为大"的问题时，赵普回答说"理最大"，而不是"义"最大。由于地位的悬殊，作为皇帝的赵匡胤与作为臣子的部下甚至曾经的"兄弟"究竟在经学的层面属于一种什么样

---

① 脱脱等：《宋史》卷294《赵师民传》，北京：中华书局，第9824页。

的关系。这一点是需要严格定制的，而且是必须要严格定制的。结拜兄弟喝几次酒就成了，而欲建立起一种行之有效的礼制体系，却并不像结拜兄弟那样简单。就在这个过程中，各地的兵变现象频发，"不效忠"已经成了一个严重的社会问题。例如，①965—966 年，西川全师雄率领蜀兵起义，人数逾 10 万，号称西蜀大王；②999—1000 年，王均领导四川益州戍兵起义，建立大蜀国；③1007 年，陈进领导广西宜州士兵起义，号称南平王；④1043 年，王伦在山东沂州发动兵变，"自置官署，著黄衣，改年号"；⑤1047—1048 年，王则在山东贝州（今山东平原恩城西北）率领士兵起义，号称东平郡王，建国号安阳；⑥1219 年，张福在四川领导士兵起义，以红巾蒙首，号称红巾军；等等。

兵变固然与宋朝虐待士兵的现象有关，士兵更像囚徒（脸上刺字、不许喝酒吃肉、不许久驻一地等），但我们还应从思想层面进行分析。赵匡胤曾对赵普说："吾家之事，唯养兵可为百代之利，盖凶年饥岁有叛民而无叛兵，不幸乐岁变生，有叛兵而无叛民。"怎样应对这样的局面，赵匡胤一方面采取崇文抑武的政策，派文官领导军队（既抓军事，亦抓思想工作）；另一方面，就是号召武将读书，提高他们的道德素质和思想境界。对此，邓小南先生的《谈宋初之"欲武臣读书"与用读书人》[1]论述得比较详细，不再赘述。在此，笔者只强调一点，即李焘的《资治通鉴续类长编》卷 3 "建隆三年二月壬寅"条载："上谓近臣曰：'今之武臣，欲尽令读书，贵知为治之道。'近臣皆莫对。"司马光的《涑水记闻》则云："太祖闻国子监集诸生讲书，喜，遣人赐之酒果。曰：'今之武臣，亦当使其读经书，欲其知为治之道也。"从解决权力层面的问题上升到解决思想层面的问题，确实是宋太祖治国理念的一次重大飞跃，难怪邓小南先生称："朝廷上话语的转换，使人们觉察到时代变迁的迹象。如今看来普普通通的一句话，在宋人眼里却有着划时代意义。"[2] 然而，解决思想层面的问题与解决权力层面的问题相比，显然要复杂得多、艰难得多。

如果我们确如宋太祖所言，把宋人的读经与其治国联系起来，那么，宋人对经学著作的择取和解读就具有了非同寻常的时代意义。

仅就君臣关系来说，儒家有两种声音：一种是《论语·八佾》中的说法："君使臣以礼，臣事君以忠。"另一种是《孟子·尽心下》中的观念："民为贵，社稷次之，君为轻。"

---

[1]　《史学月刊》2005 年第 7 期。
[2]　《史学月刊》2005 年第 7 期，第 46 页。

宋代的军事家喜欢《论语》，以赵普最具有代表性："半部《论语》治天下"即出于此。前面讲过，赵匡胤欲使武臣读书，本意不错，然而，读什么书，他没有说。于是，出身小吏的赵普积极响应宋太祖的号召，当他出任宰相之后，经常在处理完政事之后，回到家关起门来读书。后来，人们得知赵普在读《论语》，这个事件具有表率作用。宋人之所以推崇《论语》而不是《孟子》，恐怕与两者对待君主的不同态度不无关系（按：宋代皇帝推崇《论语》，而士大夫却推崇《孟子》，一个想置君权于臣权之上，另一个则想置皇权与臣权于平等的地位。从这个角度看，程朱讲"四书"，就是对上述两种力量的折中或平衡。）。据《宋史》载：

> 乾兴元年（1022 年），宋仁宗御崇政殿西阁（gé）讲筵，命侍讲孙奭、冯元讲《论语》。[1]
>
> 真宗在东宫，尝命（张耆）授以《论语》。[2]
>
> 元祐二年（1087 年）九月，经筵讲《论语》彻章，赐宰臣、执政、经筵官宴于东宫。[3]
>
> 李沆（hàng）为相，常读《论语》。[4]

我们讲宋学往往忽略了许多比较重要的人物。例如，上面提到的冯元就是一例子。冯元之所以重要，是因为他讲"忠君"。《宋史》本传载："真宗试进士殿中，召冯元讲《易》。元进说曰：'地天为《泰》者，以天地之气交也。君道至尊，臣道至卑，惟上下相与，则可以辅相天地，财成万化。'帝悦。未几，迁太子中允、直龙图阁，诏预内朝，直龙图阁预内朝自此始。"[5] 从宋处至南宋，反对《孟子》的人不少。如王开祖、李觏、司马光、晁说之、叶适、陈亮等，其中王开祖是先驱。那么宋初，人们为什么"废《孟子》"？主要是因为它不适合当时君主的需要。另外，士大夫的力量尚不能跟皇帝的力量相抗衡。王开祖，生卒年不详，北宋中期温州永嘉县人。科第不中，在温州城东山之麓讲学授徒，惜活了 32 岁，但南宋学者陈谦称其为"永嘉理学开山祖"。他在《儒志篇》中说："由孟子以来道学不明。"所以陈谦说："当庆历、皇祐间（1041—1053 年），宋兴未百年，经术道微，伊洛先生未作，景山独能研精覃思，发明经蕴，倡鸣道学二字，著之话言，此永嘉理学开山祖也。"

---

① 《宋史》卷 9《仁宗一》，第 177 页。
② 《宋史》卷 290《张耆传》，第 9711 页。
③ 《宋史》卷 113《礼十六》，第 2688 页。
④ 《宋史》卷 282《李沆传》，第 9540 页。
⑤ 《宋史》卷 294《冯元传》，第 9821—9822 页。

如晁说之（1059—1129 年）靖康元年（1126 年）"乞皇太子讲《孝经》，读《论语》，间日读《尔雅》而废《孟子》"①。

那么，在这"宋兴未百年，经术道微"的过程中，宋人都讲了些什么？笔者认为是汉学的延续，其主要表现就是"忠君"思想的提倡。仅以对经学的解读为例，《礼记·礼器篇》云："忠信，礼之本也。义理，礼之文也。"《易·乾·文言》又云："忠信，所以进德也。"《管子》卷 3《五辅》说："为人臣者忠信而不党。"贾谊《新书》卷 8《道术》又说："爱利出中谓之忠。"尤其是汉武帝独尊儒术之后，强调"臣"对于"君"的"忠"（即三纲五常），便成为汉学的重要思想特征。例如，董仲舒说："君者，民之心也。民者，君之体也。心之所好，体必安之。君之所好，民必从之。"② 又说："天子受命于天，诸侯受命于天子。子受命于父，臣妾受命于君，妻受命于夫。诸所受命者，其尊皆天也。"③ 即汉人重在讲"天"，不重讲"理"，北宋初期学人的主要倾向是汉学。例如，范仲淹就曾说："为子极于孝，为臣极于忠。"胡瑗也对他的学生讲："为学之本在于忠信。"④ 严格说来，范仲淹、胡瑗这一派的思想主张，还没有完全摆脱汉学的窠臼，或可说是汉学在宋代的延续。

对于宋代中期的士人来说，想要提升《孟子》的思想，汉学是一道墙壁。例如，既然汉学歪曲了先秦的真思想，那么，先秦儒学的真思想是什么？要解决这个问题，就需要越过汉学这道墙壁，直接面对和解读先秦原典，这就出现了宋代疑经思潮。当然，疑经本身也有矛盾和对立。以"忠"这个概念为例，先秦郭店楚简《忠信之道》云："忠，仁之实也；信，义之期也。"又说："忠之为道也，百工不楛（ku，质量粗劣），而人养皆足；信之为道也，群物皆成，而百善皆立。"百姓如此，君主更是如此。甚至"忠信"是那些执政者或当权者必须尊奉的最基本的政治伦理原则："忠积则可亲也，信积则可信也，忠信积而民弗亲信者，未之有也。"可见，这与《论语·八佾》所言"君使臣以礼，臣使君以忠"的观念显然有别。又《鲁穆公问子思》说：什么是"忠臣"，它说："恒称其君之恶者，可谓忠臣矣。"仔细分析，这是一条不同于孔子学说的思想路径，而《孟子》则继承了这一思想传统。实际上，郭店楚简《忠信之道》所讲的"忠"是一种君臣平等意义上的"忠"，一方面，臣对君要忠，另一方面，君对臣也要忠。

① 《宋史》卷 378《胡舜陟传》，第 11669 页。
② 《春秋繁露》卷 11《为人者天》，上海：上海古籍出版社，1991 年，第 65 页。
③ 《春秋繁露》卷 15《顺命》，上海：上海古籍出版社，第 85 页。
④ 《宋史》卷 333《朱光庭传》，第 10711 页。

总之，在"忠"的问题上，汉学强调的是"臣对君要忠"，而宋学则更强调"君对臣也要忠"这一面。关于这个问题，我们将在后面的部分再具体讲解。

以上状况，决定了北宋初期必须以实用思维为主导，解决实际问题。当然，进入宋学形成与发展时期，实用思维与思辨思维的矛盾和斗争就变得十分尖锐了。

思考题：
1. 如何评价北宋开国后 50 年的文化地位？
2. 如何理解北宋学术的特点及其产生的历史背景。

第二讲
宋学的形成与发展

一、宋学形成与发展阶段的内容概要

（一）时政要点与图解

时政要点与图解，如图 2-1 所示。

从有关史籍的记载看，宋代诸政治事件的主体多为师门关系，如图 2-2《元祐党籍碑》所示。

皇帝嗣位之五年，旌别淑慝，明信赏刑，黜元祐害政之臣，靡有佚罚。乃命有司，夷考罪状，第其首恶与其附丽者以闻，得三百九人。皇帝书而刊之石，置于文德殿门之东壁，永为万世臣子之戒。又诏臣京书之，将以颁之天下。臣窃惟陛下仁圣英武，遵制扬功，彰善瘅恶，以昭先烈。臣敢不对扬休命，仰承陛下孝悌继述之志。

司空尚书左仆射兼门下侍郎蔡京

谨书。

元祐奸党
文臣
曾任宰臣执政官

司马光故	文彦博故	吕公著故	吕大防故	刘 挚故	范纯仁故
韩忠彦故	曾 布	梁 焘故	王岩叟故	苏 辙	王 存故
郑 雍故	傅尧俞故	赵 瞻故	韩 维故	孙 固故	范百禄故
胡宗愈故	李清臣故	刘奉世	范纯礼	安 焘	陆 佃故
黄 履故	张商英	蒋之奇故			

始点：庆历新政（1043年）

1. 内政与外交陷入困境：宋夏边境危机，三冗问题；异论相搅，土地高度集中，赋役奇重，国内矛盾不断激化。
2. 从思想阵营到治政治力量的嬗变：学术对峙与党争，从元祐更化到《元祐党籍碑》

终点：崇宁三年（1104年）

1. 荆公学派：王安石，陆佃，吕希哲，汪澥，吕惠卿，蔡京，蔡卞等
2. 蜀学：苏轼，苏迈，苏过，黄庭坚，晁补之，张耒，李之仪等
3. 朔学：司马光，刘安世，范祖禹，晁说之，田述古，陈瓘等
4. 洛学：程颢，吕大忠，吕大临，朱光庭，邵伯温，杨时，程颐，周行己，郑浩，蔡元康等

约60年　宋学发展期

宋学发展的两条进路：文献学与理学。论者云："普通讲中国学术史时分为两大派，都以为孔子门下分成两大派，一派讲是子夏，讲文献之学，另一派是曾子，讲义理之学。子夏几传而至子荀子，再后便是汉学，是文献学的流传。曾子再传而至孟子，再后便是宋学，是义理之学的流传。……（然而）宋学中也有所谓文献学。"

宋学一分为三：

心学派：从程颢到陆象山
理学派：从程颐到朱熹
浙学派：从张载到陈亮，叶适

北宋中后期的战略目标是：富国强兵

影响宋学发展的环境因子（一）

1. 庆历新政：范仲淹《答手诏条陈十事》；新政的改革措施；新政失败。具体措施：明黜陟，抑侥幸，精贡举，择官长，均公田，厚农桑，修武备，减徭役，覃恩信，重命令。
2. 王安石变法：均输法，青苗法，募役法，农田水利法，市易法，免行法，将兵法，保甲法，保马法，改革科举，整顿学校
3. 濮议：韩琦，欧阳修与两制官员的对抗
4. 灭夏之举：永乐城之战，宋军惨败
5. 元祐党争与靖康之耻元祐党争的直接后果："元祐以来政局，恰似使大病之人要婴骑射，最弱至于气息奄奄而已。"

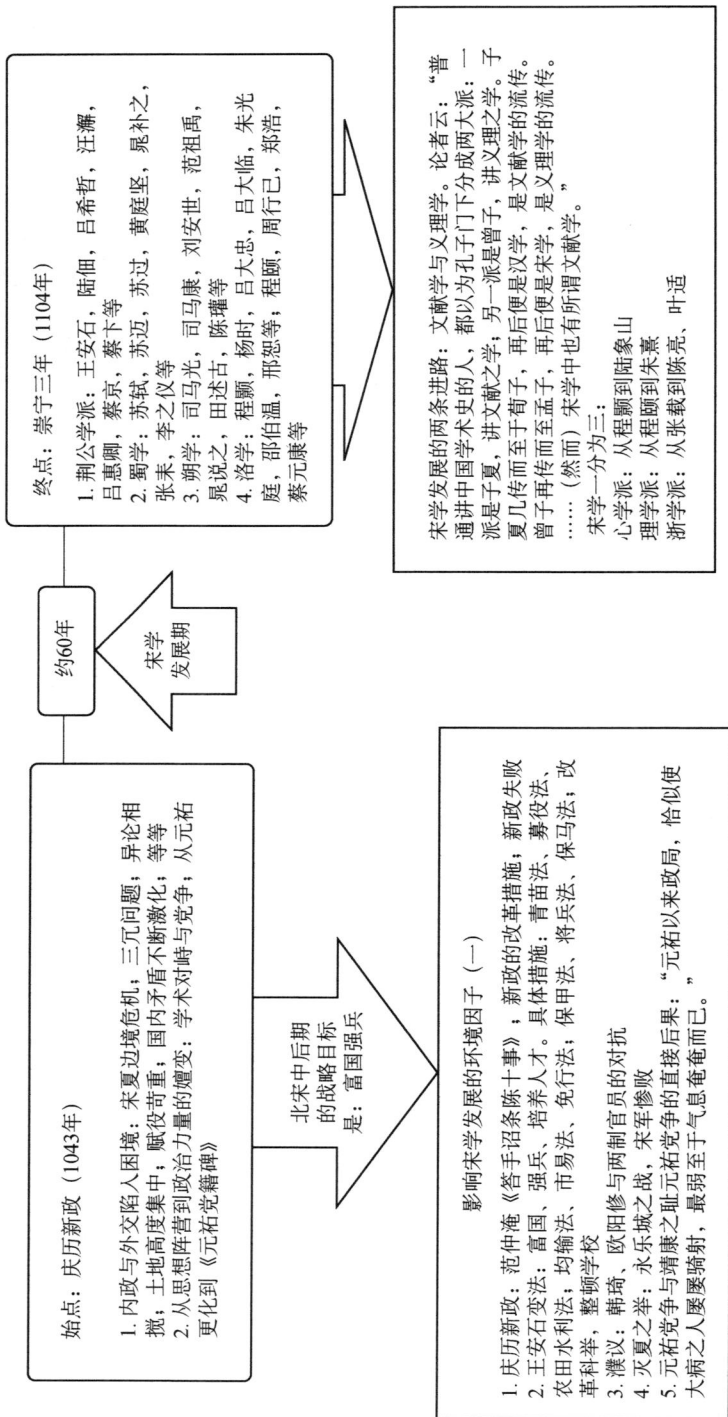

图2-1　北宋中后期时政要点与图解

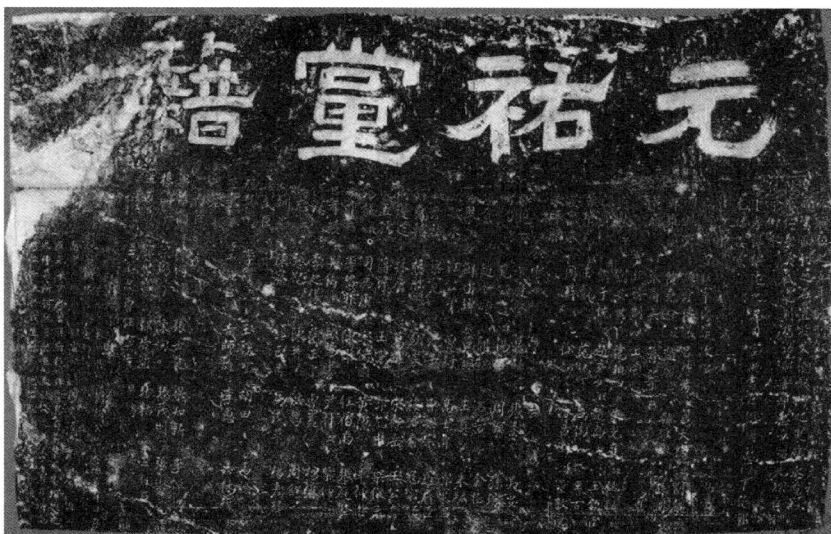

图 2-2　《元祐党籍碑》

曾任待制以上官

苏　轼故	刘安世	范祖禹故	朱光庭故	姚　勔故	赵君锡故
马　默故	孔武仲故	孔文仲故	吴安持故	钱　勰故	李之纯故
孙　觉故	鲜于侁故	赵彦若故	赵　高故	王钦臣故	孙　升故
李　周故	王　汾故	韩　川故	顾　临故	贾　易	吕希纯
曾　肇	王　觌	范纯粹	吕　陶	王　古	丰　稷
张舜民	张　问故	杨　畏	邹　浩	陈次升	谢文瓘
岑象求故	周　鼎	徐　绩	路衡昌故	董敦逸故	上官均
叶　涛故	郭知章	杨康国	龚　原	朱　绂	叶祖洽
朱师服					

余官

秦　观故	黄庭坚	晁补之	张　耒	吴安诗	欧阳棐
刘唐老	王　巩	吕希哲	杜　纯故	张保源	孔平仲
衡　钧	宛公适故	冯百药	周　谊	孙　琮	范柔中
邓考甫	王　察	赵　峋	封觉民故	胡端修	李　杰
李　贲	赵令時	郭执中	石　芳	金　极	高公应
安信之	张　集	黄　策	吴安逊	周永徽	高　渐
张　凤故	鲜于绰	吕谅卿	王　贯	朱　纮	吴　朋故
梁安国	王　古	苏　迥	檀　固	何大受	王　箴

鹿敏求	江公望	曾 纡	高士育	邓忠臣故	种师极
韩 治	都 赆	秦希甫	钱景祥	周 绰	何大正
吕彦祖	梁 宽	沈 千	曹兴宗	罗鼎臣	刘 勃
王 拯	黄安期	陈师锡	于 肇	黄 迁	莫侠正
许尧辅	杨 朏	胡 良	梅君俞	寇宗颜	张 居
李 修	逢纯熙	高遵恪	黄 才	曹 盥	侯顾道
周遵道	林 肤	葛 辉故	宋寿岳	王公彦	王 交
张 溥	许安修	刘吉甫	胡 潜	董 祥	扬瓛宝
倪直孺	蒋 津	王 守	邓允中	梁俊民	王 阳
张 裕	陆表民	叶世英	谢 潜	陈 唐	刘经国
汤 戫故	司马康故	宋保国故	黄 隐	毕仲游	常安民
汪 衍	余 爽	郑 侠	常 立	程 颐	唐义问故
余 卞	李格非	陈 瓘	任伯雨	张庭坚	马 涓
孙 谔故	陈 郭	朱光裔	苏 嘉	龚 夬	王 回故
吕希绩故	吴 俦故	欧阳中立故	尹 材故	叶 伸故	李茂直
吴处厚故	李积中	商 倚故	陈 祐	虞 防	李 祉
李 深	李之仪	范正平	曹 盖	杨 㮚	苏 晒
葛茂宗	刘 谓	柴 衮	洪 羽	赵天佐	李 新
扈 充故	张 恕	陈 并	洪 刍	周 锷	萧 刓
赵 越	滕 友	江 洵	方 适	许端卿	李昭玘
向 纟刍	陈 察	钟正甫	高茂华	杨彦璋	廖正一
李夷行	彭 醇	梁士能			

武臣

张 巽	李 备故	王献可故	胡 田	马 谂	王 履故
赵希夷	任 濬	郭子旂	钱 盛	赵希德	王长民
李 永故	王庭臣	吉师雄	李 愚	吴休复故	崔昌符
潘 滋	高士权	李嘉亮	李 玩	刘延肇	姚 雄
李 基					

内臣

梁惟简故	陈 衍故	张士良	梁知新故	李 倬故	谭 扆
窦 钺	赵 约	黄卿从	冯 说	曾 焘	苏舜民
杨 偁	梁 弼	陈 恂	张茂则故	张 琳	裴彦臣
李 偁故	阎守勤	王 绂	李 穆	蔡克明	王化基
王 道	邓世昌	郑居简	张 祐	王化臣	

　　为臣不忠曾任宰臣

　　章　敦　　王　珪

　　在《元祐党籍碑》上刻名的 309 人中，出于师门关系者居多，兹略举数例如下。①范纯仁、范纯礼和范纯粹，都是高平学派（范仲淹）的主将，也是范仲淹的三个儿子；②欧阳棐（fěi）、吕希纯、吕希哲、刘奉世、苏轼、苏辙、曾肇等，都是庐陵学派（欧阳修）的主力；③范祖禹、欧阳中立、陈瓘、黄隐等都是涑水学派（司马光）的中坚，其中除了陈瓘为私淑之外，其他为传授；④吕公著与其子吕希哲、吕希绩、吕希纯，又自成一派；等等。

（二）宋代学术运行机制解析

　　由上述可知，宋代学术的本质不在于"学"，而在于"术"，为谋取政治资本的一种手段。为什么北宋学术发展的黄金时期，在《元祐党籍碑》之后，戛然而止了呢？这里涉及如何看待宋代学术发展的运行机制问题。

　　宋代党争发端于其师门关系的扩张。师门关系本来就是一种学术传承，为何竟演变为一场葬送了学术生命的党派之争？为了回答这个问题，我们需要了解中国古代专制体制下的学术发展规律。古希腊民主体制下的学术，研究的主要是自然万物，而不是人本身。然而，中国儒学所研究的对象却不是自然万物，而是活生生的人和社会，是研究社会中的每个人类个体。在西方，学术研究的目标是为自然界立法，而东方儒学研究的目标则是"齐家治国平天下"。因此，在中国古代，每一种学术思想是否"有生命力"，关键是看它能否被统治者重视，这种借助政权的力量来推广和传播自己的学术思想，即是我们通常所说的"权威"。

　　宋代学术流派大多都被卷入了一场旷日持久的党争之中，尤其是主要的学术流派，可以说无一幸免。它说明了什么？说明宋代学术发展的动力在于操纵权力，他们为了实现自己的学术理想，各逞其能。结果造成互不相让的党派之争，党派之争实际上就是权力之争。这样，我们就需要回答一个问题：宋代培育其学术思想成长与繁荣的适宜土壤是什么？

　　答案或许不止一个，但关键要素应当是：①传播学术思想的方式是多元的，公学与私学发达；②学术流转依靠师门关系结成一个相对稳固的政治同盟军；③精英政治的需要；④相对和平的生存环境；⑤中西文化的相互交融。

　　近人陈钟凡先生在分析"宋学发生的近因"时说：

宋学形成之近因，则在书院之设立。五季……教育之敝，致不堪言。宋初，稍稍增修国子监舍，而居常讲筵，听讲者无过一二十人。直至仁宗庆历之世，始建太学，又诏天下州县皆立学。学校至是始著端倪。①

学校教育固然是宋学发达的重要因素之一，但不是充分必要条件。事实上，如果没有科举制和精英政治的需要，宋代学校教育就不会有那么巨大的社会供求市场。

宋代的许多学术名著都是其作者在退隐时写成的。例如，司马光的《资治通鉴》、沈括的《梦溪笔谈》以及苏轼的《前赤壁赋》《后赤壁赋》等。毛泽东曾经说过："中国有两部大书，一曰《史记》，一曰《通鉴》，都是有才气的人在政治上不得志的境遇中编写的。看来，人受点打击，遇点困难，未尝不是好事。当然，这是指那些有才气，又有志向的人说的。没有这两亲，打击一来，不是消沉，便是胡来，甚至会去自杀。那便是两当别论。"②

（三）什么是宋学

学界对宋学的理解不一，其主要观点有以下几种。

（1）曾国藩说：宋学就是义理学。③

（2）陈钟凡认为：宋学是指两宋的学术思想（参见《两宋思想述》一书）。

（3）夏君虞先生认为：宋学就是"赵宋一代三百余年的学者所研究成功的学术"，但他紧接着又加以限制"宋学是儒学"。④

（4）陈寅恪、邓广铭及漆侠等认为：宋学有两层意思，从狭义的角度讲，宋学指的是"在对古代儒家经典的探索中，与汉学迥然不同的一种新思路、新方法和新学风"；从广义的角度讲，宋学又称新宋学，具体内容包括哲学（主要是经学）、史学、文学艺术多个方面。⑤

邓广铭先生从两个方面，对宋学作了界定：首先，"宋学是作为汉学的对立面而出现的，它乃是汉学所引起的一种反动"；其次，"宋学又是儒释道三家的学说，经过长时期的互相交流、互相斗争、互相排斥、互相渗透、互相摄取的一个产物"⑥。

---

① 陈钟凡：《两宋思想述评》，上海：商务印书馆，1936年，第13页。
② 周溯源：《毛泽东评点古今人物》上卷，北京：红旗出版社，1998年，第283页。
③ 夏君虞：《宋学概要》，上海：上海书店出版社，1926年，第7页。
④ 夏君虞：《宋学概要》，上海：上海书店出版社，1926年，第2页。
⑤ 漆侠：《宋学的发展与演变》，《漆侠全集》第6卷，保定：河北大学出版社，2008年，第1页。
⑥ 邓广铭：《略谈宋学》，见氏著《邓广铭治史丛稿》，北京：北京大学出版社，1997年，第165页。

综上所引，我们对宋学的理解，可以概括为一句话：宋学是汉代经学发展到宋代的一种局部变革，它以儒、释、道三教的互渗为契机，对唐代之前的学术发展进行了一次总的检讨和更新，因而形成了与汉学迥然不同的一种新思路、新方法和新学风。

（四）宋学的主要内容

从典籍的角度看，宋学发展的基本面貌，大体能够由经、史、子各自所占的比重反映出来。

1. 图示（图 2-3）

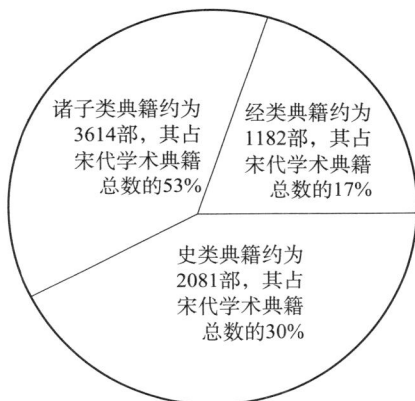

图 2-3　宋学的构成及其各自所占比例示意图

资料来源：《宋史·艺文志》

2. 对图示中部分内容的说明

（1）将子类与经类相加，已经占宋代学术典籍总部数的 54%，体现了宋代学术发展的总体趋势，亦比较客观地反映了宋代意识形态的思想构成。以此反观，前面对宋学的界定是符合宋代学术发展的历史实际的。

（2）诸子类各部分内容的比重（表 2-1）。

表 2-1　诸子类各部分内容的比重

类别	部数	所占比例/%	卷数	所占比例/%	发展程度（用×表示基本处于停止状态；用√表示发展程度，3—9 画√；10—19 画√√；≥20 画√√√）
儒家类	169	5	1 234	4.63	√
道家类	102	3	359	1.35	√

续表

类别	部数	所占 比例/%	卷数	所占 比例/%	发展程度 （用×表示基本处于停止状态；用√表示 发展程度，3—9画√；10—19画√√； ≥20画√√√）
神仙类	394	11	1 216	4.56	√√
名家类	5	0.14	8	0.03	×
墨家类	1	0.03	15	0.06	×
纵横家类	3	0.08	46	0.17	×
农家类	107	3	423	1.59	√
杂家类	168	5	1 523	5.72	√
小说类	359	10	1 866	7	√
天文类	139	4	531	1.99	√
五行类	853	24	2 420	9.08	√√√
蓍龟类	35	1	100	0.38	×
兵书类	347	10	1 956	7.34	√√
类事类	307	8	11 393	42.76	√
医书类	509	14	3 327	12.49	√√
杂艺类	116	3	227	0.85	√
总数	3 614		26 644		
唐朝 （只记总数， 下同）	967		17 152		《新唐书·艺文志》

资料来源：《宋史·艺文志》

（3）经类各部分内容的比重（表2-2）。

表2-2 经类各部分内容的比重

类别	部数	所占 比例/%	卷数	所占 比例/%	发展程度 （用×表示基本处于停止状态；用√表示 发展程度，3—9画√；10—19画√√； ≥20画√√√）
易类	213	18.01	1 740	14.73	√√
书类	60	5.08	802	6.79	√
诗类	82	6.94	1 120	9.49	√
礼类	113	9.56	1 399	11.85	√▲（表示介于9—10）
乐类	111	9.39	1 007	8.53	√▲
春秋类	240	20.3	2 799	23.71	√√√

续表

类别	部数	所占 比例/%	卷数	所占 比例/%	发展程度 （用×表示基本处于停止状态；用√表示 发展程度，3—9画√；10—19画√√； ≥20画√√√）
孝经类	26	2.2	35	0.3	×
论语类	73	6.18	579	4.9	√
解经类	58	4.91	753	6.38	√
小学类	206	17.43	1 572	13.32	√√
总数	1 182		11 806		
唐朝	579		6 145		《新唐书·艺文志》

资料来源：《宋史·艺文志》

（4）史类各部分内容的比重（表2-3）。

表2-3　史类各部分内容的比重

类别	部数	所占 比例/%	卷数	所占 比例/%	发展程度 （用×表示基本处于停止状态；用√表示 发展程度，3—9画√；10—19画√√； ≥20画√√√）
正史类	57	2.74	4 473	10.82	√△（表示介于2—3）
编年类	151	7.26	10 575	25.57	√
别史类	123	5.91	2 218	5.36	√
史钞类	74	3.56	1 324	3.2	√
故事类	198	9.51	2 094	5.06	√▲
职官类	56	2.69	578	1.4	×△
传记类	401	19.27	1 964	4.75	√√
仪注类	171	8.22	3 438	8.31	√
刑法类	221	10.62	7 955	19.23	√√
目录类	68	3.27	607	1.47	×
谱牒类	110	5.29	437	1.06	√
地理类	407	19.56	5 196	12.57	√√
霸史类	44	2.1	498	1.2	×
总数	2 081		41 357		
唐朝	857		16 874		《新唐书·艺文志》

资料来源：《宋史·艺文志》

其中"霸史类"的受冷落，恰恰体现了宋人"尊王抑霸"或"内圣外王"的思想心迹。

我们知道，清朝学者尚古，特别是宋学经元而明的数百年以来，渐趋衰落，于是，顾炎武等起而非难宋学，认为只有汉学才是真正的学问。从这个层面看，汉学之兴是对宋学的反动。同样，宋学也是对汉学的反动。那么，汉学绵延千年之久，为什么是宋代而不是南北朝或者唐代，才走向它的反面呢？这个问题留给大家思考。

笔者的思路和认识角度是：第一，儒学自身发展的客观需要，自东汉佛教传入中国之后，如何把印度文化的思维模式转化为中国化的思维模式，许多高僧对印度佛经做了大量译注工作，而他们的译注不是采用汉代学者的训诂法，而是用自己的理解去加以解读和阐释，这样便形成了各种译说，直到唐玄奘时才对各种译注进行了统一。正是在这个过程中，佛教的心性理论逐渐深入民心，并且逐渐与道学相融合，于是出现了玄学化的倾向。玄学注重思辨，这是传统儒学所缺乏的东西，经过唐及五代的不断强化，注重理思已经固化为士人的一种思维模式。宋代的儒学变革，不能背离这种历史发展趋势，而只能顺应这种历史趋势。第二，儒学想要取胜佛学，光靠说痛快话不行，事实上，人们的思维形式既然已经发生了变化，而且从方法论的视角看，理思的方法较训诂的方法更能阐明儒家经典的微言大义，那么，明智者就应当适应这种变化，"古为今用"，而不是"今为古用"。也就是说，要让古代的儒家经典为宋代士人的政治理想服务，成为他们实现自己政治目标的一种理论工具，而不是把宋代士人的思想禁锢起来，让他们去适应古代儒家经典的需要。如果真的那样，宋学也就失去了存在的意义。第三，南北朝和唐代都没有提出如何处理夏夷政治的迫切要求，宋代在宋真宗与契丹辽订立"澶渊之盟"后，宋代的王者地位实际上已不复存在。在这样的历史背景下，许多士人仍然把宋朝看作心中的"王者"，因为这是宋代士人文化的脊梁。宋代"春秋学"为什么那么发达，其内在原因亦在于此。因此，崇王贱霸就成为宋学的核心政治理念。

二、区域文化格局的重新整合及其学术特色

（一）先秦文化的基本区域格局

先秦文化的基本区域格局如下。

（1）近海、偏东，邹鲁派：标榜仁义，以山东、邹鲁（今山东邹城市东南纪王城）为中心，以孔子、孟子和荀子为其代表，是谓儒家。在历史

上，邹鲁也是儒学的发源地，以鲁产孔子、邹产孟子而著称于世。《史记·货殖列传》称："邹鲁滨洙泗，犹有周公遗风，俗好儒，备于礼。"在宋学的层面看，儒家崇尚"义"。

（2）偏南，有两派：一派为陈宋派，主张虚无，由河南向荆楚方向发展，主要代表是庄子和老子，是谓道家。其中老子（公元前571—前471年）是陈国（都宛，后为楚国所灭）苦县（今河南鹿邑）人；庄子（公元前369—前286年），宋国蒙（今安徽蒙城县）人，宋国的疆域最大时包括今河南东北部、江苏西北部、安徽北部、山东西南部。另一派为荆楚派，倡导苦行，崇尚实践，以河南、湖北为其主要活动区域，主要代表人物有墨翟和宋轻（kēng）。宋轻，亦名宋鈃（jiān）、宋荣，他有两个主张最著名，"接万物以别宥为始"，即只有破除（"别"）成见（"宥"同囿），才能达到对真理的认识；号召"禁攻寝兵"，反对诸侯间的兼并战争。孟子曾劝其舍利而言仁义，表明这一派崇尚功利，在宋学的层面看，墨家崇尚"利"。在此，宋子思想中的"别宥"（you，去除人的主观成见）与荀子思想中的"解蔽"（即人的思想不应偏颇一边，以衡中道，虚一而静）有相通之处。

（3）偏西，有两派：一派为郑卫派，倡导法治，流行于西方接近京畿地带。主要代表人物有申子（公元前475—前221年），郑国京（今河南省荥阳县东南）人。商鞅、韩非等是谓法家。商鞅（公元前395—前338年），卫国（今河南安阳市内黄梁庄镇一带）人，因姓卫氏，故又称卫鞅、公孙鞅。卫（公元前1040—前209年）立国共计830多年，是周诸侯国中最后一个被秦灭亡的国家。究其原因，史家多认为，"卫地自古多君子"是其能够长期存在的主要原因。例如，孔子周游列国14年，其中在卫国长达10年，因为这里有很多和他性味相投的"君子"。吴王的弟弟季札曾经周游列国，以其远见卓识闻名天下，他在卫国得出的结论是："卫多君子，其国无患。"另一派为三晋派，注重名实之辨，以逻辑学知名，由北转西，与法家合流，并构成一个体系。主要代表人物有惠施和公孙龙。惠施（公元前390—前317年），宋国（今河南商丘市）人，公孙龙（公元前325—前250年），赵国（今邯郸）人。

（4）燕齐派，为阴阳、五行空疏迂怪之谈，主要活动于北部，后来发展到东部的齐国，以稷下学派为盛。主要代表人物有邹衍、田骈等。邹衍（公元前305—前240年），齐人，据说做过燕昭王师，提出过"五德始终"的历史观。"终始"指"五德"（木、火、土、金、水）的周而复始的循环运转。田骈，生卒年不详，齐国人，主张"齐万物以为首"，要求摆脱各自的是非利害，显然，这在现实社会是行不通的。他自命清高，声称不做官，却暗中猎取名利，远胜于当官者，故有"伪君子"之称。

所以，宋学的学术渊源，从根源上看，主要有三派：邹鲁派、荆楚派、郑卫派。

（二）宋学的主要流派及其区域格局

1. 宋学的主要流派

依夏君虞《宋学概要》为准，按照学术性质划分，对其主要学派简述如下。

1）义理派

此为宋学的主干，代表人物是程朱。

2）象数学

（1）道士派（图 2-4）。

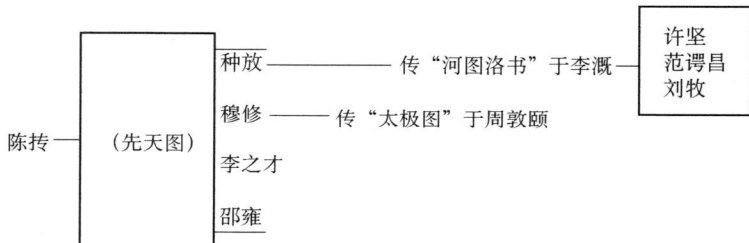

图 2-4　道士派的主要传承示意图

（2）非道士派（图 2-5）。

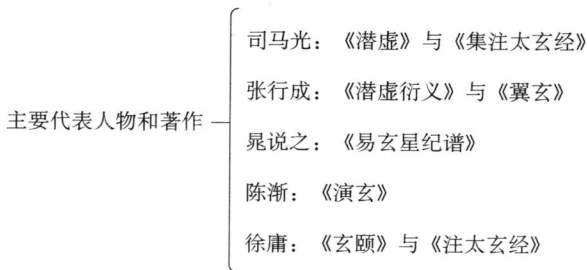

图 2-5　非道士派的主要传承及其代表作示意图

3）功利学派

主要代表人物有薛季宣、陈傅良、唐仲友、叶适、陈亮等。

4）历史学派

（1）欧阳修，著作有《新唐书》《新五代史》《集古录》等。

（2）司马光，著有《资治通鉴》《稽古录》等。

（3）李心传，著有《建炎以来系年要录》《十三朝会要》等。

（4）胡安国，著有《春秋传》等，其子胡宁著有《春秋通旨》。

（5）吕祖谦，著有《大事记》。

（6）朱熹，著有《通鉴纲目》《宋名臣言行录》《伊洛渊源录》等。

（7）马端临，著有《文献通考》。

（8）郑樵，著有《通志》等。

（9）袁枢，著有《通鉴记事本末》等。

（10）王应麟，著有《通鉴答问》等。

（11）洪迈，著有《四朝史记》等。

5）文献学派

以吕公著为首，有"中原文献"之称，主张"不主一门，不私一家"，又"务略去枝叶，一意涵养，直截劲捷，以造圣人"[1]，又称"吕学"或"婺学"。

在《宋元学案》里，此派又具体包括很多人物，如图2-6所示。

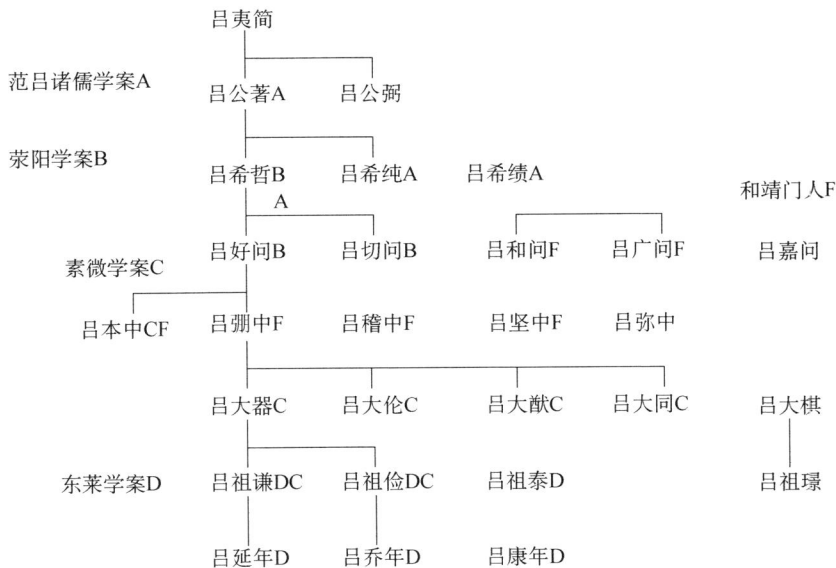

图 2-6　吕族学案中人示意图

资料来源：王文政主编，浙江省武义县政协文史资料委员会编：《吕祖谦与浙东明招文化》，北京：社会科学文献出版社，2006年，第53页

到南宋吕祖谦时，婺学与朱、陆鼎立，呈现出一派勃勃生机。

---

[1]　吴玉贵、华飞主编：《四库全书精品文存》第4卷《自警编》卷1《学问类》，北京：团结出版社，1997年，第193页。

6）杂学

（1）杂禅学派。主要代表有王安石、苏轼、吕希哲、杨时、陈瓘、邹浩、吕本中、真德秀等。

（2）杂老学派。主要代表有邵雍、周敦颐、二程、张载、朱熹等。

（3）杂管晏学派。主要代表有王安石。

（4）杂纵横学派。主要代表有三苏。

7）金石学派

主要代表有欧阳修、刘敞、刘攽、洪迈等。

8）声韵学派

主要代表有郑樵、洪迈、王应麟等。

9）文学派

略。

2. 宋学的区域格局

尽管已见前述，但这里不妨再做列举。

1）湖学

湖学，为胡瑗所创，因其在宋仁宗时任湖州教授，并在这里的州学创行新教学体制和教法，成效显著，时称"湖学"。

2）濂溪学

因周敦颐世家道州营道县濂溪之上，故名其学为"濂溪学"。

3）洛学

代表人物包括邵雍及二程，邵雍出生在范阳（今涿州市大劭村），后迁居共城（今河南辉县），宋仁宗皇祐元年（1049 年）再迁洛阳，一面讲学，一面深研《易》理，并构筑了一个庞大的象数学思想体系；二程不仅是洛阳人，而且长期在洛阳讲学，史称"洛学"。

4）关学

张载祖籍大梁（今开封），后其父出知涪州，并死在任上。当时，张载还年幼，就侨居在凤翔县横渠镇（今陕西眉县横渠乡），故史家称其为"横渠先生"，又因他讲学关中，所以他所创立的学派即称"关学"。

5）蜀学

以三苏为主，因他们家居四川眉州眉山，故史家称其为"苏氏蜀学"。

6）闽学

闽学，是朱熹以福建路之建阳为基地所创建的理学派别。

7）江西学

北宋江西学有欧阳修、李觏、王安石等（见陈钟凡著《两宋思想述评》

第 11 章"江西学派);南宋江西学则主要是以陆九渊为首的心学。

8)湖南学

创湖南学者胡安国（生于福建）不是湖南人，但他"是绍圣四年（1097年）进士第三人，除荆南教授，入为太学博士，提举湖南学事，高宗召为给事中，论故相朱胜非，遂落职奉祠，休于衡岳之下，著《春秋传》，称'胡氏传'。他虽是福建人，但他始而为荆南教授，继而提举湖南学事，既而休于衡岳之下讲学著书，是他的学问全传授在湖南了，这或者就是他成为湖南学的首倡者的原因"①。

9)浙学

（1）婺学。是婺州（今浙江金华）人吕祖谦所创立的学派，当时的婺州，可谓名儒接踵、人文荟萃，故有"东南文献之邦"的美誉。

（2）永嘉学。陈亮，系永康人；叶适，系永嘉人。两人的学说合称"永嘉学"。

宋代学派的区域格局，特色非常鲜明。对此，程民生论云："以地名命名学派，表明其学派是地域文化的产物或与地域文化有不同程度的关系。学派名称，或是学派形成地，或是学派创始人的籍贯、居住地，前者如'关学'、'洛学'等，后者如'濂学'、'临川学'等。这种做法，意味着各学派之间有地域文化的差别，反过来也会强化有关地域文化的特色。"②

思考题：

1. 什么是宋学？你如何理解宋学与党争的关系？
2. 叙述宋代主要学术流派的地域特点及其历史地位。

---

① 夏君虞：《宋学概要》，上海：商务印书馆，1937 年，第 126 页。
② 程民生：《宋代地域文化》，开封：河南大学出版社，1997 年，第 314 页。

第三讲
宋学发展时期的诸家学派概述之一

由唐中期开启的复兴儒学运动，在宋代形成了两军对垒：道学与心学。从韩愈到朱熹，属于道学一脉；而从李翱到陆九渊，则属于心学一脉。这是大概，实际情形则更为错综复杂。下面对北宋时期宋学的主要学术流派略作阐述。

一、胡瑗与安定学案

（一）胡瑗《周易口义》的主要内容

安定学案亦称"湖学"，由胡瑗所创。湖，系指湖州（今浙江湖州），即胡瑗讲学之地。因胡瑗世居陕西路的安定堡，学者称其为安定先生，是宋初三先生（孙复、石介、胡瑗）之一。其代表作有《周易口义》。不名"注疏"，而言"口义"，非常典型地体现了宋代义理学的解经方式，直抒己见，而不是让古人牵着鼻子走。与其他注经方式相比，"口义"更能表达自己的思想和见解，同时从讲学的效果看，也更易为学生所接受。

1. 用"卦爻"来论证纲常名教的合理性

（1）胡瑗认为，作卦者的初衷即是"人法天"。不妨试以"乾"与"坤"两爻为例，稍加说明。

第一，乾爻。胡瑗在释"乾爻"时说：

> 文王重之为六爻，初为地之下，有蒙泉之象；二为地之上；三于人为臣民之位；四出于臣民之上，为储贰之象；五正当天位；六为天

之上，有太虚之象。然后万物成形，而天下之能事毕矣。①

其由下而上的次序如图 3-1 所示。

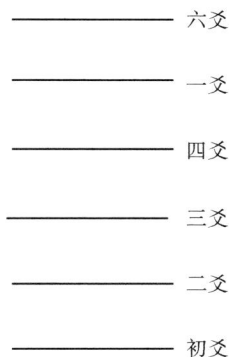

————————— 六爻

————————— 一爻

————————— 四爻

————————— 三爻

————————— 二爻

————————— 初爻

图 3-1　卦爻示意图

胡瑗说："其不名天而名乾者，盖天者乾之形，乾者天之用。夫天之形，望之其色苍然。南枢入地下三十六度，北枢出地上三十六度，状如倚杵。此天之形也。言其用则一昼夜之间，凡行九十余万里。夫人之一呼一吸，谓之一息。一息之间，天行已八十余里。人之一昼一夜有万三千六百余息，是故一昼一夜而天行九十余万里，则天之健用可知。自古及今，未尝有毫厘之过，亦未尝有毫厘之不及。盖乾以至健至正而然也，故圣人于此垂教，欲使人法天之用，而不法天之形，所以名乾，而不名天也。且天之形，象人之体魄也；天之用，象人之精神也。"②

对于这段话，可从两个方面分析：一是天分"形"与"用"，相较而言，胡瑗的主张是"重用轻形"；二是胡瑗以"天之形，象人之体魄也；天之用，象人之精神"为喻，目的是强调道德对民众身体的控制作用与主宰作用。胡瑗说："若人之有耳、目、口、鼻四体，是其形也；其口言、鼻臭、目视、耳听、手足四体之运，此其用也。至于心之思虑，蕴于内则为五常，百行发于外则为政教礼义，故为君、为臣、为父、为子、为兄、为弟、为夫、为妇，以至于为士、农、工、商，莫不本于乾。乾不息，然后皆得其所成立也。"③ 形体，仅仅是外在的，被支配的，如武人等；相反，头脑却是内在的，主宰形体的运行，如文人等。这里无疑隐含着崇文重教的思想意识。

① 胡瑗：《周易口义》卷 1《上经·乾》，文渊阁四库全书本。
② 胡瑗：《周易口义》卷 1《上经·乾》，文渊阁四库全书本。
③ 胡瑗：《周易口义》卷 1《上经·乾》，文渊阁四库全书本。

第二，坤爻。对于"坤爻"，胡瑗的解释是：

> 文王所重纯阴之卦也，上下六爻皆阴以象地，积诸阴气而成也。坤者顺也，言坤柔顺之德，上承于天以生成万物，犹臣以柔顺之德，上奉于君，以生成万民也。[①]

可见，"坤爻"（图3-2）讲的是为臣之道。

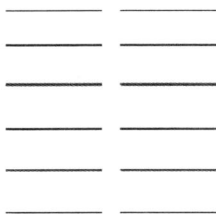

图 3-2　坤爻示意图

六为老阴，为阴之变数，故阴爻用"六"；反之，九为老阳，为阳之变数，故阳爻用"九"。

胡瑗说："夫坤体之利，唯至顺至正，然后不失其常道。人臣之分，亦当执其正而济之以顺。若顺而不正，则失于谄媚；若正而不顺，则失于悍愎，而有先君之事，是故惟君子有全德乃能循此道，始终不失其分，以此而往无所不利。"又说："夫乾者，天道；坤者，地道。言之人事则乾为君、为父、为夫；坤为臣、为子、为妇。言其分则君倡而臣和，父作而子述，夫行而妇从；若臣先君而倡，子先父而作，妇先夫而行，则是乱常道也。"[②]

（2）在现实生活中，纯阳和纯阴的事物都是不存在的，所谓"孤阳不长，孤阴不生"指的就是这个道理。因此，宇宙万物的运动变化都是"阴阳交互作用"的结果，如图3-3所示。

图 3-3　泰卦（示阴阳交互作用）

胡瑗则用"屯卦"来表示天地之交与万物生成的关系，如图3-4所示。

图 3-4　屯卦示意图

---

① 胡瑗：《周易口义》卷1《上经·坤》，文渊阁四库全书本。
② 胡瑗：《周易口义》卷1《上经·坤》，文渊阁四库全书本。

对于整个"屯卦"的寓意，胡瑗解释说："屯者，屯难之名，天地始交而生物之时也。夫天地气交而生万物，万物始生必至艰而多难，由艰难而生成，盈天地之间亦犹君臣之道始交，将以共定天下，亦必先艰难而后至于昌盛。"①

这段话概括了新事物产生和发展的规律，非常经典。一方面，任何事物都是正反两种力量交互作用的结果，就好像生与死的关系一样，生一开始就与死相随，只是由于生长的力量过于强大，死的因素还无法发挥作用而已。然而伴随年龄的增长，死的因素逐渐开始起作用，最突出的症状便是各种生理功能的不断衰退等。另外，一个人的性格也不是纯粹的阳或阴，而是两者的结合，例如，纯粹符合"坤卦"那样绝对顺从性格的人，人世间有吗？根本没有，你找不到。反过来，纯粹符合"乾卦"那样绝对阳刚性格的人，人世间有吗？也根本没有。所以人的性格都是复合性的，既有阳刚的一面，又有柔顺的一面，只是在不同条件下，所表现的形式有所差别，有时阳刚多于柔顺，有时则柔顺多于阳刚。社会发展亦如此，都是好人的社会，你在地球上找不到，同样，都是恶人的社会，你在地球上也找不到。社会的常态是既有好人又有恶人，只是两者在社会总人口中所占比例不同。另一方面，新事物的产生是一个十分艰难的过程，人生没有一帆风顺的，多少都会有坎坷。因此，我们每个人都应当有敢于面对挫折与困难的勇气，同时，我们还要有挑战困难和命运的信心和力量。一句话，"万物始生必至艰而多难，由艰难而生成"，也就是说，我们不论在何时何地，都要牢牢树立困难是暂时的这个信念，不为复杂的环境所困惑，更不为暂时的挫折和困难所吓倒。

可见，正如碳、氮、氢、氧是有机物的基本元素一样，乾卦和坤卦则是人事的基本元素。在《周易》的卦爻体系里，乾卦和坤卦是基卦，不是不重要，但更重要的应当是由乾、坤两卦所组合而成的其他诸卦。于是，胡瑗以儒家纲常名教为中枢，构架了重建整个宋代儒家道德秩序的思想体系，内容包括政治学、法学、军事学、心理学、社会学、伦理学、哲学等。

---

① 胡瑗：《周易口义》卷2《上经·屯》，文渊阁四库全书本。

第一图，如图 3-5 所示。

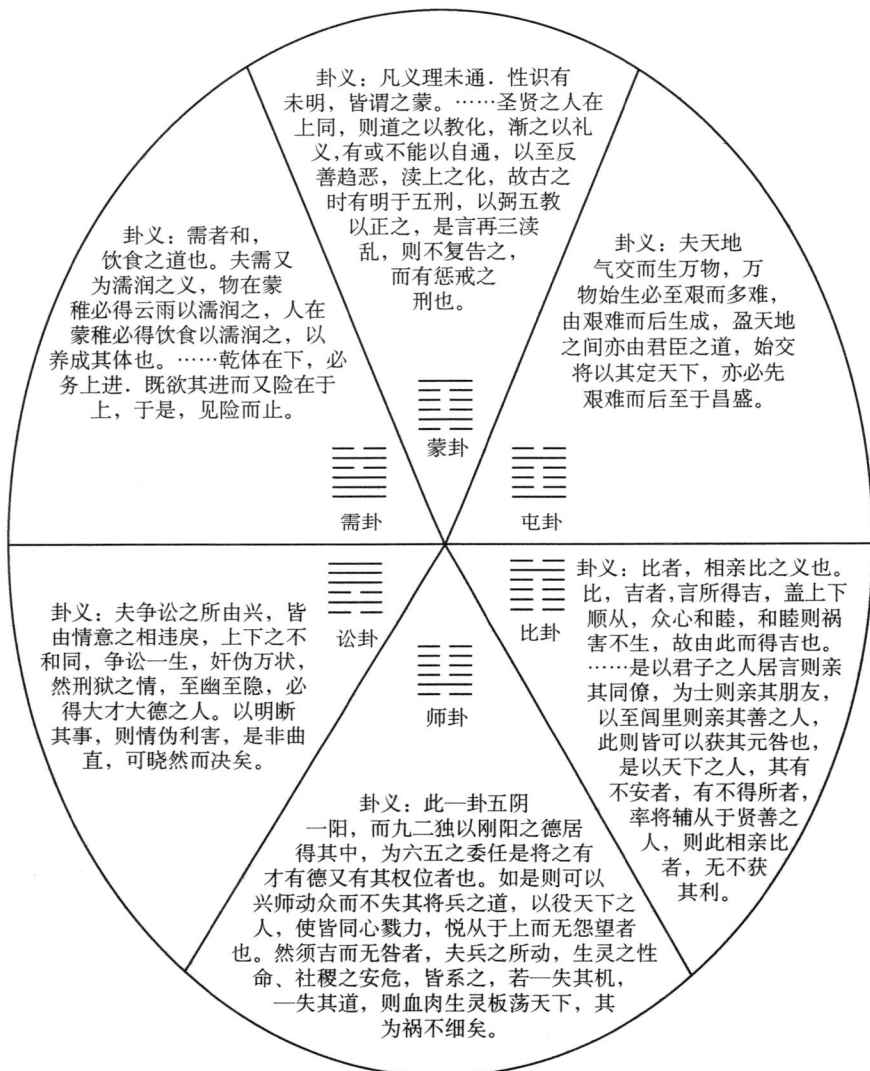

卦义：凡义理未通，性识有未明，皆谓之蒙。……圣贤之人在上同，则道之以教化，渐之以礼义，有或不能以自通，以至反善趋恶，渎上之化，故古之时有明于五刑，以弼五教以正之，是言再三渎乱，则不复告之，而有惩戒之刑也。

卦义：需者和，饮食之道也。夫需又为濡润之义，物在蒙稚必得云雨以濡润之，人在蒙稚必得饮食以濡润之，以养成其体也。……乾体在下，必务上进。既欲其进而又险在于上，于是，见险而止。

蒙卦

需卦

屯卦

卦义：夫天地气交而生万物，万物始生必至艰而多难，由艰难而后生成，盈天地之间亦由君臣之道，始交将以其定天下，亦必先艰难而后至于昌盛。

卦义：夫争讼之所由兴，皆由情意之相违戾，上下之不和同，争讼一生，奸伪万状，然刑狱之情，至幽至隐，必得大才大德之人。以明断其事，则情伪利害，是非曲直，可晓然而决矣。

讼卦

比卦

师卦

卦义：比者，相亲比之义也。比，吉者，言所得吉，盖上下顺从，众心和睦，和睦则祸害不生，故由此而得吉也。……是以君子之人居言则亲其同僚，为士则亲其朋友，以至闾里则亲其善之人，此则皆可以获其元咎也，是以天下之人，其有不安者，有不得所者，率将辅于于贤善之人，则此相亲比者，无不获其利。

卦义：此一卦五阴一阳，而九二独以刚阳之德居得其中，为六五之委任是将之有才有德又有其权位者也。如是则可以兴师动众而不失其将兵之道，以役天下之人，使皆同心戮力，悦从于上而无怨望者也。然须吉而无咎者，夫兵之所动，生灵之性命、社稷之安危，皆系之，若一失其机，一失其道，则血肉生灵板荡天下，其为祸不细矣。

图 3-5　《周易口义》中对蒙、屯、比、师、讼、需诸卦义解简图

第二图，如图 3-6 所示。

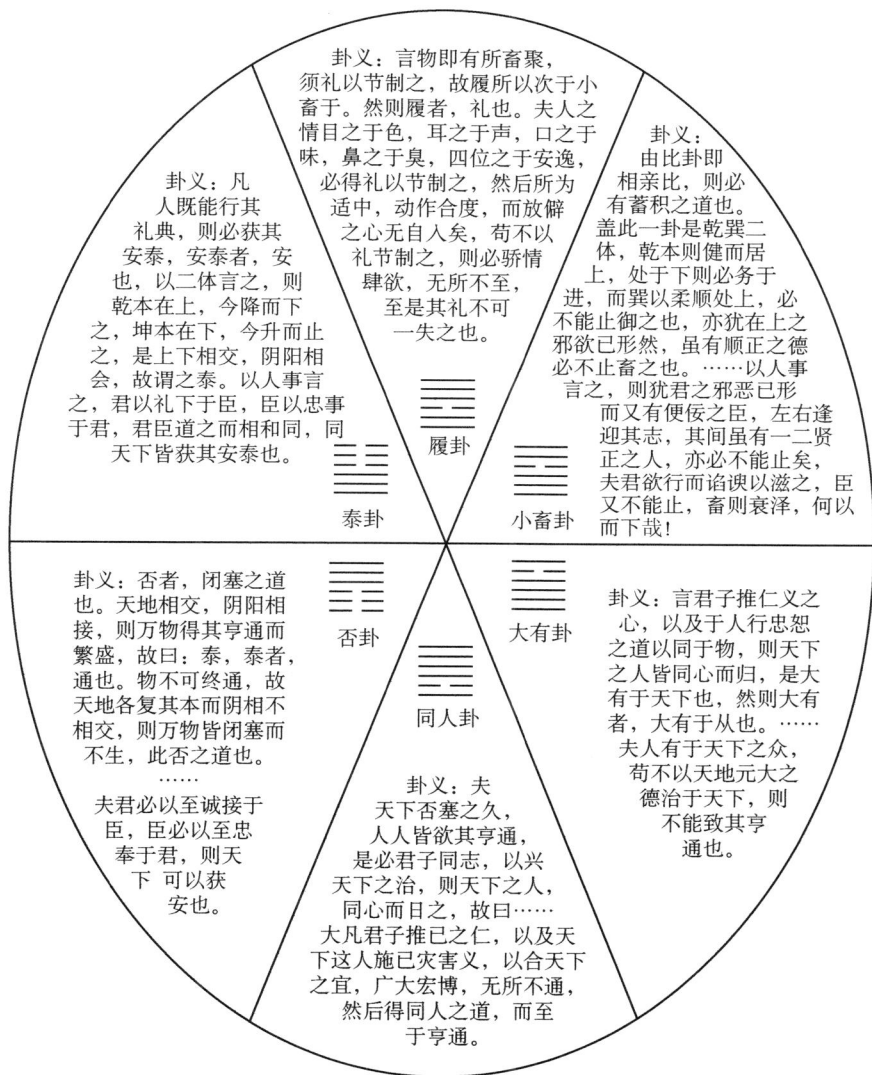

卦义：言物即有所畜聚，须礼以节制之，故履所以次于小畜于。然则履者，礼也。夫人之情目之于色，耳之于声，口之于味，鼻之于臭，四位之于安逸，必得礼以节制之，然后所为适中，动作合度，而放僻之心无自入矣，苟不以礼节制之，则必骄情肆欲，无所不至，至是其礼不可一失之也。

卦义：由比卦即相亲比，则必有蓄积之道也。盖此一卦是乾巽二体，乾本则健而居上，处于下则必务于进，而巽以柔顺止上，必不能迎御之也，亦犹在上之邪欲已形然，虽有顺正之德必不止畜之也。……以人事言之，则犹君之邪恶已形而又有便佞之臣，左右逢迎其志，其间虽有一二贤正之人，亦必不能止矣，夫君欲行而谄谀以滋之，臣又不能止，畜则衰泽，何以而下哉！

卦义：凡人既能行其礼典，则必获其安泰，安泰者，安也，以二体言之，则乾本在上，今降而下之，坤本在下，今升而止之，是上下相交，阴阳相会，故谓之泰。以人事言之，君以礼下于臣，臣以忠事于君，君臣道之而相和同，同天下皆获其安泰也。

履卦

泰卦

小畜卦

卦义：否者，闭塞之道也。天地相交，阴阳相接，则万物得其亨通而繁盛，故曰：泰，泰者，通也。物不可终通，故天地各复其本而阴相不相交，则万物皆闭塞而不生，此否之道也。……夫君必以至诚接于臣，臣必以至忠奉于君，则天下可以获安也。

否卦

大有卦

同人卦

卦义：言君子推仁义之心，以及于人行忠恕之道以同于物，则天下之人皆同心而归，是大有于天下也，然则大有者，大有于从也。……夫人有于天下之众，苟不以天地元大之德治于天下，则不能致其亨通也。

卦义：夫天下否塞之久，人人皆欲其亨通，是必君子同志，以兴天下之治，则天下之人，同心而日之，故曰……大凡君子推己之仁，以及天下这人施己灾害义，以合天下之宜，广大宏博，无所不通，然后得同人之道，而至于亨通。

图 3-6 《周易口义》中对小畜、大有、同人、否、泰、履诸卦义解简图

第三图，如图 3-7 所示。

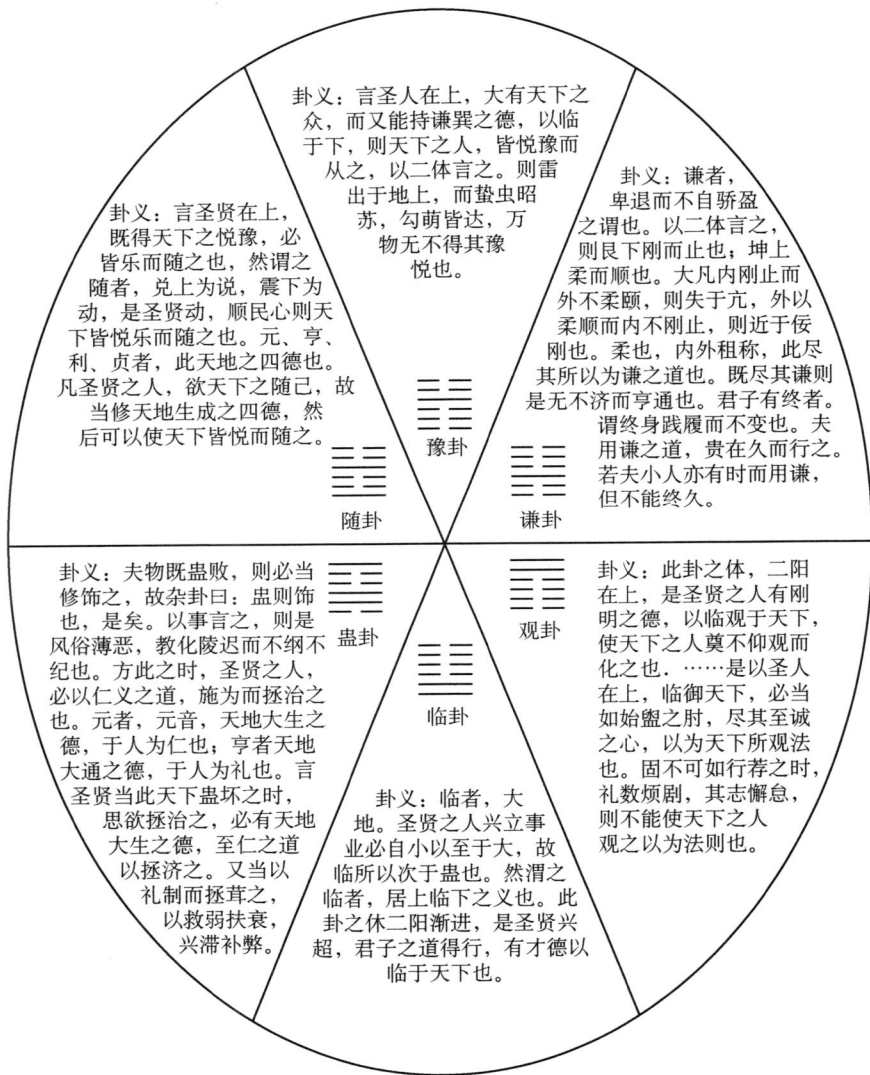

卦义：言圣人在上，大有天下之众，而又能持谦巽之德，以临于下，则天下之人，皆悦豫而从之，以二体言之。则雷出于地上，而蛰虫昭苏，勾萌皆达，万物无不得其豫悦也。

卦义：谦者，卑退而不自骄盈之谓也。以二体言之，则艮下刚而止也；坤上柔而顺也。大凡内刚止而外不柔颐，则失于亢，外以柔顺而内不刚止，则近于佞刚也。柔也，内外相称，此尽其所以为谦之道也。既尽其谦则是无不济而亨通也。君子有终者。谓终身践履而不变也。夫用谦之道，贵在久而行之。若夫小人亦有时而用谦，但不能终久。

卦义：言圣贤在上，既得天下之悦豫，必皆乐而随之也，然谓之随者，兑上为说，震下为动，是圣贤动，顺民心则天下皆悦乐而随之。元、亨、利、贞者，此天地之四德也。凡圣贤之人，欲天下之随己，故当修天地生成之四德，然后可以使天下皆悦而随之。

豫卦

随卦

谦卦

卦义：夫物既蛊败，则必当修饰之，故杂卦曰：蛊则饰也，是矣。以事言之，则是风俗薄恶，教化陵迟而不纲不纪也。方此之时，圣贤之人，必以仁义之道，施为而拯治之也。元者，元音，天地大生之德，于人为仁也；亨者天地大通之德，于人为礼也。言圣贤当此天下蛊坏之时，思欲拯治之，必有天地大生之德，至仁之道以拯济之。又当以礼制而拯茸之，以救弱扶衰，兴滞补弊。

蛊卦

观卦

临卦

卦义：此卦之体，二阳在上，是圣贤之人有刚明之德，以临观于天下，使天下之人莫不仰观而化之也．……是以圣人在上，临御天下，必当如始盥之肘，尽其至诚之心，以为天下所观法也。固不可如行荐之时，礼数烦剧，其志懈怠，则不能使天下之人观之以为法则也。

卦义：临者，大地。圣贤之人兴立事业必自小以至于大，故临所以次于蛊也。然渭之临者，居上临下之义也。此卦之休二阳渐进，是圣贤兴超，君子之道得行，有才德以临于天下也。

图 3-7 《周易口义》中对豫、谦、观、临、蛊、随诸卦义解简图

第四图，如图 3-8 所示。

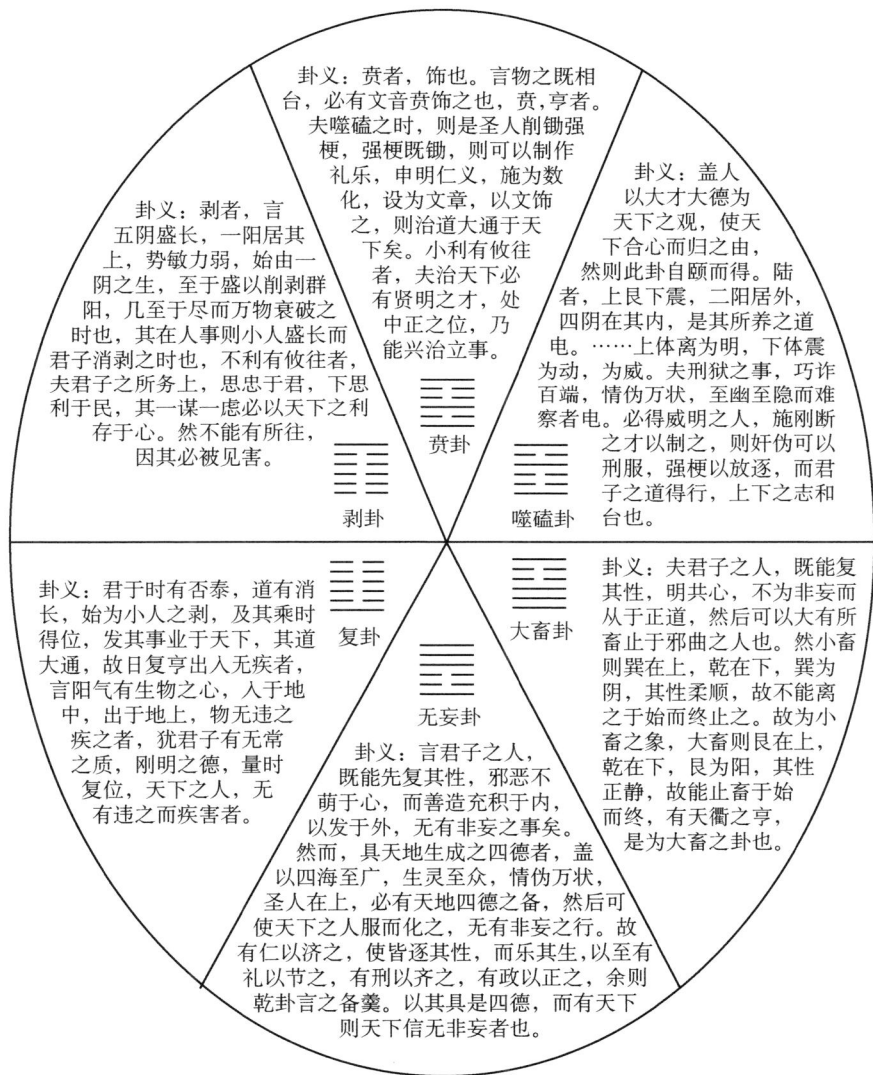

卦义：贲者，饰也。言物之既相台，必有文章贲饰之也，贲，亨者。夫噬磕之时，则是圣人削锄强梗，强梗既锄，则可以制作礼乐，申明仁义，施为数化，设为文章，以文饰之，则治道大通于天下矣。小利有攸往者，夫治天下必有贤明之才，处中正之位，乃能兴治立事。

卦义：盖人以大才大德为天下之观，使天下合心而归之由，陆者，上艮下震，二阳居外，四阴在其内，是其所养之道电。……上体离为明，下体震为动，为威。夫刑狱之事，巧诈百端，情伪万状，至幽至隐而难察者电。必得威明之人，施刚断之才以制之，则奸伪可以刑服，强梗以放逐，而君子之道得行，上下之志和台也。

卦义：剥者，言五阴盛长，一阳居其上，势敏力弱，始由一阴之生，至于盛以削剥群阳，几至于尽而万物衰破之时也，其在人事则小人盛长而君子消剥之时也，不利有攸往者，夫君子之所务上，思忠于君，下思利于民，其一谋一虑必以天下之利存于心。然不能有所往，因其必被见害。

卦义：君于时有否泰，道有消长，始为小人之剥，及其乘时得位，发其事业于天下，其道大通，故日复亨出入无疾者，言阳气有生物之心，入于地中，出于地上，物无违之疾之者，犹君子有无常之质，刚明之德，量时复位，天下之人，无有违之而疾害者。

卦义：夫君子之人，既能复其性，明共心，不为非妄而从于正道，然后可以大有所畜止于邪曲之人也。然小畜则巽在上，乾在下，巽为阴，其性柔顺，故不能离之于始而终止。故为小畜之象，大畜则艮在上，乾在下，艮为阳，其性正静，故能止畜于始而终，有天衢之亨，是为大畜之卦也。

卦义：言君子之人，既能先复其性，邪恶不萌于心，而善造充积于内，以发于外，无有非妄之事矣。然而，具天地生成之四德者，盖以四海至广，生灵至众，情伪万状，圣人在上，必有天地四德之备，然后可使天下之人服而化之，无有非妄之行。故有仁以济之，使皆逐其性，而乐其生，以至有礼以节之，有刑以齐之，有政以正之，余则乾卦言之备羹。以其具是四德，而有天下则天下信无非妄者也。

贲卦
剥卦
噬磕卦
复卦
大畜卦
无妄卦

图 3-8 《周易口义》中对贲、噬磕、大畜、无妄、复、剥诸卦义解简图

（二）胡瑗的分斋教育思想

1. 胡瑗分斋教育思想的主要内容和特点

从时空的流动性来看，胡瑗将"邹、鲁"之"好儒"和"备于礼"[①] 的遗风向南传播到江浙一带地区。湖州，即吴中，是项羽放言秦始皇"彼可取而代之"的地方，此为武略之雄壮，而胡瑗在湖州提倡"以仁义礼乐为学"，主张"性命之说"，一派文功气象，开理学之先声。

在当时，胡瑗无疑是一个学问很全面的知识分子，宋仁宗称其"学贯古今，智周礼乐"[②]，这一点可从他的著述中看出来。据初步统计，由门人记录整理的著述有《春秋口义》《周易口义》《洪范口义》《论语说》及《春秋说》等，其他还有《皇祐新乐图记》《学政条约》和《武学规矩》等。显然，胡瑗的著述与教育的关系十分密切。在他看来，"学校之兴莫过于三代，而三代之兴莫过于周大司徒以六德、六行、六艺教万民。三代而下言治者称汉唐，然未知先王教化之意而人自为学。汉之士则党同妒道，唐之文则天宝之风尚党、大历之风尚浮、贞元之风尚荡、元和之风尚怪，其于教化，固可知矣"[③]。批判汉唐是宋代学者比较一致的做法和学术倾向，在今天看来，汉唐的教育制度确实有不尽如人意之处，主要是贵族教育，考试方法也刻板，唯尚浮华文词，但总体上讲，是成绩大于不足，而宋人显然夸大了汉唐教育的不足，这是宋人反常社会心态变化的一种反映。

作为对汉唐教育制度的修正，胡瑗把儒家经典抬举到国家意识形态的核心地位，主张"明夫圣人体用，以为政教之本"[④]。其中"体"即儒家经典中不可更变的"君臣父子"及"仁义礼乐"[⑤]。具体地讲，则"明体"的内容包括以下几个方面。

（1）言行一致，立德立言，表里如一。胡瑗在《论语说》中明言：

> 非止闻夫子之道，凡闻人之善言善行，皆如是。
>
> 古之人取人以德，不取其有言，言与德两得之。今之人两失之。[⑥]

---

① 司马迁：《史记》卷 129《货殖列传》，北京：中华书局，1985 年，第 3266 页。
② 《宋仁宗召太子中舍致仕胡瑗秘阁同定雅乐诏》，载胡海、金胜编纂：《全国胡氏族谱大通考》卷 7《百世师表胡瑗》，2004 年，第 51 页。
③ 见《湖北通志》卷 57《学校志三·学官三·松滋县学记》，上海：商务印书馆，1921 年，影印本。徐洪兴认为，《松滋县学记》一文非胡瑗所作（见氏著《思想的转型：理学发生过程研究》，上海：上海人民出版社，1996 年，第 324 页）。
④ （清）黄宗羲原著，全祖望补修，陈金生等点校：《宋元学案》卷 1《安定学案》，北京：中华书局，1986 年，第 25 页。
⑤ （清）黄宗羲原著，全祖望补修，陈金生等点校：《宋元学案》卷 1《安定学案》，北京：中华书局，1986 年，第 25 页。
⑥ （清）黄宗羲原著，全祖望补修，陈金生等点校：《宋元学案》卷 1《安定学案》，北京：中华书局，1986 年，第 25 页。

　　胡瑗始终以儒家道德规范来约束自己和教育帝王及门徒。如胡瑗"治家甚严，尤谨内外之分，儿妇虽父母在，非节朔不许归宁"，立遗训"嫁女必须胜吾家者，娶妇必须不若吾家者"。① 又在迩英阁（宋代禁苑宫殿名，取"亲近英才"义）期间，胡瑗"专以损上益下、损下益上为说"②。再如，"徐积初见先生，头容少偏。先生厉声云：'头容直！'积猛然自省，不特头容要直，心亦要直，自是不敢有邪心"③。因此，"夫子之道"属于"里"，"人之善言善行"属于"表"，有的人尽管不懂得儒家理论，但他们所言所行都符合儒家道德规范，这亦在"明体"的范畴之内。

　　（2）以"中庸"为执政之道。"执政"是儒家教育的最终目的，那么，如何成为一名合格的"执政者"？胡瑗的理念是"上之损下，不可太过，必须合于中正"④。所以，在《论语说》里，胡瑗赞同孔子对冉求的评论。孔子一方面肯定冉求有"宰相"之才，"可使为宰"；另一方面，孔子又鄙视其敛财的手段，不合正道，故称其为"小子"。⑤

　　（3）学习圣人不能脱俗。像二程以"存天理、灭人欲"的道德原则来约束民众，恐怕很难奏效。圣人都脱俗了吗？胡瑗的看法比较审慎，他以孔子为例说："孔子固学于人而后为孔子。"⑥ 这是因为胡瑗"恐后学待孔子太高而自绝于不可学"⑦，故有上述之论。胡瑗认为，"灭人欲"是不现实的，因为"口实是养身之具"，关键在于"常自求观己之所养而从于正道"⑧。又说："知爱身，则知可以修身。"且"圣人不贵无过，而贵改过。"⑨ 这些论述说明人不能脱俗，由俗而圣，圣不离俗，是胡瑗教法的基本指导思想。

　　至于"达用"，胡瑗认为："举而措之天下，能润泽斯民，归于皇极者，其用也。"⑩ 由于胡瑗所讲的"达用"主要体现在教学过程之中，故其把"三

---

① （清）黄宗羲原著，全祖望补修，陈金生等点校：《宋元学案》卷 1《安定学案》，北京：中华书局，1986 年，第 29 页。
② （清）黄宗羲原著，全祖望补修，陈金生等点校：《宋元学案》卷 1《安定学案》，北京：中华书局，1986 年，第 29 页。
③ （清）黄宗羲原著，全祖望补修，陈金生等点校：《宋元学案》卷 1《安定学案》，北京：中华书局，1986 年，第 29 页。
④ 胡瑗：《周易口义》卷 7《损卦》，文渊阁四库全书本。
⑤ （清）黄宗羲原著，全祖望补修，陈金生等点校：《宋元学案》卷 1《安定学案》，北京：中华书局，1986 年，第 27 页。
⑥ （清）黄宗羲原著，全祖望补修，陈金生等点校：《宋元学案》卷 1《安定学案》，北京：中华书局，1986 年，第 26 页。
⑦ （清）黄宗羲原著，全祖望补修，陈金生等点校：《宋元学案》卷 1《安定学案》，北京：中华书局，1986 年，第 26 页。
⑧ 胡瑗：《周易口义》卷 5《颐卦》，文渊阁四库全书本。
⑨ 朱熹：《胡安定先生行实》，载胡海、金胜编纂：《全国胡氏族谱大通考》卷 7《百世师表胡瑗》，2004 年，第 54 页。
⑩ （清）黄宗羲原著，全祖望补修，陈金生等点校：《宋元学案》卷 1《安定学案》，北京：中华书局，1986 年，第 25 页。

代之兴莫过于周大司徒以六德、六行、六艺教万民"的模式具体化为"分斋教学",即一面主修"六德",另一面主修"六艺",因材施教,因需设科,培养满足社会需要的各种"实用型"人才。《宋元学案·安定学案》评述胡瑗的"分斋教法"说:"其教人之法,科条纤细其备。立'经义'、'治事'二斋:经义则选择其心性疏通、有器局、可任大事者,使之讲明《六经》。治事则一人各治一事,又兼摄一事,如治民以安其生,讲武以御其寇,堰水以利田,算历以明教是也。"①

从胡瑗"分斋教法"的实际效果看,其体现出"敦尚本实"的特点。《宋史·选举志》载:

> （仁宗）时太学之法宽简,而上之人必求天下贤士,使专教导规矩之事。安定胡瑗设教苏、湖间二十余年。世方尚词赋,湖学独立经义、治事斋,以敦实学。……士或不远数千里来就师之,皆中心悦服。有司请下湖学,取其法以教太学。②

"敦实"的学风对宋代教育的发展影响巨大,所谓"经义、治事,以适士用"③,"不独一时学者宗之,亦世而后,教泽犹存"④。据史料记载,胡瑗自苏湖时起,至太学时止,出其门下的不下数千人,程颐即是其中最著名的一位。可见,无论如何,胡瑗对宋学发展的影响是具有决定意义的。

2. 胡瑗分斋教育思想的历史局限性

历来谈胡瑗教法者,多讲"是"而少言"非"。不过,无论从当时的社会背景看,还是从现在的教育理念看,胡瑗教法绝不能说是完美无缺的,它同任何其他的历史现象一样,都有其不可回避的历史局限性。

首先,宋真宗《劝学篇》的理论宗旨与胡瑗的"教学"思想不一致。《劝学篇》云:"富家不用买粮田,书中自有千钟粟。安居不用架高梁,书中自有黄金屋。娶妻莫恨无良媒,书中自有颜如玉。出门莫恨无随人,书中车马多如簇。男儿欲遂平生志,六经勤向窗前读。"⑤ 北宋哲宗时期的进士汪洙更有《神童诗》,与宋真宗的《劝学诗》一脉相承,《神童诗》中有"遗子黄金宝,何如教一经"⑥ 之说,表明读书的功利性极强。相较于金钱、

---

① （清）黄宗羲原著,全祖望补修,陈金生等点校:《宋元学案》卷1《安定学案》,北京:中华书局,1986年,第24页。
② （元）脱脱等:《宋史》卷157《选举志》,北京:中华书局,1985年,第3659页。
③ 《宋神宗帝御题赞》,载胡渊海、金胜编纂:《全国胡氏族谱 大通考》卷7《百世师表胡瑗》,2004年,第50页。
④ （清）蒲吾崔华:《重修胡安定先生祠堂祀》,同上,第56页。
⑤ （明）高拱:《本语》卷6《宋真宗"劝学文"》,文渊阁四库全书本。
⑥ （北宋）汪洙著,彦诏校注:《神童诗》,济南:齐鲁书社,1998年,第76页。

富贵和美女，胡瑗的"明体"说教，就显得非常苍白无力，这在客观上使得胡瑗的理想很难在当时的社会条件下变成现实，北南宋之际，士风急剧而下，不能说跟宋朝整个士民的教育动机没有关系。

其次，弟子虽多，但却没有形成明确的理学思想体系，反映了它的初始性和草创性。

最后，理论科学的教育不足。胡瑗"分斋教法"注重两头，缺失了"原理"思维的系统培养和训练，使得"治事"与"原理"之间的联系中介——"实验科学"，不能得到应有发展。尽管宋代的技术发明和技术创造，在量的方面为古代世界的最高峰，但是由于没有相应的科学实验和科学理论为其技术发明和技术创造经验进行系统的总结与提炼，因而宋代的技术成果大多仅仅停留在经验科学的层次和水平，无法从质的方面实现从古代科学向近代科学的重大历史跨越。

（三）安定学派的主要传承

安定学派的主要传承，如图 3-9 所示。

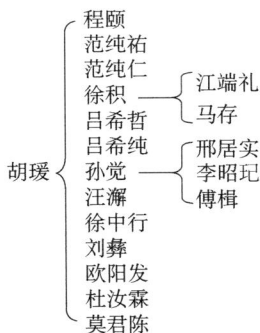

图 3-9　胡瑗的主要传承示意图

欧阳发是欧阳修的长子，《宋史》卷 319 载："自书契以来，君臣世系，制度文物，旁及天文、地理，靡不细究。"且"得古乐钟律之说"。他是一个知识非常全面的人，自然科学素养甚高，可惜只活了 46 岁。汪澥是安徽人，少师胡瑗学《易》，又从王安石习经学，由此可见宋人开放门户之一斑，著有《孟子句解》（已佚），这与王氏推崇孟子有关。

二、孙复与泰山学派

泰山学派是北宋庆历前后理学开始崛起时期出现的一个学派，对理学的形成具有重大的影响。泰山学派的创始人是孙复（主要学术贡献是《春秋》由专门学变为通学）与石介。石介是孙复的弟子，所以泰山学派以孙复为主。孙复是晋州平阳（今山西临汾）人，他曾举进士不第，退居泰山，聚徒讲学，石介等人都师事之，世称泰山先生。对这一派的学术地位，《宋元学案》卷 3《高平学案》说："有宋真、仁之际，儒林之草昧也。当时，濂、洛之徒方萌芽而未出，而睢阳（今河南商丘）戚氏（同文）在宋，泰山（今山东省泰安市境内）孙氏（复）在齐，安定胡氏（瑗）在吴，相与讲明正学，自拔于尘俗之中。"（第 134 页）石介的地位特别值得一提，前面讲过唐朝的古文运动直斥骈文，但骈文在宋初文坛仍居于主导地位，以杨亿为代表，有"西昆体"之滥。在石介之前，虽有柳开、穆修等与之相抗，无奈气力不够，"西昆体"摇而不坠。然而，石介的《怪说》一出，情况就大不相同了，从此，杨亿没有了兜风的市场。石介力诋杨亿，不遗余力，他说：

> "昔杨翰林欲以文章为宗于天下，忧天下未尽信己之道，于是盲天下人目，聋天下人耳。使天下人目盲，不见有周公、孔子、孟轲、扬雄、文中子、吏部之道。使天下人耳聋，不闻有周公、孔子、孟轲、扬雄、文中子、吏部之道……今天下有杨亿之道四十年矣"，他"穷妍极态，缀风月，弄花草，淫巧侈丽，浮华纂组，刓（wan）镂圣人之经，破碎圣人之言，离析圣人之意，蠹伤圣人之道"。

从这个角度看，泰山学派确有承前启后之功。

当然，孙复在宋初思想界，以治《春秋》最为著名。

（一）《春秋尊王发微》的主要结构与内容

我们知道，受中唐古文运动的影响，晚唐的啖助、赵匡等极力推崇《春秋》学。中唐《春秋》学抉发西汉今文经学"天下为公"的微言大义，分别以"公天下"为特征的"尧舜之道"和以"家天下"为特征的"文武法度"，从而"尊王贱霸"。然而，孙复在《春秋尊王发微》里，弥合了两者的差异。在他看来，无论是"尧舜之道"还是"文武法度"，都落脚于维建一种尊卑有别的社会秩序。如在《孙明复小集》之《尧权议》和《舜制议》里，孙复肯定了黄帝明"君臣之分"及舜创立"公、侯、伯、子、男"五等制的历史价值，因为那是"王道"秩序的体现。

至于《春秋尊王发微》的主要内容，如表 3-1 所示。

表 3-1 《春秋尊王发微》案例：隐公元年与隐公二年孙复解经举要

隐公元年 （公元前 722 年）	经：三月，公及邾 仪父盟于蔑	孙复案：盟者，乱世之事，故圣王在上，阘无闻焉。斯盖周道陵迟，众心离贰，忠信殆绝，谲诈交作，于是列国相与，始有歃血要言之事尔。凡书盟者，皆恶之也。邾，附庸国。仪父，字。附庸之君，未得列于诸侯，故书字以别之。……《春秋》之法，恶甚者日，其次者时，非独盟也。以类而求二百四十二年诸侯罪恶轻重之迹，焕然可得而见矣。蔑，鲁地
	经：夏五月，郑伯 克段于鄢	孙复案：诸侯杀大夫，称人、称国。杀世子母弟，称君，此郑伯弟可知也。克者，力胜之辞。段，郑伯弟，以郑伯之力始胜之者，见段骄悍难制，国人莫优也。郑伯养成段恶，至于用兵，此兄不兄，弟不弟也。郑伯，兄不兄；段，弟不弟。故曰：郑伯克段于鄢，以交讥之也。鄢：郑地
	经：秋七月，天王 使宰咺来归惠公、 仲子之赗	孙复案：秋七月，天王使宰咺来归惠公、仲子之赗，非礼也。仲子，孝公妾，惠公母。惠公既君，仲子不称夫人者，妾母不得称夫人。故曰：惠公，仲子也。其曰：惠公，仲子者，非他，以别惠公之母尔
	经：九月，及宋入 盟于宿	孙复案：及宋人盟，皆微者也。外微者，称人；内微者，称及。不可言鲁人，故也。
	经：冬十有二曰祭 伯来	孙复案：祭伯，天子卿，不称使者，非天子命也。非天子命，则奔也。不言奔，非奔也。祭伯，私来也，祭伯私来，故曰：祭伯来，以恶之。祭，国伯爵
隐公二年 （公元前 721 年）	经：春，公会戎于 潜	孙复案：公会戎于潜，圣王不作，明堂失位，要荒之人，与诸侯抗，故公会戎于潜，诸侯非有天子之事，不得出会诸侯，况会戎者！凡书会者，皆恶之也。潜，鲁地
	经：夏五月，莒人 入向	孙复案：莒，小国也。入者，以兵入也。莒，小国，以兵向者，隐威之际，征伐用师，国无小大，皆专而行之，故莒人，以兵入向，其称人者，《春秋》小国，卿大夫，皆称人，以其土地微陋，其礼不足，故也
	经：无骇帅师入极	孙复案：无骇，公子展孙，不氏，未使也，极，附庸国，外莒人入向内。无骇率师人极，天子不能诛，此周室陵迟可知也
	经：秋八月庚辰， 公及戎盟于唐	孙复案：盟，不相信尔，故割牲歃血以要之。邾仪父，中国也，公与中国盟犹曰不可，与戎盟于唐，甚矣！唐，鲁地
	经：九月，纪裂繻 来逆女	孙复案：恶，不亲迎也。诸侯亲迎，礼之大者，在《易·咸》卦，兑上艮下，艮，少男，先下女，亲迎之象也。故曰：咸，感也，二气感应似相与。又曰：天地感而万物化生，圣人感人心而天下和平，是以文王亲迎于渭，以启周室，诗人美之，纪侯不如亲迎之大，故斥言纪裂繻来逆女以恶之也。裂繻，纪大夫未命，故不氏
	纪：冬十月，伯姬 归于纪	孙复案：伯姬，纪裂繻所逆内女也。伯，字姬，鲁姓，妇人谓嫁曰归
	纪：十有二月乙 卯，夫人之氏薨	孙复案：隐公夫人也。夫人薨，夫人薨志者，夫人，小君，与君一体，故志之也。子，宋姓。不地者，夫人薨有常处。不言葬者，五月而葬也
	经：郑人伐卫	孙复案：天下有道，则礼乐征伐自天子出；天下无道，则礼乐征伐自诸侯出。自诸侯出，盖十世希不失矣。夫礼乐征伐者，天下国家之大经也。天子尸之，非诸侯可得专也。诸侯专之犹曰不可，况大夫乎！吾观隐桓之际，诸侯无小大，皆专而行之，皆专而行之，宣成而下，大夫无内外皆专而行之，其无王也甚矣。故孔子从而录之，正以王法，凡侵伐围入取灭，皆诛罪也。郑人，微者

孙复撰写《春秋尊王发微》的总原则是：

> 孔子之作《春秋》也，以天下无王而作也，非为隐公而作也。然则《春秋》之始于隐公者非他，以平王之所终也。昔者幽王遇祸，平王东迁，平既不亡，周道绝矣。观夫东迁之后，周室微弱，诸侯强大，朝觐之礼不修，贡赋之职不奉，号令之无所束，赏罚之无所加，坏法易纪者有之，变礼乱乐者有之，弑君杀父者有之，攘国窃号者有之，征伐四出，荡然莫禁，天下之政，中国之事，皆诸侯分裂之。平王庸暗，历孝逾惠莫能中兴，播荡陵迟，逮隐而死。夫生犹有可待也，死则何所为哉？故《诗》自〈黍〉而降，《书》自〈文侯之命〉而绝，《春秋》自隐公而始也。《诗》自〈黍〉而降者，天下无复有雅也；《书》自〈文侯之命〉而绝者，天下无复有诰命也；《春秋》自隐公而始者，天下无复有王也。夫欲治其末者，必先端其本，严其终者，必先正其始。①

这种史观，未免低沉。所以孙复的批判思维具有特定的历史背景。

由表 3-1（以隐公元年和二年为例）不难看出，孙复的《春秋尊王发微》在体例上，舍传求经，开出了一条"凭己意解经"的新路径。《春秋》分"经"与"传"两部分，其中"传"的内容数倍于"经"的内容。"经"不仅内容少，而且为了尊者的名分，隐去了大量有损于"尊者"体面的事件。这样，对"经"的解读就具有了开放性和灵活性。孙复正是抓住《春秋》的这个特征，结合北宋初期社会发展的实际情况，用"春秋"笔法，针砭时弊，引导士人恰当处理"君"与"相"的关系，既不能使君权无限膨胀，又不能使大夫的权力不受约束。所以在"尊王"的立场上，孙复更多考虑的是如何构建维护王权的政治机制。

（二）以"至德"为核心的"王道"思想

前面讲过，孙复《春秋尊王发微》的"微"，不独是《春秋》经学中的"微言大义"，他更想探索出一套维护王权统治的政治机制。孙复承认孔子作《春秋》"以天下无王而作也"。至于"无王"的严重后果，孙复指出："朝觐之礼不修，贡赋之职不奉，号令之无所束，赏罚之无所加，坏法易纪者有之，变礼乱乐者有之，弑君戕父者有之，攘国窃号者有之，征伐四出，荡然莫禁，天下之政，中国之事，皆诸侯分裂之。"②而五代的割据政权与北宋初年的"统一"战争，原则上仍然属于"割据政权"的延续。为了真

---

① 孙复：《春秋尊王发微》卷1《隐公》，文渊阁四库全书本。
② 孙复：《春秋尊王发微》卷1《隐公》，文渊阁四库全书本。

正结束"诸侯割据政权"的局限，发动大规模的战争是一方面，另一方面还要从体制上构建"王权"运行的政治机制。

第一，"直道"与"忠君"。《春秋尊王发微》判断诸侯各种行为的正当与否，其标准就是儒家的"礼制"。由于礼制的内容涉及社会生活的方方面面，限于篇幅，本文不作详论。但有一点需要明确，即《春秋》的主旨在于以"直道"立身。《周易·坤卦》"六二爻"辞云："六二之动，直以方也。不习无不利，地道光也。"[1] 又说："君子敬以直内，义以方外，敬义立而德不孤，直方大，不习无不利，则不疑其所行也。阴虽有美，含之以从王事，弗敢成也。地道也，妻道也，臣道也。地道无成，而代有终也。"[2] 在"无王"的历史时期，"直道"便成为维护国家秩序与政治统治的重要道德力量和行为指南。于是，处于"臣道"位置上的士君子，他们的"进退去就出处"之道，成为中唐及北宋《春秋》学的共同话题。中唐《春秋》学在其特定的时代环境下，将"直道"置于"忠君"之上。这是后唐藩镇割据形势下的一种理论折射，是皇权衰落的思想体现。入宋之后，皇权与相权的矛盾比较突出，为了削弱相权的权力，宋太祖建立了一套分权体制，宰执、枢密使和三司使互相牵制，后来又增设谏院，谏官不仅在许多问题上跟宰相掣肘，还动辄捕风捉影、风闻奏事、在皇帝面前弹劾你，宰相的日子也不好过，每天诚惶诚恐。面对这样的生存环境，当士大夫的力量还没有壮大到足以与皇权相抗衡的时候，折中无疑是最佳选择。因此，孙复的《春秋》学既不偏重于皇权又不想置相权于从属和附庸的地位。这样，孙复将本来属于两种不同价值标准的"直道"和"忠君""形而上"化，认为两者都归于一理，那个"理"便是"至德"。例如，文王和周公就是两位"至德"的典范，除此之外，伊尹、吕望等就要打些折扣了。甚至在孙复的学生石介看来，伊尹之"五就桀"，则是能尽臣子之忠节，然后顺至公大义，佐汤以行革命，可谓得"君子去就之道"；而吕望则看准形势，弃绝其君，直归文王，故非全德之君子（石介：《徂徕集》卷 11《伊吕论》）所以，在王霸问题上，孙复、石介所论"直道"与"忠君"归于至当的"中庸之道"，得到宋代士大夫的广泛认同，并被奉为不易之大义。

第二，贵贱之分与内外之别。孔子修《春秋》的要旨之一，即是"设为等威，绝嫌疑，别同异"，"故《春秋》贵贱、差等斤斤致意也"[3]。如隐公元年（公元前 722 年）"九月，及宋人盟于宿"，对此条经文，孙复解释

---

[1]　《周易·坤》，见《黄侃手批白文十三经》，上海：上海古籍出版社，1985 年，第 3 页。
[2]　《周易·坤》，见《黄侃手批白文十三经》，上海：上海古籍出版社，1985 年，第 4 页。
[3]　刘梦溪主编，廖平著：《中国现代学术经典·廖平卷》，石家庄：河北教育出版社，1996 年，第 168 页。

说："及宋人盟,皆微者也。外微者称人,内微者称及,不可言鲁人故也。"①
现代学者日知进一步分析道:

> 这是鲁、宋二国立盟恢复国交的大事,然因两国代表都是国人(而
> 不是大夫),杜预所谓"宾主无名,皆微者也"。"及"之上应为"鲁人",
> 所谓"内卑",因其属于本国,略而不书;"宋人"所谓"外卑",仅称
> 人,不书名。这一条的书法已见内外之分,贵贱之别。②

虽然北宋的贵贱之别,不像《春秋》那样严格,但是整个社会的贵贱
意识还是非常强烈的,没有地位的人受歧视的现象仍十分严重,如地域歧
视、身份歧视、职业歧视等。宋仁宗曾下令:宗室的婚姻对象"若见任文
武升朝官,虽三代不尽食禄,但非工商、伎术及恶逆之族,有朝臣委保者,
听之"③。而作为对北宋以贵贱为法来区分人等的社会歧视现象的回应,北
宋末年方腊主张"如是法平等,无有高下",以及南宋初年钟相打出"等贵
贱,均贫富"的义旗,号召农民为争取社会的公正和公平而斗争。④ 当然,
问题要从两个方面看,社会阶层由于"分贵贱"而引发这样或那样的波动,
应是很正常的现象。我们必须看到,北宋初年政治体制的特殊性,它需要
刺激整个士大夫群体的参政议政意识和欲望,并通过士大夫而不是武人来
维持北宋封建政权的稳定性,而士大夫的这种欲望又必须在竞争中去实现,
否则宋代的政治动荡可能会更加严重,甚至会重蹈唐末五代的覆辙,故北
宋的科举制适应了整个士大夫群体的上述需求。孙复看到了社会分层的必
要性,他在《春秋尊王发微》一书中明确主张"《春秋》之义,非天子不得
专杀也"⑤。如果我们把宋太祖"不杀士大夫"的誓约⑥与上述《春秋》之
义联系起来,就不难发现,在宋代"士大夫"确实颇受尊重。难怪宋人一
定要把"伎术官"从"士族"中排挤出去,认为"伎术杂流玷辱士类"。⑦这
种贵贱意识引发了社会阶层的对立和资源占有与配置的不公,但是从北宋
政权建设的实际情况看,"贵贱之分"又是顺应历史发展要求的,有其必要
性和合理性。

第三,限制女权。孙复对《春秋》的理解带有严重歧视女权的倾向,
他借孔子之言,表达了其严格限制女权的极端思想。他在解释"公子翚如

---

① 孙复:《春秋尊王发微》卷1《隐公》,文渊阁四库全书本。
② 日知:《从〈春秋〉"称人"之例再论亚洲古代民主政治》,《历史研究》1981年第3期。
③ 李焘:《续资治通鉴长编》卷137"庆历二年七月庚午",北京:中华书局,1990年,第3287页。
④ 李洪钧等主编:《民主自由人权的历史与现实》,沈阳:辽宁大学出版社,1991年,第59—60页。
⑤ (清)黄宗羲原著,全祖望补修:《宋元学案》卷2《泰山学案》,北京:中华书局,1986年,第83页。
⑥ 关于这个问题,学界尚有争议,参见徐规:《宋太祖誓约辨析》,《历史研究》1986年第4期。
⑦ 徐松:《宋会要辑稿》职官三六之115。

齐逆女"一事时说：

> 是时文姜乱鲁，骊姬惑晋，南子倾卫，夏姬丧陈，上下化之，滔
> 滔皆是，不可悉举也。故自隐而下，内女出处之迹，皆详而录之，以
> 惩以戒，为万世法。①

既然"为万世法"，宋代当然不能例外。学界普遍认为宋代女性的地位
开始逐渐降低，而针对女权的收敛问题，诸多"家礼"都加以申述，如为
了"别男女"，司马光在《涑水家仪》里甚至规定：

> 凡为宫室，必辨内外，深宫固门。内外不共井，不共浴堂，不共厕。
> 男治外事，女治内事。男子昼无故，不处私室；妇人无故，不窥中门。
> 男子夜行以烛，妇人有出中门，必拥蔽其面。如盖头面帽之类。男仆非
> 有缮修，及有大故，谓水火盗贼之类。不入中门。入中门，妇人必避之。
> 不可避，亦必以袖遮其面。女仆无故，不出中门。有故出中门，亦必拥
> 蔽其面。小婢亦然。铃下苍头但主通内外之言，传致内外之物。②

《郑氏规范》对女权的限制更加严格：

> 诸妇必须安详恭敬，奉舅姑以孝，事丈夫以礼，待娣姒以和。然
> 无故不出中门，夜行以烛，无烛则止。如其淫狎，即宜屏放。若有妒
> 忌长舌者，姑诲之；诲之不悛则责之；责之不悛则出之。诸妇喋言无
> 耻，及干豫阃外事者，当罚拜以愧之。……初来之妇，一月之外，许
> 用便服。……诸妇工作，当聚一处，机杼纺绩，各尽所长。非但别其
> 勤惰，且革其私心。主之母尊，欲使家众悦服，不可使侧室为之，以
> 乱尊卑。……女子年及八岁者，不许随母到外家，余虽至亲之家，亦
> 不许往。违者重罚其母。……男女不亲授受，礼之常也。诸妇不得用
> 刀镊工剃面。③

这种对妇女权力的压制，从北宋到南宋，呈逐步加重的发展趋势。诚
如臧健所言："在同居的家族中，家中妇女原本就丧失了管理家中财产与各
项事物的权力，而'不许多言'和'勿听妇言'的规定，甚至不允许女人
有插嘴家族事物的权力。"④

---

① （清）黄宗羲原著，全祖望补修：《宋元学案》卷2《泰山学案》，北京：中华书局，1986年，第76—77
页。
② 司马光：《书仪》卷4《居家杂仪》，文渊阁四库全书本。
③ 郑绮：《郑氏家训》，见张鸣、丁明编：《中华大家名门家训集成》上，呼和浩特：内蒙古人民出版社，
1999年，第510—511页。
④ 臧健：《宋代家法的特点及其对家族中男女性别角色的认定》，邓小南主编：《唐宋女性与社会》，上
海：上海辞书出版社，2003年，第290页。

（三）泰山学派的主要传承

泰山学派的主要传承，如图 3-10 所示。

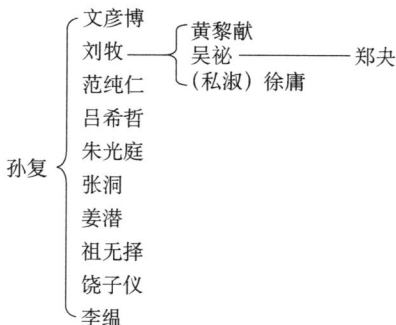

图 3-10　孙复的主要传承示意图

陆淳（？—806 年），吴郡（今江苏吴县）人，唐代中后期的大经学家，专以己意解经，不为"三传"旧说所囿，开北宋怀疑经传之风。朱熹赞其："推言治道，凛凛然可畏，终是得圣人个意思。"（《朱子语类》卷 83）其弟子吕希哲另创"荥阳学派"，晁说之创"景迁学派"，胡安国则创"武夷学派"。此派的思想特点是规范君臣之礼，主张"中庸之道"。它与北宋初的政治运行机制联系比较密切，而与真正的理学宗旨即王道政治（天→君→人，即皇帝权力被天理所约束，而天理正是宋代理学家约束皇权的紧箍咒）尚有一定距离。

三、范仲淹与高平学派

以范仲淹为代表的学术流派，称为"高平学派"。

范仲淹（989—1052 年），祖籍邠（bīn）州（今陕西彬县），后迁至江苏吴县，是为吴县人。然而，为什么将范仲淹的学说称作"高平学派"？最近看到《河北日报》登载的一篇文章，问题才有了答案。原来范仲淹出生于正定高平村，他的母亲谢氏也是高平村人。[1]

考范仲淹的祖上，几代都在吴越王钱氏手下做官，这应是他们父子形成"忠君"思想的历史根源。例如，范纯仁公开声称："吾平生所学，得之'忠恕'二字，一生用之不尽。"[2] 青年毛泽东就有"拟学颜子之箪瓢与范

---

[1] 刘萍：《范仲淹生于正定县高平村》，《河北日报》2009 年 10 月 9 日。

[2] （清）黄宗羲原著，全祖望补修，陈金生点校：《宋元学案》卷 3《高平学案》，北京：中华书局，1986 年，第 146 页。

公之画粥"①之举，其中的"范公"就是指范仲淹，据载，范仲淹就读于淄州（今山东淄博）长白山麓醴泉寺，每天以读书为乐，不以吃粥和咸菜为苦。后来，又到南都（今河南商丘县南）依隐士戚同文求学，成为一代文宗。戚同文思想的主旨是："人生以行义为贵。"② 例如，范仲淹一生积极筹办义学、义庄等活动，与此不无关系。在如何对待西夏的军事战略问题上，范仲淹主守，韩琦等主攻。庆历元年（1041 年）2 月，宋朝军队主动出击，结果好水川一战，被西夏伏兵打死 10 300 多人。事实证明，当时"守"是正确之策，所以范仲淹的思想偏于"守"。

对于他的"庆历新政"，今人论说已经很多。在此，笔者只想讲一句话，那就是"庆历新政"的本质在于"补"，而不在于"变"。③ 下面一段话，是范冲对宋高宗讲的，客观性更强。范冲说：

> 仁宗皇帝之时，祖宗之法，诚有弊处，但当补绽，不可变更。当时大臣如吕夷简之徒，持之甚坚，范仲淹等初不然之，议论不合，遂攻夷简，仲淹坐此迁谪。其后夷简知仲淹之贤，卒擢用之，及仲淹执政，犹欲伸前志，久之自知其不可行，遂已。④

屋子漏了可以修补，不需要把屋子拆了重盖。这实际上就是"忠君"思想的表现。在这一点上，高平学派与泰山学派存在共同点，用《宋元学案》中的话说，即此派"学以忠信为体，六经为功"⑤。

（一）《易义》与《四德说》的主要思想

范仲淹没有鸿篇巨著流传下来，所以他在宋学上的位置似乎并不重要，如陈钟凡的《两宋思想述评》与夏君虞的《宋学概要》，都不讲范仲淹的学术思想。难道是范仲淹没有学术思想吗？显然不是，只是他的文学成就遮掩了他的学术思想而已。《宋元学案·高平学案》录有其《易义》的一小部分内容，现据《范文正公文集》所收录的《易义》全文，拟对范仲淹的"易学"思想略作阐释。

1. 卦爻不必"自下而上次而成"

成卦有一定顺序，自下而上，迭次而成，如乾卦，其六爻的排列顺序

---

① 《毛泽东早期文集》，长沙：湖南人民出版社，1990 年，第 90 页。
② 《范文正公集》附《褒贤祠祀》卷 2，牟巘（yǎn）《义学记》。
③ 参见李裕民：《范仲淹变法新论》，李裕民著：《宋史考论》，北京：科学出版社，2009 年，第 17 页。
④ 李心传：《建炎以来系年要录》卷 79"绍兴四年八月戊寅"，北京：中华书局，1988 年，第 1289 页。
⑤ （清）黄宗羲原著，全祖望补修，陈金生点校：《宋元学案》卷 3《高平学案》，北京：中华书局，1986 年，第 149 页。

见前。

《周易·乾卦》的爻辞分别为：

乾：元，亨，利，贞。

初九：潜龙勿用。

九二：见龙在天，利见大人。

九三：君子终日乾乾，夕惕若厉，无咎。

九四：或跃在渊，无咎。

九五：飞龙在天，利见大人。

上九：亢龙，有悔。①

一般的易学家都依照上述顺序，一爻一爻地解释其微言大义。范仲淹一改前贤的思维模式，从中撷取"九二"与"九五"两爻，重点阐发"利见大人"的深刻内涵。范仲淹说："明夫'乾'，君之象。既重其卦，则有内外之分。九二居乎内，德也；九五居乎外，位也。余爻则从其进退安危之会而言之，非必自下而上次而成之也。"② 传统的解释认为，君王乃九五之尊，故"九五"爻表征君位。然而，"利见大人"和"龙"之"潜"与"飞"，是同一过程的两个阶段，两者是不能截然分开的。如君王在"潜邸"时期，躬身修德，顺合天时，有朝一日，飞龙上天，则"行乎道而不息"。③ 在这里，范仲淹特别将"元、亨、利、贞"抽出来，独立成一篇《四德说》。《四德说》篇幅不长，但意义重大。范仲淹说：

> 夫元者何也？道之纯者也。于"乾"为资始；于"坤"为发生；于人为温良，为乐善，为好生；于国为行庆，为刑措；于家为父慈，为子孝；于物为嘉谷，为四灵。其迹异，其道同，统而言之，则善之长也。
>
> 夫亨者何也？道之通者也。于天为三辰昭会；于地为万物繁殖；于人为得时茂勋；于国为圣贤相遇，为朝谨会同，为制礼作乐，为上下交泰；于家为父子，为夫妇，为九族相睦；于物为云龙，为风虎，为鱼水。其迹异，其道同，统而言之，则嘉之会也。
>
> 夫利者何也？道之用者也。于天为膏雨；于地为百川；于人为兼济；于国为惠民，为日中市；于家为丰财，为富其邻；于物为驺虞，为得食鸡。其迹异，其道同，统而言之，义之和也。
>
> 夫贞者何也？道之守也。于天为行健；于地为厚载；于人为正直，为忠毅；于国为典则，为权衡；于家为男女正位，为长子主器；于物为金玉，为獬豸（zhi）。其迹异，其道同，统而言之，道之干也。

① 《周易·乾卦》，见《黄侃手批白文十三经》，上海：上海古籍出版社，1985年，第1页。

② （清）范能濬编集，薛正兴点校：《范仲淹全集》上，南京：凤凰出版社，2004年，第119—120页。

③ （清）范能濬编集，薛正兴点校：《范仲淹全集》上，南京：凤凰出版社，2004年，第119页。

行此四者之谓道，述此四者之谓教。①

在阐释了"道"的意义之后，范仲淹接着提出了一个命题："惟'乾'、'坤'之德，统其四者焉，余卦则鲜克备矣。惟圣人体'乾'而行，后之希圣者，亦鲜克备矣。"② 可见，范仲淹试图塑造一个"体'乾'而行"的圣人形象，而能够模范此形象者唯有君王，所以他反复强调"夫'乾'，君之象"。③ 由此可以看出，范仲淹希望借助君王的力量，"述此四者"。在此前提下，范仲淹更盼望北宋的皇帝能够"行此四者"。与此同时，那些朝中君子能够身体力行，与皇帝一起"进退安危"。④ 而由范仲淹领导的"庆历新政"在某种意义上即是上述思想的具体实践，可惜，那条道路没有走通。

2. 强烈的君子进退意识

《易义》总共讲解了 28 卦，而其中谈到"君子进退"的卦爻至少有 14 卦，约为其总卦数的一半，如表 3-2 所示。

表 3-2　《易义》所讲"君子进退"各卦表

《咸卦》：阴进而阳降，上下交感之时也。与《泰》卦近焉。然而《泰》卦三阴进于上，三阳降于下，极于交而《泰》矣，故曰万物通。《咸》卦阴进而未尽达也，阳降而未尽下也，感而未至于《泰》矣，故曰万物生而犹未通也。圣人感人心而天下和平，是感之无穷，而能至乎《泰》也。感而不至，其道乃消，故至腾口，薄可知也。
《遁》：阴进阳退，柔佞入而刚正出，君子遁去之时也。夫柔胜于刚，则小人制君子矣，辱可逃乎！柔未胜刚，则君子辱可远也，未见制于小人焉。此卦二阴而四阳，柔未胜刚，小人始浸而长也。君子知吉之先，辨祸之萌，思远其时也，可不遁乎？故《遁》之为义，尚乎远也。是以最在内者，有遁尾之危，最在外者，有肥遁之利。子曰：知几其神。始可与言遁也已矣
《大壮》：则以震而阴摧，君子威而小人黜，政令刚严之时也。阳于阴为大也，阳进阴退，大者壮而小者丧矣。夫雷在天上，万物以震，威行天下，万邦以恐。天地之壮见乎雷，圣人之壮见乎威。壮而不节，于天下暴矣，壮其丧矣。是以君子非礼弗履，以保其壮。故九二、九四，以阳居阴体，刚而处巽，乃复获乎贞吉，余爻皆不克全其壮已。
《晋》：顺而上行，奉于文明。君子嘉彰显进之时也。夫上无文明，贤斯遁矣。今文明丽于上，君子可不进乎！其进也，柔顺内融，则上不拒其逼矣。故曰"昼日三接"也。英华外著，则众不疑其行矣，故曰："君子以自昭明德"。盖用出地上，如日之升。君子当其象也，岂复味哉！其伊尹之时欤！
《蹇》：止于险中，险难在前。未可进之时也。观其名，与《屯》卦近焉。然则《屯》已动乎险中，难可图也；《蹇》犹止乎险中，难未可犯也。惟二为王臣，君在险中而与己应，始可匪躬而徃焉，余皆徃蹇而弗济。君子藏器于身，待时而动，其庶几乎！
《解》：动乎险外，出险散否之时也。小人为险，君子乃否；小人既退，君子乃振。故六五《象》曰："君子有解，小人退也。"是故天地否散，雷雨并兴，圣贤否散，庆施遂行。武王发粟散财，其有解之时也矣。
《夬》：一阴处高而羣阳伐之，以大制小、以正黜邪之时也。时皆刚正，柔佞岂得而据乎！夫君子道微之时，法令常密，而或失之者，何也？内有小人也。小人道微之时，法令常显，而无忌者，何也？内皆君子也。此卦一柔而乘五刚，危可知矣；五刚而决一阴，易可知矣。故扬于王庭而不忌。赏罚明行之际欤！舜举八元而去四凶，此其时矣。

① （清）范能濬编集，薛正兴点校：《范仲淹全集》上，南京：凤凰出版社，2004 年，第 162 页。
② （清）范能濬编集，薛正兴点校：《范仲淹全集》上，南京：凤凰出版社，2004 年，第 163 页。
③ （清）范能濬编集，薛正兴点校：《范仲淹全集》上，南京：凤凰出版社，2004 年，第 119 页。
④ （清）范能濬编集，薛正兴点校：《范仲淹全集》上，南京：凤凰出版社，2004 年，第 119 页。

"兑"卦是《易义》的最后一段,是其收笔之处。范仲淹看到"兑"的出现乃是"君子推恩敷惠之时",而这种对"兑"的解释,独此一家。当然,这种认识的形成,是他对北宋初期整个社会现实的反应。由于宋初的"防弊之政",虽然解决了唐末五代以来的地方权重、武将跋扈和纪刚不立等问题,但是久而久之,旧弊刚去,新弊渐生,如"三冗"问题的出现,使北宋社会出现了政治、经济、军事的全面危机,内忧外患,促使那些忧国忧民的志士仁人,站在改革的风口浪尖,呼唤君主"顺天应人",大胆推动社会变革,实行"王道"政治。然而,从他对"大壮"爻辞的理解上,可以看出范仲淹一派改革人物的致命弱点:缺乏威力。

3. 维持"王道"政治的关键在于"固本"

对于"损"与"益"两卦,多数易学家都理解为"君"与"民"的关系,如前揭胡瑗即认为"损"卦为"损民益君之象","益"卦则义喻"损君以益民"。[①] 欧阳修在《易童子问》中亦称:"损民而益君,损矣;损君而益民,益矣。"苏轼又解释"益"卦说:"君子之视民与己一也。"[②] 与之不同,范仲淹在解释"损"和"益"两卦的爻辞内涵时,却没有明确从"君"与"民"的关系和立场来凝炼其思想,这是一个值得我们认真反思的学术问题。范仲淹的原文如下:

> 损,山泽通气,其润上行,取下资上之时也。夫阳,实也;阴,虚也。下卦二阳,上卦二阴,取阳资阴,以实益虚者也。虚者反实,则实者反虚矣。然则下者上之本,本固则邦宁。今务于取下,乃伤其本矣,危之道也。损之有时,民犹说也;损之无时,泽将竭焉。故曰:"川竭必山崩",此之象也。无他,下涸而上枯也。"百姓不足,君孰与足?"其斯之谓欤!

> 益,刚来而助柔,损有余而补不足,自上惠下之时也。天道下济,品物咸亨;圣人下济,万国咸宁。"益"之为道大矣哉!然则益上曰损,损上曰益者,何也?夫益上则损下,损下则伤其本也。是故谓之损。损上则益下,益下则固其本也,是故谓之益。本斯固矣,干斯茂矣;源斯深矣,流斯长矣。下之益上,则利有竭焉;上之益下,则因其利而利之,何竭之有焉?是故木以动也,涉大川而无患;雷风与也,兴万物而无疆。明"益"之道,何往而不利焉?[③]

---

① 胡瑗:《周易口义》卷7《损、益》,文渊阁四库全书本。
② 苏轼:《苏氏易传》卷4《益卦》,见杨史文等编:《易学集成》(一),成都:四川大学出版社,1998年,第491页。
③ (清)范能濬编集,薛正兴点校:《范仲淹全集》上,南京:凤凰出版社,2004年,第123—124页。

　　诚然，"君"与"民"的关系是"上"与"下"关系的核心，但是，"上"与"下"的关系却不仅仅包含"君"与"民"的关系。学界有一种说法，范仲淹的思想主旨是"以民为本"，此言不能说错，然而很不全面。事实上，范仲淹的《答手诏条陈十事》，真正涉及"民"的内容很少。我们只要一条一条列出来，就会明白，范仲淹改革的意向恐怕多不是如学界所理解的"以民为本"。如"明黜陟"的对象是"庶僚"或云"臣僚"；"抑侥幸"的对象是"庇荫制度"；"精贡举"的对象是"取士"；"择官长"的对象是"选官"；"厚农桑"的对象是"兴农利"；"修武备"的对象是"边防"；"减徭役"的对象是"公人"；"覃恩信"的对象是"施行恩泽"；"重命令"的对象是"严刑罚"。以上种种，除了"厚农桑"与"民"有直接关系外，其他诸事的着眼点几乎都不在"民"上。即使是"民"，也不能只局限于农民，因为"民"包括士、农、工、商四个阶层。而范仲淹的《答手诏条陈十事》几乎没有把"士、工、商"三个阶层的改革提到日程上来，显然，他的意识还停留在传统的"本末"观念上，此与北宋的社会经济发展形势并不相适应，因此"庆历新政"的失败有其必然性。

　　由上所述，我们不难体会到，范仲淹所讲的"本"，从"上"与"下"的层面看，主要指向的是地方官员。用今天的话说，就是处理好中央与地方的关系，但实质上还是官僚体制的改革问题相对于"中央"政权，各地的"庶僚"系统是根本。这就是"下者上之本，本固则邦宁"的真正含义。对付农民起义或者兵变，可以动用国家机器去镇压，然而对付官吏腐败却不像对付农民起义或者兵变那样简单，只能依靠君权进行改革，"明夷"一卦表达的就是这个思想，如果君主不支持，无论是多好的改革措施，最终都不可能成功。即使皇帝支持，如果整个"庶僚"系统不能起来呼应，结果也不会如改革者所愿。总之，宋代最大的问题是官吏腐败，而整治官吏腐败则是所有改革工作中最艰难的事情。

（二）建立"和谐"社会的思想

　　什么是"不和谐"社会？范仲淹用"睽"卦中的"火炎泽润"来示意。他说：

> 睽，火炎泽润，其性不同。炎性上，润从下。其道违而不接，物情睽异之时也。阴阳不接而天地睽，日月不接而昼夜睽，礼义不接而男女睽，君臣不接而上下睽，情类不接而万物睽。夫然，则天地万物之理从何而亨乎？故"睽"之时义不可久也，必变而通之，合睽以成

> 其化。天地睽也而阴阳合焉，其体睽，其义合。昼夜睽也而日月交焉，
> 男女睽也而礼义成焉，上下睽也而君臣会焉，万物睽也而情类聚焉。
> 夫未合之时，体乖志疑，动虞塞难，求援而济者也，故其爻皆以有援
> 免。至于上九，睽极而通，则"说弧"、"遇雨"，"群疑亡也"。①

可见，社会"不和谐"的最主要表现是"道违而不接"，也就是说社会
各阶层的意志不一致，下情不能上达，各种规章制度不能贯彻落实，从而
引发官民的矛盾对立以及家庭成员之间的利害冲突，严重者会激化矛盾，
引发社会动乱。无论是政治决策，还是处理日常社会事务，倘若与之相关
的各个环节不能相互衔接，"体乖志疑"，甚至会出现严重的情感断裂现象，
在这样的背景之下，想赢得和谐共处的社会生存局面是相当困难的。但是，
范仲淹看到，正是由于"上下不接"，才使得君臣聚合在一起，同心协力地
查缺补漏，并充分发挥台谏系统的行政监察职能②，保证政令畅通，"合睽
以成其化"。那么，如何构建一个理想的"和谐社会"呢？范仲淹提出了以
下两个方案。

第一，正家。在"家人"卦中，范仲淹论述了"正家"对于维护整个
社会安定局面的必要性。他说：

> 家人，阳正于外，阴正于内。阴阳正而男女得位，君子理家之时
> 也。明乎其内，礼则著焉；顺乎其外，孝悌形焉。礼则著而家道正，
> 孝悌形而家道成。成必正也，正必成也。圣人将成其国，必正其家。
> 一人之家正，然后天下之家正。天下之家正，然后孝悌大兴焉，何不
> 定之有？③

他通过"孝悌"来规范家族内的各种秩序，尤其是以"孝道"为旗帜
树立家长的权威。据陆林主编的《中华家训大观》统计，目前国内各公私
图书馆所收藏的各种版本的古代家训类典籍，宋以前的汉魏六朝计有 19
种，唐五代有 19 种，而宋代则增为 36 种，近于前朝家训类典籍总和的 2
倍，其中还不包括范仲淹的《义庄规矩》、苏洵的《苏氏族谱》及吕大忠
的《吕氏乡约》等。从《义庄规矩》所规定的丧葬费用来看，"尊长"的
地位最高，为其丧葬所支出的费用也最多，为"二十五贯"。当然，最能
体现其"孝道"思想的举措，还是族谱的建立。范仲淹在《续家谱序》一
文中说：

---

① （清）范能濬编集，薛正兴点校：《范仲淹全集》上，南京：凤凰出版社，2004 年，第 122—123 页。
② 详细内容请参见虞云国编著：《宋代台谏制度研究》，上海：上海书店出版社，2009 年。
③ （清）范能濬编集，薛正兴点校：《范仲淹全集》上，南京：凤凰出版社，2004 年，第 122 页。

中原乱离，……遗失前谱。至仲淹蒙窃国恩，皇祐元年（1049 年）中来守钱塘，遂过姑苏，与亲族会。追思祖宗既失前谱未获，复惧后来昭穆不明，乃于族中索所藏谱书、家集考之，自丽水府君而下四代祖考及今子孙，支派尽在，乃创义田，计族人口数而月给之，又葺理祖第，使复其居，以求依庇。①

这种聚族而居的宗族家庭组合形式，必须受"族长"的操控，这是毋庸讳言的。苏州（即姑苏）义庄本来由范仲淹的大哥范仲温管理，可惜范仲温于皇祐二年（1050 年）病逝。之后，即由范中舍接管。从范仲淹跟范中舍的书信往来中，范仲淹屡次谈到苏州义庄的相关事务。如：

在此公田不损，尽将置义田，请选好者典买取。②

所置田如何？若置得一庄，须是高田，则久远易为照管。若在木渎侧近，则只典买田段亦得。③

庄契恐又出限，余钱且据数税却。自家置少义田，不可却令漏税。④

知苏、湖水患，奈何奈何！三两日来稍晴，彼中还晴否？晚稻虽可种，亦须水退，方能施功。⑤

义田的建立，一方面成为维系整个宗族生存与延续的物质基础，另一方面成为构建和谐宗族家庭的根本保障。经营义庄，并非易事。范仲淹在写给族人的书信中，经常询问义庄的情况。例如，《与中舍二子三监簿四太祝》云"庄上如何？各宜节俭，频照管西山墳茔"⑥；《与朱氏》又云"贤子庄上如何，还有归着否？"⑦ 再有"永城庄田暨宁陵家计作何擘画？"⑧等等。管理义庄在现代属于家政学的范畴，是一个很复杂的系统工程，其中"亲亲"原则是这个系统工程的枢纽。范仲淹在《告子弟书》中说：

吾吴中宗族甚众，于吾固有亲疏，然吾祖宗视之，则均是子孙，固无亲疏也。苟祖宗之意无亲疏，则饥寒者吾安得不恤也？⑨

而义庄的创立就是为了践行"祖宗之意无亲疏"之主旨，实际上这里贯穿着一个舍小亲而取大亲的"亲亲"原则。可见，范仲淹把正家从小家

① （清）范能濬编集，薛正兴点校：《范仲淹全集》上，南京：凤凰出版社，2004 年，第 666 页。
② （清）范能濬编集，薛正兴点校：《范仲淹全集》上，南京：凤凰出版社，2004 年，第 590 页。
③ （清）范能濬编集，薛正兴点校：《范仲淹全集》上，南京：凤凰出版社，2004 年，第 591 页。
④ （清）范能濬编集，薛正兴点校：《范仲淹全集》上，南京：凤凰出版社，2004 年，第 594 页。
⑤ （清）范能濬编集，薛正兴点校：《范仲淹全集》上，南京：凤凰出版社，2004 年，第 595 页。
⑥ （清）范能濬编集，薛正兴点校：《范仲淹全集》上，南京：凤凰出版社，2004 年，第 597 页。
⑦ （清）范能濬编集，薛正兴点校：《范仲淹全集》上，南京：凤凰出版社，2004 年，第 599 页。
⑧ （清）范能濬编集，薛正兴点校：《范仲淹全集》上，南京：凤凰出版社，2004 年，第 600 页。
⑨ （清）范能濬编集，薛正兴点校：《范仲淹全集》上，南京：凤凰出版社，2004 年，第 705 页。

庭推而广之到以宗族为单元的大家庭，其思想境界更高。在此前提下，他勉励族人的子弟积学向善，并用"奏荐"这个杠杆约束族人的子弟亲睦族人，顾大局、识大体。故在《与中舍二子三监簿四太祝》家书中，范仲淹告诫家中的子孙说："汝等但小心，有乡曲之誉，可以理民，可以守廉者，方敢奏荐。须陪涉乡中有行止人。"① 甚至他把这个要求作为一项"族规"，让范中舍告知族人，望各房共同遵守。其告文云：

> 彼中儿男切须令苦学，勿使因循，须候有事业成人，方与恩泽文字。兼今后不乱奏人，逐房各已有恩泽，须是有事业，可以入官，方与奏荐也，请告谕之。②

管不好下一代，家国就会败亡，这是铁的定律。范仲淹着眼于全局，把教育好宗族的子孙作为"正家"的根基，这是很有远见的睿智。

第二，育圣贤。在解释《鼎卦》的微言大义时，范仲淹提出了"享上帝而天下顺，养圣贤而天下治"③ 的思想命题，进而向往在北宋创造一个"物情和聚"④ 的时代。为了营造"物情和聚"的社会环境，范仲淹站在"君道"的立场，反复申述"以天下之政也，惟贤是经；天下之情也，得贤而宁"⑤ 的道理。于是，他先后写下了《任官惟贤材赋》《贤不家食赋》《穷神知化赋》及《得地千里不如一贤赋》等美文，主张"舍地得贤兮，邦基以立；失贤有地兮，国难随兴"⑥。在当时，范仲淹的主张具有极强的针对性和现实意义。北宋在澶渊之盟后，士大夫群体中出现了许多不和谐的言论，特别是像寇准那样不顾客观条件的成熟与否，明知战而不胜，却仍然盲动行事，一味坚持北伐，收复疆土，鼓吹军事上的冒险主义。显然，范仲淹更倾向于分析形势，顺应历史的发展潮流，抓住主要矛盾，强国富民，以待来日。他在解释《丰卦》的内涵时说：

> "丰"，文明以动，无往不亨，王道开大之时也。夫雷电之至，隐者彰而否者亨；圣贤之造，困者通而幽者显。于是制乎礼，以序天下之伦；作乎乐，以兴天下之和。⑦

"圣贤之造"与"兴天下之和"是有内在关系的，前因而后果。有基于

---

① （清）范能濬编集，薛正兴点校：《范仲淹全集》上，南京：凤凰出版社，2004 年，第 597 页。
② （清）范能濬编集，薛正兴点校：《范仲淹全集》上，南京：凤凰出版社，2004 年，第 594 页。
③ （清）范能濬编集，薛正兴点校：《范仲淹全集》上，南京：凤凰出版社，2004 年，第 126 页。
④ （清）范能濬编集，薛正兴点校：《范仲淹全集》上，南京：凤凰出版社，2004 年，第 124 页。
⑤ （清）范能濬编集，薛正兴点校：《范仲淹全集》上，南京：凤凰出版社，2004 年，第 432 页。
⑥ （清）范能濬编集，薛正兴点校：《范仲淹全集》上，南京：凤凰出版社，2004 年，第 441 页。
⑦ （清）范能濬编集，薛正兴点校：《范仲淹全集》上，南京：凤凰出版社，2004 年，第 127 页。

此，范仲淹明确了"盖以非贤不义，得士者昌"[①]的社会进化规律。在此思想原则的引导下，范仲淹不仅支持胡瑗的湖州教法，将其推广于太学，而且还把胡瑗的教学理念，作为其推行教育改革的指南，重教兴学，为国家培养有用之才。仅此而言，下面的评价是恰当的：

> 由他（指范仲淹）倡导而兴起的"庆历兴学"运动推动了宋代学校的普遍设立，"州郡无不有学"，在中国古代教育史上具有划时代里程碑的重大意义。[②]

（三）高平学派的主要传承

高平学派的主要传承，如图 3-11 所示。

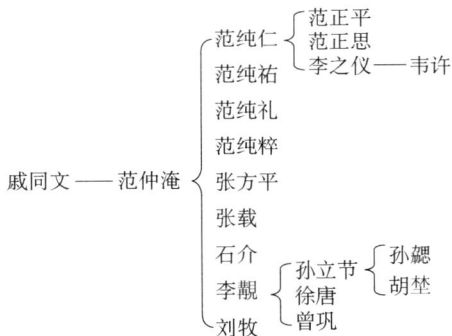

图 3-11　高平学派的主要传承示意图

富弼（1004—1083 年），字彦国，洛阳人，官至宰相，被范仲淹称为"王佐之才"，两度出使契丹辽，与范仲淹一起推行"庆历新政"，后遭排挤，出知郓州、青州等地，晚年退居洛阳，反对王安石变法。富弼主要是一位政治家，他的思想与其为政实践紧密相连。下面举三事以明之。

第一件事是赈灾安民之策。庆历八年（1048 年），庆历新政失败，富弼出知青州。时逢黄河决口，黄河下游地区遭受严重洪灾。数万灾民涌入青州，对当地的社会生活产生了严重影响。如何赈灾，不是流于形式，而是奏赈灾以实效？富弼提出了以下几项措施，据《渑水燕谈录》载：

> 公劝所抚八州之民出粟以助赈给，各因坊村择寺庙及公私空舍，又因山崖为窟室，以处流离。择寓居官无职事者，各给以俸，即民所

---

① （清）范能濬编集，薛正兴点校：《范仲淹全集》上，南京：凤凰出版社，2004 年，第 429 页。
② 徐建平：《范仲淹与胡瑗》，见刘再明等主编：《范学论文集》第 4 卷，新亚洲文化基金会公司，2006 年，第 261 页。

赘聚，籍而受券，以时给之。器物薪刍，无不完具。……明年夏，大稔，计其道理，资遣还业。八州之间所活者，无虑五十余万人。其募为兵者，又万余人。仁宗嘉之，拜公礼部侍郎。①

后来，富弼的这一套赈灾经验，因"立法简便周至"，而"天下传以为法"。②

第二件事是君主治国贵在"择贤"，而革弊应"以渐厘改"。《续资治通鉴长编》"英宗治平元年（1064年）四月辛亥"条载：

上问执政："积弊甚众，何以裁救？"富弼对曰："恐须以渐厘改。"③

"英宗治平元年五月戊寅"又载：

上问执政："唐明皇治致太平，末年何以至此？"富弼对曰："明皇初平内乱，励精求治，委政得人，所以治安；末年任非其人，遂致祸乱，人主惟在择贤，决不可使奸人当国事故也。"④

关于富弼的用人及革弊思想，我们不拟深究。在此，只强调一点，那就是在用人观上，富弼与范仲淹如出一辙，但对于革弊，富弼主张采用渐进与和平的方法，在不伤主干的前提下，一枝一枝地修剪，与王安石疾风暴雨式的改革方法截然不同。

第三件事是治事果干，能言善辩。据《渑水燕谈录》载：

富公熙宁中罢相镇亳，常深居养病，罕出视事。时幕府诸公事须禀命，常以状白公，公批数字于纸尾，莫不尽其理。或有难决之事、诸公忧疑不能措手者，相与求见公，公以一二言裁处，徐语他事，诸公晓然，率常失其所疑者。退而叹服，以为世莫可及也。公早使虏，以片言折狡谋，尊中国。及总大政，视天下事若不足为者，刻退处一郡乎！⑤

史学界通常把富弼在庆历二年（1042年）出使契丹辽的那次"以片言折狡谋，尊中国"外交谈判，称为"富弼之盟"。那次事件的起因是宋朝

---

① 王辟之：《渑水燕谈录》，见金沛霖主编：《四库全书子部精要》下，天津：天津古籍出版社；北京：中国世界语出版社，1998年，第670页。
② 苏东坡：《苏东坡全集：苏东坡文集4》，珠海：珠海出版社，1996年，第391页。
③ 李焘：《续资治通鉴长编》卷210"英宗治平元年四月辛亥"条，上海：上海古籍出版社，1985年，第1860页。
④ 李焘：《续资治通鉴长编》卷210"英宗治平元年五月戊寅"条，上海：上海古籍出版社，1985年，第1866页。
⑤ 王辟之：《渑水燕谈录》，见金沛霖主编：《四库全书子部精要》下，天津：天津古籍出版社；北京：中国世界语出版社，1998年，第670页。

在宋辽交界地带修关河堑壕，年轻气盛的辽兴宗遂一面引兵南下，一面派使者到宋朝来索取十城之地。宋仁宗不愿引起两国军事争端，愿以"岁币"换和平，于是派遣富弼前往辽国，进行和谈。虽然这次和谈的结果是宋朝每年增加岁币银 10 万两、绢 10 万匹，仍然没有改变北宋的屈辱历史，但它不仅使辽兴宗放弃割地的要求，同时又避免了一场战争，总体上是利大于弊。

思考题：

1. 讨论《周易口义》的编写特色及其主要思想内容。
2. 讨论《春秋尊王发微》的结构特点及其主要思想内容。
3. 讨论高平学派的历史地位。

第四讲
宋学发展时期的诸家学派概述之二

一、周敦颐与濂溪学派

濂溪是周敦颐（1017—1073 年）的自号，因此，人们把以周敦颐为代表的学派，称为濂溪学派。周敦颐初名敦实，字茂叔，郴州近邻道县（今湖南永州市道县）人。因宋英宗年幼时被宋仁宗抚养于皇后之所，赐名"宗实"。为避宋英宗讳，改周敦实为周敦颐。周敦颐可视为湖湘之学的源头。在宋学发展史上，他起着"上接孔孟，下启程、朱"的作用。他有两篇名著，即《太极图》与《通书》。明朝薛瑄说：对于《通书》"一个'诚'字可以概括"。显然，周敦颐接续了思孟学派的衣钵，他在宋初不被重视，可能与思孟一派思想在当时不走红的客观背景有关联。而周敦颐宇宙观的理论来源是五代宋初的陈抟，他把《易》和《老子》的思想糅合起来，创造了"顺以生人"和"逆以还丹"的"无极图"及"先天图"等图式，提出了一种辩证发展的宇宙生命起源模型，对周敦颐的影响很大。陈抟是道家学者，而周敦颐首次将道家的"无极"概念，引入儒家学说，给宋代新儒学注入了新的思想营养。

（一）宇宙的生衍化成与《太极图说》

《太极图说》是宋学中最重要的历史文献之一，历来为学界所重视，然而正由于它重要，所以注释家各显己思，多元发挥，遂形成了百舸争流的局面，从这层意义上说，我们把《太极图说》称作"太极学"，并不过分。周敦颐的《太极图说》释文不长，才 300 多字。兹录全文如下：

　　无极而太极。太极动而生阳，动极而静，静而生阴。静极复动。一动一静，互为其根。分阴分阳，两仪立焉。阳变阴合，而生水、火、木、金、土，五行顺布，四时行焉。五行一阴阳也，阴阳一太极也，太极本无极也。五行之生也，各一其性。无极之真，二五之精，妙合而疑。乾道成男，坤道成女。二气交感，化生万物，万物生生而变化无穷焉。惟人也得其秀而最灵。形既生矣，神发知矣，五性感动而善恶分，万事出矣。圣人定之以中正仁义，而主静（自注云：无欲故静），立人极焉。故圣人与天地合其德，日月合其明，四时合其序，鬼神合其吉凶。君子修之吉，小人悖之凶。故曰："立天之道，曰阴与阳。立地之道，曰柔与刚。立人之道，曰仁与义"。又曰："原始反终，故知死生之说。"大哉易也，斯之至矣。①

《周敦颐集》中的太极图，如图 4-1 所示。

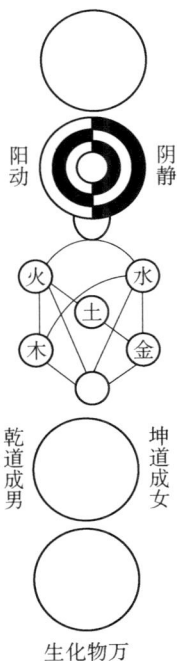

图 4-1 《周敦颐集》中的太极图

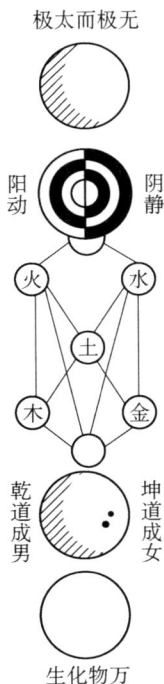

图 4-2 《宋元学案》卷 12《濂溪学案下》中的太极图

---

① （清）黄宗羲原著，全祖望补修，陈金生等点校：《宋元学案》卷 12《濂溪学案》下，北京：中华书局，1986 年，第 497—498 页。

我们重点看图4-2，该图的最上方用5个醒目的大字标明"无极而太极"，它对应于最上方的空白圆。"无极而太极"为什么被绘成一个空空的圆圈？每个人由于所站的角度不同，其所得到的感受和认识亦不同。康德曾用"物自体"和现象的概念来解释宇宙的生成演化。至于"物自体"是什么，康德认为"不可知"，我们所知道的仅仅在于"物自体"是"现象"的基础。但是康德指出，"物自体"是人们的感性器官无法感知的，因为它是理性思维的对象，只有人类的理性才能认识"物自体"。然而，"现象"却是感性认识的对象，即人类的感性认识只能认识现象，而不能认识"物自体"。对于"物自体"，康德未能再作进一步的解释，可能跟当时的科学发展水平有关。随着人类对空间和时间问题的研究不断深入，特别是爱因斯坦的相对论及量子力学为人们更加理性地认识和理解"物自体"本身提供了科学的思维方法，以霍金的《时间简史》（原名《时间简史：从大爆炸到黑洞》）为代表，人们对宇宙生成之前的存在状态已经有了较为明晰的认识。用霍金的观点讲，就是"无中生有"。从人类的感觉器官看，"无"好像什么都没有，完全是一片空白。然而，从人类的理性思维器官看，"无"内部不是什么都没有，而是还有内部结构的客观存在，仅仅是因为它超出了人类感觉器官的认识能力所及，给不出具体的形象描述而已。霍金所描述的宇宙形成前的存在状态，有学者作了非常通俗的解释。

第一，霍金提出了"宇宙之源头是密度无限大的一点"理论："在距今约100多亿年前，'密度无限大的一点'，发生了一次大爆炸，由此形成了时间、空间和物质。"[①]

第二，"由于宇宙是包容一切的，在宇宙之外不应该存在任何东西，所以要询问宇宙从何而来的问题，其答案只能是，宇宙是从无中产生出来的。无的威力是无敌的。顺便提及，在闭合的宇宙中总能量是零，这个事实和无中生有的思想是相符的。但是宇宙的无中生有思想比这要深刻得多，'无'不仅是没有物质没有能量，甚至连时间空间都没有。根据这种观念，霍金认为宇宙是没有边界的，不管是在空间的意义上，还是在时间的意义上来讲，宇宙的边界条件是它没有边界。这样甚至上帝也没有存身之所了，看来他是最彻底的无神论了。霍金认为时空可以用四维的球面来描述，只比爱因斯坦三维空间的球面模型多一维。人们经常提的问题是，在大爆炸之前宇宙是什么样子的？他的回答是，在邻近大爆炸奇点处量子引力的效应非常显著，时间变成虚的，从而和空间不可区分。可以说宇宙成为既没有开初也没有终结的四维球面。如果要问此前发生了什么，正如同有

---

① 张建华主编：《一日一篇科普速读 像科学家一样思考（1）》，北京：团结出版社，2010年，第180页。

人要问在地球表面上比南极更南 100 千米初在什么地方一样，是没有意义的。"①

　　有了以上观念之后，我们即可对"无极而太极"抽象为"无"（指"无极"）与"有"（指"太极"）的相互作用的构造过程，当然矛盾的这两个方面的"变易"过程是潜在的和缓慢进行的，如图 4-3 所示。

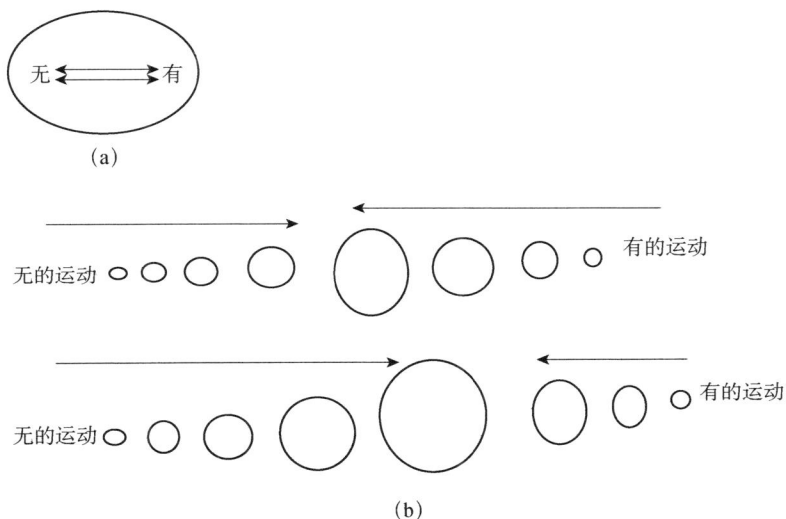

图 4-3　"无极而太极"的构造及其运动特点

无与有运动的不均衡性，当强的一方面盛于弱的一方时，整个运动就呈现出所胜一方的特点，

如无的特点就是负、阴、衰败等；有的特点是正、阳、旺盛等

　　"无"与"有"经过"变易"，出现了两种性质相反的矛盾现象，如正与负、黑与白、阴与阳等。像宇宙中的"黑洞"与"白洞"、"正离子"与"负离子"，都是性质相反的客观存在。就两者的功能来说，总是有被动的一方与主动的一方，为了清楚起见，我们特引入卢瑟福的原子模型概念②（图 4-4）。

　　用学者雷元星的话说，即原子核是带正（阳）电荷的物质微粒，围绕原子核旋转的电子则带负（阴）电荷。可见，"物体的阴阳性质不单单是由所含电子的数量来决定，阴、阳本身有其自身的物质载体，阴、阳不再仅仅是物质的某种属性，而它本身就是两种不同的物质实在，一种是阴物质——电子，另一种是阳物质——原子核。而且阴阳两种物质是相互包含

① 杜欣欣，吴忠超：《无中生有——霍金与〈时间简史〉》，长沙：湖南科学技术出版社，2010 年，第 7—8 页。

② 雷元星：《大推动：牛顿力学批判》，成都：四川科学技术出版社，2003 年，第 98 页。

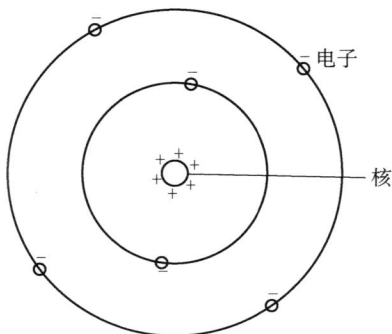

图 4-4　原子结构的卢瑟福模型（行星模型）

的，是阴阳两种物质构成了宇宙万物"[1]。这一段话与《太极图说》中的"太极动而生阳……分阴分阳两仪立焉"，在内涵方面是一致的。这表明了周敦颐的阴阳理论不但是一种哲学抽象，而且更是一种科学的实证，其性质和特点完全可以用科学实验来表述和验证。所以我们对《太极图》中的"阴阳"与"动静"不能理解为"阴静"与"阳动"，而是两对范畴，其中"阴"对应于"阳"，"静"对应于"动"。总之，"从核子模型的演变可以看出，宇宙物质的构成离不开'阴阳互吸'定律，即任何物体都由阴阳两种物质构成，它们均采用了阴阳互吸互裹的方式来构建万物。即阴包阳、阳包阴，阳中有阴、阴中有阳，阴吸阳、阳吸阴，这应该是宇宙万物所遵循的普遍规律"[2]。

由于阴阳的动静"变易"，因而生成了宇宙万物的形态变化，周敦颐称之为"五行"。此五行是现象界物质存在的重要特点，也就是说宇宙从潜在的存在方式转变为显现的存在方式。对此，有学者以氢原子为例，将"原子核"理解为"地球"，然后从科学的角度作了下面的解释：

当我们把氢原子看成是天地结构时，有一个问题必然要出现，即氢原子核（质子）这个"地球"不可能全部是固态的"子"（粒子），它内部应有微型铁磁地核，相当原子核内部的磁偶极子；地核外部是炽热的地幔岩浆，地壳表面有液态的海洋，它实际是一个具有液态表面的微型水滴。当温度升高时，液态的海洋会全部蒸发，成为一个只有地壳的固态粒子；而当温度进一步升高，地壳被地幔岩浆一层层熔解，表面就会显示出液态的岩浆洋，此时的原子核表面又成了液态的热奶浆滴，而且体积比原来的"水滴"要大几个数量级。如果外界温

① 雷元星：《大推动：牛顿力学批判》，成都：四川科学技术出版社，2003 年，第 97 页。
② 雷元星：《大推动：牛顿力学批判》，成都：四川科学技术出版社，2003 年，第 103 页。

度突然接近于绝对零度，原子核表面的海洋全部冻结成冰晶，这时的原子核（质子）就成了冰冷的霰（xiàn）粒。可见，氢原子的天地模型，必然要伴随质子物态的变化，由固态霰粒到液态水滴，再由液态水滴到固态粒子，固态粒子又到液态熔滴，如果温度再进一步升高，液态熔滴会汽化为气团，进一步变成等离子气团。质子与其它原子核物态的变化，应该能表明氢与其它元素由冰、水、云、气到等离子气体的演化过程，物质物态的变化，正是基于质子型态的变化。"[①]

用图形表示，如图4-5所示。[②]

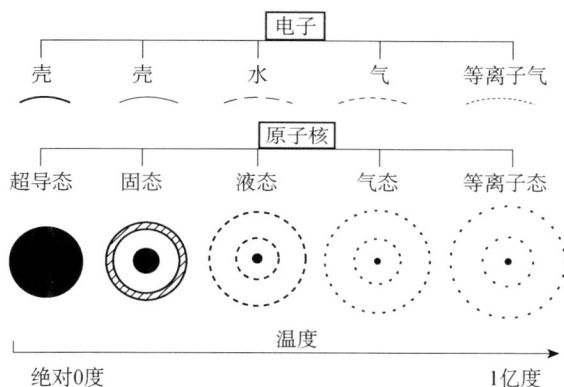

图4-5　地球的物质形态示意图

原子核质子随温度变化而出现的五种存在状态，即超导态、固态、液态、气态及等离子态，与《太极图》中所讲的"五行"在性质上是能够对应的，尽管从名称上却未必对应。氢原子如此，碳原子亦如此，甚至宇宙中的各种原子都如此。这样，反演回去，则质子与电子一起相互作用构成原子，原子又由阴阳两种原始物质构成，而阴阳又是"太极"内部的存在结构。于是，周敦颐用"阳变阴合，而生水火木金土，……二五之真，妙合而凝"来阐释宇宙元素的形成及演变。宇宙元素再继续演化，就出现了三维世界的存在体，如星辰、山川、动植物等。

"乾道生男，坤道生女"是宇宙演化的高级阶段，它是指生命界的化生现象。当然，"性"的进化尤为重要。《太极图说》只有两处谈到"性"这个词，一处是"五行之生也，各一其性"，另一处是"五性感动而善恶分"。然而，虽然不言"性"，但实际上说的就是"性"演化的第四个圆圈，名叫

---

① 雷元星：《大推动：牛顿力学批判》，成都：四川科学技术出版社，2003年，第106—107页。
② 雷元星：《大推动：牛顿力学批判》，成都：四川科学技术出版社，2003年，第108页。

"乾道生男，坤道生女"。"男女"讲的不正是"两性"问题吗？什么是"性"？学界有一种观点认为，"性是有雌雄之分的生物所具备的特质和相互之间与生殖相关联的亲密关系"[①]。地球生命已有 45 亿年的历史，从化学演化到原始生命的出现，然后从低等生物到高等生物，以至于出现了人类。生命的延续方式，从低等生物的"无性繁殖"，如病毒通过复制的方式进行繁殖，细菌通过细胞分裂的方式繁殖，等等，到高等生物的"有性繁殖"，生命繁殖的方式不仅越来越多样化，而且保证了较高的成活率和物种变异。"在严酷的生存竞争中，'优胜劣汰'的自然法则促使生物不断地优化、演进，才有了最高级的生命形式——人类。"[②]

可是，生命究竟是如何诞生的？至今科学界仍在争论之中。但"天"（主要指彗星与小行星）与"地球（主要指地球海洋）相互作用，是生成地球生命的重要途径。如有科学家提出"慧核坠入海洋带来地球生命"的观点，已为航天器在太空进行的实验所证实。[③] 因此，我们可以将《太极图》中第四个圆圈，填充内容如图 4-6 所示。

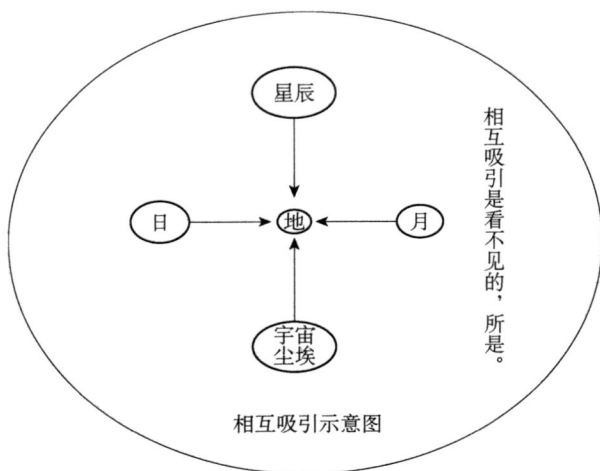

图 4-6　生命的诞生与天体之间的相互作用

在"化生万物"的过程中，人的创造能力最强。所以《太极图说》云："二气交感，化生万物，……立人之道曰仁与义。"对于人的创造力，应辩证地看，一方面，看到它对于社会进步的重要性，另一方面，还要看到由于这种能力使用不当而造成地球环境的破坏，不仅危及地球生命的存在，而且更

---

① 邓丽雅，王培编：《性与爱的密码》，成都：四川人民出版社，2010 年，第 3 页。
② 邓丽雅，王培编：《性与爱的密码》，成都：四川人民出版社，2010 年，第 4 页。
③ 张丕冀：《地球的演化与生命运动》，天津：天津科学技术出版社，2010 年，第 3 页。

危及人类自身的存在。从这个角度讲，"仁"与"义"确实是"立人之极"。

最下面一个圆圈，表示"原始反终"的意思，也即万物的生灭问题，包括人的生与死。这个问题应当放在宇宙万物的生成与变化过程中去理解，凡是过程都有始终，有产生就有消亡，这是不以人的意志为转移的铁的规律。所以《太极图》只画了了一个空白圆，示意宇宙万物最终会走向消亡，然后，再从旧过程的消亡到新过程的产生和开始。宇宙为什么会循环无穷，根本动力就是"变易"，就是事物的矛盾性质，如图 4-7 所示。

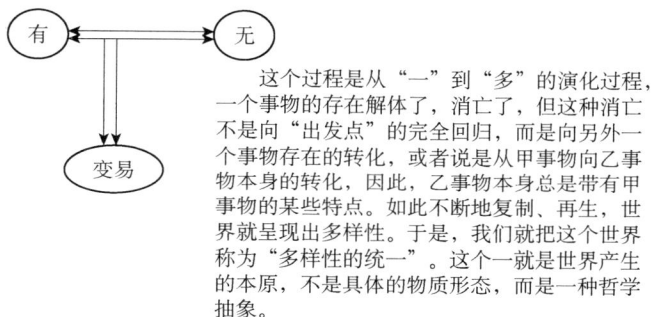

这个过程是从"一"到"多"的演化过程，一个事物的存在解体了，消亡了，但这种消亡不是向"出发点"的完全回归，而是向另外一个事物存在的转化，或者说是从甲事物向乙事物本身的转化，因此，乙事物本身总是带有甲事物的某些特点。如此不断地复制、再生，世界就呈现出多样性。于是，我们就把这个世界称为"多样性的统一"。这个一就是世界产生的本原，不是具体的物质形态，而是一种哲学抽象。

图 4-7　有、无、变易三者之间的相互关系示意图

（二）《通书》的主要结构及思想内容

1.《通书》的概念体系

《通书》的概念体系，如图 4-8 所示。

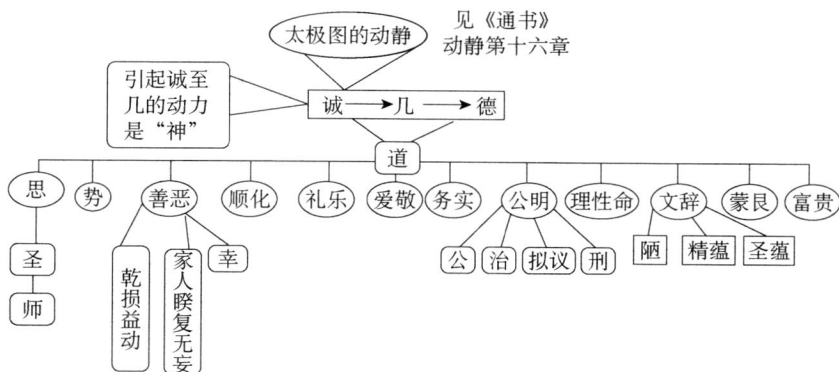

图 4-8　《通书》的概念体系与结构框架图

2.《通书》的主要思想

根据图 4-8，依次作一简要介绍。

　　第一层次，有"诚""几"和"德"三个概念。"诚"是《通书》的灵魂，也是《通书》的立论基础。其开篇即曰："诚者，圣人之本。"① 关于人和动物的区别，儒家谈论得最多，刘泽华把中国古代儒家的观点总结为三点：第一，"人、兽虽然都有知觉，但人的知觉具有审美意义。……这种知觉加审美认识的形成从观念上自觉地把人和自然世界区分开来，推动了人的自我认识"②；第二，"人能通过劳动改造和驾驭自然物"；③ 第三，"人有伦理道德是区别人和动物的主要界限，也是决定人之价值的基本标准。这个认识贯穿整个儒家文化，成为人们试图把握自身存在意义的根本立足点"④。伦理道德的核心是五常（即仁、义、礼、智、信），而人为什么能够以"五常"为自己的伦理道德，周敦颐认为是因为人天赋有"性命"之正理，他说："'乾道变化，各正性命'，诚斯立焉。"⑤ 这种"天赋性命说"成为整个宋明理学体系的思想基石，也是二程"天理"说的主要思想来源之一。

　　"几"这个概念不好理解。《易传》说："夫易，圣人之所以极深而研几也。"⑥又说："几者，动之微，吉之先见者也。君子见几而作，不俟终日。"⑦可见，"几"是处于"思"与"作"之间的那个过程，是"未发"向"已发"转折的那个节骨点。通俗地说，就是"一念之差"。此"一念之差"如果从消极的方面讲，就是走向了"恶"。当然，"一念之间"如果从积极的方面说，还有可能走向"善"。所以，周敦颐说"几善恶"⑧，又说："动而未形、有无之间者，几也。"⑨ 显然，"几"是指未形成后果之前的"思"与"行"的状态，例如，一个人想做某件事，头脑中已经筹划好了各种方案，然后付诸行动，刚一行动发现不能那样做，立刻终止了行动，因而没有造成后果。这个过程也可称为"几"，尽管不是严格意义上"几"的含义。金岳霖说："几字带点子未来而即将要来和未去而即将要去底味道。"⑩ 下面是《通书》中的一个插图（图 4-9），对理解"几"有帮助，特附录于下。⑪

---

① （清）黄宗羲原著，全祖望补修，陈金生等点校：《宋元学案》卷 12《濂溪学案》上，北京：中华书局，198 年，第 482 页。
② 刘泽华：《王权思想论》，天津：天津人民出版社，2006 年，第 142 页。
③ 刘泽华：《王权思想论》，天津：天津人民出版社，2006 年，第 142 页。
④ 刘泽华：《王权思想论》，天津：天津人民出版社，2006 年，第 143 页。
⑤ （清）黄宗羲原著，全祖望补修，陈金生等点校：《宋元学案》卷 12《濂溪学案》上，北京：中华书局，198 年，第 482 页。
⑥ 《周易·系辞上》，《黄侃手批白文十三经》，上海：上海古籍出版社，1986 年，第 42 页。
⑦ 《周易·系辞上》，《黄侃手批白文十三经》，上海：上海古籍出版社，1986 年，第 47 页。
⑧ （清）黄宗羲原著，全祖望补修，陈金生等点校：《宋元学案》卷 12《濂溪学案》上，北京：中华书局，198 年，第 483 页。
⑨ （清）黄宗羲原著，全祖望补修，陈金生等点校：《宋元学案》卷 12《濂溪学案》上，北京：中华书局，198 年，第 484 页。
⑩ 金岳霖：《论道》，北京：商务印书馆，1987 年，第 168 页。
⑪ 谭松林等整理：《周敦颐集》，长沙：岳麓书社，2002 年，第 21 页。

德
○
｜
○几
｜
○　○
善　恶
几　几

图 4-9　《通书》原书对"几"的图解

图 4-9 有两层含义：一是"圣人之道"，即"诚→几→善几"一线。圣人之所以为圣人，正是因为圣人有"研几"的能力和本领。有学者说得好：

> "几"就是隐微，即事物发展的苗头，也就是在事物即将显现而还没有显现的时刻，圣人能抓住时机，当进则进，当退则退，可伸则伸，可屈则屈，也就是做到与物迁移，与时变易。一般人很难做到这一点，他们只在事物已经出现某些显著迹象后方能定夺，而这个时候已是亡羊补牢，只能在事物已出现的基础上进行修补，不能对事物的变化有实质的改变。圣人之所以能见"几"而行，在于他对事物的变化发展的趋向具有深刻的洞察力，他知道阴阳转易，以成化生的道理，在事物还欲显还隐的时刻当机立断，从而赢得了对未来生活的主动权。[1]

不过，这仅仅是周敦颐"几"概念的内涵之一。

二是"非圣人之道"，这是"几"的另一内涵，它表明"几"的演变不是一条线，而是两条线，或者"诚→几→善几"，或者"诚→几→恶几"。"圣人"与"非圣人"的差别主要就是由"诚"所产生的后果不同，圣人就一种结果：善几，而非圣人则有两种结果：善几与恶几。虽然"诚"是天赋的正理，是每个人都具有的先天秉性，犹如孟子所讲的"四端"，为人的先天本性一样，但是由于外界环境的影响，有的人不能从"诚"而走向善，相反有的人却因为"私"而走向了"恶"。从这个角度看，周敦颐申明孔子的"一日克己复礼，天下归仁焉"[2]大义，其目的还在于引导人们"弃恶扬善"。

"德"在先秦有广义和狭义两种含义，广义的德既包括良好的品行，如美德、懿德等，同时又包含丑恶的品行，如昏德、凶德等。但随着人们越来越关注君主的德行与其国家政治的关系，"为政以德"成为儒家政治理想

---

① 中英光：《梦想与关怀：儒家的人生智慧》，武汉：武汉出版社，1998 年，第 22 页。
② （清）黄宗羲原著，全祖望补修，陈金生等点校：《宋元学案》卷 12《濂溪学案》上，北京：中华书局，1986 年，第 483 页。

的重要命题。此处的"德"就转变为纯粹真善美意义上的高尚品行了。游唤民总结了《论语》中对"德"的论述,其内涵大体可概括为七个方面:爱人;无私;忠、信与义;孝悌;身体力行;让;中庸。① 这里,德的内在化倾向越来越显著。对此,陈来正确地指出:"'德'之一字的内在意义压倒外在意义,是在春秋以后。"② 与之相应,"春秋时代,已经在某种意义上,从礼乐的时代转向了德行的时代,即'礼'(乐)的调节为主转变为'德'(行)的调节为主的规范系统"③。可以肯定的是,宋代理学所谓"复兴儒学",即是重新阐发以内在认知为导向的道德价值和行为意义。所以周敦颐说:"德,爱曰仁,宜曰义,理曰礼,通曰智,守曰信。"④ 朱熹释:"道之得于心者谓之德。"⑤ "得于心"而显现于外,则以"和"为特点,故此,周敦颐称"用而和曰德"。⑥ 可见,德是道体与道用的统一,是两者的协调与和谐。周敦颐明确表示:"匪仁、匪义、匪礼、匪智、匪信,悉邪也。邪动,辱也;甚焉,害也。"⑦ 这段话与前面的"有德"对举,讲的是"无德"所带来的行为后果,不仅"有辱自己",而且"危害他人"。如果是君主"无德",那危害就更加严重了。因此,"圣人之道,仁义忠正而已矣"。⑧ 顺便说一句,我们且不可仅仅把"德"理解为虚的道德说教,实际上,"德"还有"实"的一面。周敦颐说:"实胜,善也;名胜,耻也。故君子进德修业,孳孳不息,务实胜也。德业有未著,则恐恐然畏人知,远耻也。"⑨ 这里的"务实",指的是利国利民的绩效,而不是图虚名,更不是弄虚作假。这样,周敦颐的"德","不仅仅是一个内在意义上的美德的概念,也是一个外在意义的美行的观念"⑩。

第二个层次,主要是复合性的概念,如"善恶""顺化"及"理性命",至于"道—思—圣—师",则与前面的复合概念略有不同,它属于一种具有

① 游唤民:《孔子思想及其现代意义》,长沙:岳麓书社,1994 年,第 33 页。
② 陈来:《春秋时代的德行伦理》,叶朗主编:《哲学门》第 2 卷 2000 第 1 册,武汉:湖北教育出版社,2001 年,第 25 页。
③ 陈来:《春秋时代的德行伦理》,叶朗主编:《哲学门》第 2 卷 2000 第 1 册,武汉:湖北教育出版社,2001 年,第 25 页。
④ (清)黄宗羲原著,全祖望补修,陈金生等点校:《宋元学案》卷 12《濂溪学案》上,第 483 页。
⑤ 谭松林等整理:《周敦颐集》,长沙:岳麓书社,2002 年,第 20 页。
⑥ (清)黄宗羲原著,全祖望补修,陈金生等点校:《宋元学案》卷 12《濂溪学案》上,北京:中华书局,1986 年,第 485 页。
⑦ (清)黄宗羲原著,全祖望补修,陈金生等点校:《宋元学案》卷 12《濂溪学案》上,北京:中华书局,1986 年,第 485 页。
⑧ (清)黄宗羲原著,全祖望补修,陈金生等点校:《宋元学案》卷 12《濂溪学案》上,北京:中华书局,1986 年,第 485 页。
⑨ (清)黄宗羲原著,全祖望补修,陈金生等点校:《宋元学案》卷 12《濂溪学案》上,北京:中华书局,1986 年,第 488 页。
⑩ 陈来:《春秋时代的德行伦理》,叶朗主编:《哲学门》第 2 卷 2000 第 1 册,武汉:湖北教育出版社,2001 年,第 25 页。

内在逻辑关系的复合结构的"群"概念。①

　　谈到"善"，总不能规避孟子的一句话，那就是"可欲之谓善"。学界对这句话有两种解释：一是"可欲是善"，即"凡是能够满足人们欲望，引起人们欢悦的价值或具有这种价值的物都是善或善的"，这是一种享乐主义的观念；二是"善是可欲"，即"善是能够满足人们欲望、需要，从而带来欢乐、愉快的价值或具有这种价值的物"，这是一种"吸取了结果论伦理思想的形式伦理学主张"。② 无论如何，"可欲"是"善"的立足点，而符合"善"的"可欲"者一定是对主体有意义和有价值的东西，从这个层面说，"善指的是符合主体利益的东西"。③ 此处的"主体利益"不仅包括个人，而且还包括社会团体、国家及民族。回到周敦颐的立场，则"善"的内涵包括以下几点。

　　（1）"则必善"。什么是"则"，周敦颐没有深入解释，但英国著名哲学家霍布斯说："人之处世判事，好之则称之为善，恶之则称之为恶，人情生就如此，本不足为奇。是以人若悟其自保之道（此人所天生之欲），则必善之，而有碍其自保者，则必恶之。则此善恶云云，非出乎人情，而系源于天理、职是之故，依理，守自然之法为善，违之则为恶。则凡合乎自然法之习之性、之举之措皆善，而轻慢自然法者皆恶。"④ 这里所谓的"自然法"，实际上就是"在理性指导下确立的道德律令"，也即"大家必须遵守的共同生活规则"。⑤ 周敦颐的"则"亦有此义。故他说："治天下有本，身之谓也。治天下有则，家之谓也。本必端；端本，诚心而已矣。则必善；善则，和亲而已矣。"⑥ 而治家的"善则"是什么？回到《周易·家人》的象辞，一看原典便知。其《家人》卦《象》辞云："父父、子子、兄兄、弟弟、夫夫、妇妇，而家道正。"⑦ 由于"正家"，宋代出现了夫妇权力两极分化的现象，其中女权被严重削弱，所以对于周敦颐的"善则"，我们还要历史地分析，不应回避它对宋代妇女地位变化所造成的消极影响。

　　（2）人性中的善。周敦颐说："性者，刚柔善恶，中而已矣。不达。刚善为义、为直、为断、为严毅、为干固，恶为猛、为隘、为强梁；柔善为

---

① 《孟子》卷 14《尽心章句下》，《诸子集成》第 2 册，石家庄：河北人民出版社，1986 年，第 585 页。
② 张奇伟：《亚圣精蕴：孟子哲学真谛》，北京：人民出版社，1997 年，第 14 页。
③ 王玉樑：《价值哲学新探》，西安：陕西人民教育出版社，1993 年，第 258 页。
④ 〔英〕霍布斯：《法律要义：自然法与民约法》，北京：中国法制出版社，2010 年，第 100—101 页。
⑤ 缘中源：《不可不知的 1000 个哲学常识》，北京：金城出版社，2010 年，第 106 页。
⑥ （清）黄宗羲原著，全祖望补修，陈金生等点校：《宋元学案》卷 12《濂溪学案》上，北京：中华书局，1986 年，第 492 页。
⑦ 《周易·家人》，《黄侃手批白文十三经》，上海：上海古籍出版社，1986 年，第 22 页。

慈、为顺、为巽，恶为懦弱、为无断、为邪佞。"① 此处所谓的"刚善"，是指正直、决断、严肃刚毅和强干；相反，刚恶则是指凶狠、狭隘和强暴。同理，柔善是指仁慈、恭顺和谦卑，而柔恶则是指懦弱、寡断与邪佞。然而，上述人性却不是"人性"中应然的状态，因为人性中的应然状态是"中"，即不偏不斜、不亢不抑、不过不及，所以前四种人性是"不达"的表现型，还不能称为真正的"善"。故冯友兰释："人是天地间之物，所以他的本性之中也有刚柔。刚柔都可以太过，那就成为恶；若不太过，恰到好处，那就是善。……刚柔都必须恰到好处，没有太过也没有不及，这就是中，也就是正。'仁'就是恰到好处的柔，'义'就是恰到好处的刚。"②

（3）"实胜"为善。善不能只停留在心中，它需要转变为实实在在的行动，能引起民众感激之情的"救民"义举和行为，也在周敦颐所理解的"善"的范畴之内。周敦颐说："实胜，善也。"③ 即做实事、立实功，求实（指进德修业）大于求名，是美德，这一见解对明清之际早期启蒙思想的影响较大。落实到当政治民方面，则"纯心要矣！用贤急焉"④。又说"政善民安，则天下之心和"⑤。庆历新政失败之后，宋朝最需要的是进德修业和不图虚名的实干家，而周敦颐此思想的提出，实际上是对当时重名轻实士风的批判。之后，程颐更明确指出："欲当大任，须是笃实。"⑥ 此主张是周敦颐"实胜"思想的进一步发展，已经上升到治国的高度来认识和理解"实胜"的意义。

（4）"顺化"，是一种政治理想，它是指老子所言"其政闷闷，其民淳淳"⑦ 的社会运行状态或社会政治现象。在此，"顺"的意思是遵循阴阳变化的规律，"化"不是自然而然的结果，需要诸多条件，需要通过外力的教化来实现。所以，周敦颐说：

> 天以阳生万物，以阴成万物。生，仁也；成，义也。故圣人在上，以仁育万物，以义正万民。天道行而万物顺，圣德修而万民化。大顺

---

① （清）黄宗羲原著，全祖望补修，陈金生等点校：《宋元学案》卷 12《濂溪学案》上，北京：中华书局，1986 年，第 485 页。
② 冯友兰：《冯友兰文集》第 9 卷，长春：长春出版社，2008 年，第 48 页。
③ （清）黄宗羲原著，全祖望补修，陈金生等点校：《宋元学案》卷 12《濂溪学案》上，北京：中华书局，1986 年，第 488 页。
④ （清）黄宗羲原著，全祖望补修，陈金生等点校：《宋元学案》卷 12《濂溪学案》上，北京：中华书局，1986 年，第 488 页。
⑤ （清）黄宗羲原著，全祖望补修，陈金生等点校：《宋元学案》卷 12《濂溪学案》上，北京：中华书局，1986 年，第 489 页。
⑥ （宋）朱熹，（宋）吕祖谦撰，严佐之导读：《朱子近思录》，上海：上海古籍出版社，2000 年，第 111 页。
⑦ 刘康德撰：《老子直解》，上海：复旦大学出版社，1997 年，第 198 页。

大化，不见其迹，莫知其然，之谓神。故天下之众，本在一人。道岂远乎哉？术岂多乎哉？[①]

可见，"顺化"的实现条件至少有二：一是君主要行仁义之术；二是有圣人的出现。如果没有贤臣的辅佐，君主的仁义之术亦难以推行，更不能施惠于民众。

（5）"理性命"，因为周敦颐没有深入阐述，所以对这个问题我们不拟多讲。周敦颐说：

> 厥彰厥微，匪灵弗莹。刚善刚恶，柔亦如之，中焉止矣。二气五行，化生万物。五殊二实，二本则一。是万为一，一实万分。万一各正，小大有定。[②]

"道—思—圣—师"，圣人体道与圣人传道。此为《通书》的灵魂，也是周敦颐政治理想的重要体现。周敦颐讲求"内圣外王"，这是宋代理学形成和发展的一条主线。一般地讲，"内圣"是以道德自信为动力而塑造高尚人格的实践过程，周敦颐说：

> "圣可学乎？"曰："可。"曰："有要乎？"曰："有。""请闻焉。"曰："一为要。一者，无欲也。无欲则静虚动直。静虚则明，明则通；动直则公，公则溥，明通公溥，庶矣乎！"[③]

既然"圣可学"，那么，"圣人"就不是神，而是一个"无欲"的人。前面讲过，孟子说"可欲之为善"，周敦颐则讲"无欲为圣"。两者不是自相矛盾了吗？表面看确实如此，但是我们应当这样看问题：第一，孟子所言是从生活的角度论"欲"，而周敦颐则是从政治的角度论"欲"，两者的立论基础不同；第二，孟子把"寡欲"作为一个养生原则提出来，认为其有益于健康，而周敦颐从政治的角度看问题，认为"寡欲"不彻底，容易滋长腐败之风，所以不能给那些贪官污吏留借口和空间，故其力主"无欲"，甚至把"无欲"作为一条严防腐败的政治原则提出来，力戒官政。故周敦颐说：

> 后世礼法不修，政刑苛紊，纵欲败度，下民困苦。谓古乐不足听

---

① （清）黄宗羲原著，全祖望补修，陈金生等点校：《宋元学案》卷12《濂溪学案》上，北京：中华书局，1986年，第487页。
② （清）黄宗羲原著，全祖望补修，陈金生等点校：《宋元学案》卷12《濂溪学案》上，北京：中华书局，1986年，第490页。
③ （清）黄宗羲原著，全祖望补修，陈金生等点校：《宋元学案》卷12《濂溪学案》上，北京：中华书局，1986年，第489页。

也，代变新声，妖淫愁怨，导欲增悲，不能自止，故有贼君弃父，轻生败伦，不可禁者矣。呜呼！乐者古以平心，今以助欲；古以宣化，今以长怨。①

> 君子乾乾不息于诚，然必惩忿窒欲、迁善改过而后至。②

这里的"君子"，特指士大夫，不是指一般民众，因为对于普通百姓的欲望，不讲"诚"，而讲"刑"。故周敦颐说："民之盛也，欲动情胜，利害相攻，不止则贼灭无伦焉，故得刑以治。"③ 因此，对于士大夫言"内圣"，言革欲。在此基础上，周敦颐提出了下面的观点："孟子曰：'养心莫善于寡欲。……'予谓养心不止于寡欲而存耳。盖寡焉以至于无，无则诚立明通。"④ 在周敦颐看来，"寡欲"对于"外王"（即肩负"修身、治国、平天下"的社会责任）的士大夫而言，标准显然太低了，因此他把"寡欲"推进到"无欲"。这个层面在理论上比较彻底，但是在实践中未必可行。当然，追求道德完善，把士大夫引入"内圣"的道路上，克己奉公，用自身的德行和智慧感化民众，无论在当时还是现在，都是非常必要的。

圣人可以体道。周敦颐说："天地间至尊者道、至贵者德而已矣。至难得者人，人而至难得者，道德有于身而已矣。"⑤ 正是这个原因，圣人才可以担当"师道"（即"先觉觉后觉，暗者求于明"⑥）的重任，因为人的天性习惯于"偏"而不是"中正"，故需要有圣人不断地通过"觉"的过程，使之由"偏"而"至正"。所以，周敦颐认为，"师道立，则善人多；善人多，则朝廷正而天下治矣"⑦。

（6）思、学及治。思，一般指人的理性思维，而周敦颐则把价值判断看作是"思"的特征，认为"思"就是一种推理和判断能力，是一种"通微"的智慧。他说：

> 《洪范》曰："思曰睿，睿曰圣。"无思，本也；思通，用也。几动

---

① （清）黄宗羲原著，全祖望补修，陈金生等点校：《宋元学案》卷 12《濂溪学案》上，北京：中华书局，1986 年，第 489 页。
② （清）黄宗羲原著，全祖望补修，陈金生等点校：《宋元学案》卷 12《濂溪学案》上，北京：中华书局，1986 年，第 492 页。
③ （清）黄宗羲原著，全祖望补修，陈金生等点校：《宋元学案》卷 12《濂溪学案》上，北京：中华书局，1986 年，第 493 页。
④ 谭松林等整理：《周敦颐集》，长沙：岳麓书社，2002 年，第 59 页。
⑤ （清）黄宗羲原著，全祖望补修，陈金生等点校：《宋元学案》卷 12《濂溪学案》上，北京：中华书局，1986 年，第 490 页。
⑥ （清）黄宗羲原著，全祖望补修，陈金生等点校：《宋元学案》卷 12《濂溪学案》上，北京：中华书局，1986 年，第 485 页。
⑦ （清）黄宗羲原著，全祖望补修，陈金生等点校：《宋元学案》卷 12《濂溪学案》上，北京：中华书局，1986 年，第 485 页

于彼，诚动于此。无思而无不通，为圣人。不思，则不能通微；不睿，则不能无不通。是则无不通生于通微，通微生于思。①

从认识论的角度，周敦颐认为"思—睿—圣"为三个不同的认识阶段，其中"思"是基本的认识，是成圣的根基。至于什么是周敦颐所讲的"思"？学界的理解仍有分歧。有的从佛教的视角，认为"周敦颐的'思'是思'无欲'，用'无欲'修心，这是圣僧们的修炼方法"②。有的从道家的"虚无"角度，认为"由周濂溪开启了宋儒的重思不重学，也就是说：宋儒的尽心知性，豁然贯通的作风或方法，是起自周子，其后与周子不同者，乃是思为通，而不是思为无思而已"③。有的从修心性的角度，认为"人'无欲心静'是成圣的第一步，或成为圣人的消极方法；人成圣的第二步，或成圣的积极方法是'贵思'，贵思是人的心智活动。明察细微，分断是非，认清事理，坚持方向，使自己去恶向善，成为圣人君子"④。梁绍辉在《周敦颐评传》里亦主张"思"同"貌""言""视""听"一样，属于"修养"的范畴。⑤ 只不过，这里讲的"修养"是一个过程，一个由外到内逐步深入的过程，由粗至精，步步入微，如"貌"是外在的表现，"言""视""听"为人的感性认识，而"思"则属于理性思维，用于人的感性认识所不能到达的事物深层领域。

"思"的来源不是"静"，而是"动"，这是周敦颐思想的重要特色。从道家的"静"返归于儒家的"动"，一改佛道的消极避世路径而为"内圣外王"的积极进取通途，彰显了宋代儒学精神的新气象。周敦颐讲"几动于彼，诚动于此"，即"几"或"诚"总是处于不停的运动之中，它们不断地作用于人的感觉器官，从而引起思想的运动，以求得人的内外相通，"几"或"诚"与"思"相统一。按照张伯行的解释，则

　　　　事前的无思是本，事至的有思即通是用，连接本、用的是几。……所谓圣人之思……说的是在"几"这个环节上反映的敏锐和把握的准确，"几"刚刚萌动，"诚"就能立即作出正确的反映。⑥

朱熹这样解释"睿"与"圣"的关系，他说："无思而无不通是圣人，

① （清）黄宗羲原著，全祖望补修，陈金生等点校：《宋元学案》卷 12《濂溪学案》上，北京：中华书局，1986 年，第 486 页。
② 宋德宣，陈愔著：《中日思维方式演变比较研究》，沈阳：沈阳出版社，1991 年，第 416 页。
③ 赵雅博：《中外哲学概论之比较研究（下册）》，台北："中央"文物供应出版社，1983 年，第 217 页。
④ 张振东：《中西知识学比较研究》，台北："中央"文物供应出版社，1983 年，第 173 页。
⑤ 梁绍辉：《周敦颐传》，南京：南京大学出版社，1994 年，第 268 页。
⑥ 梁绍辉：《周敦颐传》，南京：南京大学出版社，1994 年，第 270 页。

必思而后无不通是睿。"①

《说文》:"思,睿也,从心从囟。"诚如有学者说的那样,"囟是象形字,指人的头盖骨。自头至心,如丝相贯不绝,以示用心之勤,这就是思"②。

学是人的一种后天能力,是人类为了适应环境而从与自然界的长期斗争过程中逐步形成并发展出来的一种区别于其他动物的本领,已经不属于本能的范畴了。故此,周敦颐认为:

> 圣希天,贤希圣,士希贤。伊尹、颜渊,大贤也。伊尹耻其君不
> 为尧、舜,一夫不得其所,若挞(tà)于市。颜渊不迁怒,不贰过,三
> 月不违仁。志伊尹之所志,学颜子之所学。过则圣,及则贤,不及则
> 亦不失于令名。③

这段话可以分三层意思来理解:第一层意思是指出了学习的三种境界,即为圣的境界、为贤的境界和为士的境界;第二层意思是明确了为贤的两种方式,即伊尹式和颜渊式;第三层意思是讲出了一般士人的学习目标与状态。如图4-10所示。

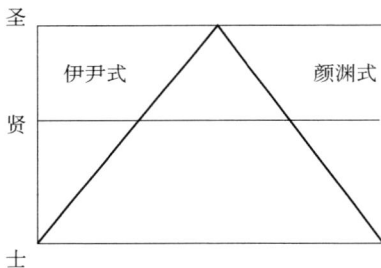

图4-10 学习的三种目标与境界

对于"不及者",周敦颐制定了最低的行为目标:留下美名(即"令名")。在这里,"美名"主要通过什么途径来获得呢?周敦颐提出了"喜闻过"的思想。他说:"仲由喜闻过,令名无穷焉。今人有过,不喜人规,如护疾而忌医,宁灭其身而无悟也。"④"仲由"即子路,《孟子·公孙丑章句上》云:"子路,人告之以有过则喜。"⑤ 听起来并没有什么,不就是别人批评自己两句,从小到大,谁没有挨过别人的批评呢,如父母的,老师的,长辈的,

---

① (宋)黎靖德:《朱子语类》卷94《周子之书·通书·思》,北京:中华书局,1986年,第2400页。
② 梁绍辉:《周敦颐传》,南京:南京大学出版社,1994年,第270页。
③ (清)黄宗羲原著,全祖望补修,陈金生等点校:《宋元学案》卷12《濂溪学案》上,北京:中华书局,1986年,第487页。
④ (清)黄宗羲原著,全祖望补修,陈金生等点校:《宋元学案》卷12《濂溪学案》上,北京:中华书局,1986年,第491页。
⑤ 《孟子正义》卷3《公孙丑章句上》,石家庄:河北人民出版社,1986年,第142页。

领导的，朋友的等。然而，对于这些批评，你真的心悦诚服地接受了吗？你真的打心眼儿里高兴吗？很难说。因此，程颢非常有感触地说："子路人告之以有过则喜，亦可谓百世之师矣。"① 对于常人来说，对待给你提意见的人，往往会有下述几种表现：第一，是"闻过则忧"，即害怕别人指出自己的缺点，有伤自尊；第二，是"闻过则辩"，错了，但错的理由很"充足"；第三，是"闻过则怒"，一听别人说不好，就火冒三丈，甚至大打出手，以至于弄出人命来；最可怕的是第四种表现，嘴上说得好，肚里却长牙。有人对这种表现，作了下面的描述：

> 内恨而外喜，人不知其恨而只见其喜。提意见者迟早要为其所提的意见而付出代价，然而暂时还没有；不但没有，而且还因见其喜而受宠若惊，因不知其恨而无所防范。等到那代价临到头上时，却因已与提意见的前科相隔了一段时间，再也不好说什么打击报复穿小鞋了。②

更有甚者，他还会借"规章制度"将那些曾经给他提过意见的人活活整死，由于这一类人惯于在人身后放暗箭、使阴招，故而很难对付，而宋代的党争在某种程度上就带有这种"闻过则'X'"的印迹。

至于"治"，则是一个需要多种因素相互作用才能满足其内在规定性的概念，周敦颐说："十室之邑，人人提耳而教，且不及，况天下之广、兆民之众哉！故曰：纯其心而已矣。仁、义、礼、智四者，动静言貌视听无违，之谓纯。心纯，则贤才辅。贤才辅，则天下治。纯心要矣！用贤急焉！"③"天下治"，首先是君主应做的事情，应做而不做，则是另一回事。对于应做而不知如何做的君主，周敦颐提示其仅仅"纯其心"就可以了，这多简单，然而落到实处又是那么艰难。把皇帝看作救世主，这种主张从本质上讲，是与宋代新儒学的精神追求相悖的，但是周敦颐毕竟看到了士大夫群体（即"贤才"）的作用，尽管是从属的和不自主的，所以后来程朱理学便走向了一条依靠士大夫群体意志来限制皇帝权力的新道路。

现在的问题是，士大夫群体如何作为一个强有力的整体来发挥其"贤才辅则天下治"的作用呢？

周敦颐提出了以下主张：

一是从制度层面，强化礼乐建设。周敦颐说：

---

① （宋）朱熹撰，徐德明校点：《四书章句集注·孟子集注》卷 3《公孙丑章句上》，上海：上海古籍出版社；合肥：安徽教育出版社，2001 年，第 279 页。

② 水牧：《闻过则"X"》，罗竹风主编：《上海杂文选 1984—1986》，上海：上海文艺出版社，1988 年，第 63 页。

③ （清）黄宗羲原著，全祖望补修，陈金生等点校：《宋元学案》卷 12《濂溪学案》上，北京：中华书局，1986 年，第 488 页。

> 礼，理也；乐，和也。阴阳理而后和。君君臣臣、父父子子、兄兄弟弟、夫夫妇妇，万物各得其理然后和，故礼先而乐后。①

自董仲舒之后，三纲就已经被纳入到封建政权的建设之中了，在这方面周敦颐并没有任何突破，与王安石相比，周敦颐对现实的回应比较软弱，也无大的力量，远不如王安石从官僚制度入手，大刀阔斧、革弊畅新、成效显著。

二是对"恶"的态度，主张"化恶"而不是"惩恶"。周敦颐说：

> "有善不及？"曰："不及，则学焉。"问曰："有不善？"曰："不善，则告之以不善"，且劝曰："庶几有改乎！斯为君子。"有善一，不善二，则学其一而劝其二。有语曰："斯人有是之不善，非大恶也？"则曰："孰无过？焉知其不能改？改则为君子矣。不改为恶，恶者天恶之。彼岂无畏耶？乌知其不能改？"故君子悉有众善，无弗爱且敬焉。②

"劝恶改过"这是周敦颐对社会阴暗面所采取的改造措施，改造社会最难的莫过于改造人的过错。从人的身份、职业、地位等方面看，同样的过错，其性质和后果可能相差很大。如果不分错误的性质，在不能预见其所造成后果的前提下，一味讲究"劝"，就有可能导致"纵恶"的后果。尽管"劝恶"与"纵恶"不是一回事，但如果"劝"得不当，就极有可能造成意想不到的危害。周敦颐的"劝恶"观，旨在鼓舞士大夫的参政热情，并尽可能施用轻刑。周敦颐相信宋代士大夫的行为自觉性，同时也相信士大夫群体对当时民众有"劝恶"的能力。另一方面，在周敦颐看来，如果人们故意逃避"劝恶"，顽固不化，放任自留，就会遭到恶报，即"不改为恶，恶者天恶之"，这种意识又回到了佛教的"报应"说。

如果从治国方略的角度看，周敦颐的"劝恶"是"以德治国"思想的体现。然而，在现实社会的不同层面，"劝恶"应当与法制建设、经济发展、普及教育、文化宣传等各个环节相互联系，特别是与"以法治国"相结合，否则像朱熹替周敦颐所设计的"不弃一人于恶，则无所不用其爱敬"③的理想方案，就只能是画饼充饥，自欺欺人之谈了。

三是提倡"务实"风尚，杜绝追求虚名的不良习气。周敦颐说：

---

① （清）黄宗羲原著，全祖望补修，陈金生等点校：《宋元学案》卷 12《濂溪学案》上，北京：中华书局，1986 年，第 488 页。
② （清）黄宗羲原著，全祖望补修，陈金生等点校：《宋元学案》卷 12《濂溪学案》上，北京：中华书局，1986 年，第 488 页。
③ 谭松林，尹红整理：《周敦颐集》，长沙：岳麓书社，2002 年，第 35 页。

　　实胜，善也；名胜，耻也。故君子进德修业，孳孳不息，务实胜也。[1]

　　前面这段话，翻译过来是说，"实际才能超过其名声，是好事；名声超过了其实际才能，是耻辱"。为此，周敦颐竭力宣扬其"君子进德修业"的主张。在这里，"实"与"名"对应于"内圣"与"外王"。"外王"是指士大夫谋取政治权力，并通过权力推行其政治理想。在宋代，行政官员的升迁很难，而对于现任官员的政绩考核，不但要看其实际表现，更要看其名声，有时后者还重于前者。这种官吏考核制度，促使很多官员为了追求名声而绞尽脑汁，所以周敦颐强调"内圣"重于"外王"，既有针对性，也更有矫正时弊之努力，应当说这是周敦颐思想的一个创新。

　　四是主张重德轻艺。周敦颐说：

　　文，所以载道也。轮辕饰而人弗庸，徒饰也，况虚车乎！文辞，艺也；道德，实也。笃其实而艺者书之，美则爱，爱则传焉。贤者得以学而至之，是为教。故曰"言之无文，行之不远。"然不贤者，虽父兄临之，师保勉之，不学也；强之，不从也。不知务道德而第以文辞为能者，艺焉而已。[2]

　　这是一段非常经典的儒家文论思想，影响深远。首先，周敦颐在前儒"明道"及"宗经"原则的基础上，第一个明确提出了"文以载道"的命题。后来二程把这个命题绝对化，认为"文"毫无美可言，故有"玩文丧志"之论。实际上，"道"的内涵是比较广泛的，不能拘于狭隘之见。其次，教育不是万能的，圣贤之道未必适用于社会各个阶层，在此，周敦颐重述了孔子"下愚虽教无益"的思想，反映了其思想的局限性。最后，"文"与"道"的统一性。"文"与"道"的关系，可分为两个方面，文可载道；亦可不载道。周敦颐认为，不载道的"文"是"陋"。他说："圣人之道，入乎耳，存乎心，蕴之为德行，行之为事业。彼以文辞而已者，陋矣！"[3] 这样，周敦颐就提出了两个问题：一是先学道后学文；二是学文必须突出道的灵魂地位。因为缺乏"道"的"文"，不论形式多美，都是无用的。

　　五是士大夫须树立"执政为公"的理念。周敦颐说：

---

① （清）黄宗羲原著，全祖望补修，陈金生等点校：《宋元学案》卷 12《濂溪学案》上，北京：中华书局，1986 年，第 488 页。

② （清）黄宗羲原著，全祖望补修，陈金生等点校：《宋元学案》卷 12《濂溪学案》上，北京：中华书局，1986 年，第 491 页。

③ （清）黄宗羲原著，全祖望补修，陈金生等点校：《宋元学案》卷 12《濂溪学案》上，北京：中华书局，1986 年，第 493 页。

> 圣人之道，至公而已矣。或曰："何谓也？"曰："天地至公而已矣。"①

"天地至公"，对运动于天地之间的万物，不分贵贱，一视同仁，因此，顺天应时，圣人当然应以"公"为则。于是，周敦颐提出了两个重要命题。

其一，"公于己者公于人，未有不公于己而能公于人也。明不至则疑生，明无疑也。谓能疑为明，何啻（chì）千里。"②讲的是"公于己"与"公于人"的关系。在周敦颐看来，凡是能够比较公正地对待自己的人，对待他人也一定会公正；反过来，对自己的言行不能正确认识的人，对待他人就很难公正。例如，连自己生命都不尊重的人，怎能希求他去尊重他人的生命呢。

其二，讲的是"明"与"疑"的关系。对此，梁绍辉评述说：

> 周敦颐将明与无疑的关系作了三层分析。就产生的由来而言，疑生于明的不至；就两者性质而言，明至无疑；就实际运用而言，以疑为明，必然南辕北辙，相去千里。周敦颐为什么要如此反复强调明、强调无疑呢？因为人的主观如何正确反映客观，本来是一个十分复杂的问题。客观事物可以给人以符合本质的真象，也可给人以不全是真象的表象，更可以给人完全与本质相反的假象。人们从轻信一切中得到了上当受骗的经验教训，于是又容易转向另外一个极端：怀疑一切。特别是一些身居高位，手握大权的人们，总以为多疑比轻信要好，于是察察为明，不注重"大数"而专审"小计"，以为这才是审慎的态度，殊不知这种多疑的失计比轻信更惨。③

可以说，宋太祖的优势之一是周世宗的轻信，若不是周世宗轻信他，宋太祖怎么能有殿前点检的军权，又何以能够黄袍加身呢？以此为鉴，从宋太祖开始，宋朝历代皇帝无不以"多疑"为治政原则，甚至以此原则来设计国家行政制度，以文驭武，是基于宋太祖对武将的不信任，而御史一职的设立又是为了防治文臣专权，等等。这种制度设计虽然防止了内乱，但是招致外强凌辱，以至于两度被外族亡国，这个历史教训太深刻了。

其三，为"势"，何谓"势"？周敦颐解释说：

> 天下，势而已矣。势，轻重也。极重不可反，识其重而亟反之，

---

① （清）黄宗羲原著，全祖望补修，陈金生等点校：《宋元学案》卷12《濂溪学案》上，北京：中华书局，1986年，第494页。
② （清）黄宗羲原著，全祖望补修，陈金生等点校：《宋元学案》卷12《濂溪学案》上，北京：中华书局，1986年，第490页。
③ 梁绍辉：《周敦颐传》，南京：南京大学出版社，1994年，第260页。

可也。反之，力也；识不早，力不易也。力而不竞，天也；不识不力，
人也。①

"势"这个概念在不同思想家的语境中，具有不同的内涵。例如，法家
讲权势，系指推行其变法思想的政治力量；兵家的"势"是指形、位、气
的有机结合和动态趋势，其中"形"为具有一定结构与布局的军事实力，"位"
为一定的空间位置，"气"为将士的精神状态。② 在此，周敦颐用"轻重"
来规定"势"的内部变化趋向，表明其具有一定的客观必然性。历史发展
与特定政治集团之间各自力量对比的轻重变化有关，具体地讲，内涵有三：
一是肯定势有其自身形成和发展的规律性，是一个由量变到质变的过程，
即由轻到重，造成不可逆转之力量；二是在一定条件下具有可变性，如何
准确把握"势"的这种"变性"？周敦颐认为，应认清"重"的发展程度，
预测和把握其变化趋向，因为"重"既包括已经形成的当前态势，还包括
尚未形成的未来态势。在此基础上，审时度势，"对已经或即将发展为重的
'势'采取积极迅速而又十分果断的措施"③。因此，"势"从发展趋向来看，
在表现为"或然性"而不是"必然性"的时机，用人力可以改变其变化方
向。也就是说，在既可以这样发展又可以那样发展的"不定"阶段，只要
正确发挥人的主观能动性，就会促使"不确定"的"势"朝着有利于能够
"左右势"的人的方向发展。这样，"势"就由或然性变成了必然性。当然，
"究竟是人左右势还是势左右人，全在于主观能动作用的发挥，而主观能动
性的发挥又全在识事的早晚和力量的强弱"④。

在"势"的形成过程中，注意下面几种因素的变化。

第一，"拟议"。"拟议"是一种程序，是造成"势"的制度保障。周敦
颐说：

> 至诚则动，动则变，变则化。故曰："拟之而后言，议之而后动，
> 拟议以成其变化。"⑤

笔者认为，从某个政治集团力量的发展趋势来讲，"拟之"就是指制订
方案，对未来目标（主要是政治目标）作出规划。然后，以此为依据，经
过集体的研究讨论，最后形成正式的或具有法律效力的行动纲领，从而去

---

① （清）黄宗羲原著，全祖望补修，陈金生等点校：《宋元学案》卷 12《濂溪学案》上，北京：中华书
　局，1986 年，第 491 页。
② 林荣林、王洪、李福才著：《战道、兵理与谋略》，北京：海潮出版社，1992 年，第 201 页。
③ 梁绍辉：《周敦颐传》，南京：南京大学出版社，1994 年，第 325 页。
④ 梁绍辉：《周敦颐传》，南京：南京大学出版社，1994 年，第 326 页。
⑤ （清）黄宗羲原著，全祖望补修，陈金生等点校：《宋元学案》卷 12《濂溪学案》上，北京：中华书
　局，1986 年，第 493 页。

改变社会，实现其既定目标。

第二，"刑"。"刑"是"灭贼"的暴力工具，然而，如何理解"贼"？古人云"胜者王侯，败者贼"。所以，周敦颐说：

> 天以春生万物，止之以秋。物之生也，既成矣，不止，则过焉，故得秋以成，圣人之法。天以政养万民，肃之以刑。民之盛也。欲动情胜，利害相攻，不止则贼灭无伦焉。故得刑以治。情伪微暧，其变千状，苟非中正明达果断者，不能治也。……鸣呼！天下之广，主刑者，民之司命也，任用可不慎乎！[①]

这段话可以从多个角度阐释，既然特定历史时期的国家政治往往体现了某个政治集团的意志，那么，这个政治集团为了造成其具有"必然性"的"势"，就需要排除异己，这时，他们通常会借助法律作为肃清政敌的重要手段。

第三，"动静"。"静"是指新事物尚处在潜在的和还未表现出来的状态，而"动"则是指已经表现出来的状态。新事物代替旧事物是历史发展的客观规律，它表现为动极反静，再由静而动的往复无穷的运动形式。所以，周敦颐说："四时运行，万物终始。混兮辟兮，其无穷兮。"[②]不过，这种"终始"变化不是回到原点，而是在内容上出现了新质，因而是螺旋式的上升，是经过否定的肯定。

（三）濂溪学派的主要传承

濂溪学派的主要传人，如图 4-11 所示。

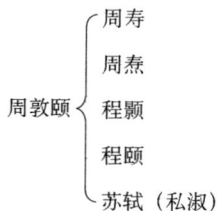

$$\text{周敦颐} \begin{cases} \text{周寿} \\ \text{周焘} \\ \text{程颢} \\ \text{程颐} \\ \text{苏轼（私淑）} \end{cases}$$

图 4-11 周敦颐的主要传承示意图

所谓"私淑"，是指以某个被崇拜前辈的学说为师的师承、自学方法。

---

① （清）黄宗羲原著，全祖望补修，陈金生等点校：《宋元学案》卷 12《濂溪学案》上，北京：中华书局，1986 年，第 493—494 页。

② （清）黄宗羲原著，全祖望补修，陈金生等点校：《宋元学案》卷 12《濂溪学案》上，北京：中华书局，1986 年，第 488—489 页。

二、张载与关学

（一）张载学术的特质

牟宗三指出："濂溪、横渠皆不言《大学》，尤不言格物。"[①] 但言《易传》《论语》和《中庸》，其经学的特色更加鲜明。张载（1020—1078 年），字子厚，北宋凤翔郿（yún）县（今陕西眉县）横渠镇人，世称"横渠先生"。他对于传统经学的认识，非常有个性。在笔者看来，他是宋代唯一有学者良心的人。什么叫学者良心？张载说："为天地立志，为生民立道，为去圣继绝学，为万世开太平。"[②] 其"为生民立道"就是学者的良心。这一点与王安石不同，王安石是为国家立道，因为他是一个政治家。而张载不是政治家，是一个纯粹的学者，这一点又与程朱不同，因为程朱有太多感情色彩。所以，张载说："利，利于民则可谓利，利于身、利于国者非利也。"[③] 这是一种非常彻底的亲民思想，是孟子"君轻民贵"思想的进一步深化。用一句话可以概括张载与王安石、程朱三者的学术主旨和思想特点，即张载讲"利民"，王安石讲"利国"，而程朱讲"利身"。张载又说："人一己百，人十己千，如此不至者，犹难罪性，语气可也；同行报异（即一起学习，一起工作，结果是不一样的），犹难语命，语遇（知遇之恩，'遇'有偶然性，你遇着了，也会那样）可也。"[④] 这是一种非常客观的人生态度，从自己身上找成败的原因，不要怨天尤人，也不要自暴自弃。至于如何做好学问，张载的经验是："学者当须立人之性。仁者人也，当辨其人之所谓仁。学者学所以为人。"[⑤] 这是一种很高的学术境界，笔者反思自己，自己的学问与之还相差甚远。张载接着说："学者观书，每见每知新意则学进矣。"[⑥]我们努力的方向在此，"每见每知新意"为学足矣。

（二）张载学术的主要内容

1.《正蒙》及张载的哲学体系

《正蒙》17 篇是张载学术的核心，也是理解张载思想的基础。在自然观方面，《太和篇》主张宇宙万物的本原是气，而"气"与"太虚"结合在一起，相互不分离。张载说："天地之气，虽聚散、攻取百涂，然其为理也顺

---

① 牟宗三：《心体与性体》，上海：上海古籍出版社，1999 年，第 331 页。
② 张载：《张载集》，北京：中华书局，2007 年，第 321 页。
③ 张载：《张载集》，北京：中华书局，2007 年，第 323 页。
④ 张载：《张载集》，北京：中华书局，2007 年，第 322 页。
⑤ 张载：《张载集》，北京：中华书局，2007 年，第 321 页。
⑥ 张载：《张载集》，北京：中华书局，2007 年，第 321 页。

而不妄。气之为物，散入无形，适得吾体；聚为有象，不失吾常。太虚不能无气，气不能不聚而为万物，万物不能不散而为太虚。"① 在辩证法方面，张载认为对立面的统一和斗争是宇宙万物运动变化的原因，他在《参两篇》中说："一物两体，气也；一故神，两在故不测。两故化，推行于一。此天之所以参也。"② 在认识论方面，张载提出"运于无形之谓道"③的思想，此"道"实际上指的就是自然规律，或者说是宇宙万物发展变化的内在必然性。在此基础上，张载认为宇宙万物是可以认识的，因此，"圣人之神惟天，故能周万物而知"④。圣人之知具有超验性，不是张载认识论的主体。因为在张载看来，人类知识的来源主要有两种：第一，"见闻之知"，张载说："人谓已有知，由耳目有受也；人之有受，由内外之合也。"⑤ 显然，"由耳目有受"的知识，即属于感性认识，用张载的话说，就是"见闻之知，乃物交而知"⑥。第二，"德性所知"，张载说："德性所知，不萌于见闻。"⑦这样讲，是不是还有脱离感性认识的独立知识体系呢？从表面上看，似乎如此。所以，学界对张载的认识论争议颇多，问题就出在这里。其实，张载对此有一段解释。他说："大其心则能体天下之物，物有未体，则心为有外。世人之心，止于闻见之狭。圣人尽性，不以见闻梏其心，其视天下无一物非我。孟子谓尽心则知性知天以此。天大无外，故有外之心不足以合天心。"⑧ 在这里，讲到了认识主体与客体的统一性问题。这个问题比较复杂，故存而不论。

在伦理学方面，张载区别了"天理"与"人欲"这两个概念，他说："湛一，气之本；攻取，气之欲。口腹于饮食，鼻舌于臭味，皆攻取之性也。知德者属厌而已，不以嗜欲累其心，不以小害大、末丧本焉尔。"⑨ 因此，"徇物丧心，人化物而灭天理者乎！存神过化，忘物累而顺性命者乎！"⑩ 又说："上达反天理，下达徇人欲者与！"⑪ 在此，所谓"上达"是指君子，"下达"则是指小人，"反"同"返"，即回归之意。它的内涵是指君子能回归"天性"，而不以生物体所共有的"气质之性"来损害"天地之性"。所以，

---

① 张载：《张载集》，北京：中华书局，1978 年，第 7 页。
② 张载：《张载集》，北京：中华书局，2007 年，第 10 页。
③ 张载：《张载集》，北京：中华书局，2007 年，第 14 页。
④ 张载：《张载集》，北京：中华书局，2007 年，第 14 页。
⑤ 张载：《张载集》，北京：中华书局，2007 年，第 26 页。
⑥ 张载：《张载集》，北京：中华书局，2007 年，第 25 页。
⑦ 张载：《张载集》，北京：中华书局，2007 年，第 24 页。
⑧ 张载：《张载集》，北京：中华书局，2007 年，第 24 页。
⑨ 张载：《张载集》，北京：中华书局，2007 年，第 22 页。
⑩ 张载：《张载集》，北京：中华书局，2007 年，第 18 页。
⑪ 张载：《张载集》，北京：中华书局，2007 年，第 22 页。

人与人之间的差异，并不在于智力的高低，而是在于他们对生命本质的觉悟程度。用张载的话说，就是"天理者时义而已。君子教人，举天理以示之而已；其行己也，述天理而时措之也"①。这里的"时义""时措"表明，任何礼仪都不是一成不变，而是与时偕行、不断变革，以与时代的发展相适应。实际上，只有与时偕行，人们才有可能"尽性"，因为"性于人无不善，系其善反不善反而已，过天地之化，不善反者也"②。仅此而言，"形而后有气质之性，善反之则天地之性存焉"③。

2.《横渠易说》及张载的义理之学

张载易学有详《系辞》而略经文之倾向，这种倾向反映了张载一种治学方法，他说："观《易》必由《系辞》。"④ 因为"《系辞》所举《易》义，是圣人议论到此，因举易义以成之，亦是人道之大且要者也"⑤。那么，我们该如何理解"人道之大且要"的内涵呢？

第一，凸显了以"精气"为本原的自然观。《易·系辞》云："精气为物，游魂为变，是故知鬼神之情状。"张载诠释说："精气者，自无而有；游魂者，自有而无。自无而有，神之情也；自有而无，鬼之情也。自无而有，故显而为物；自有而无，故隐而为变。显而为物者，神之状也；隐而为变者，鬼之状也。大意不越有无而已。物虽是实，本自虚来，故谓之神；变是用虚，本缘实得，故谓之鬼。此与上所谓神无形而有用，鬼有形而无用，亦相会合。所见如此，后来颇极推阐，亦不出此。"⑥ 这段话很重要，因为张载将宇宙万物的发展变化看作是一个否定的辩证运动过程，用简单的图式表达，如图 4-12 所示。

无 ⟹ 有 ⟹ 无

否定　　肯定　　否定

图 4-12

从否定的角度来看待客观事物的发展变化，这应是张载义理之学的一个重要思想特征。

第二，阴阳之道的核心是"仁知会合"。《易·系辞上》曰："一阴一阳谓之道。"张载解释：

① 张载：《张载集》，北京：中华书局，2007 年，第 23—24 页。
② 张载：《张载集》，北京：中华书局，2007 年，第 22 页。
③ 张载：《张载集》，北京：中华书局，2007 年，第 23 页。
④ 张载：《张载集》，北京：中华书局，2007 年，第 176 页。
⑤ 张载：《张载集》，北京：中华书局，2007 年，第 176 页。
⑥ 张载：《张载集》，北京：中华书局，2007 年，第 183 页。

一阴一阳是道也，能继继体此而不已者，善也。善之，犹言能继此者也；其成就之者，则必俟见性，是之谓圣。仁者不已其仁，始谓之仁；知者不已其知，方谓之知；此是致曲，曲能有诚也，诚则有变，化必仁知会合乃为圣人也。前谓圣者，于一节上成性也。夷、惠所以亦得称圣人，然行在一节而已。"百姓日用而不知"，盖所用莫非在道。饮食男女皆性也，但己不自察，由旦至暮，凡百举动，莫非感而不之知。今夫心又不求，感又不求，所以醉而生梦而死者众也。①

由此可见，张载将"人性"的成就看作是一个过程，是一个"知"与"仁"相融合的过程。诚如有学者所说："穷究客观自然的道理，属外在，最终指向是成为'智者'，即'知者'；透视人性的道理，属内在，其最终指向为'仁'者。道德与知识两者不可偏颇，既要了解客观外在的宇宙之理，也要掌握仁义礼智的人性之理。道德提升是以认知提升为前提的，认知活动最终须落实于道德实践，两者相辅相成。"② 虽然在一定的历史阶段，不可避免地会出现"知"与"仁"的疏离，甚至会出现"醉而生梦而死"的现象，但从历史的发展趋势看，两者的密切结合是必然的，终会同归，也就是会到达"仁知会合"的理想境界。

第三，主张人之相对于宇宙万物的主观能动性。《易·系辞下》说：

天地之道，贞观者也；日月之道，贞明者也；天下之动，贞夫一者也。

张载解释：

贞明不为日月之所眩，贞观不为天地之所迁，贞观贞明，是已以正而明日月、观天地也。多为日月之明与天地变化所眩惑，故必己以正道观之。能如是，不越乎穷理。岂惟耳目所闻见，必从一德见其大源，至于尽处，则可以不惑也。心存默识，实信有此，苟不自信，则终为物役。事千变万化，其究如此而已，天下之动贞夫一者也。③

这段话的内容很丰富，我们这里仅仅强调它的一个突出特点，即"必己以正道观之"和"必从一德见其大源"的思想。在此，"贞明"系指人们的正确思想认识，而"贞观"则是指人们正确无误的观点方法，二者都属于主观能动性的范畴。其中"一德"指的是人们的理性认识，"大源"就是

---

① 张载：《张载集》，北京：中华书局，2007 年，第 187 页。
② 小易：《一阴一阳之谓道》，《科技智囊》2007 年第 8 期，第 67 页。
③ 张载：《张载集》，北京：中华书局，2007 年，第 210 页。

指客观事物的发展规律，这句话的意思是说人类的理性认识能够认识和把握客观事物的内在必然性。

第四，主张有条件的天人合一说。《易·说卦》云："穷理尽性以至于命。"张载解释：

> 性尽其道，则命至其源也。知与至为道殊远，尽性然后至于命，不可谓一；不穷理尽性即是戕贼，不可至于命。然至于命者止能保全天之所禀赋，本分者且不可以有加也。既言穷理尽性以至于命，则不容有不知。
>
> 天道即性也，故思知人者不可不知天，能知天斯能知人矣。知天知人，与穷理尽性以至于命同意。……穷理亦当有渐，见物多，穷理多，从此就约，尽人之性，尽物之性。天下之理无穷，立天理乃各有区处，穷理尽性，言性已是近人言也。既穷物理，又尽人性，然后能至于命，命则又就己而言之也。①

显然，张载讲"天人合一"设定了一个前提：先"穷理尽性"，否则，不能"知天"，更不能"与天合一"。因此，他提出的观点是循序渐进的，由"穷物理"，然后"尽人性"，在此基础上，"至于命"。

3.《横渠经学理窟》及其义理之学

《横渠经学理窟》由周礼、诗书、宗法、礼乐、气质、义理、学大原、自道、祭祀、月令统、丧纪等内容构成，其中以礼乐、气质和义理最具特色。

第一，张载"以礼为教"的政治主张。张载说："礼所以持性，盖本出于性，持性，反本也。凡未成性，须礼以持之，能守礼已不畔道矣。"②"性"指人的道德之性，即天地和人性之本然，所以，当张载"谈礼出于性时，就具有了礼本源于道德本体的意义"③。张载又说："礼即天地之德也"，"礼非止著见于外，亦有无体之礼。盖礼之原在心，礼者圣人之成法也，除了礼天下更无道矣。欲养民当自井田始；治民则教化刑罚俱不出于礼外。五常，出于凡人之常情，五典人日日为，但不知耳。"④ 在此，张载把礼抬高到一种政治秩序的层面，在他看来，一种良好的社会秩序，不能离开三代的礼制，具体方案是：在经济上，恢复西周时期的井田制，推行计口授田的土地制度；在社会生活上，倡行古礼；在法制上，主张教化刑罚，用礼

---

① 张载：《张载集》，北京：中华书局，2007 年，第 234—235 页。
② 张载：《张载集》，北京：中华书局，2007 年，第 264 页。
③ 惠吉兴：《宋代礼学研究》，保定：河北大学出版社，2011 年，第 73 页。
④ 张载：《张载集》，北京：中华书局，2007 年，第 264 页。

成俗；等等。

第二，主张"变化气质"。^①张载指出："人之气质美恶与贵贱夭寿之理，皆是所受定分，如气质恶者，学即能移。今人所以多为气所使而不得为贤者，盖为不知学。"^②"气质之性"是人后天所养成的生理属性，能够通过学习而改变，在后天的生长环境中，只要方法正确，人们就能改恶从善。朱熹高度评价了张载的"变化气质"说，称它"极有功于圣门，有补于后学"^③。

第三，以"道济天下"为怀，虚心涵泳。学者应当有高境界，张载一再强调："今人自强自是，乐己之同，恶己之异，便是有固、必、意、我，无由得虚。学者理会到此虚心处，则教者不须言，求之书，合者即是圣言，不合者则后儒添入也。"^④文中的"固、必、意、我"都是一己之私，是妨碍"变化气质"的大敌，也是影响道德进步的惰性因素，张载认为需要依靠"虚心"来杜绝一己之私，用张载的话说，就是"成心忘然后可与进于道"^⑤。成心即私意也。在此前提下，张载进一步引导学者开拓思维，破除"有限之心"，因为"以有限之心，止可求有限之事；欲以致博大之事，则当以博大求之，知周乎万物而道济天下也"^⑥。

（三）关学的主要传承

关学的主要传人，如图 4-13 所示。

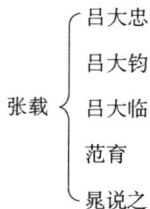

$$
张载 \begin{cases} 吕大忠 \\ 吕大钧 \\ 吕大临 \\ 范育 \\ 晁说之 \end{cases}
$$

图 4-13　张载的主要传人示意图

大弟子吕大临（1042？—1090 年），陕西蓝田人。他被视为"守横渠学甚固者"，然而就是这样的"甚固者"，后来所传亦多为二程学说，关学失传及后学不继（在南宋作为一个学派已不存在）自有它内在的缺陷，其主

① 张载：《张载集》，北京：中华书局，2007 年，第 265 页。
② 张载：《张载集》，北京：中华书局，2007 年，第 266 页。
③ 黎靖德编：《朱子语类》卷 4《性理》，北京：中华书局，1986 年，第 70 页。
④ 张载：《张载集》，北京：中华书局，2007 年，第 272 页。
⑤ 张载：《张载集》，北京：中华书局，2007 年，第 25 页。
⑥ 张载：《张载集》，北京：中华书局，2007 年，第 272 页。

要缺点是不合时宜，如果说王学是君主的哲学，那么，二程的学说就是重视士大夫个性张扬的哲学，这两派都有存在的历史必然性，尤其是二程哲学非常符合士大夫的口味，而张载的学说则是一种边缘哲学。何为边缘哲学？就是一种在当时不识大体的哲学。例如，张载说："大人所存，盖必以天下为度，故孟子教人，虽货色之欲，亲长之私，达诸天下而后已。"① 又说："在始学者，得一义须固执，从粗入精也。如孝事亲，忠事君，一种是义，然其中有多少义理也。"② 这里没有三纲五常之论，事实上，在整个《张载集》中，没有一句是论述三纲五常的。相反，他净说些很有潜在威胁的话，什么叫"孝事亲，忠事君，一种是义，然其中有多少义理也"，就是说"孝事亲，忠事君"合义不合理，具有一定的犯上思想，所以从君主的层面讲，张载的思想不受欢迎；从士大夫的层面看，也行不通，既然知道"孝事亲，忠事君"不合理，那怎么办呢？张载没有办法，他讲"民胞物与"，但对士大夫来说，那仅仅是一句口号。与之不同，二程既讲"三纲"，又讲"存天理，灭人欲"。对于二程的这个命题，学界争议颇大。在笔者看来，这个命题具有多重意义，它是一把多刃剑。我们知道，王安石变法依靠的是年轻的宋神宗。实际上，宋神宗变成了王安石实现自己意志的工具。因此，试图把皇帝作为士大夫实现其政治理想的工具意识，在宋代士大夫群体里，几乎成了一种共识。一方面，臣事君，要忠；另一方面，君权要受到天理的制约，而天理实则是不同士大夫集团的意识。就是一种相互制约的关系。所以，从这个意义上看，张载的学说必然会被宋代的历史发展所淘汰。

再换个角度讲，那么，二程的学说更像一门"政治学"，而张载的学说则更像一门哲学。就与经济基础的密切程度而言，政治学与经济基础的联系最密切和最直接，而哲学与经济基础的联系需要经过许多环节，这是其容易被边缘化的主要原因，特别是在宋代特别讲政治和特别讲党争的历史背景下，更是如此。张载的学说不能后继勃发，就不难理解了。所以，史载：吕大临"少从横渠张先生游，横渠殁。乃东见二程先生，卒业焉。与谢良佐、游酢、杨时在程门号'四先生'"③。

三、洛学与二程理学的要义

（一）洛学对传统儒学的改造

洛学指二程的学说，因为二程为洛阳人，故名。据夏君虞先生说，二

---

① 张载：《张载集》，北京：中华书局，2007 年，第 32 页。
② 张载：《张载集》，北京：中华书局，2007 年，第 287 页。
③ 冯从吾：《关学编》卷 1《与叔吕先生》，北京：中华书局，1987 年，第 11 页。

程的学术最早源自道学。宋初，道学歧为三脉：

一脉是先天图派：陈抟—种放—穆修—李之才—邵雍。

一脉是河图洛书派：种放—李溉—许坚—范谔昌—刘牧。

一脉是太极图派：穆修—周敦颐—二程。

如果据此把二程的学说归于道家思想的范畴，不计其他，那就未免有点主观，其所言也不怎么靠谱。因为二程自己说得很明白："吾学虽有所受，天理二字却是自家体贴出来。""天理"这个概念，确实不见于其他任何文献，儒家有"天"的概念，佛家则有"理"的概念，如华严宗的"四法界"思想。所谓"四法界"，按照宗密（华严宗五祖，唐代僧人）的解释，就是"心融万有，便成四种法界：①事法界：界是分义，一一差别，有分齐故。②理法界：界是性义，无尽事法，同一性故。③理事无碍法界：具性、分义，性、分无碍故。④事事无碍法界：一切分齐事法，一一如性融通、重重无尽故"（《法界观门》注）。在这里，"事法界"即现象界；"理法界"即本质界；"理事无碍法界"即矛盾的既对立又统一；"事事无碍法界"即矛盾的转化，或主观与客观的统一。所以，"天理"这个概念不是二程简单地进行文字拼凑，而是思想方式的一种转化，是对传统儒学的一次巨大改造。其改造的基本方法就是"援佛入儒"。

在学术史上，辟佛崇儒与援佛入儒是两条截然不同的思想进路。唐代的韩愈是前一路的急先锋，而唐代的李翱则是后一路的拓荒者。韩愈排老反佛，在宋初思想界影响很大。如南宋叶梦得的《避暑录话》云：

> 石介守道与欧文忠同年进士，名相连，皆第一甲。国初，诸儒以经术行义闻者，但守传注，以笃厚谨修表乡里。自孙明复为《春秋发微》，稍自出己意。守道师之，始唱为辟佛老之说，行之天下。文忠初未有是意，而守道力论其然，遂相与协力，盖同出韩退之。[①]

至于对韩愈思想的解析，宋史学界业已取得颇多研究成果，不必细论，唯李翱的思想，宋史学界似乎关注不够。为了厘清程朱理学的逻辑发展线索，我们需要对李翱学说有更多的了解。

李翱，字习之，是韩愈的学生，代表作有《复性书》，"以佛理证心"是他思想的主要特征。他说："天下之人，以佛理证心者寡矣，惟土木铜铁周于四海，残害生人，为逋逃之薮泽。"[②]"以佛理证心"指的是佛学，而"土木铜铁"指的则是佛教。把两者区别开来，是李翱的重要学术贡献，他

---

① 叶梦得：《避暑录话》卷上，丛书集成初编本，第124—125页。
② 李翱：《全唐文》卷634《与本使杨尚书请停修寺观钱状》，北京：中华书局，2013年，第6405页。

为援佛入儒提供了可能。在唐人看来，儒学之所以被佛教排挤出国家意识形态的核心位置，被逐渐边缘化，只是因为儒学本身缺乏性命之学。例如，刘禹锡说："儒以中道御群生，罕言性命，故世衰而浸息。佛以大悲救诸苦，广启因业，故劫浊而益尊。自白马东来而知象教，佛衣始传而人知心法。"① 所谓"白马东来"，是指张骞出使西域返回时，有西域僧人迦叶摩腾和竺法兰一起到了中原，用白马驮来了经书和佛像等。东汉明帝就在洛阳修建了白马寺让其居住，二僧在此译出了第一部佛典，即《四十二章经》，所以白马寺就成为我国最早的寺院和译场。佛教传入在东汉永平年间（58—75 年），那么，什么叫佛？姚秦僧肇在《注维摩诘经·见阿佛品》中说："佛者何也？盖穷理尽性大觉之称也。"唐朝宗密在《原人论》中亦说："策万行，惩恶劝善，同归于治，则三教皆可遵行；推万法，穷理尽性，至于本源，则佛教方为决了。"② 北宋初，晁迥在《法藏碎金录》中又说："儒书但说世间应为之事而节制之，内典说人身心之理，生灭去来，曲尽其妙，儒书不能到此。"③ 从李翱到二程，中间还有一个环节，即释智圆的《中庸》学。对此，漆侠先生有专门论述，可参看《宋学的发展与演变》一书。

（二）二程理学要义

1."形而上"的概念及其相互关系

"形而上"的概念主要有道、天理、性三个，相互关系则有道与天理、道与性及天理与性三对。④

1）道与天理的概念及其相互关系

首先，道的概念。老子《道德经》是一部专论"道"的著作，其开首便说："道可道，非常道。"这是"道"作为一个哲学概念的最早出处，但是，由于老子本人没有对此"道"作明确的定义，故历代注家便有了各种不同的说法。如河上公注云："夫道者，一元之理，有经术、政教之道，有自然长生之道。"⑤ 韩非子亦说："道者，万物之所然也，万理之所稽也。理者，成物之文也；道者，万物之所以成也。"⑥ 又如，王弼说："可道，

---

① 刘禹锡：《刘禹锡集》卷 4《碑下》，北京：中华书局，1990 年，第 57 页。
② 宗密：《原人论》，《大藏经》第 45 册，CBETA 电子佛典，2008 年，第 707 页。
③ 晁迥：《法藏碎金录》卷 4，《文渊阁四库全书》第 1052 册，子部 358《释家类》，台北：商务印书馆，影印本，第 490 页。
④ 本节内容取自拙著《程朱理学与理范型》。
⑤ 惠栋：《周易述》卷 22《易微言·元》，北京：九州出版社，2005 年，第 890 页。
⑥ 韩非：《韩非子》卷 6《解老》，张觉等撰：《韩非子译注》，上海：上海古籍出版社，2012 年，第 161 页。

指事造形非其常也。"① 吴澄更说:"道,犹路也。可道,可践行也。"② 而徐大椿又认为,道者,"常然之称也"③。诸如此类,不一而足。以上这些说法,还是较有代表性的,基本上反映了古人对"道"这个概念的理解。不过,与这些说法相比,二程对"道"的阐释,则具有他们自身的特点和不同于他人的独到之处。

《中庸》一书,相传为战国初期的子思所作。据《史记》卷47《孔子世家》载:"孔子生鲤,字伯鱼。伯鱼年五十,先孔子死。伯鱼生伋,字子思,年六十。尝困于宋。子思作《中庸》。"《中庸》是思孟学派的经典之作,它提出的许多思想和哲学范畴成为程朱理学的直接理论来源。如《中庸》说:"天命之谓性,率性之谓道,修道之谓教。道也者,不可须臾离也。可离,非道也。是故君子戒慎乎其所不睹,恐惧乎其所不闻,莫见乎隐,莫显乎微。故君子慎其独也。喜怒哀乐之未发,谓之中;发而皆中节,谓之和。中也者,天下之大本也;和也者,天下之达道也。致中和,天地位焉,万物育焉。"④这段话把"率性之道"与"中庸之道"作为《中庸》的纲领提出来,遂成为其整个学说的核心。以此为前提,子思更提出了"至诚之道""尊德性而道问学"等命题,对我国中世及近世的思想发展影响至深。如唐代李翱就将《中庸》的"至诚之道"确立为"灭情复性"所要达到的理想境界,而周敦颐的《通书》也把"诚"看作是"圣人之本",其《太极图说》则又有"圣人定之以中正仁义"之说。黄宗羲认为"中正仁义"皆为《中庸注疏》,他说:"《图说》中仁义中正,仁义即刚柔之别名,中正即中和之别解,皆为《中庸》注疏,后人不解《中庸》,并不解《图说》、《通书》矣。"⑤ 据此,我们认为二程继承了周敦颐的"中正"思想,在此基础上,二程进一步把"中庸"思想提高到"道"的地位。例如,程颐说:"天地之化,虽廓然无穷,然而阴阳之度、日月寒暑昼夜之变,莫不有常,此道之所以为中庸。"⑥"道为中庸"的命题实为程颐的独创,在此之前,没有人能形成这样的思想认识。考二程的言论,其有关"中庸"的观点,概括起来,主要有如下三说:

一说,"中之理至矣。独阴不生,独阳不生,偏则为禽兽,为异类,中则为人,中则不偏,常则不易,惟中不足以尽之,故曰中庸"⑦。

① 王弼注:《老子》上篇《一章》,北京:首都经济贸易大学出版社,2007年,第1页。
② 吴澄:《道德真经注》卷1《道经上》,兰喜并著:《老子解读》,北京:中华书局,2005年,第1页。
③ 徐大椿:《道德经注》卷上《上经》,文渊阁四库全书本。
④ 樊东译编:《〈大学·中庸〉译注》,上海:上海三联书店,2013年,第42页。
⑤ 吴光主编:《刘宗周全集》第2册《语类》,杭州:浙江古籍出版社,2007年,第469页。
⑥ 程灏、程颐著,王孝鱼点校:《二程集》上,北京:中华书局,2004年,第149页。
⑦ 程灏、程颐著,王孝鱼点校:《二程集》上,北京:中华书局,2004年,第122页。

二说，"中庸之言，放之则弥满六合，卷之则退藏于密"①。

三说，"中者，只是不偏，偏则不是中庸，只是常，犹言中者是大中也。庸者，是定理也。定理者，天下不易之理也。是经也，孟子只言反经，中在其间"。

从程颢所说"放之则弥满六合，卷之则退藏于密"的角度看，"中庸"实际上跟"道"具有同等重要的地位。如宋人三山陈氏解释"中庸"的特征云："其大无际，其细无朕。"② 而这种解释跟"易道"或"太极"之"其大无外，其小无内"③的特征并无实质上的不同。因此，我们完全可以在"形而上"的层面来看待"道""太极""中庸"这三个概念，三者所指都是一个"形而上"的实体，是一个包罗万象、涵盖万事万物的宇宙之理，用二程的话说，就是"大中"。

其次，"天理"的概念。"天"是先秦思想的一个重要概念，它在先民头脑中具有至上神的地位。如《尚书·盘庚中》就载有盘庚所说的"予迓续乃命于天"，意思是说，老百姓的生命，是商王从上天那里给保留下来的，因此，百姓只能顺从上天的意志，唯命是从，不要反抗，否则，商王就会按照上天的意志将其杀死。后来，为了使"天"的理论更加精致，更具有欺骗民众的作用，子思在《中庸》里才把"天"从一个单纯的人格神而转化为一个形而上学的本体，可惜，子思却没有对"天"进行明确的界定。从历史上看，这个缺陷直到二程的时候才被克服。二程说："天者，理也。"④ 又说："天理云者，这一个道理，更有甚穷已？不为尧存，不为桀亡。人得之者，故大行不加，穷居不损，这上头来，更怎生说得存亡加减？是佗元无少欠，百理具备。"⑤ "即事尽天理，便是易也。"⑥ 而在"道"与"理"或"天理"的关系问题上，程颐很肯定地说："理便是天道。"⑦

当然，"天理"在二程的理学体系里，不止上面一义。可举证者，尚有如下几项。

（1）"天理"是客观事物之原型，它在方法论上具有"模型"的意义。

如对于"立宗子法"，程颐认为"亦是天理"，他说："譬如木，必从根直上一干，亦必有旁枝。"⑧ 对此，李日章先生有一段议论，在李日章先生

---

① 程颢、程颐著，王孝鱼点校：《二程集》上，北京：中华书局，2004年，第130页。
② 赵顺孙：《中庸纂疏》卷1《朱子章句》，文渊阁四库全书本。
③ 胡震：《周易衍义》卷15；胡居仁：《易像抄》卷1，文渊阁四库全书本。
④ 程颢、程颐著，王孝鱼点校：《二程集》上，北京：中华书局，2004年，第133页。
⑤ 程颢、程颐著，王孝鱼点校：《二程集》上，北京：中华书局，2004年，第31页。
⑥ 程颢、程颐著，王孝鱼点校：《二程集》上，北京：中华书局，2004年，第31页。
⑦ 程颢、程颐著，王孝鱼点校：《二程集》上，北京：中华书局，2004年，第290页。
⑧ 程颢、程颐著，王孝鱼点校：《二程集》上，北京：中华书局，2004年，第243页。

看来，"在这里，'天理'便是被视为事物之'原型'（或'范型'）的东西。'宗子法'合乎'理'，或有'理'作为其依据，便是合乎某一'原型'或有某一'原型'为其依据的意思"①。又如，"天下物，皆可以理照"②，此"理"也是作"模型"的意思讲。③

（2）"天理"是矛盾的统一体，是事物发展的动力。

程颢说："天地万物之理，无独必有对，皆自然而然，非有安排也。"④"有对"是一种辩证法思想，它的起源非常古老，如史墨在公元前510年就提出了"物生有两"的思想⑤，"两"就是"有对"，后来老子在"两"的基础上，更提出"反者，道之动"⑥的辩证法命题，这个命题显然已经触及矛盾的转化问题了，但还没有进一步明确"两"与事物发展之间的内部关系。程颢说："理必有对，生生之本也。"⑦又说："天理生生，相续不息。"⑧在此，"生生之本"和"生生"不仅肯定了"有对"是事物发展的根本动力，而且还告诉我们"有对"是维持宇宙万物无限运动变化的根本原因。

（3）"天理"是宇宙万物发展的一种必然趋势，它规定着事物发展的方向。

程颢说："《诗》曰：'天生蒸民，有物有则，民之秉彝，好是懿德。'故有物必有则，民之秉彝也，故好是懿德。万物皆有理，顺之则易，逆之则难，各循其理，何劳于己力哉？"⑨"理"是客观的，其内在的发展趋势也是非人力所能改变的，所以，程颢认为，人只有"各循其理"才能实现自己的愿望，否则，就会陷入"逆之则难"的境地，如"三代之治，顺理者也"⑩。程颐举例说："今之始开荒田，初岁种之，可得数倍，及其久，则一岁薄于一岁，此乃常理。"⑪所谓"常理"，就是土质演变的一种必然趋势，人力可以通过技术手段来延缓其衰竭的过程，但要想彻底阻止这个过程则是不可能的。一方面，程颐承认"天命不可易也"，另一方面，他又说："有可易者，惟有德者能之。"在程颐看来，"命者是天之所赋与，如命令之命。天之报应，皆如影响，得其报者是常理也；不得其报者，非常理也"⑫。但在一定条件下，人通过发挥自己的主观能动性，对其发展的趋势施加影

---

① 李日章：《程颢·程颐》，台北：东大图书股份有限公司，1988年，第67页。
② 程灏、程颐著，王孝鱼点校：《二程集》上，北京：中华书局，2004年，第67页。
③ 李日章：《程颢·程颐》，台北：东大图书股份有限公司，1988年，第68页。
④ 程灏、程颐著，王孝鱼点校：《二程集》上，北京：中华书局，2004年，第121页。
⑤ 左丘明：《左传·昭公三十二年》
⑥ 《老子道德经·四十章》。
⑦ 杨时：《二程粹言》卷上《论道篇》，文渊阁四库全书本。
⑧ 杨时：《二程粹言》卷2，文渊阁四库全书本。
⑨ 程灏、程颐著，王孝鱼点校：《二程集》上，北京：中华书局，2004年，第123页。
⑩ 程灏、程颐著，王孝鱼点校：《二程集》上，北京：中华书局，2004年，第127页。
⑪ 程灏、程颐著，王孝鱼点校：《二程集》上，北京：中华书局，2004年，第146页。
⑫ 程灏、程颐著，王孝鱼点校：《二程集》上，北京：中华书局，2004年，第161页。

响，改变其对自身发展不利的趋势，并巩固和加强其对自身发展有利的那一种趋势，从而使事物朝着有利于自己的方向发展。这样，程颐既克服了消极的"宿命"思想，同时又为"天命"论留下了地盘，这表现了其思想理论的不彻底性。

（4）"天理"是一种循环的运动。

程颢说："《中庸》始言一理，中散为万事，末复合为一理。"① 显然，所谓"始"即开始阶段，"中"即中间阶段，"末"即最后阶段。虽然事物的发展在不断展现自身的时候，表现为相互区别的阶段性，但是每一个阶段都不是孤立的，而是相互联系的，其联系的纽带就是"理"。这样，"理"在事物的发展过程中，又呈现出"原始反终"的循环运动。例如，程颐说："天下之理未有不动而恒者也。动则终而复始，所以恒而不穷。"②

（5）"天理"是人类伦理的根本，是人类个体之社会行为的道德规范。

二程说："人之所以为人者，以有天理也。天理之不存，则与禽兽何异矣！"③ 那么，"天理"赋予人类以何样的伦理形式？二程给我们指出了这样几个方面：人天生是有大小差异的，且这种差异具有不变性，如程颢说："夫天之生物也，有长有短，有大有小。君子得其大矣，安可使小者亦大乎？天理如此，岂可逆哉？"④ 另外，人天生有高低贵贱之分别，同样，人的这种等级和伦理定位也具有不变性，例如，程颐说："上下之分，尊卑之义，理之当也，礼之本也"⑤。二程又说："父子君臣，天下之定理，无所逃于天地之间。"⑥ 为了给封建的道德伦理披上神圣不可侵犯的外衣，二程将"礼"抬高到"理"的地位，使之具有了"天理"的意义，故二程说："伦，理也。"⑦ 又"理者，礼也"⑧。它与"礼者，理也"⑨的命题前后呼应，共同构成了维护封建礼教的思想基础和统治理念。当然，维护封建礼教的统治地位并不等于思想保守，我们应该放在历史的发展过程中去具体分析二程伦理思想的合理与否。二程毕竟是北宋时期的理学家，他们不可能总抱着从前的伦理道德不放，因为那不符合"生生之本"的理学品格，所以，二程不自觉地提出了"礼，孰为大？时为大，亦须随时"⑩的思想主张，

---

① 程颢、程颐著，王孝鱼点校：《二程集》上，北京：中华书局，2004 年，第 140 页。
② 程颢、程颐著，王孝鱼点校：《二程集》下，北京：中华书局，2004 年，第 862 页。
③ 杨时：《二程粹言》卷 2，文渊阁四库全书本。
④ 程颢、程颐著，王孝鱼点校：《二程集》上，北京：中华书局，2004 年，第 125 页。
⑤ 程颢、程颐著，王孝鱼点校：《二程集》下，北京：中华书局，2004 年，第 749 页。
⑥ 程颢、程颐著，王孝鱼点校：《二程集》上，北京：中华书局，2004 年，第 77 页。
⑦ 程颢、程颐著，王孝鱼点校：《二程集》上，北京：中华书局，2004 年，第 182 页。
⑧ 杨时：《二程粹言》卷上，文渊阁四库全书本。
⑨ 程颢、程颐著，王孝鱼点校：《二程集》上，北京：中华书局，2004 年，第 125 页。
⑩ 程颢、程颐著，王孝鱼点校：《二程集》上，北京：中华书局，2004 年，第 171 页。

也就是说，社会形态是不断发展变化的，而与之相应的人类思想意识、道德观念等也应随着社会的发展来适当地改变自己的存在形式，这个思想是合理的，同时也是十分难能可贵的。

（6）"天理"是一个绝对的实体，是宇宙万物生成变化的"母型"。

二程强调说："天下只有一个理。"① 而这个"理"具有无限的"生生"能力，万事万物都从中派生出来，故"所以谓万物一体者，皆有此理。只为从那里来，'生生之谓易'。生则一时生，皆完此理"②。于是，"理则天下只是一个理，故推至四海而皆准，须是质诸天地，考诸三王不易之理。故敬则只是敬此者也，仁是仁此者也，信是信此者也"③。既然天地万物都是一个理，那么，对于人类而言，其出路只有一条，那就是只有依靠"反身而诚"的方法才能真正地去成就一番圣人的伟业。

至于道与天理的关系，从"理便是天道"的角度讲，两者具有统一性，可以说天理即是道，道即是天理。但二程在他们的著述中很少谈论天理与道的一致性问题，其大量的场合他们还是分开来谈论天理和道，这说明两者间还存在着不一致性，而且从他们的言谈中，我们能够看出，天理与道的不一致性即差异是客观的和主要的，当然，更是非常明显的。

首先，理有善恶，而道没有善恶。二程说："人生气禀，理有善恶。"④ 又说："天下善恶皆天理，谓之恶者非本恶，但或过或不及便如此。"⑤ 而造成"理有善恶"的根源，是由于"物之不齐"，这就是说，客观事物本身是不相同的，每个个体之间必然存在着形状、质地、性味等方面的差别，从而给人类感觉的效果便有所不同，于是就有了善恶的分别。对此，二程说："事有善恶，皆天理也。天理中物，须有美恶，盖物之不齐，物之情也。"⑥ 又说："圣人即天地也。天地中何物不有？天地岂尝有心拣别善恶，一切涵容覆载，但处之有道尔。"⑦ 可见，"道"是鉴别善恶的方法，它本身没有善恶。如二程说："到底须是，是者为真，不是者为假，便是道。"⑧ 尽管"道"之为方法，二程没有明说，但他们有"道如药方"⑨的说法。另外，二程说："《大学》'在明明德'，先明此道；'在新民'者，使人用此道

① 程颢、程颐著，王孝鱼点校：《二程集》上，北京：中华书局，2004 年，第 196 页。
② 程颢、程颐著，王孝鱼点校：《二程集》上，北京：中华书局，2004 年，第 33 页。
③ 程颢、程颐著，王孝鱼点校：《二程集》上，北京：中华书局，2004 年，第 38 页。
④ 程颢、程颐著，王孝鱼点校：《二程集》上，北京：中华书局，2004 年，第 10 页。
⑤ 程颢、程颐著，王孝鱼点校：《二程集》上，北京：中华书局，2004 年，第 14 页。
⑥ 程颢、程颐著，王孝鱼点校：《二程集》上，北京：中华书局，2004 年，第 17 页。
⑦ 程颢、程颐著，王孝鱼点校：《二程集》上，北京：中华书局，2004 年，第 17 页。
⑧ 程颢、程颐著，王孝鱼点校：《二程集》上，北京：中华书局，2004 年，第 3 页。
⑨ 程颢、程颐著，王孝鱼点校：《二程集》上，北京：中华书局，2004 年，第 19 页。

以自新；‘在止于至善’者，见知所止。”① 显然，在二程看来，“道”是一条通向“至善”的路径，是反映客观事物真实性的那一个方面。从这层意义上说，道相对应于理中之善的方面。例如，二程说：“理善莫过于中，中则无不正者。”② 而“不偏之谓中……此道也”③。又：“‘生生之谓易’，是天之所以为道也。天只是以生为道，继此生理者，即是善也。”④

其次，认识和理解“理”与“道”的方法不尽相同，“理”要穷而“道”却须体。程颐说：“物则事也，凡事上穷极其理，则无不通。”⑤ 又说：“格物穷理，非是要尽穷天下之物，但于一事上穷尽，其他可以类推。至如言孝，其所以为孝者如何，穷理如一事上穷不得，且别穷一事，或先其易者，或先其难者，各随人深浅，如千蹊万径，皆可适国，但得一道入得便可。”⑥ 然而，对于“道”，二程则不言穷。例如，二程说：“若知道与己未尝相离，则若不克己复礼，何以体道？道在己，不是与己各为一物，可跳身而入者也。”⑦ 在二程看来，体道多少是区分贤与圣的重要标准，“体道，少能体即贤，尽能体即圣”⑧。那么，为什么对“理”与“道”需要不同的认识方法呢？程颐说：“未有不能体道而能无思者，故坐忘即是坐驰，有忘之心乃思也。”⑨ 在二程的思想体系里，“道无体”⑩ 而“无间”。⑪ 对“道无体”，宋人黄裳解释说：“道无体也，搏之不得且无所由也，无所居也，无所行也，无所止也。”⑫ 可见，道的“四无”特征是思维所不能把握的，故用“无思”的方法来体道。但是，理的特征跟道略有不同，程颐说：“理无形也，故因象以明理。理见乎辞矣，则可由辞以观象。”⑬ 用“辞”来展现“理”的内容和本质，而这对于“道”是无用的，所以，二程反对用“文辞”来言道的做法，他们认为那样会把“己与道”⑭ 一分为二，而不是“道与己未尝相离”。如二程说：“道在己，不是与己各为一物。”⑮ 正由于道的这种难以言

---

①　程颢、程颐著，王孝鱼点校：《二程集》上，北京：中华书局，2004年，第22页。
②　杨时：《二程粹言》卷上《论道篇》，文渊阁四库全书本。
③　杨时：《二程粹言》卷上《论道篇》，文渊阁四库全书本。
④　程颢、程颐著，王孝鱼点校：《二程集》上，北京：中华书局，2004年，第29页。
⑤　程颢、程颐著，王孝鱼点校：《二程集》上，北京：中华书局，2004年，第143页。
⑥　程颢、程颐著，王孝鱼点校：《二程集》上，北京：中华书局，2004年，第157页。
⑦　程颢、程颐著，王孝鱼点校：《二程集》上，北京：中华书局，2004年，第3页。
⑧　程颢、程颐著，王孝鱼点校：《二程集》上，北京：中华书局，2004年，第96页。
⑨　程颢、程颐著，王孝鱼点校：《二程集》上，北京：中华书局，2004年，第56页。
⑩　程颢、程颐著，王孝鱼点校：《二程集》上，北京：中华书局，2004年，第132页。
⑪　杨时：《二程粹言》卷上《论道篇》，文渊阁四库全书本。
⑫　黄裳：《演山集》卷53《杂说》，文渊阁四库全书本。
⑬　程颢、程颐著，王孝鱼点校：《二程集》上，北京：中华书局，2004年，第271页。
⑭　杨时：《二程粹言》卷上《论道篇》，文渊阁四库全书本。
⑮　程颢、程颐著，王孝鱼点校：《二程集》上，北京：中华书局，2004年，第3页。

传性，二程才说："仁道难名，惟公近之，非指公为仁也。"①

最后，由子夏与曾子的学说差异看"道"与"理"的不同。程颢说："子夏信道，曾子明理，故二子各有所似。"② 子夏名卜商，是孔子的弟子之一，少孔子 44 岁，《孔子家语》卷 9 称其"孔子卒后，教于西河之上，魏文侯师事之，而咨国政焉"。子夏好论精微，以"笃信圣人而力行"为特点，例如，《孔丛子》载有子夏回答孔子问《书》的一段话，他说："《书》之论事也……上有尧舜之道，下有三王之义。凡商之所受《书》于夫子者，志之于心，弗敢忘，虽退而穷居河济之间，深山之中作壤室，编蓬户，常于此弹琴以歌先王之道，则可以发愤慷喟忘己贫贱，故有人亦乐之，无人亦乐之，上见尧舜之德，下见三王之义，不知忧患与死也。"③ 这种对"先王之道"的认识是肤浅的和消极的，故程颐说他"非道之正也"④。曾子名参，字子舆，是孔子的弟子之一，颇得孔子真传。程颢说："颜子默识，曾子笃信，得圣人之道者，二人也。"⑤ 又说："曾子传圣人道，只是一个诚笃。"⑥ "诚"是程朱理学的核心概念之一，体现了以人为本的思想。例如，曾子说："天之所生，地之所养，人为大矣。"⑦ 因此，曾子更把集中体现人本思想的"礼"作为其学说的立脚点，强调"君子修礼以立志，则贪欲之心不来；君子思礼以修身，则怠惰慢易之节不至；君子修礼以仁义，则忿争暴乱之辞远"⑧。二程说："礼者，理也。"⑨ 又说："仁之与礼非有异也。"⑩ 可见，在二程看来，曾子通过"礼"上承孔子，下传子思，因而形成了早期儒学的传承谱系："孔子没，传孔子之道者，曾子而已。曾子传之子思，子思传之孟子，孟子死不得其传。"⑪ 在北宋之前，道的概念主要指一种自然而然的存在状态，它的根本点是"天之道"，与人的存在相比，天道的价值高于人的价值，所以，曾子明确地对孔子讲："道则至矣，弟子不足以明之。"⑫ 曾子的这种态度反映了当时人们的一种思想倾向，在他看来，人的价值应当高于天的价值，由此他把孔子的人学思想加以发扬光大，遂形成了以道德修养为根本特点的学术传统，其所要研究和解决的问题主要是"人

---

① 杨时：《二程粹言》卷上《论道篇》，文渊阁四库全书本。
② 程颢、程颐著，王孝鱼点校：《二程集》上，北京：中华书局，2004 年，第 124 页。
③ 孔鲋：《孔丛子》卷上《嘉言》，文渊阁四库全书本。
④ 程颢、程颐著，王孝鱼点校：《二程集》上，北京：中华书局，2004 年，第 320 页。
⑤ 程颢、程颐著，王孝鱼点校：《二程集》上，北京：中华书局，2004 年，第 119 页。
⑥ 程颢、程颐著，王孝鱼点校：《二程集》上，北京：中华书局，2004 年，第 211 页。
⑦ 戴德：《大戴厘记》卷 4《曾子大孝》，文渊阁四库全书本。
⑧ 刘向：《说苑》卷 19《修文》，文渊阁四库全书本。
⑨ 程颢、程颐著，王孝鱼点校：《二程集》上，北京：中华书局，2004 年，第 125 页。
⑩ 程颢、程颐著，王孝鱼点校：《二程集》上，北京：中华书局，2004 年，第 322 页。
⑪ 程颢、程颐著，王孝鱼点校：《二程集》上，北京：中华书局，2004 年，第 327 页。
⑫ 王肃：《孔子家语》卷 1《相鲁》，文渊阁四库全书本。

的学问"而不是"自然的学问"。例如，程颐就说过这样的话："《孔序》：'伏羲、神农、黄帝之书谓之《三墳》，言大道也；少昊、颛顼、高辛、唐、虞之书谓之《五典》，言常道也。'又曰：'孔子讨论《墳典》，断自唐、虞以下。'以《二典》之言简邃如此，其上可知。所谓大道，虽性与天道之说，固圣人所不可得而去也。如言阴阳四时七政五行之道，亦必至要之语，非后代之繁衍末术也，固亦常道，圣人所不去也。使诚有所谓羲、农之书，乃后世称述当时之事，失其义理，如许行所为神农之言，及阴阳医方称黄帝之说耳。此圣人所以去之也。"[①] 而被程颐所去之学问，在曾子的思想中是没有地位的，但子夏就不同了，子夏说："虽小道，必有可观者焉。"[②] 对此，二程认为："然其流必乖。"[③] 如此看来，"道"与"理"在二程心目中的地位是有所不同的，而他们最看重的是"明理"之人。

2）道与性的概念及其相互关系

"道"的概念已见前，在此，我们着重探讨"性"的概念。

在二程之前，人们对"性"的问题本身已经谈了很多，并且形成了三派截然不同的性学观点。一是以孟子为代表的"性善论"，《孟子》卷3《滕文公章句上》载："滕文公为世子，将之楚。过宋而见孟子，孟子道性善，言必称尧舜。"而苏辙的《孟子解》也说："孟子以道性善曰：无恻隐之心，非人也；无羞恶之心，非人也；无辞让之心，非人也；无是非之心，非人也。恻隐之心，仁之端也；羞恶之心，义之端也；辞让之心，礼之端也；是非之心，智之端也。人信有是四端矣。"二是以荀况为代表的"性恶论"，荀况说："人之性恶，其善者，伪也。"[④] 他论证说："今人之性生而有好利焉，顺是，故争夺生而辞让亡焉；生而有疾恶焉，顺是，故残贼生而忠信亡焉；生而有耳目之欲，有好声色焉，顺是，故淫乱生而礼义、文理亡焉。然则，从人之性，顺人之情，必出于争夺，合于犯分乱理而归于暴，故必将有师法之化，礼义之道，然后出于辞让，合于文理而归于治，用此观之，则人之性恶明矣。"[⑤] 三是以告子为代表的"性无善无不善"论，在他看来，"性可以为善，可以为不善，是故文武兴则民好善；幽厉兴则民好暴"[⑥]。可见，告子的话语中已经包含着人性随社会环境的变化而变化的思想萌芽，这是一种唯物主义的人性观。由于周程欲要重树孟子学说的权威，他们公然站在孟子人性论的立场上，采取褒孟而排荀抑告的手法，对"性"概念

---

① 程灏、程颐著，王孝鱼点校：《二程集》下，北京：中华书局，2004年，第1032页。
② 程灏、程颐著，王孝鱼点校：《二程集》上，北京：中华书局，2004年，第320页。
③ 程灏、程颐著，王孝鱼点校：《二程集》上，北京：中华书局，2004年，第37页。
④ 荀况：《荀子》卷17《性恶篇》。
⑤ 荀况：《荀子》卷17《性恶篇》。
⑥ 孟轲：《孟子》卷11《告子章句》。

又作了进一步的探讨。

"性"者何？为了说明问题，我们有必要将其分成几个层面，如本体论的层面、认识论的层面及道德的层面，然后一一剖析之。

首先看本体论的层面。周敦颐的《太极图说》云："五行一阴阳也，阴阳一太极也。太极本无极也。五行之生也，各一其性。"在此，性并不是孤立的存在体，它天然地存在于宇宙万物之中，也天然地存在于太极之中，世界上没有脱离宇宙万物的"性"，也没有脱离太极的"性"，也就是说，凡"性"都是宇宙万物之性，凡"性"都是太极之性。二程继承了周氏的这个思想，也是先从本体论的意义上来界定"性"之为"性"的先验性。例如，二程说："'天命之谓性，率性之谓道'者，天降是于下，万物流形，各正性命者，是所谓性也。循其性而不失，是所谓道也。"①又说："道即性也。若道外寻性，性外求道，便不是。"②如果说"道"还嫌说得不够，甚至有些模糊，那么，程颐下面的话就直截了当得多了，他说："性即理也，所谓理，性是也。天下之理，原其所自，未有不善。"③前面讲过，无论是道家的"道"，还是二程的"理"，都含有宇宙本体的意义，都是宇宙间最高的思想范畴，因此，内涵于道与理之中的"性"当然亦具有本体的意义，它本身是"所以然"的存在，是无形但能通过具体事物来展现自我的宇宙实体，是一种规定人类道德行为的必然性的根据。侯外庐等在《宋明理学史》一书中说："二程的人性论实际上是先验的唯心论。他通过人性是先天的善，去说明封建道德观念和区分贫富贵贱的名分等级也是先天决定的。"④"性"的先验性，也就决定了它与"天命"的不可分离性，故程颐说："理也，性也，命也，三者未尝有异。"⑤

其次看认识论的层面。"天理"是可以认识的，而"性"也是可以认识的。程颐说："穷理尽性至命，只是一事。才穷理，便尽性；才尽性，便至命。"⑥那么，谁来尽性呢？当然是人心。程颐认为，性的表现形式是多种多样的，有命、天、心、情的分别，他说："性之本，谓之命；性之自然者，谓之天；性之有形者，谓之心；性之有动者，谓之情。凡此数者，皆一也。"⑦又说："道孰为大？性为大。"⑧而"道"与"心"的关系则是

① 程灏、程颐著，王孝鱼点校：《二程集》上，北京：中华书局，2004 年，第 30 页。
② 程灏、程颐著，王孝鱼点校：《二程集》上，北京：中华书局，2004 年，第 1 页。
③ 程灏、程颐著，王孝鱼点校：《二程集》上，北京：中华书局，2004 年，第 292 页。
④ 侯外庐等：《宋明理学史》上，北京：人民出版社，1997 年，第 169 页。
⑤ 程灏、程颐著，王孝鱼点校：《二程集》上，北京：中华书局，2004 年，第 274 页。
⑥ 程灏、程颐著，王孝鱼点校：《二程集》上，北京：中华书局，2004 年，第 274 页。
⑦ 程灏、程颐著，王孝鱼点校：《二程集》上，北京：中华书局，2004 年，第 318 页。
⑧ 程灏、程颐著，王孝鱼点校：《二程集》上，北京：中华书局，2004 年，第 318 页。

"心即道也"。① "在天为命，在人为性，论其所主为心，其实只是一个道。"②
而人心的主要功能就是"知"，程颢说："人心莫不有知，惟蔽于人欲，则
忘天德也。"③ 从何而知？格物致知。二程说："一人之心，天地之心。"④ 这
是人能够认识宇宙万物的生理基础，而如果没有这个生理基础，我们就什
么都谈不上。人心认识宇宙万物有两种形式：知识与非知识。对于前者，
主要是通过"格物"途径取得的，自不待言；对于后者，则属于"良知良
能"的范畴，不是常识所及之范围，在此前提下，人心之于"良知良能"
只可"体会"而不可言传，因为它不能形成一般的知识。所以，程颐说："不
当以为非心，以体会为非心，故有心小性大之说。圣人之神，与天为一，
安得有二？至于不勉而中，不思而得，莫不在此。此心即与天地无异，不
可小了它，不可将心滞在知识上，故反以小为心。"⑤ 可见，二程主要是在
非知识形态上来讲心与性的关系的，故而程颐说："尽其心者，我自尽其心；
能尽心，则自然知性知天矣。"⑥

　　最后看道德的层面。道德学是理学的实质与核心，也是性命学的归宿。
程颢说："仁、义、礼、智、信五者，性也。"⑦ 但性有天地之性与气质之性。
元人欧阳玄说："孟子言天地之性，程子兼言气质之性，然后荀、杨、韩子
之说俱废。气质之性原于周子，灼然无疑者也，且自《太极图说》、《通书》
行世，世之为儒者，苟知读濂溪之书，无不获闻性与天道之言哉。"⑧ 对于
"气质之性"，程颐在回答唐棣的提问时有几段比较精彩的论述，可代表二
程在这个问题上的基本观点：

　　　　棣问："孔、孟言性不同，如何？"曰："孟子言性之善，是性之
　　本；孔子言性相近，谓其禀受处不相远也。"人性皆善，所以善者，于
　　四端之情可见，故孟子曰："是岂人之情也哉？"至于不能顺其情而悖
　　天理，则流而至于恶，故曰："乃若其情，则可以为善矣。"若，顺也。
　　又问："才出于气否？"曰："气清则才善，气浊则才恶。禀得至清之
　　气生者为圣人，禀得至浊之气生者为愚人。如韩愈所言、公都子所问
　　之人是也。然此论生知之圣人。若夫学而知之，气无清浊，皆可至于
　　善而复性之本。"所谓"尧舜性之"，是生知也；"汤、武反之"，是学

----

① 程颢、程颐著，王孝鱼点校：《二程集》上，北京：中华书局，2004 年，第 204 页。
② 程颢、程颐著，王孝鱼点校：《二程集》上，北京：中华书局，2004 年，第 204 页。
③ 程颢、程颐著，王孝鱼点校：《二程集》上，北京：中华书局，2004 年，第 123 页。
④ 程颢、程颐著，王孝鱼点校：《二程集》上，北京：中华书局，2004 年，第 13 页。
⑤ 程颢、程颐著，王孝鱼点校：《二程集》上，北京：中华书局，2004 年，第 22 页。
⑥ 程颢、程颐著，王孝鱼点校：《二程集》上，北京：中华书局，2004 年，第 292 页。
⑦ 程颢、程颐著，王孝鱼点校：《二程集》上，北京：中华书局，2004 年，第 14 页。
⑧ 欧阳玄：《圭斋文集》卷 5《道》，四部丛刊本。

而知之也。孔子所言上知下愚不移，亦无不移之理，所以不移，只有二，自暴自弃是也。又问："如何是才？"曰："如材植是也。譬如木，曲直者性也；可以为轮辕，可以为梁栋，可以为榱桷者，才也。今人说有才，乃是言才之美者也。才乃人之资质，循性修之，虽至恶可胜而为善，"又问："性如何？"曰："性即理也，所谓理，性是也。天下之理，原其所自，未有不善。喜怒哀乐未发，何尝不善？发而中节，则无往而不善。凡言善恶，皆先善后恶；言吉凶，皆先吉而后凶；言是非，皆先是而后非。"①

这一大段话，至少包含着下面三个方面的意思：一是承认"善是天地之性"，在二程看来，善为理之本然，而这种本然之善，即为性之本，也就是说，从理的本性上看，性是善的，而性善是绝对的。程颐说："性出于天。"② 又说："'天命之谓性'，此言性之理也。今人言天性柔缓，天性刚急，俗言天成，皆生来如此，此训所禀受也。若性之理也，则无不善。曰天者，自然之理也。"③ 二是指出了性与才的区别，在二程看来，性是本，才是末，性是根本，才是枝叶，性为善，而才则有善有不善。程颐说："性无不善，才有善有不善。"④ 那么，"才"为什么"有善有不善"呢？二程解释说："'生之谓性'，性即气，气即性，生之谓也。人生气禀，理有善恶，然不是性中元有此两物相对而生也。有自幼而善，是气禀有然也。善固性也，然恶也不可不谓之性也。盖'生之谓性'、'人生而静'以上不容说，才说性时，便已不是性也。凡人说性，只是说'继之者善也'，孟子言人性善是也。"⑤ 这就是说，气是才之源，才是气本身运动变化的结果，所以，二程把"生之谓性"亦称作"气质之性"。元人欧阳玄说："孟子言天地之性，程子兼言气质之性，然后荀、杨、韩子之说尽废。气质之性原于周子，灼然无疑者也，且自《太极图说》，《通书》行世，世之为儒者，苟知读濂溪之书，无不获闻性与天道之言焉。"⑥ 三是以气质之性为基础，说明善是先天的，而恶却是后天的，是社会环境发展变化的产物。二程反复强调，恶既然是环境的产物，那么，恶本身就是可以改变的，程颐说："孔子谓'上智与下愚不移'，然亦有可移之理。"⑦ 即恶不是固定不变的，人性"亦有

① 程灏、程颐著，王孝鱼点校：《二程集》上，北京：中华书局，2004年，第291—292页。
② 程灏、程颐著，王孝鱼点校：《二程集》上，北京：中华书局，2004年，第252页。
③ 程灏、程颐著，王孝鱼点校：《二程集》上，北京：中华书局，2004年，第313页。
④ 程灏、程颐著，王孝鱼点校：《二程集》上，北京：中华书局，2004年，第252页。
⑤ 程灏、程颐著，王孝鱼点校：《二程集》上，北京：中华书局，2004年，第10-11页。
⑥ 欧阳玄：《圭斋文集》卷5《道》，四部丛刊本。
⑦ 程灏、程颐著，王孝鱼点校：《二程集》上，北京：中华书局，2004年，第204页。

可移之理"①，不管程颐的目的如何，他毕竟承认了人性的可变性，就这一点来说，程颐的思想是与北宋的"市民社会"状况相适应的，因而是积极的和进步的。于是，程颐得出这样的结论："道孰为大？性为大。千里之远，数千岁之日，其所动静起居，随若亡矣。然时而思之，则千里之远在于目前，数千岁之久无异数日之近，人之性则亦大矣。噫！人之自小者，亦可哀也已。人之性一也，而世之人皆曰吾何能为圣人，是不自信也。其亦不察乎！"②

由此可知，"道"本身是包含"性"的，且从道以性为大的视角看，"道"与"性"又是统一的。如程颐说："称性之善谓之道，道与性一也。以性之善如此，故谓之性善。性之本谓之命，性之自然者谓之天，自性之有形者谓之心，自性之有动者谓之情，凡此数者皆一也。"③ 可见，"性"并不是虚无飘缈的存在体，从根本上讲，性是由命、心、情等要素所构成的，可以凭人的感觉器官感知的客观实体，而命跟心、情的关系则是本质与现象的关系。其中，"命"与"天"是性的本质，同时也是道的本质，程颐由此特别地提出了"天民"与"天吏"的概念，他说："顺天行道者，天民也。顺天为政者，天吏也。"④ 在这里，"天民"就是一个能够体现道本质的活的载体。程颐又说："心即性也。在天为命，在人为性，论其所主为心，其实只是一个道。"⑤ 而情作为性之外现，其特征则是暂时的和有限的，"情"为何物？二程说："情是性之动处。"⑥ 又说："仁者，公也，人此者也；义者，宜也，权量轻重之极；礼者，别也；知者，知也；信者，有此者也；万物皆有信，此五常性也，若夫恻隐之类皆情也。凡动者谓之情。"⑦ 为了说明"情"与人类生活的关系，二程列举了不少属于"情"范畴的事例。例如，"诗者志之所之也，在心为志，发言为诗，情动于中而形于言"⑧。而"恻隐属爱，乃情也，非性也"⑨。以至于"利害者，天下之常情也"⑩。所以，命、性、情、心四者之间的关系是："'仁之于父子，至知之于贤者'，谓之命者，以其禀受有厚薄清浊故也。然其性善，可学而尽，故谓之性焉。禀气有清浊，故其材质有厚薄，禀于天谓性，感为情，动为心，质

---

① 程灏、程颐著，王孝鱼点校：《二程集》上，北京：中华书局，2004 年，第 204—205 页。
② 程灏、程颐著，王孝鱼点校：《二程集》上，北京：中华书局，2004 年，第 318 页。
③ 程灏、程颐著，王孝鱼点校：《二程集》上，北京：中华书局，2004 年，第 318 页。
④ 程灏、程颐著，王孝鱼点校：《二程集》上，北京：中华书局，2004 年，第 213 页。
⑤ 程灏、程颐著，王孝鱼点校：《二程集》上，北京：中华书局，2004 年，第 204 页。
⑥ 程灏、程颐著，王孝鱼点校：《二程集》上，北京：中华书局，2004 年，第 33 页。
⑦ 程灏、程颐著，王孝鱼点校：《二程集》上，北京：中华书局，2004 年，第 105 页。
⑧ 程灏、程颐著，王孝鱼点校：《二程集》上，北京：中华书局，2004 年，第 130 页。
⑨ 程灏、程颐著，王孝鱼点校：《二程集》上，北京：中华书局，2004 年，第 168 页。
⑩ 程灏、程颐著，王孝鱼点校：《二程集》上，北京：中华书局，2004 年，第 176 页。

干为才。"①

二程说："率性之谓道者，天降是于下，万物流行各正性命者，是所谓性也；循其性而不失，是所谓道也。此亦通人物而言。循性者，马则为马之性，又不做牛底性；牛则为牛之性，又不为马底性。此所谓率性也。人在天地之间，与万物同流，天几时分别出是人是物？'修道之谓教'，此则专在人事，以失其本性，故修而求复之，则入于学。"② 又"率者，循也"③。这段话说明，在性的层面上，人与万物具有统一性和平等性，当然，万物由于个体的差异，分别禀赋着不同的天性，在此前提下，万物各自只要能顺应自己的本性，去适应环境，并在与自然环境相互统一的过程中自我发展和自我完善，就是一种道的表现。如果有人违背了自己的天性而表现出野兽的本性，那么，他就成为一个有悖于天道的人。特别应当强调的是，二程在此提出了"修道之谓教"的失误就在于"专在人事"，却没有同时顾及其他生命体的存在，仅此而言，二程似乎有点儿反"人类中心主义"的味道，这个思想有助于我们更加理性地去善待宇宙生命，因为宇宙生命的性是统一的，而一旦失去宇宙万物的性，则人的性也就不能存在了。

3）天理与性的相互关系

首先，天理与性是统一的。程颐说："理也，性也，命也，三者未尝有异。"④ 又，"穷理、尽性以至于命，一物也"⑤。从本源上讲，天理与性同属形而上的范畴，故"性"也称为"天性"，如程颐说："父子之道，天性也。"⑥ 这说明不论是"理"还是"性"，归根到底都源自"天"，又如程颢说："天者，理也。"⑦ 二程还说："天之付与之谓命，禀之在我之谓性，见于事业之谓理。"⑧ 可见，万物之性均禀之于天，是天这个本体通过不同途径来展现自我的客观结果，所以，在时间连续统中，理、性、命三者是即时的，三者在"天"的大背景下具有同时性，正如程颐所说："穷理、尽性、至命只是一事，才穷理便尽性，才尽性便至命。"⑨ 且"穷理、尽性以至于命三事一时并了，元无次序，不可将穷理作知之事，若实穷得理，即性命亦可了"⑩。

① 程灏、程颐著，王孝鱼点校：《二程集》上，北京：中华书局，2004 年，第 312 页。
② 程灏、程颐著，王孝鱼点校：《二程集》上，北京：中华书局，2004 年，第 30 页。
③ 程灏、程颐著，王孝鱼点校：《二程集》上，北京：中华书局，2004 年，第 151 页。
④ 程灏、程颐著，王孝鱼点校：《二程集》上，北京：中华书局，2004 年，第 274 页。
⑤ 程灏、程颐著，王孝鱼点校：《二程集》上，北京：中华书局，2004 年，第 121 页。
⑥ 程灏、程颐著，王孝鱼点校：《二程集》上，北京：中华书局，2004 年，第 234 页。
⑦ 程灏、程颐著，王孝鱼点校：《二程集》上，北京：中华书局，2004 年，第 132 页。
⑧ 程灏、程颐著，王孝鱼点校：《二程集》上，北京：中华书局，2004 年，第 91 页。
⑨ 程灏、程颐著，王孝鱼点校：《二程集》上，北京：中华书局，2004 年，第 193 页。
⑩ 程灏、程颐著，王孝鱼点校：《二程集》上，北京：中华书局，2004 年，第 15 页。

为了使性与天理保持内容的一致性，二程区分了两种性，即"生之谓性"与"天命之谓性"。如程颐说："性字不可一概论。'生之谓性'，止训所禀受也。'天命之谓性'此言性之理也。今人言天性柔缓，天性刚急，俗言天成，皆生来如此，此训所禀受也。若性之理也，则无不善，曰天者，自然之理也。"① 由此而言，"天命之谓性"的"性"跟"天理"具有同等重要的意义，是同一个量级的概念。

其次，在善与恶的对待中，天理跟性表现出一定的趋异性质。在二程看来，天理有善有恶，而性则固有"善"的本质，至于"恶"则是情之所动的结果，与"性"没有必然的联系。二程说："天下善恶皆天理，谓之恶者非本恶，但或过或不及便如此，如杨、墨之类。"② 又，"事有善有恶，皆天理也。天理中物，须有美恶，盖物之不齐，物之情也"③。"天理"可分为善与恶，但不论善还是恶，都是天理的表现形式，然而，性却只有善而没有恶。可见，二程在此是彻底地坚持了孟子的"性本善"说。如程颐说："孟子言人性善是也。虽荀、杨亦不知性。孟子所以独出诸儒者，以能明性也。性无不善，而有不善者才也。性即是理，理则自尧舜至于途人，一也。才禀于气，气有清浊，禀于清者为贤，禀其浊者为愚。"④ 当然，在名义上，恶有时也称"性"。但这个性仅仅与"生之谓性"相关，也就是说，这个"性恶"只是名义上的，而不是实质上的。二程说："人生气禀。理有善恶，然不是性中元有此两物相对而生也。有自幼而善，有自幼而恶，是气禀有然也。善固性也，然恶亦不可不谓之性也。"但一般而言，"人说性，只是说，'继之者善也'，孟子言人性善是也"⑤。有了这样的界定，我们就可以理解二程讲性固善的用意，二程曾把性善与性恶的关系比作"水"与"流"的关系。二程说：

　　夫所谓"继之者善"也者，犹水流而就下也。皆水也，有流而至海，终无所污，此何烦人力之为也？有流而未远，固已渐浊；有出而甚远，方有所浊。有浊之多者，有浊之少者。清浊虽不同，然不可以浊者不为水也。如此，则人不可以不加澄治之功。故用力敏勇则疾清，用力缓怠则迟清，及其清也，则却只是元初水也。亦不是将清来换却浊，亦不是取出浊来置在一隅也。水之清，则性善之谓也。故不是善

———————————
① 程灏、程颐著，王孝鱼点校：《二程集》上，北京：中华书局，2004 年，第 313 页。
② 程灏、程颐著，王孝鱼点校：《二程集》上，北京：中华书局，2004 年，第 14 页。
③ 程灏、程颐著，王孝鱼点校：《二程集》上，北京：中华书局，2004 年，第 17 页。
④ 程灏、程颐著，王孝鱼点校：《二程集》上，北京：中华书局，2004 年，第 204 页。
⑤ 程灏、程颐著，王孝鱼点校：《二程集》上，北京：中华书局，2004 年，第 10 页。

与恶在性中为两物相对，各自出来。此理，天命也。①

这段话可分为两层意思：第一层意思是说善与恶不是性中固有的"两物相对"，从本质上说，性本身只有善，而恶则是性之动时的一种时态，性之动是谓情，故恶是情的外现；第二层意思是说既然性本善，而恶又是情的外现，那么，人就可以通过"澄治之功"，去恶存善，这个过程也就是"存天理，灭人欲"的过程。

最后，天理是一种境界，而性则是一种功夫，人们可以通过"尽性"来体悟天理或与天理融为一体。二程对"尽性"着墨不少，经检索，仅《二程遗书》就有 23 见。由于二程已经将"穷理"和"尽性"连为一体，不能分割，更不能将其一分为二，因此，他们反对张载的"二分说"。如二程云："横渠昔尝譬命是源，穷理与尽性如穿渠引源。然则渠与源是两物，后来此议必改来。"② 由于"天理"与"尽性"是一个问题的两个方面，且两者的路径又是一致的和相同的，所以，程颐提出了下面的见解："'赞天地之化育'，自人而言之，从尽其性至尽物之性，然后可以赞天地之化育，可以与天地参矣。"③ 可见，在二程看来，"尽性"是"赞天地之化育"的重要环节，而"尽性"本身也是"天人合一"的基础，故二程说："天人本无二"。④

2. "形而下"的概念及其相互关系

"形而下"的概念主要有气、阴阳、五行、数及象等五个，其相互关系则主要有气与性、阴阳与五行及数与象三对。

1）气与性的概念及其相互关系

"气"这个概念在《太极图说》中已经多次提到，但周氏没有作出明确的规定。实际上，据《周语》记载：早在西周末的幽王二年（公元前 780 年），伯阳父就曾对地震的原因，作了如下解释："夫天地之气，不失其序。若过其序，民乱之也。阳伏而不能出，阴迫而不能，于是有地震。"现在看来，这个解释虽然幼稚，但他用"天地之气"的和谐与否来说明物质世界的存在状态还是有道理的。于是，先秦时期，"气"便成为人们用来说明自然界和人类社会运动变化的基本概念，如《庄子·至乐》云："察其始而本无生，非徒无生也。而本无形，非徒无形也，而本无气。杂乎芒芴之间，变而有气，气变而有形，形变而有生。今又变而之死，是相与为春秋冬夏

---

① 程灏、程颐著，王孝鱼点校：《二程集》上，北京：中华书局，2004 年，第 10—11 页。
② 程灏、程颐著，王孝鱼点校：《二程集》上，北京：中华书局，2004 年，第 27 页。
③ 程灏、程颐著，王孝鱼点校：《二程集》上，北京：中华书局，2004 年，第 158 页。
④ 程灏、程颐著，王孝鱼点校：《二程集》上，北京：中华书局，2004 年，第 81 页。

四时行也。"《庄子·知北游》又说："人之生，气之聚也。聚则为生，散则为死。"《孟子·公孙丑上》亦云："气，体之充也。"那么，"气"是什么？许慎的《说文解字》载："气，云气也。"而张载则进一步总结说："所谓气也者，非待其蒸郁凝聚，接于目而后知之；苟健顺、动止、浩然、湛然之得言，皆可名之象尔。"① 在这里，我们看到了气的两个基本特征：健顺和浩然。而张载对气的这种解释深刻地影响了二程。如二程说："浩然之气，天地之正气，大则无所不在，刚则无所屈，以直道顺理而养，则充塞于天地之间。"② 又如："志顺者气不逆，气顺志将自正。志顺而气正，浩然之气也。"③

当然，二程对"气"亦有其特殊的规定性，在此，我们仅撮其要者，枚举数例如下。

> 气则非漠然无形体可识也。④
>
> 天气下降至于地中，生育万物者，乃天之气也。（杨时：《二程粹言》卷下《天地篇》）
>
> 日月星辰皆气也。⑤
>
> 真元之气，气所由生，外物之气，不得以杂之，然必资物之气而后可以养元气，本一气也。人居天地一气之中，犹鱼之在水中，饮食之真味，寒暑之节宣，皆外气涵养之道也。⑥
>
> 万物之始，气化而已。既形气相禅，则形化长而气化消。⑦

归纳起来，我们可以得到这样几点认识：一是气是形成宇宙万物的直接原因，自然界中的物质都是由气构成的；二是气本身可分为 3 个层次，由内到外，依次为"真元之气""天之气""外物之气"；三是以气为基点，宇宙万物的生成模式应当这样来表达，先"真元之气"，然后"气化"为万物的形体，最后形成"物之气"。由于"物之气"含有"真元之气"，因而人们"必资物之气而后可以养元气"。

但是，我们绝不能舍性而养气。

二程说："论性而不及气，则不备；论气而不及性，则不明。"⑧ 可见，

---

① 张载：《张子全书》卷 2《正蒙一》，文渊阁四库全书本。
② 程颢、程颐著，王孝鱼点校：《二程集》上，北京：中华书局，2004 年，第 11 页。
③ 程颢、程颐著，王孝鱼点校：《二程集》上，北京：中华书局，2004 年，第 321 页。
④ 杨时：《二程粹言》卷上《论书篇》，文渊阁四库全书本。
⑤ 杨时：《二程粹言》卷下《天地篇》，文渊阁四库全书本。
⑥ 杨时：《二程粹言》卷下《心性篇》，文渊阁四库全书本。
⑦ 杨时：《二程粹言》卷下《人物篇》，文渊阁四库全书本。
⑧ 杨时：《二程粹言》卷下《心性篇》，文渊阁四库全书本。

气与性是相互统一和相互联系的，性不能简单地等同于气。所以，二程为了明晰气及性与理的关系，曾经提出了两类性的学说：一类为"生之谓性"，另一类则为"天命之谓性"。后者相对应于"天理"，即"天命之谓性"，也可称作"天理"，而前者则相对应于"气"，即"生之谓性"，也可称作"气"。因此，我们在讲性与气的相互关系时，应当特别注意这一点。例如，二程说："受于天之谓性，禀于气之谓才。才有善否，由气禀有偏正也。性则无不善。能养其气以复其正，则才亦无不善矣。"① 这里所讲的"性"并不是"生之谓性"，而是"天命之谓性"。在二程看来，虽然"才"有贤愚之别②，但贤愚不是不可改变的，在一定条件下人们可以通过学习来改变自身的愚昧状态。如程颐说："使肯学时，亦有可移之理。"③ 具体地说，则"才犹言材料，曲可以为轮，直可以为梁栋"④。

从"生之谓性"的角度，我们可以说"性相近"。对此，程颐解释"性相近"一语时说："此只是言性（气）质之性，如俗言性急性缓之类，性安有缓急？此言性者，生之谓性也。"⑤ 又"凡言性处，须看他立意如何。且如言人性善，性之本也；生之谓性，论其所禀也"⑥。而"所禀"的过程实际上就是"气化"的过程，程颐说："陨石无种，种于气。麟亦无种，亦气化。厥初生民亦如是。至如海滨露出沙滩，便有百虫禽兽草木无种而生，此犹是人所见。"⑦ 宇宙万物的生成变化是复杂多样的，但又是统一的，仅就性与气的关系言，性是本，气是末，性是稳定的，而气则是变动不居的。现代生命科学告诉我们，宇宙中所有的生命都是从非生命进化而来的，由于在二程的生活时代，人们还不可能产生进化论，因此，二程就运用当时的文本语言，提出"气化""合化"及"种生"等概念，以此来解释宇宙万物的形成，如程颐在回答"古有气化，今无气化"的问题时曾说："有两般。有全是气化而生者，若腐草为萤是也。既是气化，到合化时自化。有气化生之后而种生者。"⑧ 用现代的科学理论来解释，"气化"实际上是物理和化学的进化过程，而"种生"则是生物和人类社会的进化过程，至于"合化"应是由"气化"向"种生"的一种过渡和转化。

---

① 杨时：《二程粹言》卷下《心性篇》，文渊阁四库全书本。
② 程灏、程颐著，王孝鱼点校：《二程集》上，北京：中华书局，2004年，第204页。
③ 程灏、程颐著，王孝鱼点校：《二程集》上，北京：中华书局，2004年，第204—205页。
④ 程灏、程颐著，王孝鱼点校：《二程集》上，北京：中华书局，2004年，第207页。
⑤ 程灏、程颐著，王孝鱼点校：《二程集》上，北京：中华书局，2004年，第207页。
⑥ 程灏、程颐著，王孝鱼点校：《二程集》上，北京：中华书局，2004年，第207页。
⑦ 程灏、程颐著，王孝鱼点校：《二程集》上，北京：中华书局，2004年，第161页。
⑧ 程灏、程颐著，王孝鱼点校：《二程集》上，北京：中华书局，2004年，第199页。

2）阴阳与五行的概念及其相互关系

在二程的文本语言里，所谓"阴阳"只不过是"气"的一种内在结构而已。程颐说："阴阳，气也。"[①] 既然阴阳是气的内在结构，那么，宇宙万物就不能离开阴阳。所以，程颐说："盖天地间无一物无阴阳。"[②] 他解释道："雹是阴阳相搏之气，乃是沴气。"[③]"盖阴阳之气有常存而不移者，有消长而无穷者。"[④]"一日言之，便自有一日阴阳；一时言之，便自有一时之阴阳；一岁言之，便自有一岁阴阳；一纪言之，便自有一纪阴阳；气运不息，如王者一代，又是一个大阴阳也。"[⑤] 由于阴阳是万物内结构的两个极端，而这两个极端又经常处于变动之中，所以，阴阳本身可分为平衡与不平衡两个方面。如上面所提到的"沴气"就是阴阳不平衡的一个例子，程颐说："云气蒸而上升于天，必待阴阳和洽，然后成雨。"[⑥] 可见，"雨"是阴阳平衡的一种自然现象。对此，程颐在诠释《易传》之"小畜：亨。密云不雨，自我西郊"一辞时说：

> 云，阴阳之气。二气交而和，则相畜固而成雨，阳倡而阴和，顺也，故和。若阴先阳倡，不顺也，故不和，不和则不能成雨。云之畜聚虽密，而不成雨者，自西郊故也。东北，阳方。西南，阴方。自阴倡，故不和而不能成雨。[⑦]

同"阴阳"一样，"五行"也是气。

程颐说："五行是一气。"[⑧] 那么，"阴阳"与"五行"有何关系呢？

第一，从逻辑上讲，阴阳先在于五行。例如，二程云："二气、五行，刚柔万殊，圣人由一理复其初也。"[⑨] 所谓"二气"即阴阳，其在"五行"之前。

第二，阴阳是气的结构，而五行是气的结构要素，换言之，也可以说"五行"是"阴阳"的要素，而阴阳就是通过五行去具体地建构物质世界。如程颐说："既谓之五行，岂不是五物也？五物备然后能生。"[⑩]"动植之分，有得天气多者，有得地气多者，'本乎天者亲上，本乎地者亲下'。然要之，

---

① 程灏、程颐著，王孝鱼点校：《二程集》上，北京：中华书局，2004 年，第 162 页。
② 程灏、程颐著，王孝鱼点校：《二程集》上，北京：中华书局，2004 年，第 237 页。
③ 程灏、程颐著，王孝鱼点校：《二程集》上，北京：中华书局，2004 年，第 238 页。
④ 程灏、程颐著，王孝鱼点校：《二程集》上，北京：中华书局，2004 年，第 238 页。
⑤ 程灏、程颐著，王孝鱼点校：《二程集》上，北京：中华书局，2004 年，第 263 页。
⑥ 程颐：《伊川易传》卷1。
⑦ 程颐：《伊川易传》卷1，第 744 页
⑧ 程灏、程颐著，王孝鱼点校：《二程集》上，北京：中华书局，2004 年，第 223 页
⑨ 杨时：《二程粹言》卷下《人物篇》，文渊阁四库全书本。
⑩ 程灏、程颐著，王孝鱼点校：《二程集》上，北京：中华书局，2004 年，第 223 页。

虽木植亦兼有五行之性在其中，只是偏得土之气，故重浊也。"①

第三，无论阴阳还是五行，在时间上都没有"先后"之分。程颐说："既曰气，则便是二。言开阖，已是感，既二则便有感。所以开阖者道，开阖便是阴阳。老氏言虚而生气，非也。阴阳开阖，本无先后，不可道今日有阴，明日有阳。"② 又"五行在天地之间，有则具有，无生出先后之次也。或水、火、金、木、土之五者为有序不可也"③。

3）象与数的概念及其相互关系

"象"与"数"这两个词在二程的文本里，并不多见，但这决不表明"象"与"数"这两个概念就不重要，它们是我们理解二程整个"理模型"的一个关键环节。

什么是象？二程论述如下：

> 易，变易也。随时变易，以从道也，至微者理，至著者象，体用一源，显微无间。④

> 易之有象，犹人之守礼法也。⑤

> 或曰："圣贤气象，何自见？"子曰："姑以其言观之亦可也。"⑥

> 象在乎卦，而卦不必先器也。圣人制器，不待见卦而后知象，以众人由之而不能知之，故设卦以示之耳。⑦

> 天地生物之气象，可见而不可言，善观于此者必知道。⑧

> 凡物有形则声色臭味具焉，四者之虚实均而实胜也，意言数象亦然。⑨

由此可知，象是理的一种外在表现，是人们通过各种感觉器官能够感知的物质表象，诸如声色臭味等都不过是象的存在形式，而对于这些存在形式本身及其之间的相互关系，人们可以由卦体来推知和认识，因此，象并不是神秘莫测的东西，它的运动变化是有规律可循的，是能够被人所认识和掌握的。很显然，在这一点上，二程坚持了认识论中的可知论观点。

至于"数"，二程也有他们自己的认识：

> 有理则有气，有气则有数。鬼神者，数也。数者，气之用也。⑩

---

① 程灏、程颐著，王孝鱼点校：《二程集》上，北京：中华书局，2004 年，第 39 页。
② 程灏、程颐著，王孝鱼点校：《二程集》上，北京：中华书局，2004 年，第 160 页。
③ 杨时：《二程粹言》卷下《人物篇》，文渊阁四库全书本，第 1272 页
④ 杨时：《二程粹言》卷上《论书篇》，文渊阁四库全书本。
⑤ 杨时：《二程粹言》卷上《论书篇》，文渊阁四库全书本。
⑥ 杨时：《二程粹言》卷上《论书篇》，文渊阁四库全书本。
⑦ 杨时：《二程粹言》卷上《论书篇》，文渊阁四库全书本。
⑧ 杨时：《二程粹言》卷下《论政篇》，文渊阁四库全书本。
⑨ 杨时：《二程粹言》卷下《人物篇》，文渊阁四库全书本。
⑩ 杨时：《二程粹言》卷下《天地篇》，文渊阁四库全书本。

八十四声各尽其清浊之极，然后可以考中声，声必本乎律，不得乎律则中声不可得矣。律者，自然之数也。①

把"象"与"数"加以比照，我们不难发现，"象"与"数"都跟气相关，属"形而下"的范畴，这是它们的共性。但在时间上，"象"先在于"数"；在内容上，"数"则是"象"运动变化的结果。对此，程颐说：

有理而后有象，有象而后有数。《易》因象以明理，由象以知数，得其义则象数在其中矣。必欲穷象之隐微，尽数之毫忽，乃寻流逐末，术家之所尚，非儒者之所务也。②

在二程看来，"理"是本，而"象"与"数"是末，他们反对将《易》学"象数化"，认为那样做的结果是完全偏离了《易》学的宗旨，容易使学者误入歧途。如二程批评邵雍的"象数学"说：

尧夫之学，先从理上推意，言象数言天下之理，须出于四者，推到理处，曰："我得此大者，则万事由我，无有不定。"然未必有术，要之亦难以治天下国家。其为人则直是无礼不恭，惟是侮玩，虽天理亦为之侮玩。③

既然把"象数"理论化后，会"侮玩"天理，那么，二程肯定亦是不同意将"象数"形而上学化的。因为在二程看来，北宋的社会矛盾是不能用"象数"学来解决的，而在各种礼仪制度被破坏殆尽的历史条件下，最可靠的办法就是"克己复礼"，重建社会的道德秩序和召唤人们本有之"良知"。从这样的前提出发，二程不仅主张用"义理"来解《易》，而且人的各种社会行为也应当用"义理"来规范和引导。如二程说："古之学者，皆有传授。如圣人作经，本欲明道。今人若不先明义理，不可治经，盖不得传授之意云尔。如《系辞》本欲明《易》，若不先求卦义，则看《系辞》不得。"④且"义理与客气常相胜，又看消长分数多少，为君子小人之别。义理所得渐多，则自然知得，客气消散得渐少，消尽者是大贤"⑤。所以，程颐明确表示："今之学者，只有义理以养其心。"⑥

① 杨时：《二程粹言》卷上《论政篇》，文渊阁四库全书本。
② 程灏、程颐著，王孝鱼点校：《二程集》上，北京：中华书局，2004 年，第 271 页。
③ 程灏、程颐著，王孝鱼点校：《二程集》上，北京：中华书局，2004 年，第 45 页。
④ 程灏、程颐著，王孝鱼点校：《二程集》上，北京：中华书局，2004 年，第 13 页。
⑤ 程灏、程颐著，王孝鱼点校：《二程集》上，北京：中华书局，2004 年，第 4—5 页。
⑥ 程灏、程颐著，王孝鱼点校：《二程集》上，北京：中华书局，2004 年，第 163 页。

（三）洛学的主要传承

洛学的主要传人，如图 4-14 所示。

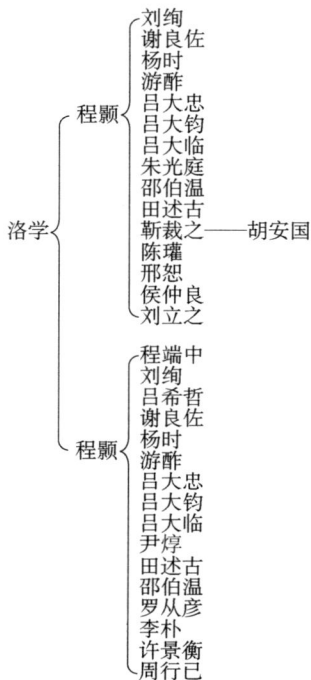

图 4-14　洛学的主要传承示意图

在二程的诸多传人里，最可注意的是杨时和罗从彦。其中，杨时（1053—1135 年），号龟山，是洛学向闽学转进的重要人物。罗从彦是杨时的弟子，为福建南剑人，而罗氏的弟子李侗又是朱熹的老师。因此，程颢目送杨时有才说："吾道南矣。"这样，二程的传人就形成了两线：一线是杨时至朱熹，称"道南学派"；另一线是从谢上蔡到胡安国，称"湖湘学派"。

四、荆公新学概述

（一）荆公新学之"新"及其特点

王安石被封为荆国公，因此，他的学说就叫"荆公新学"。又因王安石是江西临川人，故他的学说亦称"临川学派"。那么，王安石的学说为什么叫"新学"？他的学说"新"在何处？

我们先讲宋代的科举制。

一变：将《孟子》纳入考试体系。宋初的科举考试科目，设进士、九经、五经、开元礼（后改开宝礼）、三史、三礼、三传、学究、明经、明法等科。具体考试内容是：

> 凡进士，试诗、赋、论各一道，策五道，帖《论语》十帖，对《春秋》或《礼记》墨义十条。
>
> 凡《九经》，帖书一百二十帖，对墨义六十条。
>
> 凡《五经》，帖书八十帖，对墨义五十条。
>
> 凡《三礼》，对墨义九十条。
>
> 凡《三传》，一百一十条。
>
> 凡《开元礼》，凡《三史》，各对三百条。
>
> 凡学究《毛诗》对墨义五十条，《论语》十条，《尔雅》、《孝经》共十条，《周易》、《尚书》条二十五条。
>
> 凡明法，对律令四十条，兼经并同《毛诗》之制。①

在经学体系里，没有《孔子》和《孟子》，计有《周易》《尚书》《毛诗》《三礼》（即《周礼》《仪礼》和《礼记》）、《三传》（即《春秋左传》《公羊传》和《谷梁传》）、《尔雅》等。但在宋初尊孔抑孟的条件下，《论语》先被纳入考试体系，而《孟子》一直到王安石变法，才被纳入科举考试体系，这是一次思想大解放，是士大夫政治的一次具有决定意义的大胜利。对于这个历史过程，《宋史》记载尤详：

> 他日（宋神宗）问王安石，对曰："今人材乏少，且其学术不一，异论纷然，不能一道德故也。一道德则修学校，欲修学校，则贡举法不可不变。若谓此科尝多得人，自缘仕进别无他路，其间不容无贤；若谓科法已善，则未也。今以少壮时，正当讲求天下正理，乃闭门学作诗赋，及其入官，世事皆所不习，此科法败坏人材，致不如古。"既而中书门下又言："古之取士，皆本学校，道德一于上，习俗成于下，其人才皆足以有为于世。今欲追复古制，则患于无渐。宜先除去声病偶对之文，使学者得专意经术，以俟朝廷兴建学校，然后讲求三代所以教育选举之法，施于天下，则庶几可以复古矣。"于是改法，罢诗赋、帖经、墨义，士各占治《易》、《诗》、《书》、《周礼》、《礼记》一经，兼《论语》、《孟子》。每试四场，初大经，次兼经，大义凡十道，后改

---

① 脱脱等：《宋史》卷155《选举志》，北京：中华书局，1985年，第3604—3605页。

《论语》、《孟子》义各三道。①

可见，王安石是一位尊孟者，而司马光则是一位非孟者。故《郡斋读书后志》卷 2 "王安石解《孟子》十四卷"条云："介甫素喜《孟子》，自为之解。其子　与其门人许允成皆有注释，崇、观间场屋举子皆宗之。"可见，王安石是提升孟学地位以至于孔孟并称的重要人物之一。

二变：颁"新义"于学官，"使学者归一"。为了适应变法的需要，统一思想，熙宁五年（1072 年），宋神宗诏令颁行新的经义。熙宁六年（1073年），王安石提举经义举，由吕惠卿、王雱等兼修撰，重新解释《诗》《书》、《周官》。其新的解释原则是：第一，训释经义是为了破除"伪说"，教育士子，使其符合"盛王"时的做法；第二，要恢复经文本义，打破疏不破注的成法，反对汉以后烦琐的章句传注使源流失正的陋习；第三，阐明经文义理，反对对经义的曲解和烦琐学风。② 熙宁八年（1075 年），三经新义（《周官新义》《诗经新义》和《书经新义》）颁之学官，成为全国学生的必读教材和科举考试的依据。当然，对于王安石自己来说，三经新义则成为他托古改制的理论根据。此"托古"之"古"不是周公，也不是汉武帝，更不是唐太宗，而是"尧、舜之道"。据《宋史》本传载：

（神宗）熙宁元年（1068 年）四月，（王安石）始造朝。入对，帝问为治所先，对曰："择术为先。"帝曰："唐太宗何如？"曰："陛下当法尧、舜，何以太宗为哉！尧、舜之道至简而不烦，至要而不迂，至易而不难，但末世学者不能通知，以为高不可及耳。"帝曰："卿可谓责难于君，朕自视眇躬，恐无以副卿此意。可悉意辅朕，庶同跻（jī）此道！"一日讲席，群臣退，帝留安石坐，曰："有欲与卿从容议论者。"因言："唐太宗必得魏徵，汉昭烈必得诸葛亮，然后可以有为，二子诚不世出之人也。"安石曰："陛下诚能为尧、舜，则必有皋、夔、稷、契，诚能为高宗，则必有傅说。彼二子皆有道所所羞，何足道哉！以天下之大，人民之众，百年承平，学者不为不多，然尝患无人可以助治者，以陛下择术未明，推诚未至，虽有皋、夔、稷、契、傅说之贤，亦将为小人所蔽，卷怀而去耳。"帝曰："何世无小人，虽尧、舜之时，不能无四凶。"安石曰："惟能辨四凶而诛之，此其所以为尧、舜也，若使四凶得肆期谗慝（tè，邪恶之意），则皋、夔、稷、契亦安肯苟食

---

① 脱脱等：《宋史》卷 155《选举一》，北京：中华书局，1985 年，第 3617—3618 页。
② 庞朴主编：《中国儒学》第 3 卷，北京：东方出版中心，1997 年，第 324 页。

其禄以终身乎!"①

在这段君臣对话里，很明显有王安石把自己的意志强加于宋神宗之嫌疑，宋神宗想学唐太宗，而王安石却非让宋神宗改学"尧舜"，这是一种"托古"思维，目的在于好将自己的意志通过"托古"方式来表达，越远越模糊，就越容易掌控局面；越近越清晰，就越不易掌控局面。另外，从君臣的对话里，还体现了王安石非常"铁腕"的一面，不仁慈的一面。例如，他说："惟能辨四凶而诛之，此其所以为尧、舜也"，把反对自己的"敌人"统统杀掉，顺我者昌，逆我者亡。显然，与宋朝的家法相抵牾，难以推行。所以宋神宗强调"卿可谓责难于君"，话里有话，我们可以仔细体会。总之，变法不能操之过急，欲速则不达。我们现实生活中这样的例子很多，例如，政府开发过程中的强拆行为即是一例。

三变：去旧用新，以少壮取代老成。这是变法的人事保障，用自己信得过之人，用思想相对激进之人。所以《宋史》本传载：

> 安石性强忮（忌恨之意），遇事无可否，自信所见，执意不回。至议变法，而在廷交执不可，安石傅经义，出己意，辨论辄数百言，众皆不能诎。甚者谓"天变不足畏，祖宗不足法，人言不足恤。"罢黜中外老成人几尽，多用门下儇慧少年。②

变法之力自青年中来，这是事物发展的客观规律，除了王安石变法之外，五四新文化运动亦是如此。至于如何评价王安石变法，至今仍毁誉参半，我们不去细究。但王安石变法顺应了北宋历史发展的实际需要，其实质就是利用商业来提高社会的运作效率，给北宋老气横生的社会面相带来了新的气色，使得宋朝的国力由弱转强，是其主流，或可说王安石大体上是按规律办事，他犯的主观错误较少。如王应麟说："自汉儒至于庆历间，谈经者守训故而不凿。《七经小传》出，而稍沿新奇矣。至《三经义》行，视汉儒之学若土梗。"③ 当然，从变法的后果来看，问题也不少。但下面近乎人身攻击的评论却失之偏颇：

> 安石之学既行，则奸宄得志，假绍述之主以胁持上下，立朋党之论以禁锢忠良，卒之民愁盗起，夷狄乱华，其祸有不可胜言者，悲夫!④

---

① 脱脱等：《宋史》卷327《王安石传》，北京：中华书局，1985年，第10543—10544页。
② 脱脱等：《宋史》卷327《王安石传》，北京：中华书局，1985年，第10550—10551页。
③ 王应麟：《困学纪闻》卷8《经说》，四部丛刊续编本。
④ 王偁：《东都事略》卷79《王安石传》，赵与时著：《宾退录》卷7，上海：上海古籍出版社，1983年，第89页。

（二）王安石变法失败的主要原因

王安石变法顺应了时代潮流，基本上解决了北宋中期政治、军事、经济等领域所遇到的各种难题，其成就巨大，功不可没，但王安石变法最终还是以失败而告终。对于王安石变法失败的原因，青年毛泽东有一段论说十分透彻。毛泽东在 1915 年 9 月 6 日致萧子升的信中说：王安石"欲行其意而托于古，注《周礼》，作《字说》，其文章亦傲睨（指不拿正眼看）汉唐，如此可谓有专门之学者矣。而卒以败者，无通识，并不周知社会之故，而行不适之策也"①。在推行变法的政策上，确实有不适当和感情用事的地方。如曾布在 1 年零 10 个月中，总共提拔了 13 次，与之相反，对于反对变法的人，不管是谁，统统施以铁腕，不留情面，打击面太大。如曾布因对市易法提出不同意见，竟被逐出朝廷。其他反对变法者如苏轼、范纯仁等都遭罢免或贬斥。所以，对于王安石变法的消极影响，李裕民先生有如下观点。

第一，皇帝时代最为进步的体制——皇帝与士大夫共治天下的政治体制遭到了破坏，民主性逐渐减少，专制性日益加强。其主要表现是：①不经过政府、不经过监督的御笔手诏随便下达。从《长编》所载手诏统计，太祖、太宗、真宗、仁宗合计才 109 件，而神宗则为 1029 件，平均每年 84 件，是前五帝的 80 多倍；②诏狱大量出现，如以诗获罪的乌台诗案，还有以谋逆罪处死宋太祖玄孙的赵世举案（其中将 3 名士大夫凌迟，另 3 名腰斩）等。凌迟是最残酷的死刑，俗云"千刀万剐"。故《宋史·刑法志一》载："凌迟者，先断其支体，乃抉其吭，当时之极法也。"

第二，监察机关原是维护皇帝与士大夫共治天下体制的重要机构，对宰相起监督作用，对皇帝起谏诤作用，但新法以后逐渐成为政府的附庸，成为掌权者打击政敌、剥夺士大夫议政自由的工具。

第三，宋代的用人，在变法以前，要看学历、资历、政绩，还要有足够的推荐人，而变法以后，整个官场风气越来越坏，政治投机、趋炎附势，随处可见，谁得势就跟从谁，反复无常的小人越来越多。如邓绾（wan）为负责办赵世举案关键人物，他见风使陀，忽而投靠王安石，忽而投靠吕惠卿，忽而又投靠王安石。② 真是小人一个，人品很坏。

第四，从技术的角度看，王安石把注意力仅仅放在上层机构，而忽视了最具决定性的低层机构，结果导致基层权责不清，经济秩序混乱不堪，

---

① 周溯源：《毛泽东评点古今人物》，北京：红旗出版社，1998 年，第 296 页。
② 李裕民：《宋史考伦》，北京：科学出版社，2009 年，第 20—23 页。

影响了改革大局。由于以上原因，《宋元学案》给荆公新学的地位非常低。

（三）荆公新学的主要传承

荆公新学的主要传人，如图 4-15 所示。

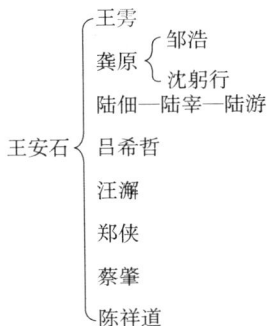

```
                    ┌ 王雱
                    │         ┌ 邹浩
                    │ 龚原 ┤
                    │         └ 沈躬行
                    │ 陆佃—陆宰—陆游
                    │ 吕希哲
        王安石 ┤
                    │ 汪澥
                    │ 郑侠
                    │ 蔡肇
                    └ 陈祥道
```

图 4-15　荆公新学的主要传承示意图

关于龚原（今浙江遂昌人）为学的品格，《宋史》载有一事：

> 初，王安石改学校法，引原自助，原亦为尽力。其后，司马光召与语，讥切王氏，原反覆辨救不少衰。光叹曰："王氏习气尚尔邪！"为司业时，请以安石所撰《字说》、《洪范传》及子雱《论语》、《孟子义》刊板传学者。故一时学校举子之文，靡然从之，其敝自原始。[①]

可见，龚原的学品甚高，这在当时的学术氛围里实在难得。

李定（今江苏扬州人）不是以学问而是因元丰二年（1079 年）制造的乌台诗案，臭名远扬。

蔡卞，既是蔡京之弟，又是王安石之婿。抛开人品不说，他的《毛诗名物解》却不可废，具有较强的文献学价值。如《四库全书总目提要》说："自王安石《新义》及《字说》行而宋之士风一变，其为名物训诂之学者，仅卞与陆佃二家。佃，安石客；卞，安石婿也。故佃作《埤（pí）雅》，卞作此书，大旨皆以《字说》为宗。"[②] 蔡卞认为："圣人言《诗》而终于鸟兽草木之名，盖学《诗》者始乎此而由于此，以深求之，莫非性命之理、道德之意也。"[③] 王安石的《诗学》开辟了一条自然科学的研究路径，在它的引导下，北宋科技走向了中国古代历史的巅峰，涌现出了沈括、陆佃、

---

① 脱脱等：《宋史》卷 353《龚原传》，北京：中华书局，1985 年，第 11152 页。
② 永瑢等：《毛诗名物解提要》，《文渊阁四库全书》第 70 册，第 535 页。
③ 蔡卞：《毛诗名物解》卷 17《杂解·草木总解》，《文渊阁四库全书》第 70 册，第 596 页。

李诚等一大批杰出的科学家。从逻辑和学理上，我们还应当注意，荆公新学的另外一条学术路线，即王安石—沈括—杨辉—郭守敬，这是一条以博物为特点的科技发展线路，也是荆公新学区别于其他学派的显著特点之一。

五、司马光与涑水学派

（一）涑水学派的思想特点

涑水学派的中坚是司马光，毛泽东评价司马光的《资治通鉴》说："司马光可说是有毅力，有决心噢，他在 48 岁到 60 岁的黄金时代，完成了这项大工程。当然，这段时期他政治上不得志，被贬斥，这也是他能完成这部书编写的原因。"[①] 司马光（1019—1086 年），字君买，号迂叟，陕州夏县（今属山西）涑水乡人，学者称之为涑水先生，故名。亦名朔学。

涑水学派的思想主要有以下几个方面。

第一，阐释汉代杨雄的象数思想。我们说，宋学与汉学的关系，有对立和断裂的一面，同时还有统一和延续的一面。司马光是后一面的代表，所以，我们不能把宋学与汉学的对立绝对化。《宋元学案》载张敦实的话说：司马光"留心《太玄》三十年，既集诸说而为注，又作《潜虚》之书"[②]。《太玄》（亦称《太玄经》）是杨雄的代表作，在宋代，对《太玄》的意义有两派观点：一派为崇尚派，另一派为鄙薄派。

鄙薄派者有王拱辰，据《宋史》记载：

> （王氏）为学士承旨兼侍读。帝（仁宗）于迩英阁置《太玄经》、蓍草，顾曰："朕每阅此。卿亦知其说乎？"拱辰具以对，且曰："愿陛下垂意《六经》，旁求史策，此不足学也。"

宋仁宗把《太玄经》与蓍占联系起来，仅仅看到了它相对消极的一面，而王拱辰不能正确地对待《太玄经》，亦间接表明他也是以一般的象数来对待《太玄经》这部书的。

崇尚者除司马光外，尚有成都双流的隐士章詧（同察）。《宋史》载：

> （章氏）尝访里人范百禄，谓曰："子辟谷二十余年，今强力尚足，子亦尝知以气治疾之说乎？"百禄因从扣《太玄》，詧为解述大旨，再复《摛（chī）》词曰："人之所好而不足者，善也；所丑而有余者，恶

① 周溯源：《毛泽东评点古今人物》，北京：红旗出版社，1998 年，第 280 页。
② 黄宗羲原著，全祖望补修，陈金生等点校：《宋元学案》卷 8《涑水学案下》，北京：中华书局，1986 年，第 343—344 页。

也。君子能强其所不足，而拂其所有余，《太玄》之道几矣。"此子云仁义之心，予之于《太玄》也，述斯而已。若苦其思，艰其言，迂溺其所以为数而忘其仁义之大，是恶足以语夫道哉？[①]

(二)《潜虚》及其思想

当然，司马光研究《太玄》，既为数而又不忘其"仁义之大"，这是司马光治《太玄》的思想动力。《宋元学案》共选了司马光三篇论著：一篇是《迂书》，一篇是《疑孟》，再一篇是《潜虚》。《潜虚》开篇即云：

> 万物皆祖于虚，生于气，气以成体，体以受性，性以辨名，名以立行，行以俟命。故虚者，物之府也；气者，生之户也；体者，质之具也；性者，神之赋也；名者，事之分也；行者，人之务也；命者，时之遇也。[②]

在此，"神"有两种内涵：一是 DNA 遗传信息，从父母那里继承下来的；二是环境对人类个体成长的影响。因此，这两种因素的相互作用，就构成了人性的内质。司马光从五行的角度讲，"凡性之序，先列十纯。十纯既浃，其次降一，其次降二，其次降三，其次降四，最后五配而性备焉。始于纯，终于配，天地之道也"[③]。其中，"纯"是"双"或"对儿"的意思，如图 4-16 所示。

图 4-16　司马光"性图"

资料来源：《宋元学案》卷 8《涑水学案下》，第 298 页

---

① 脱脱等：《宋史》卷 458《章詧传》，北京：中华书局，1985 年，第 13446—13447 页。
② 脱脱等：《宋元学案》卷 8《涑水学案下》，北京：中华书局，1985 年，第 295 页。
③ 黄宗羲原著，全祖望补修，陈金生等点校：《宋元学案》卷 8《涑水学案下·潜虚·性图》，北京：中华书局，1986 年，第 297 页。

对于图 4-16（呈行列式，横为行竖为列），我们分四步来理解：

（1）先看 4 列，即每列为 5 对的图形。不仅每列为 10，皆为 5 对，而且每个元素自身亦都为两个因子。

（2）自上而下，方向呈↑。把第 1 行的第一个元素，即 $\frac{IX}{\pm}$，与第 1 行最末一个元素，即 $\frac{II}{水}$，连接起来。接着，把第 1 行最末一个元素，即 $\frac{II}{水}$，与第 2 行的第 1 个元素，即 $\frac{II\Pi}{水}$，连接起来。依次顺延，则最后稍作变化，即生成图 4-17，称"第 1 条链"。

土

↑

水

火

木

金

图 4-17　第 1 条链

（3）方向与第 1 条链相反，呈↓。第 2 条链的合成从第 10 行的最末一个元素开始，即 $\frac{+\,+}{\pm}$，先与第 10 行的第 1 个元素，即 $\frac{+}{金}$，相连接。然后，再将第 10 行的第 1 个元素，即 $\frac{+}{金}$，与第 9 行的最末一个元素即金，相连接。依次顺延，则最后稍作变化，即生成图 4-18，称"第 2 条链"。

将两条链相互对接起来，就构成了一个双链螺旋结构图，其中两条链的方向相反，如图 4-19 所示。

土……土

水……水

火……火

木……木

金……金

土

水

火

木

金

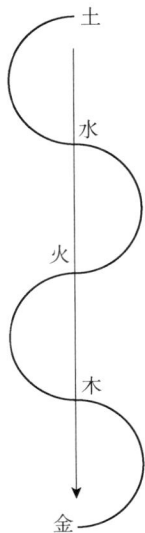

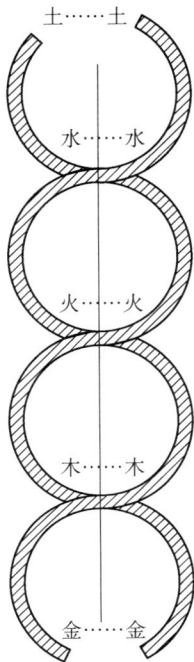

图 4-18　第 2 条链　　　　　图 4-19　双链螺旋结构图

（4）通过"配对"关系，最后生成金、木、火、水、土五行，即"性图"中的最左边 1 列。具体生成方式为：

$$\frac{ⅠX}{土} \Leftrightarrow \frac{XX}{土} = \frac{X^+}{土}；$$

$$\frac{ⅡⅠ}{水} \Leftrightarrow \frac{TT}{水} = \frac{ⅠT}{水}；$$

$$\frac{ⅡⅡ}{火} \Leftrightarrow \frac{ΠΠ}{火} = \frac{ⅡΠ}{火}；$$

$$\frac{ⅢⅢ}{木} \Leftrightarrow \frac{}{木} = \frac{Ⅲ}{木}；$$

$$金 \Leftrightarrow 金 = 金。$$

上述即是司马光"性图"所阐释的"五行"生成过程，由于此说源自杨雄的《太玄》，而《太玄》不仅不为宋代其他理学家所推崇，反而多为他们所诋毁。如程颐认为《太玄》"本要明《易》，却尤晦如《易》，其实无益"[1]，朱熹更说"《太玄》甚拙"，且又"支离"，所以"若看了《易》

_____

[1]　程灏、程颐著，王孝鱼点校：《二程集》上，北京：中华书局，2004 年，北京：中华书局，2004 年，第 251 页。

后，去看那《玄》，不成物事"①。而司马光在看似"不成物事"的《太玄》中，依据象数自身的特点，找到了事物生成和发展的规律，这在当时对于《太玄》价值的发现，确有拨云见日之功。

司马光对"五行生成"机制的认识，不同于周敦颐。周敦颐《太极图说》谓"阳变阴合而生水、火、木、金、土"②，此"阳变阴合"表明阳主阴辅，就运动的本质来看，周氏认为变化的主要方面在于"阳"，这是传统"阳尊阴卑"观念的另一种表达方式。司马光独不然，张敦是在解释"性图"的思想主旨时说："五行之性，皆相生以相继，相克以相成。"③ 在此，"五行"不分地位高低卑贱，均按照一定的"匹配"关系相互依存和相互联系。而从"性图"所列"五行"的层次和次序看，其新奇之处不在于把"五行"变为"十纯"，而在每行之上均携带着两个"遗传密码"。我们知道，"遗传密码"决定不同载体的性状特征，诚如孟子所言，"犬之性"不同于"牛之性"，"牛之性"不同于"人之性"。因为不同类的动物，其自身在长期演化过程中形成了特殊的"遗传密码"。而由《潜虚·名图》的内容可知，司马光确实想通过"性图"，从根源上解释物质世界之所以千差万别的内在原因。

如果我们把每"行"之各个元素上的数字，用数列的方式进行各种组合，那么，结果是无穷多。在生物界中，所有生命体的基本物质经水解后仅仅为碳、氮、氢、氧 4 种元素，然而，由于它们依附在不同的"遗传密码"结合体上，于是构成了生命世界的多样性。与之相类，在司马光看来，从作为"十纯"状态的"五行"和作为最终"相配"而生成的"五行"，两者之间不是简单的重复，而是经过交换和变异之后，形成了新的组合体，是一个由"同一"到产生"差异"的变化过程。如第 1 行最末的"水"自身携带 2 个同质因子，用符号"1"表示；又如第 6 行最末的"水"自身也携带 2 个同质因子，用符号"6"表示。就性质而言，同样是"水"，可是两种"水"所携带的因子不同，所以，这两种"水"经过"相配"之后，已经成为包含着"差异"于自身之内的新质"水"了。对于物质世界的差异，程朱一派用"理一分殊"来解释。朱熹作《西铭注》说："天地之间，理一而已。然乾道成男木，坤道成女，二气交感，化生万物，则其大小之分，亲疏之等，至于十百千万而不能齐也。"④ 从"理一"到"男女二气"，

---

① 黎靖德：《朱子语类》卷 67《易三·纲领下》，北京：中华书局，2004 年，第 1674 页。
② 谭松林等整理：《周敦颐集》，长沙：岳麓书社，2002 年，第 5 页。
③ 黄宗羲原著，全祖望补修，陈金生等点校：《宋元学案》卷 8《涑水学案下》，北京：中华书局，1986 年，第 297 页。
④ 中国社会科学院哲学研究所中国哲学史研究室：《中国哲学史资料选编·宋元明之部》，北京：中华书局，1962 年，第 236 页。

再从"男女二气"到"万物不能齐",其过程尤为简单、直接,看不出形成万物"不能齐",即差异性的内在依据,缺乏说服力。与之相较,司马光的"性图"则发现了物质世界"同一性"和"差异性"之间的内在联系,并用象数的方式揭示了两者间的亲密性,这是超乎宋代理学家之处。

可是,仅局限于上面的解释还不够。因为包含着差异性的"五行"如何生成万物,尚需新的和更深刻的变化机制。通过前面的阐释,我们知道,在"性图"中出现了两条链子。如果把两条链子头尾相贯,就变换成了下面的简式:

第 1 条链:$\underset{土}{IX} \to \underset{水}{II} \to \underset{水}{II\,\Pi} \to \underset{火}{III\,II} \to \underset{火}{\Pi} \to 木 \to 木 \to 金 \to \underset{金}{\times} \to \underset{土}{X\,X} \to$

$\underset{土}{T\,X} \to \underset{水}{T\,T} \to \underset{水}{\Pi\,I} \to \underset{火}{\Pi\,\Pi} \to \underset{火}{II} \to 木 \to 木 \to 金 \to \underset{金}{+} \to \underset{土}{X\,X}$。

第 2 条链:$\underset{土}{X\,X} \to \underset{金}{+} \to 金 \to 木 \to 木 \to \underset{火}{II} \to \underset{火}{\Pi\,\Pi} \to \underset{水}{\Pi\,I} \to \underset{水}{T\,T} \to \underset{土}{T\,X} \to$

$\underset{土}{X\,X} \to \underset{金}{\times} \to 金 \to 木 \to 木 \to \underset{火}{\Pi} \to \underset{火}{III\,II} \to \underset{水}{\Pi\,I\,\Pi} \to \underset{水}{II} \to \underset{土}{I\,X}$。

从五行相生和相克的关系看,第 1 条链每两个元素之间多呈相克关系,但到最后一对元素即"金"与"土"却呈相生关系。而第 2 条链则与第 1 条链不同,每两个元素之间呈相生与相克交替展开分布,然而最后一对元素即"水"与"土"却呈相克关系。那么,如何解释这种现象,经过比对,用中国古代传统的五行理论无法解释,或者不能自圆其说。相反,在许多细节方面,却暗与现代的 DNA 分子双螺旋结构相契合。此种实例并非个案,在此之前,人们早已发现宋代某些象数图画与现代特定科学原理相互关联和彼此相契的先例。1679 年,近代机器数学的先驱莱布尼茨把他发明的二进制,即从 0 到 32 的数表寄给在中国的法国传教士白晋,白晋发现莱布尼茨的数表与宋代流行的易卦图十分相近。于是,他就将邵雍的《伏羲六十四卦次序图》和《伏羲六十四卦方位图》寄给莱布尼茨。通过反复研究,莱布尼茨发现邵雍所创制的易卦图,与他的数表十分吻合,也就是说《伏羲六十四卦次序图》和《伏羲六十四卦方位图》可以解释成从 0 到 63 的二进制数表。[①] 另外,DNA 分子的全部 64 个密码又恰与"伏羲六十四卦"暗合。尤其值得称道的是,自 20 世纪 30 年代以来,以沈仲涛和薛雪潜为代表的上海易科学派的兴起,开拓了研究易卦的新领域。截止到目前,国内外学人已经取得了令人瞩目的研究成果。仅以易卦与生物的关系探讨为例,1973 年,生物学家戈德伯格根据易卦的特征提出了生物控制的"阴阳

---

① 李云泉主编:《中西文化关系史》,济南:泰山出版社,1997 年,第 223 页。

假说"理论；徐宏达按照《伏羲六十四卦次序图》原理，绘制了遗传易表；潘雨廷根据氢键数的特点，依"伏羲六十四卦图"，而编写了 64 种遗传密码等。所以，司马光的"性图"与现代的 DNA 分子双螺旋结构在许多方面相契合，绝非偶然。观下面的 H-DNA 分子结构图（赵武玲绘），我们不难看出，此结构图（图 4-20）与上面的"性图"简式颇为相似。

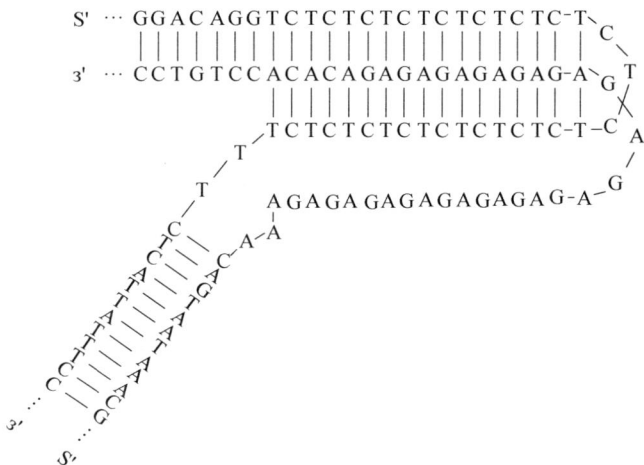

图 4-20　H-DNA 分子结构图

　　DNA 分子结构有两个末端，即 5′末端和 3′末端，两条链方向相反；碱基之间呈规律分布，一般为 A—T 与 C—G 配对；3 个核苷酸构成 1 个密码子，其中 AUG 既是翻译（RNA 的主要功能）的起始信号同时又是蛋氨酸编码，而 UAA、UAG 和 UGA 这 3 个密码子均为翻译的终止信号。生命活动正是通过 DNA 分子和 RNA 分子的相互作用才呈现出五彩缤纷的变化图景，从而组成形形色色的生物种类。有鉴于此，我们认为，司马光"性图"亦可如此解释。单就"性图"简式的两个末端言，第 1 条链一端为"土克水"（相当于 DNA 分子结构的 5′末端），另一端则为"土生金"（相当于 DNA 分子结构的 3′末端）；第 2 条链一端为"土生金"（相当于 DNA 分子结构的 3′末端），另一端则为"土克水"（相当于 DNA 分子结构的 5′末端）。两条链各元素之间相互配对，如"土与土"相配，"水与金"相配，"火与木"相配，这些配对元素比较固定，不因其位置的变化而变化。于是，当我们把"性图"两个链条上的所有元素，以配对的方式 3 对为一组，即出现一个十分有趣的现象。先看下列组合式（符号 ↔ 为相生关系）：

$$
① \begin{cases} 土 \leftrightarrow 土 \\ 水 \leftrightarrow 金 \\ 水 \leftrightarrow 金 \end{cases} \quad
② \begin{cases} 火 \leftrightarrow 木 \\ 火 \leftrightarrow 木 \\ 木 \leftrightarrow 火 \end{cases} \quad
③ \begin{cases} 木 \leftrightarrow 火 \\ 金 \leftrightarrow 水 \\ 金 \leftrightarrow 水 \end{cases} \quad
④ \begin{cases} 土 \leftrightarrow 土 \\ 土 \leftrightarrow 土 \\ 水 \leftrightarrow 金 \end{cases}
$$

$$
⑤ \begin{cases} 水 \leftrightarrow 金 \\ 火 \leftrightarrow 木 \\ 火 \leftrightarrow 木 \end{cases} \quad
⑥ \begin{cases} 木 \leftrightarrow 火 \\ 木 \leftrightarrow 火 \\ 金 \leftrightarrow 水 \end{cases} \quad
⑦ \begin{cases} 金 \leftrightarrow 水 \\ 土 \leftrightarrow 土 \\ 土 \leftrightarrow 土 \end{cases}
$$

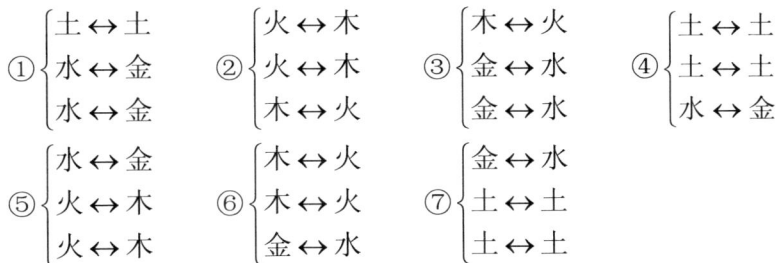

　　所有配对的两个元素，皆为相生关系。那么，此种关系对于理解"性"有何意义呢？告子云："生之谓性。"[①] 对此，孟子驳难说："生之谓性也，犹白之谓白与。曰：然。白羽之白也，犹白雪之白；白雪之白犹白玉之白与。曰然。然则犬之性，犹牛之性，牛之性犹人之性与。"[②] 对于告子与孟子的这场辩论，宋明理学家除二程之外，多为抑告崇孟者，张载明言："释氏之说所以陷为小人者，以其待天下万物之性为一，犹告子'生之谓性'。"[③] 朱熹认为告子所谓的"生"，是指"人物之所以知觉运动者"，固其"徒知知觉运动之蠢然者，人与物同；而不知仁义礼智之粹然者，人与物异也。孟子以是折之，其义精矣"[④]。明朝刘宗周亦批评告子说："告子唯以阴阳五行化生万物者，谓之性，是以入于优佪，已开后世禅宗路径。"[⑤] 在此一派中，尽管都倾向于贬告，但刘宗周多少抓住了告子性说的要害，他与张载和朱熹的态度略有差别。二程虽没有明显倾向于双方的任何一方，但他认为"性固善也，然恶亦不可不谓之性也"[⑥]，似乎更近于告子的思想。与以上诸家不同，司马光公开站出来"疑孟"，甚至非孟。司马光说："孟子云，白羽之白犹白雪之白，白雪之白犹白玉之白？告子当应之云：'色则同矣，性则殊矣，羽性轻，雪性弱，玉性坚。'而告子亦皆然之，此所以来'犬、牛、人'之难也。孟子亦可谓以辨胜人矣。"[⑦] 此处所说的"以辨胜人"含有强词夺理之义，因为告子与孟子所论的不是一个问题，告子言"性"所立论的角度，在于"性"的生成机制，而孟子言"性"则所立论的角度，在于"性"的表现形式。即使从逻辑的角度看，牟宗三指出孟子在辩论过程中也犯有比较严重的逻辑错误。[⑧] 在司马光看来，"性"在生成的过程中，

----

① 《孟子·告子章句上》。
② 《孟子·告子章句上》。
③ 《张载集》，第 324 页。
④ 《孟子集注》卷 6。
⑤ 《刘宗周全集》第 5 册《补遗》，杭州：浙江古籍出版社，2007 年，第 626—627 页。
⑥ 程灏、程颐著，王孝鱼点校：《二程集》上，北京：中华书局，2004 年，第 10 页。
⑦ 黄宗羲原著，全祖望补修，陈金生等点校：《宋元学案》卷 8《涑水学案上·温公疑孟》，北京：中华书局，1986 年，第 289 页。
⑧ 牟宗三：《牟宗三先生全集》第 22 卷，台北：经联出版公司，2003 年，第 7—8 页。

至少分两个层面：第一，组成万物各个元素之间只有呈现相生而不是相克的关系时，才能生成"性"；第二，由于各个元素所携带的遗传因子不同，因此，"性"在不同种类的事物中所表现出来的形式必然各不相同。在物质特性的生成过程中，"遗传"起着非常重要的作用。而如此具体地阐释"性"的产生过程，司马光可谓第一人。

在物质特性的生成过程中，"遗传"起着非常重要的作用。而如此具体地阐释"性"的产生过程，司马光可谓第一人。回顾先秦以来，历代诸家对性的论述，《论语·公冶长》载子贡的话说："夫子之言性与天道，不可得而闻也。"从外在的层面来认识和把握"性"，确实有相当大的难度，所以孔子避而不言"性"究竟是什么。告子看到了"性"具有内在的必然性，他说："生之谓性。"① 又说："食、色，性也。"② 此处之"生之"，涉及了子代与父代的关系，但是至于这种内在必然性的内涵是什么，告子并没有进一步说明。不过，与《中庸》所言"天命之谓性"相比，"天命"毕竟是一个独立于人之外的东西，而"生之"则是一个内在的东西。后来，荀子更说："生之所以然者谓之性。"③ "所以然"既是一个本体论问题，同时又是一个科学问题。因此，从本体的层面讲，张载阐释了"性"的来源。他说："天授于人则为命（自注：亦可谓性），人受于天则为性（自注：亦可谓命）。"④ 二程的说法，与之相近，他们认为："天之赋与谓之命，禀之在我之谓性，见之事业之谓理。"⑤ 在近代化学特别是生物化学诞生之前，多数人对于"天"的概念，仅仅停留在抽象的水平，不能具体说明"天"何以能够"赋予命"。其实，"天"除了具有抽象性的一面外，还可以生成万物，因为它包含着许多物质元素，这些物质元素从无机状态到有机状态，不断发展和演化，最后从有机状态形成生命聚合体。虽然对于生命的诞生过程，学界尚在探索之中，但可以确认的是生命携带着多种多样的遗传信息，不同的遗传信息生成不同的生命体。可见，"禀之"的过程其实就是父代将自身的遗传信息通过半保留形式传给子代的过程，而"性"正是在这个过程中生成的。

司马光尽管不懂得遗传学，但他初步触摸到了"性"与遗传的关系。上述"十纯相配"而"五行生成"，每个环节都同 DNA 双螺旋结构的运动机制十分近似。实际上，司马光的"性图"当且仅当用 DNA 双螺旋结构的

---

① 《孟子·告子章句上》。
② 《孟子·告子章句上》。
③ 《荀子·正名篇》。
④ 张载：《张载集》，北京：中华书局，2007 年，第 324 页。
⑤ 程颢、程颐著，王孝鱼点校：《二程集》上，北京：中华书局，2006 年，第 91 页。

运动机制来解释，才会字通句顺、合乎逻辑。诚然，"性图"的原理来自汉代杨雄的象数，而 DNA 双螺旋结构则是现代科学实验的结晶。两者在方法路径上有别，却得到了近似的认识成果，而这种相隔 900 余年的默契，我们除了对司马光个人的才智感到惊奇之外，还须重新认识和评价宋代象数的学术地位。不可否认的是，象数经常被人们用于占卜，它确实流于迷信和怪诞，但就其主流而言，象数距离科学并不遥远，像邵雍、刘牧、杨辉等，都从象数中引出了科学，如杨辉的幻方与组合数学、邵雍的"以二十四节气定历的原理"[①] 及刘牧的"方圆图"与生命运动规律[②]，即是典型的实例。司马光不是从抽象到抽象，而是结合宋代道学发展的实际，把人们对"性"的解释引向了科学和具体，从而开出了一条儒学发展的新路径。

从遗传学的角度看，"性"具有相对的稳定性和不变性，所以司马光说："日月无变也，万物自若也，性情如故也。"[③] 在司马光看来，"性情"与"才"均具有遗传性，是受之于父母的"基因"，故而难以改变。很显然，司马光的认识失之偏颇。因为"性"既有相对不变性，同时又有可变性。在这一点上，张载明确指出，性有"天地之性"与"气质之性"的区别。而所谓"气质之性"的重要特点就是"变化"，具体言之，则为"学即能移"。[④] 当然，更重要的还"须礼以持之"，因为"礼所以持性，盖本出于性，持性，反本也"[⑤]。此"持性"之"性"，指的是"天地之性"。这样，通过"学"的方式用"天地之性"来约束"气质之性"，或者使"气质之性"返本到"天地之性"中去，如此一来，"气质之性"就可以无限趋近于"天地之性"。至少从理论上，把司马光的"性说"与张载的"两性论"结合起来，宋代的"性"概念就相对圆满和完整了。

第二，坚持"等级制"下的"忠君"说。在宋初，由于特殊的历史原因，"君权"的合理性遇到了挑战。各种兵变现象的出现，即是民众对"君权"合理性的一种质疑，甚至是一种否定。例如，宋太宗淳化四年（993 年），四川茶农王小波以"均贫富"为号召，率领数万民众起义。不久，王小波在攻打江原县城时，被守城的西川都巡检张玘（qǐ）用冷箭射死。之后，李顺继续率领义军反对贪官污吏，并于淳化五年（994 年）起义军在攻占成都后即刻建立大蜀政权。尽管起义军后被镇压下去，但是它表明"君权"思想很不稳固。所以，北宋初期，许多士人都在思考"君权"的合理性问题，

---

① 肖萐父，李锦全：《中国哲学史》下卷，北京：人民出版社，1984 年，第 23 页。
② 江国樑：《周易原理与古代科技》，福州：鹭江出版社，1990 年，第 386 页。
③ 《迂书·辨庸》又说："才不才，性也"，（《宋元学案》卷 8《涑水学案·迂书》，第 280 页）。
④ 张载：《张载集》，北京：中华书局，1978 年，第 265—266 页。
⑤ 张载：《张载集》，北京：中华书局，1978 年，第 264 页。

并逐步形成了以"忠君"为特色的学术思想,如范仲淹、司马光等。司马光的"忠君"思想有两个突出特点。

(1)以名分为前提。司马光说:"智愚勇怯,贵贱贫富,天之分也。君明臣忠,父慈子孝,人之分也。僣天之分,必有天灾。失人之分,必有人殃。"① 如果说这句话讲得还不甚明白,那么,《资治通鉴》卷 1 说得就更加直白了。《资治通鉴》卷 1 云:

> 天子之职,莫大于礼,礼莫大于分,分莫大于名,何谓礼?纪纲是也。何谓分?君臣是也。何谓名?公侯卿大夫是也。夫以四海之广,兆民之众受制于一人,虽有绝伦之力,高世之智,莫敢不奔走而服役者,岂非以礼为之纲纪哉!是故天子统三公,三公率诸侯,诸侯制卿大夫,卿大夫治士庶人。贵以临贱,贱以承贵;上之使下,犹心腹之运手足,根本之制支叶。下之事上,犹手足之卫心腹,支叶之庇本根,然后能上下相保而国家治安。②

那么,人们凭什么就要听你司马光的,安分守己,非让"名分"这个东西拖累呢?人们为什么不能甩掉这个包袱,改变自己的命运,人人真当"贵人",甚至君主呢?司马光说,这不是想不想保守"名分"的问题,而是由不得每个人讨价还价,必须如此,这里不能讲条件,因为这就是"天命"。

(2)以"天命"为制约手段。"天命"是中国古代传统文化最为根深蒂固的观念,"认命"思想至今都无处不有。然而,"天命"究竟是一个什么东西?没有一个人能够说得清楚和透彻。司马光也一样。但是司马光懂得将"天"打扮成一个人间判官,一个有生杀大权的宇宙主宰。司马光说:

> 天者,万物之父也。父之命,子不敢逆。君之言,臣不敢违……违君之言,臣不顺也。逆父之命,子不孝也。不顺不孝者,人得而刑之。顺且孝者,人得而赏之。违天之命者,天得而刑之。顺天之命者,天得而赏之。或曰:何谓违天之命?天使汝穷而汝强,通之;天使汝愚而汝强,智之。若是者必得天刑。或曰:何谓天刑?人之刑赏,刑赏其身。天之刑赏,刑赏其神。故天之所赏者,其神间静而佚乐。以考终其命。天之所刑者,其神劳苦而愁困,以夭折其生。③

---

① 黄宗羲原著,全祖望补修,陈金生等点校:《宋元学案》卷 7《涑水学案上·温公迂书》,北京:中华书局,1986 年,第 279 页。
② 《资治通鉴》卷 1《周纪》,上海:上海古籍出版社,1987 年,第 1 页。
③ 《传家集》卷 74《士则》,文渊阁四库全书本。

这一段话是既恐怖又迂阔，是一种"阿Q式的精神胜利法"。因为司马光没有更好的办法和手段，强制人们"忠君"，所以只有警人以"天刑"，况且还是"刑神"。我们完全可以设想这种"天刑"对真正的不忠不孝的"小人"没有任何制约作用。而对于司马光的"迂阔"，吕公著有一段评说。当时，宋神宗问吕公著说："司马光方直，其如迂阔何？"吕公著回答说："孔子上圣，子路犹谓之迂。孟轲大贤，时人谓之迂阔。况光岂免此名。大抵虑事深远，则近于迂矣。愿陛下更察之。"① 司马光、王安石、吕公著和韩维并称"嘉祐四友"。所以司马光反对王安石变法，与一般朝臣反对王安石变法似有区别。尽管司马光曾用"天命"说来反对王安石变法，固然有其保守性和反动性的一面，我们应予批判，但是我们还必须承认，司马光反对王安石变法从他们作为"朋友"的关系讲，还含有关心王安石个人安危的成分。下面这个实例颇能说明问题。

> 温公尝谓金陵曰："介甫行新法，乃引用一副真小人，或在清要，或在监司，何也？"介甫曰："方法行之初，旧时人不肯向前。因用一切有才力者。候法行已成，却用老成守之。所谓智者行之仁者守之。"温公曰："介甫误矣。君子难进易退。小人反是。若小人得路岂可去也，必成仇敌。他日将悔之。"介甫默然。后果有卖荆公者，虽悔之无及。②

对于如何与"小人"相处，这是一个颇难回答的问题。如前所述，王安石确实没有用好人，这是无疑他变法失败的一个因素，尽管不是主要因素。

第三，司马光与王安石的思想冲突：是为国家敛财还是为民众宽力？王安石变法增强了北宋的国力，确实是事实。然而，在这个过程中，民众的负担越来越重，也是事实。就后一方面而言，这恰恰是司马光所忧患和反对的。司马光认为："国以民为本。"其中"国家之所赖根本者，莫若农民，农民者，衣食之源。国家不可不先存恤也"③。所以他总结了历史上的农民起义，分析了造成农民起而反抗封建统治者的社会根源，从而得出的结论说："绿林、赤眉、黄巾、黑山之徒，自何而有？皆彼于赋敛，复值饥馑，穷困无聊之民耳，此乃宗庙社稷之忧。"④ 在他看来，王安石变法的主

---

① 黄宗羲原著，全祖望补修，陈金生等点校：《宋元学案》卷8《涑水学案下·附录》，北京：中华书局，1986年，第344页。
② 黄宗羲原著，全祖望补修，陈金生等点校：《宋元学案》卷8《涑水学案下·附录》，北京：中华书局，1986年，第344页。
③ 《传家集》卷63《三省咨目》，文渊阁四库全书本。
④ 《长编》卷252"神宗熙宁七年四月甲申条"，上海：上海古籍出版社，1985年，第2374页。

要表现是"惟钱是求"。司马光说:"方今朝政阙失,其大者有六而已:一曰广散青苗钱,使民负债日重,而县官无所得;二曰免上户之役,敛下户之钱,以养浮浪之人;三曰置市易司,与细民争利,而实耗散官物;四曰中国未治而侵扰四夷,得少失多;五曰团结保甲,教习凶器以疲扰农民;六曰信狂狡之人,妄兴水利,劳民费财。若其他琐琐米盐之事,皆不足为陛下道也。"其中"六者之中,青苗、免役钱为害尤大。夫力者,民之所生而有也;谷帛者,民可耕桑而得也。至于钱者,县官之所铸,民不得私为也。自未行新法之时,民间之钱固已少矣,富商大贾、藏镪者或有之,彼农夫之富者,不过占田稍广,积谷稍多,室屋修完,耕牛不假而已,未尝有积钱巨万于家者也。其贫者蓝缕不蔽形,糟糠不充腹,秋指夏熟,夏望秋成,或为人耕种,资采拾以为生,亦有未尝识钱者矣。是以古之用民,各因其所有而取之,农民之役不过出力,税不过谷、帛。及唐末兵兴,始有税钱者",而"今有司为法则不然,无问市井田野之人,由中及外,自朝至暮,惟钱是求"。[①] 诚然,司马光对于王安石变法的认识过于极端,实不足信。但在当时的历史背景下,既要民富又要国强,实在是一个难得两全的棋局和困境。王安石选择了以"国强"为目标,主要是因为北宋面对的外部压力太大,在当时,可以说是外患远远急迫于内忧。从当时社会矛盾的表现程度看,民族矛盾是主要矛盾。我们知道,北宋在对辽及西夏的战争失利之后,屈膝息战,以钱帛换"和平"。如景德元年(1004年)以后,宋朝每年给契丹银10万两,绢20万匹,称为"岁币";庆历四年(1004年)以后,宋朝每年给西夏银72 000两,绢153 000匹,茶叶30 000斤,称为"岁赐"。同时,又给辽新增"岁币"银绢各10万,遂每年给契丹"岁币"计50万两匹。另外,大量养兵,用于镇压各地的兵变和农民起义。肯定王安石变法并不意味着全盘否定司马光,也不意味着王安石变法就无懈可击,正视王安石在变法过程中所暴露出的问题与否定王安石变法是不同性质的两个问题。当然,司马光提出的问题,值得人们认真反思。如钱是不是能解决所有的社会问题;如何警惕新形势下的两极分化;等等。

(三)《资治通鉴》的史学成就

这里我们需要强调一点,如前所述,司马光主张"天命论",可是,他并没有把这个思想引入《资治通鉴》。也就是说,司马光写作《资治通鉴》基本上没有受到"天命论"的影响,以"名分"而不是以"天命"为纲,

---

① 《长编》卷252"神宗熙宁七年四月甲申条",上海:上海古籍出版社,1985年,第2374页。

这真是一个奇迹。清人王鸣盛说：《资治通鉴》"此天地间必不可无之书，亦学者必不可不读之书也"①。其主要史学成就有以下几方面。

（1）把"国家兴衰"与"生民休戚"结合起来，作为其修史的标准。这显然是他总结王安石变法经验教训的思想总结，在司马光看来，王安石变法仅强调了前者，而忽略了后者。以此为前提，司马光对"王"与"霸"提出了自己的看法。他说：

> 有民人、社稷者，通谓之君。合万国而君之，立法度、班号令，而天下莫敢违者，乃谓之王。王德既衰，强大之国能率诸侯以尊天子者，则谓之霸。②

以德服人者王，以力服人者霸。那么，"王"与"霸"之间孰优孰劣？二程、邵雍等都有崇王抑霸的思想倾向，这与他们所标榜的"义理"之学有关。司马光并不这么认为，在他看来，只要是顺乎民心、合乎民意的正确，即是合法的政权，就是应当存在的政权。从这层意义说，"王"与"霸"没有优劣之分。司马光说：

> 王、霸无异道。昔三代之隆，礼乐、征伐自在天子出，则谓之王。天子微弱不能治诸侯，诸侯有能率其与国同讨不庭以尊王室者，则谓之霸。其所以行之也。皆本仁祖义，任贤使能，赏善罚恶，禁暴诛乱；顾名位有尊卑，德泽有深浅，功业有钜细，政令有广狭耳，非若白黑、甘苦之相反也。③

从国家体制的角度讲，所谓"王"近于"共和制"，而"霸"则近于"联邦制"。究竟是"共和制"好还是"联邦制"好，不能以个人的主观好恶来评断，而应根据实际国情来选择，选择适合自己国情的国家体制，那就是一个好的、能够存在的政权，即得道者昌；相反，就是一个不好的、不能够存在的政权，即失道者亡。好的政权，都必须做到"本仁祖义，任贤使能，赏善罚恶，禁暴诛乱"，这是一个政权能够存在的基本条件。例如，司马光对曹操的评价就坚持了这样的标准，不以"王"和"霸"论人。他说：

> 汉末大乱，群生涂炭，自非高世之才不能济也。然则荀彧舍魏武将谁事哉！齐桓之时，周室虽衰，未若建安之初也。建安之初，四海

① 《十七史商榷》卷100《资治通鉴上续左传》，上海：上海古籍出版社，2005年，第932页。
② 《资治通鉴》卷69《魏纪一》，上海：上海古籍出版社，1985年，第460页。
③ 《资治通鉴》卷27《汉纪十九》，上海：上海古籍出版社，1985年，第183页。

荡覆，尺土一民，皆非汉有。荀彧佐魏武而兴之，举贤用能，训卒历兵，决机发策，征伐四克，遂能以弱为强，化乱为治，十分天下而有其八，其功岂在管仲之后乎！①

（2）网络宏富，体大思精，凡一切与历史相关的文化典籍都无所不取和借鉴。如众所知，在司马光之前，人们修史的主要来源是正史，而《资治通鉴》"遍阅旧史，旁采小说，简牍盈积，浩如烟海，抉摘幽隐，校计毫厘。上起战国，下终五代，凡一千三百六十二年，修成二百九十四卷"②。除正史外，还有编年（含语录）、别史、杂史、霸史、传记（含碑文）、奏议（含别集）、地理、小说诸子 10 类，共 301 种。它为宋代以后史学的发展开辟了一条新的记述路径和研究思路。

（3）方法进步，编撰严谨。首先，先由协修的官僚按时间顺序排列起全部史料，标明事目，作出"丛目"。其次，由助手分工按"丛目"中所标的"事目"翻检出全部史料并加以编写称为"长编"。编写时本着"宁失于繁，勿失于略"的原则，力求全面，同时还要进行初步的分析鉴别，考证异同，去伪存真的工作。最后，由司马光一人勘定成书。在长编的基础上考其异同，删繁创冗，修辞润色，精雕细刻，叙事主线以展示历代君臣成败、治事、安危之迹为主。这种由简至繁，再由繁至简的方法，如范祖禹撰写《唐记》计有 600 卷，最终删节为 80 卷，这既体现了辩证的修史思维，又是一种前所未有的和更加科学、严密、合理的修史方法，因而使《资治通鉴》的学术水平达到了前所未有的高度。另外，司马光摒弃了孔子所创的春秋笔法，对历史上并存的几个政权不再区分正润，即正统与僭伪政权，而是根据各不同政权的实际功业来记述，"庶几不诬事实，近于至公"③，体现了实事求是的史学思想。

（四）涑水学派的主要传承

涑水学派的主要传人，如图 4-21 所示。

范祖禹，字淳甫，成都华阳人，自幼父母双亡，仁宗嘉祐八年（1063年）进士，官至龙图阁学士。他与刘邠、刘恕、司马康等一起协助司马光编撰《资治通鉴》。因他负责《资治通鉴》唐史部分的编修，在此过程中，亦即从"丛目"到"长编"，按照"宁失于繁，毋失于略"的编撰原则，范祖禹不仅积累了大量的唐史资料，而且还逐渐形成了自己对唐史的独特认

---

① 《资治通鉴》卷 66《汉纪五十八》，上海：上海古籍出版社，1985 年，第 445 页。
② 《资治通鉴·进资治通鉴表》，文渊阁四库全书本。
③ 《资治通鉴》卷 69《魏纪一》，上海：上海古籍出版社，1985 年，第 461 页。

司马光 ⎰ 司马康
　　　　司马宏
　　　　刘安世
　　　　范祖禹
　　　　晁说之
　　　　欧阳中立
　　　　田述古
　　　　尹材
　　　　张云卿
　　　　（私淑）陈瓘

图 4-21　涑水学派的主要传承示意图

识。于是，他在《资治通鉴》之外，自撰了《唐鉴》一书，12 卷，306 篇，学者尊之，称其为"唐鉴公"。由于他与司马光同属旧党，故此书在宋徽宗时被禁。又他所修《神宗实录》也被认为有诋诬神宗之嫌，结果被贬为武安军节度副使，后死于贬所。

晁说之（1059—1129 年），字以道，生于开封，宋代著名经学家。他平生最敬慕司马光，司马光自号"迂叟"，故晁说之因号"景迂生"。后因元符上书入党籍，致其长期沉沦下僚，五起五落，郁郁不得志，他先后历宋仁宗、宋神宗、宋哲宗、宋徽宗、宋钦宗、宋高宗六朝，是难得的"元祐名士"。在经学方面，他尊孔非孟，与王安石新学的理论主旨相悖。《晁氏客语》是其理学思想的代表作，《四库全书总目提要》称：其"惟解经好为异说"[①]。

思考题：

1. 为什么称周敦颐是理学的开山祖？
2. 讨论张载学术的特色及其理论缺陷。
3. 如何理解二程的"天理"及其思想体系。
4. 讨论王安石学术思想与北宋政治的关系。
5. 如何认识司马光《性图》的思想价值。

---

① 永瑢等：《四库全书简明目录》，上海：上海古籍出版社，1985 年，第 488 页。

第五讲
宋学发展时期的诸家学派概述之三

一、邵雍与百源学派

（一）百源学派的象数学特点

百源学派的主将是邵雍。邵雍（1011—1077 年），字尧夫，自号安乐先生。祖籍范阳（今河北涿州市），家共城（今河南辉县），曾"居苏门山百源之上，布裘蔬食，躬爨养父之余，刻苦自励者有年"①，故称"百源先生"。黄百家说："周、（二）程、张、邵五子并时而生"，而"康节独以《图》、《书》象数之学显"。② 在中国古代，象数学的突破最难。自汉代杨雄之后，难有与其媲美者，而邵雍是个例外。邵雍不但继承了扬雄思想的精髓，而且开出了一片新天地。程颢言，邵雍是"振古之豪杰"，他的象数思想"非术数比"，而是"内圣外王之道"。③ 宋代有人自比邵雍，朱熹认为那些自比邵雍者，实在太不自量力了。朱熹说："邵子这道理，岂易及哉！他胸襟中这个学，能包括宇宙，始终古今，如何不做得大，放得下。今人却恃个甚，敢复如此。"④

那么，邵雍"胸襟中这个学"到底是个什么东西？

---

① 黄宗羲原著，全祖望补修，陈金生等点校：《宋元学案》卷 9《百源学案上》，北京：中华书局，1986 年，第 365 页。
② 黄宗羲原著，全祖望补修，陈金生等点校：《宋元学案》卷 9《百源学案上》，北京：中华书局，1986 年，第 367 页。
③ 黄宗羲原著，全祖望补修，陈金生等点校：《宋史》卷 427《邵雍传》，北京：中华书局，1986 年，第 12728 页。
④ 黄宗羲原著，全祖望补修，陈金生等点校：《宋元学案》卷 9《百源学案上》，北京：中华书局，1986 年，第 367 页。

第一，内象与外象。邵雍在《观物外篇》说："易有内象，理数是也；有外象，指定一物不变者是也。"

这句话的意思是说，象数可分两类：一是内象，用以表示内在的理数；一是外象外数，用以表示外在的具体事物及其相关的数据。前者指奇偶变化的法则，后者指天地风雷等变化的形迹。其理数是指数自身的内在逻辑性，不是人的主观所能安排或改变的，此谓"自然而然不得而更者"，故称其为内数，邵雍把内数所具备的内在的数理逻辑称为"自然之道"。

邵雍说："自然而然不得而更者，内象内数也，他皆外象外数也。"

在这里，内学是指研究抽象数理逻辑的数学，外学则是指研究具体数量关系的算学。这样，邵雍把数学划分为两种性质完全不一样的系统，与现代数学把数分为抽象数（即不名数，abstract number）和名数（concrete number）两类非常相似。[①] 有学者指出，邵雍定义中的外数是"指定一物而不变者"，就是现代定义中的名数；而内数是用以表达数之理，其定义除了与抽象数的定义一样强调"与任何特别的事物无关"之外，还侧重强调其逻辑具有浅显（自然而然）而严密（不得更者）的特征，表明它主要是用来探寻事物的内在规律性（自然之道）。内外数的划分，标志着中国中古时期存在相当成熟的理性思考，增添了传统科学中研究抽象关系的纯粹科学特色。[②]

第二，独特的宇宙生成模式。宋人讲宇宙生成，以"一生二，二生三，三生五行"模式为主，也称"周敦颐模式"。如果用数学式表达，则为：正整数 M 有限子集，即 $M=\{1，2，3，5\}$，如图 5-1 所示。

邵雍与此不同，他以"一生二，二生四，四生八，八生十六"为模式，称之为"邵雍模式"。如果用数学式表达，则为：正整数有限子集，即 $M=\{1，2，4，8，16\}$，如图 5-2 所示。

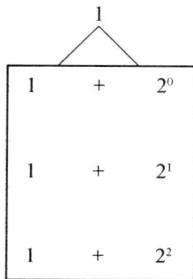

图 5-1　"周敦颐模式"示意图

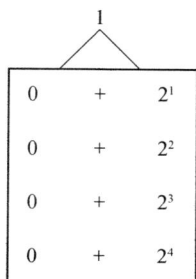

图 5-2　"邵雍模式"示意图

---

① 见《中山自然科学大辞典》第 2 册《书写》，第 33—78 页。

② 以上论述见柯资能：《先天易的数学基础初探——试论先天卦序与二进位制》，《周易研究》2001 年第 3 期。

第三，发明本体演化规律。在《观物内篇》里，邵雍提出了"夫四时、四维者，天地之至大"①的命题，其子邵伯温在解释这个命题的内涵时说："水火土石，本体也；金木水火土，致用也。以其致用，故谓之五行，行乎天地之间者也。"② 在周敦颐的"太极图"里，不分"本体"和"致用"，所以邵雍模式与周敦颐模式的最大区别就是：邵雍把宇宙万物的生成看作是"本体的演化"过程。因此，他说：

> 天生于动者也，地生于静者也，一动一静交而天地之道尽之矣。动之始则阳生焉，动之极则阴生焉，一阴一阳交而天之用尽之矣。静之始则柔生焉，静之极则刚生焉，一柔一刚交而地之用尽之矣。动之大者谓之太阳，动之小者谓之少阳。静之大者谓之太阴，静之小者谓之少阴。太阳为日，太阴为月，少阳为星，少阴为辰，日月星辰交而天之体尽之矣。静之大者谓之太柔，静之小者谓之少柔。动之大者谓之太刚，动之小者谓之少刚。太柔为水，太刚为火，少柔为土，少刚为石，水火土石交而地之体尽之矣。③

邵雍本体演化图，如图 5-3 所示。

那么，邵雍的本体演化图究竟有什么样的意义？细观，我们有似曾相识之感。原来，DNA 的半保留复制与此非常相似。所谓 DNA 的半保留复制，就是指沃森-克里克根据 DNA 的双螺旋模型提出的 DNA 复制方式。即 DNA 复制时亲代 DNA 的两条链解开，每条链作为新链的模板，从而形成两个子代 DNA 分子，每一个子代 DNA 分子包含一条亲代链和一条新合成的链（即一新一旧）。

见前所述，DNA 的复制方式是（2，2^2，2^3，…）。因此，就亲代与子代的性状关系讲，既像又不像，而隔代越远，中间相像的成分就越少。从这个意义上看，中国古代的亲戚文化，有一定道理。另外，从本体和致用的角度看，生命本体的基础是一样的，然而，其具体的表现形式却千差万别，形形色色。用邵雍的话讲，则宇宙万物的本体演化具有统一性和一致性，均为"水、火、土、石"，不过，当"水、火、土、石"外在化为"金、木、水、火、土"五行时，则表现形式就丰富多彩、姹紫嫣红了。

---

① 黄宗羲原著，全祖望补修，陈金生等点校：《宋元学案》卷9《百源学案上》，北京：中华书局，1986年，第368页。
② 黄宗羲原著，全祖望补修，陈金生等点校：《宋元学案》卷9《百源学案上》，北京：中华书局，1986年，第368页。
③ 黄宗羲原著，全祖望补修，陈金生等点校：《宋元学案》卷9《百源学案上》，北京：中华书局，1986年，第368页。

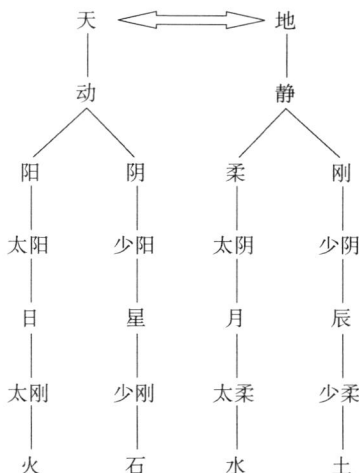

图 5-3　邵雍本体演化图

（二）邵雍"元、会、运、世"的历史发展观和循环论

邵雍认为人类社会的发展史是一个以"元、会、运、世"为特征的周期运动。邵雍说："世，三十。运，三百六十。会，一万八百。元，十二万九千六百。"（《宋元学案》卷 9《百源学案》，第 424 页）翻译成今天的语言，即 1 元＝12 会（每会 10 080 年）＝360 运（每运 369 年）＝4320 世（每世 30 年）＝129 600 年。这样，129 600 年就是人类社会的一个发展周期。对于此纪年的意义，邵雍自己说："一十有二万，九千余六百。中间三千年，迄今之陈迹。治乱与废兴，著见于方策。吾能一贯之，皆如身所历。"[①]

其中"中间三千年"是指始于公元前 2357 年（唐尧），止于公元 963 年北宋建隆四年的历史，共计 3320 年。以夏商周断代工程的研究成果为例，邵雍用上述方法与夏商周断代工程所推算出的夏商周年表较为接近。可见，对于邵雍的"运世"说不能仅仅从占卜的角度去诠释和理解，它的实际意义在于"虽明天道而实责成于人事"，故"洵粹然儒者之言，固非谶纬术数家所可同年而语也"。[②]

（1）夏商周断代工程所推算出来的夏商周年表（载 2001 年修订版《新华词典》），如表 5-1 所示。

---

① 《击壤集》卷 13《皇极经世一元吟》，文渊阁四库全书本。
② 《皇极经世书》提要，文渊阁四库全书本。

表 5-1

朝代	年代	王	朝代	年代	王
商前期	公元前 1600—前 1300 年	汤　太丁　外丙 中壬　太甲 沃丁　太庚 小甲　雍己 太戊　中丁 外壬　河亶甲 祖乙　祖辛 沃甲　祖丁 南庚　阳甲 盘庚（迁殷前）	西周	公元前 1046—前 1043 年	武王
				公元前 1042—前 1021 年	成王
				公元前 1020—前 996 年	康王
				公元前 995—前 977 年	昭王
				公元前 976—前 922 年	穆王
				公元前 992—前 900 年	共王
商后期	公元前 1300—前 1251 年	盘庚（迁殷后） 小辛　小乙		公元前 899—前 892 年	懿王
	公元前 1250—前 1192 年	武丁		公元前 891—前 886 年	孝王
	公元前 1191—前 1148 年	祖庚　祖甲 廪辛　康丁		公元前 885—前 878 年	夷王
	公元前 1147—前 1113 年	武乙		公元前 877—前 841 年	厉王
	公元前 1112—前 1102 年	文丁		公元前 841—前 828 年	共和
	公元前 1101—前 1076 年	帝乙		公元前 827—前 782 年	宣王
	公元前 1075—前 1046 年	帝辛（纣）		公元前 781—前 771 年	幽王

（2）邵雍所推算出来的夏代年表，如表 5-2 所示。

表 5-2

朝代	年代	干支纪年	王（帝）	在位年数
夏	公元前 2224—前 2198 年	丁巳—癸未	禹	27
	公元前 2197—前 2189 年	甲申—壬辰	启	9
	公元前 2188—前 2160 年	癸巳—辛酉	太康	29
	公元前 2159—前 2147 年	壬戌—甲戌	仲康	13
	公元前 2146—前 2119 年	乙亥—壬寅	相	28

续表

朝代	年代	干支纪年	王（帝）	在位年数
夏	公元前 2118—前 2058 年	癸卯—癸卯	少康	61
	公元前 2057—前 2041 年	甲辰—庚申	杼	17
	公元前 2040—前 2015 年	辛酉—丙戌	槐	26
	公元前 2014—前 1997 年	丁亥—甲辰	芒	19
	公元前 1996—前 1981 年	乙巳—庚申	泄	16
	公元前 1980—前 1922 年	辛酉—己未	不降	59
	公元前 1921—前 1901 年	庚申—庚辰	扃	21
	公元前 1900—前 1880 年	辛巳—辛丑	廑	21
	公元前 1879—前 1849 年	壬寅—壬申	孔甲	31
	公元前 1848—前 1838 年	癸酉—癸未	皋	11
	公元前 1837—前 1819 年	甲申—壬寅	发	19
	公元前 1818—前 1766 年	癸卯—乙未	癸	53

（3）邵雍所推算出来的商代年表，如表 5-3 所示。

表 5-3

朝代	年代	干支纪年	王（帝）	在位年数
商前期	公元前 1766—前 1754 年	乙未—丁未	汤	13
	公元前 1753—前 1720 年	戊申—庚辰	太甲	33
	公元前 1719—前 1692 年	辛巳—己酉	沃丁	29
	公元前 1691—前 1667 年	庚戌—甲戌	太庚	25
	公元前 1666—前 1650 年	乙亥—辛卯	小甲	17
	公元前 1649—前 1638 年	壬辰—癸卯	雍己	12
	公元前 1637—前 1563 年	甲辰—戊午	太戊	75
	公元前 1562—前 1550 年	己未—辛未	仲丁	13
	公元前 1549—前 1535 年	壬申—丙戌	外壬	15
	公元前 1534—前 1526 年	丁亥—乙未	河亶甲	9
	公元前 1525—前 1507 年	丙申—甲寅	祖乙	19
	公元前 1506—前 1491 年	乙卯—庚午	祖辛	16
	公元前 1490—前 1466 年	辛未—乙未	沃甲	25
	公元前 1465—前 1434 年	丙申—丁卯	祖丁	32
	公元前 1433—前 1408 年	戊辰—癸巳	南庚	26
	公元前 1407—前 1402 年	甲午—己亥	阳甲	6

续表

朝代	年代	干支纪年	王（帝）	在位年数
商后期	公元前 1401—前 1374 年	庚子—丁卯	盘庚	28
	公元前 1373—前 1353 年	戊辰—戊子	小辛	21
	公元前 1352—前 1325 年	己丑—丙辰	小乙	28
	公元前 1324—前 1266 年	丁巳—乙卯	武丁	59
	公元前 1265—前 1259 年	丙辰—壬戌	祖庚	7
	公元前 1258—前 1226 年	癸亥—乙未	祖甲	33
	公元前 1225—前 1220 年	丙申—辛丑	廪辛	6
	公元前 1219—前 1199 年	壬寅—壬戌	庚丁	21
	公元前 1198—前 1195 年	癸亥—丙寅	武乙	4
	公元前 1194—前 1192 年	丁卯—己巳	太丁	3
	公元前 1191—前 1155 年	庚午—丙午	帝乙	37
	公元前 1154—前 1122 年	丁未—己卯	帝辛	33

（4）邵雍所推算出来的西周年表，如表 5-4 所示。

表 5-4

朝代	年代	干支纪年	王（帝）	在位年数
西周	公元前 1122—前 1116 年	己卯—乙酉	武王	7
	公元前 1115—前 1079 年	丙戌—壬戌	成王	37
	公元前 1078—前 1053 年	癸亥—戊子	康王	26
	公元前 1052—前 1002 年	己丑—己卯	昭王	51
	公元前 1001—前 947 年	庚辰—甲戌	穆王	55
	公元前 946—前 935 年	乙亥—丙戌	共王	12
	公元前 934—前 910 年	丁亥—辛亥	懿王	25
	公元前 909—前 895 年	壬子—丙壬	孝王	15
	公元前 894—前 879 年	丁卯—壬午	夷王	16
	公元前 878—前 842 年	癸未—己未	厉王	37
	公元前 841—前 828 年	庚申—癸酉	共和	14
	公元前 827—前 782 年	甲戌—己未	宣王	46
	公元前 781—前 771 年	庚申—庚午	幽王	11

以上 3 表为郭彧先生所制，见《夏商周断代工程与邵雍》一文。

（三）百源学派的主要传承

百源学派的主要传人，如图 5-4 所示。

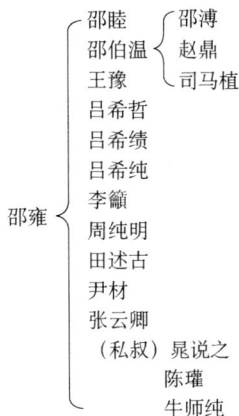

邵雍 ┤
邵睦 ┤邵溥
邵伯温 ┤赵鼎
王豫 ┤司马植
吕希哲
吕希绩
吕希纯
李籲
周纯明
田述古
尹材
张云卿
（私叔）晁说之
陈瓘
牛师纯

图 5-4　百源学派的主要传承示意图

邵伯温（1057—1134 年），字子文，洛阳人，邵雍之子，宋代象数学家。熙宁八年（1075 年），讲学于洛阳建春门广爱寺瑞祥院。元祐五年（1090年），被举荐为大名府助教。绍圣年间，章惇为相，为避开此人，邵氏拒绝在京城做官。徽宗即位后，邵伯温上疏徽宗解除元祐党禁，后被划入了"邪等"。

吕希哲（1049—1127 年），字原明，吕公著长子，以荫入官，学者称"荥阳先生"。王安石劝其勿事科举，遂绝意进取。哲宗时曾为崇政殿说书，徽宗初始为秘书少监。后以直秘阁知曹州，旋遭崇宁党祸夺职。

二、欧阳修与庐陵学派

（一）庐陵学派概述

庐陵学派的领袖是欧阳修，主要人物有焦千之、刘敞、王深文、曾巩、王回、郑耕老等。欧阳修（1007—1073 年），字永叔，号六一居士，祖籍吉安永丰（今属江西），生于四川绵州（今四川绵阳涪城区内），故他自称庐陵（今永丰县沙溪）人。欧阳修积极参与和支持庆历新政，然而对门人王安石的变法却并不像支持范仲淹庆历新政那样热情高涨，甚至他还反对过青苗法，但较为温和，不像司马光等人那样极端。在欧阳修看来，王安石太过激进，有敛财扰民之弊。

在欧阳修的影响下，有宋一代形成了非常有特色的"江西学问气象"，此气象的集大成者是陆九渊。

（二）欧阳修的主要学术贡献

在宋学方面，欧阳修的主要贡献有以下几个方面。

第一，批判佛老趋于理性。韩愈批佛，言辞犀利，乱棒相击，很不客观和理性，因为唐朝佛教之盛，除了封建统治者的提倡之外，它确实有其长处。例如，心性学为传统儒学所缺乏，然却为佛学所阐扬。反过来，礼学为佛学所缺乏，然却为儒学所阐扬。所以，欧阳修抓住这个特点，认为批判佛教就必须"修本"，即修礼仪之本。他不同意韩愈"人其人，火其书，庐其居"的粗暴排佛方法，主张"补其阙，修其废，使王政明、礼义充"[①]。显然，欧阳修的思想更加现实和易于为民众所接受，且不容易引发矛盾冲突，从而造成社会的不稳定。因此，"此论一出，而《原道》之语几废"[②]。

第二，否定章句训诂，疑传惑经。唐代《五经正义》结束了南北朝以来"师出多门，章句繁杂"的局面，对于树立经学的权威和统一思想，具有非常重要的意义。当然，由"师出多门"转而变成"师出一门"，容易造成在解经层面上的思想僵化。这是问题的一个方面。另一方面，五代天下大乱，礼坏乐崩，出现了十分严重的经学真空现象。例如，欧阳修说："五代之际，君君臣臣父父子子之道乖，而宗庙、朝廷，人鬼皆失其序，斯可谓乱世者欤！"[③] 又说："五代，干戈贼乱之世也，礼乐崩坏，三纲五常之道绝，而先王之制度文章扫地而尽于是矣！"[④] 前面讲过，宋初意识形态最急迫之事莫过于重振儒学和恢复礼制。然而，究竟如何重振儒学和恢复礼制？是走唐朝解经的路线，还是秉承先秦孟子的"自得"思想，开辟一条适合于北宋士大夫治国理念的新路径？显然，随着政治中心和文化重心由北向南的转移，南方章句训诂的基础较北方薄弱。例如，汉代的郑玄是北海高密（今山东高密）人，唐代的孔颖达则是冀州衡水（今河北衡水市）人。而宋初古文运动的领袖如柳开系大名（今属河北）人，他在一定程度上打击了宋初浮靡的文风，其思想主张成为后来欧阳修诗文革新运动的先声。他说："吾之道，孔子、孟轲、扬雄、韩愈之道；吾之文，孔子、孟轲、扬雄、韩愈之文也。"[⑤]

---

① 欧阳修：《欧阳修全集》卷 17《本论》，北京：中华书局，2009 年，第 289 页。
② 陈善：《扪虱新话》下集卷 4《原道辟佛老》，上海：上海书店出版社，1990 年，第 83 页。
③ 欧阳修：《新五代史》卷 16《唐废帝家人传第四》，北京：中华书局，1986 年，第 173 页。
④ 欧阳修：《新五代史》卷 16《唐废帝家人传第四》，北京：中华书局，1986 年，第 188 页。
⑤ 柳开：《河东集》卷 1《应责》，文渊阁四库全书本。

　　可是，他却不能从根本上摆脱"辞涩言苦"的弊病，无法平民化。因此，他不能承担重振儒学的历史重任。从北宋仁宗朝开始，南方士人崛起，继而思想界为之一新。对此，香港冯志弘先生在《北宋古文运动的形成》一书中第 11 章附录"北宋'南人崛起'现象溯源——宋代古文盛於南方的地域文化背景"，专门探讨这个问题，可以参考。宋仁宗嘉祐二年（1057 年），欧阳修担任主考官。当时，士子中间流行一种"险怪奇涩之风"（即"太学体"），与欧阳修所倡导的平民化文风格格不入。于是，他在择士的标准上，将"太学体"排除出他的视野之外。相反，"平民体"则被推举。例如，苏轼兄弟参加了此年的科举考试，若在以前，他们的文章肯定不受欢迎。苏轼说：自己的文章"生于草野，不学时文，词语甚朴，无所藻饰"[①]。结果，苏轼兄弟均为欧阳修所看重，双双进士及第。于是，在欧阳修周围，形成了以二苏、王安石、曾巩、刘敞等为扶翼的士大夫群体。有人借此攻击欧阳修、范仲淹等私立"朋党"。在此情形下，欧阳修于庆历三年（1043年）撰写了著名的上仁宗皇帝《朋党论》。他说：

　　　　大凡君子与君子以同道为朋，小人与小人以同利为朋，此自然之理也。然臣谓小人无朋，惟君子则有之，其故何哉？小人所好者利禄也，所贪者财货也，当其同利之时，暂相党引以为朋者，伪也；及其见利而争先，或利尽而交疏，则反相贼害，虽其兄弟亲戚不能相保：故臣谓小人无朋，其暂为朋者，伪也。君子则不然，所守者道义，所行者忠信，所惜者名节；以之修身，则同道而相益；以之事国，则同心而共济，终始如一：此君子之朋也。故为人君者，但当退小人之伪朋，用君子之真朋，则天下治矣。[②]

　　这个思想至今在用人上仍产生着影响。然而，如何做到退小人而用君子，确实是一件很复杂的事情。宋仁宗景祐三年（1036 年），欧阳修为范仲淹被贬之事，仗义执言，写下《与高司谏书》，因而贬谪峡州任夷陵县令。在这个过程中，欧阳修开始重新梳理和反思宋初的经学复古运动。宋初人们一味推崇孔子，认为经孔子删定的易、诗、书、礼、乐、春秋六经，应为人们日常行为的指南。可惜，汉唐的注疏家过分拘于章句训诂，非常烦琐，而六经的微言大义反被埋没了。欧阳修举例说："考于其《诗》（指《毛诗》），惑于其《序》（指郑玄《诗序》），是以同异之论争起，而圣人之意不明矣。"（《居士外集》卷 10《诗解·周召分圣贤解》）如果宋代士人依然按

---

① 苏轼：《东坡全集》卷 75《谢范龙图书》，文渊阁四库全书本。
② 陈均：《九朝编年备要》卷 12《仁宗皇帝》，文渊阁四库全书本。

照这种方法来释传解经，那么，宋代的文化革新便会成为一纸空文。这是欧阳修不愿看到的，也是他不甘心看到的一种后果。因此，他开始以六经为武器，起而对汉唐注疏家发难，大胆质疑儒家经典和汉唐注疏，首倡疑经惑传的时代风气，促进了宋代经学思想激烈嬗变。

由此可见，欧阳修的疑经惑传思想与当时的政治革新紧密联系在一起，这个特点是正确理解整个宋代疑经惑传思想本质的基础。景祐四年（1037年），欧阳修在《易或问三首》一文中明确提出了"忧天下之心"，实为《易童子问》的序曲。如"童子问曰：'雷出地奋，豫，先王以作乐崇德，殷荐之上帝，以配祖考，何谓也？'曰：'于此见圣人之用心矣。圣人忧以天下，乐以天下。其乐也，荐之上帝祖考而已，其身不与焉。众人之豫，豫其身尔。圣人，以天下为心者也，是故以天下之忧为己忧，以天下之乐为己乐。"① 因此，欧阳修的疑经惑传不是简单地为了疑经而疑经，惑传而惑传，而是为了通过这种"托古"的方式来表达一种政治愿望和治国理念。因为在欧阳修看来，所谓"六经者，先王之治具，而后世之取法也"②，故欧阳修据此又说："童子问曰：《困》亨，贞大人吉，无咎，其《象》曰险以说，困而不失其所亨，何谓也？'曰：'因亨者，困极而后亨，物之常理也。所谓《易》穷则变，变则通也。困而不失其所亨者，在困而亨也，惟君子能之。其曰险以说者，处险而不惧也。惟有守于其中，则不惧于其外，惟不惧，则不失其所亨，谓身虽困而志则亨也。故曰其惟君子乎，其《象》又曰君子以致命遂志者是也。'童子又曰：'敢问贞大人吉，无咎者，古之人孰可以当之？'曰：'文王之羑里，箕子之明夷。'"③ 此处之"羑（yǒu）里"也叫牖里，在今河南省安阳市汤阴县，"明夷"即朝鲜。史有"西伯（即文王）拘羑里而演周易"和箕子"走之朝鲜"的说法。实际上，欧阳修这里有自比文王和箕（jī）子之志。在当时被贬谪的特定环境下，欧阳修志在伺机而出，变革时政。

在学界，关于宋代党争的问题，至今都是一个争论不断的热点问题。除了宋代"文人政治"的光环之外，我们更重要的是应当坐下来，认真地进行反思：君子与小人之辨，究竟给宋朝政治带来了什么？杨黎光先生曾在《深圳商报》上发表了一篇文章，名叫《忠奸之辨：威权背景下的士人内讧》。杨先生把"忠君"思想看作是"士人精神的彻底畸变"。他认为："奸

---

① 黄宗羲原著，全祖望补修，陈金生等点校：《宋元学案》卷 4《庐陵学案》，北京：中华书局，1986年，第 186—187 页。
② 《居士集》卷 48《问进士策三首》，文渊阁四库全书本。
③ 黄宗羲原著，全祖望补修，陈金生等点校：《宋元学案》卷 4《庐陵学案》，北京：中华书局，1986年，第 190—191 页。

臣，一句模糊而随意的道德抹黑，遮掩、简化了对于是与非、正义与邪恶、文明与野蛮的根本性探寻。士人集团自愚愚人的臣民思维与道德教化不仅作茧自缚，更是遗害无穷。"我觉得这个批评很有力。因为目前学界能够站在这样的历史高度去品评宋代的历史和文化，不是大有人在，而是寥寥无几。杨先生说：

> 忠君思想的确立，标志着士人精神发生了最彻底的畸变，他们开始同仇敌忾，一致对内了。在这样的背景下，独裁者永远是圣明的，值得崇拜的，而所有的问题都出在那些欺君的奸臣、小人身上。于是，他们纷纷以忠臣自居，又纷纷将对手指责成大逆不忠的奸臣、小人。这种以"忠奸之辨"为表现形式的文人内斗——或曰"朋党之争"在北宋时期达到了一个高峰，并且影响至今。"忠奸之辨"，把中国士人本来就不够崇高的思想维度降到了一个新的低点，在忠与奸的二元对立下，士人们展开了向独裁者表忠心、做忠臣的献媚竞争与竞技。①

当然，杨先生的论说未必客观，但是，他的见解至少可以使人们冷静下来，而不是头脑发热，党争必然有牺牲，这是不以人的意志为转移的客观规律，任何人想回避都回避不了。对宋代的历史，尤其是对历史人物过分拔高，是现在非常盛行的一种学术现象。确实，宋代的文化已经达到了一个前所未有的历史高度，成就辉煌。然而，为了达到这个高度，人们却牺牲太多，代价太大。过去，许多人认为，宋太祖有"不杀士大夫"的家法，似乎宋代就是士大夫的天堂。实际上，不是。最典型的实例就是：太学生陈东案。

靖康元年（1126年）正月初，太学生陈东率在学诸生数百人奔登闻检院向钦宗上书，请求诛杀蔡京、梁师成、李彦、朱勔、王黼、童贯六贼。三十日，上述六贼及蔡京子攸、翛（xiāo）均被赐死、诛杀。我们不反对诛杀奸贼，但是，诛杀了六贼，就能挽救北宋的灭亡吗？当然不能挽救，反而灭亡得更快。二月初一日夜，京畿宣抚司都统制姚平仲擅袭金营失利，钦宗移罪罢李纲相。但陈东于二月初五日率太学生数百人伏阙宣德门，为李纲请命，谴责投隆派李伯彦等卖国行径。后来在汴京军民十余万人的反抗声中，钦宗遂命复李纲职务。四月，赐陈东迪功郎同进士出身，补太学正录，然陈东却不为所动，愤然作《辞诰命书》，踏上了归乡之路。在国家危难之际，陈东为什么不敢担当，而是临阵脱逃？后来宋高宗又罢李纲，陈东怒不可遏。连上三书，力谏李纲不可罢，黄潜善、汪伯彦不可用，并

---

① 杨黎光：《忠奸之辨：威权背景下的士人内讧》，《深圳商报》2010年3月11日。

请求高宗御驾亲征，迎还二帝。宋高宗一怒之下，处死了陈东。对于战与和的问题，学界争议较大，暂且不论。仅就蔡京子攸、翛的被杀而言，是不是过分一点。蔡攸有罪，但罪不至死，而陈东更是一位因上书而被杀的士大夫。

我们知道，王曾瑜、赵宝煦等先生都曾撰文探讨过宋代的文字狱问题。从乌台诗案、车盖亭诗案，到宋高宗时达到了高潮，南宋晚期又有刘克庄的"落梅诗案"等。据《宋史·秦桧传》载：

> 桧两居相位，凡十九年……其顽钝无耻者，率为秦用。争以诬陷善类为功。其矫诬也，无罪可状，不过曰谤讪，曰指斥，曰怨望，曰立党沽名，甚则曰有无君心。凡论人章疏，皆桧自操以授言者，识之者曰："此老桧笔也。"察事之卒，布满京城，小涉讥议，即捕治，中以深文。而士大夫死于其手者甚多。

与之相比，《南方都市报》发表了一篇文章，名叫《誓不杀士人，和谐宋朝对知识分子多宽容》。更有甚者说"宋代文字狱没有开启杀人的恶劣先河"①，就显得既缺少常识又苍白和肤浅了。更有人高论"宋朝'文字狱'是不存在的，可以说连'文化狱'都没有的"②，简直是荒谬。诚如所说："宋代文字狱虽不如明、清时那么严重，但却远远超过了汉代和唐代"③，这个评价是符合历史事实的。再如，洪迈述南宋初年的文字狱是："一言语之过差，一文词之可议，必起大狱，窜之岭海。"④

宋朝统治者杀死士大夫主要有三种方式：刑杀（如岳飞的"莫须有"冤案）、赐杀及贬杀。文字狱多是"贬杀"。如福建安抚司机宜吴元美写了篇小品文《夏二字传》，秦桧便认为"夏二字"（指蚊子和苍蝇）是在影射他，于是将吴元美逮捕，后被贬死南雄。又如，宋高宗将反对和议的宰相赵鼎贬死海南岛。

从文献学的角度讲，欧阳修认为《系辞传》《文言》《说卦传》《序卦传》《杂卦传》五种非出自一人之手，不可视为孔子所作，此说在《易》学史上产生过重大影响。但是，欧阳修否定《周易》对"河图"和"洛书"的说法，认为那是"曲学之士牵合以通其说，而误惑学者，其为患岂小哉！古之言伪而辩、顺非而泽者，杀无赦。呜呼，为斯说者，王制之所宜诛也。"

① 凌沧洲：《征服者帝国：中西文明的不同命运与选择》，北京：中国工人出版社，2009年，第93页。
② 邓琼芳编著：《宋宫秘史·解秘大宋王朝宫廷悬疑》，北京：中国华侨出版社，2009年，第259页。
③ 马积高、黄钧主编：《中国古代文学史》中，北京：人民文学出版社，2009年，第93页。
④ 洪迈著，鲁同群、刘宏起点校：《容斋三笔》卷4《祸福有命》，北京：中国世界语出版社，1995年，第302页。

① 这样的评论有失公允，也不客观。所以尚秉和先生《易说评议》云："惟欧于《易》象，既一概不知，于《易》理所入尤浅，故其说多空泛不切，且于《易》辞妄生疑惑。"观《易童子问》，确实有"妄生疑惑"之嫌，但说欧阳修"其说多空泛不切"，亦不符合实际。

另外，开金石治史之新门径。如前所述，在欧阳修看来，从软材料保存下来的文稿，因多经后人删改，其所载史实未必可靠，与之不同，那些由硬材料如金石一类保存下来的史料，则多经后人删改的机会较小，故具有更高的可信度。于是，欧阳修留心金石 18 年，搜集金石刻辞"上自周穆王以来，下更秦汉隋唐五代，外至四海九州，名山大泽，穷崖绝谷，荒林破冢，神仙鬼物，诡怪所传，莫不皆有"②。至嘉祐八年（1063 年）已积千卷，为防止散佚，遂撰成《集古录目》（亦称《集古录》）10 卷，目的是"撮其大要，别为录目，因并载夫可与史传正其阙谬者，以传后学，庶益于多闻"③。事实上，欧阳修在写给门生刘敞的信中，早已明确了编撰《集古录》的两个原因：①"集聚多且久，无不散亡，此物理也。不若举取其要，著为一书，谓可传久"；②"因得与史传相参验，证见史家阙失甚多"。④ 可见，以金石证史是欧阳修史学思想的一个显著特点。例如，"世系、谱系，岁久传失，尤难考正，而碑碣皆当时所刻，理不得差，故《集古》所录，于前人世次，是正颇多也"⑤。当然，把金石都当作"信史"也不对，故曾巩说：金石材料多溢美之辞，有时候即使是个恶人，其子孙也"皆务勒铭以夸后世"⑥，所以对金石材料仍需辨析，否则会误导后人。

（三）庐陵学派的主要传承

庐陵学派的主要传人，如图 5-5 所示。

焦千之，字伯强，生卒年不详，安徽省阜阳市阜南县人。宋仁宗皇祐元年（1049 年）欧阳修知颍州（今安徽阜阳市），焦千之投其门下。当时，吕公著任颍州通判，请焦千之为其家庭塾师。焦千之的教学方法很独特，他从不体罚学生，而是"诸小生有过错，先生端坐，召与相对，终日竟夕，不与之语，诸生恐惧畏服"⑦，算没事，否则，继续"与之相对"。这种自

---

① 黄宗羲原著，全祖望补修，陈金生等点校：《宋元学案》卷 4《庐陵学案》，北京：中华书局，1986年，第 197 页。
② 《欧阳文忠公集·居士集》卷 41《集古录目序》。
③ 《欧阳文忠公集·居士集》卷 41《集古录目序》。
④ 《文忠集》卷 148《书简五》，文渊阁四库全书本。
⑤ 《集古录跋尾》卷 5《唐智乘寺碑》。
⑥ 《曾巩集》卷 16《寄欧阳舍人书》，北京：中华书局，1984 年，第 253 页。
⑦ 《伊洛渊源录》卷 7《吕侍讲·家传略》，文渊阁四库全书本。

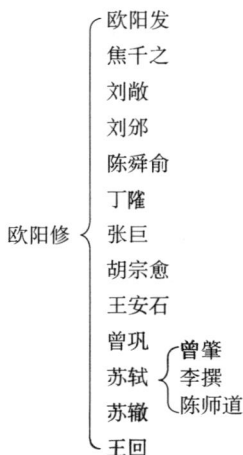

图 5-5　庐陵学派的主要传承示意图

省式教学法，值得提倡。可惜，他不走运，屡次科考不中，心情郁闷，甚至到了"妻子寄食娘家，惶惶无所之"的地步。对于自己的门生，欧阳修当然不能不管。宋英宗治平年间（1064—1067 年），焦氏终于在浙江省乐清县当了知县。后来，吕公著推荐他为"知无锡州"。尽管为官一方，但他两袖清风。所以当他年老齐官返乡，竟然连一处住宅都买不起。幸赖吕公著之子吕希纯资助，他才在颍州南城建一府第，名为"焦馆"，惜今已不存。

三、二苏与蜀学学派

（一）蜀学学派概述

此派的中坚系苏家父子（苏洵、苏轼和苏辙）。在此，只讲苏洵与苏轼。蜀地道教文化非常发达，**因此**，援道入儒便成为蜀学的一个重要特征，正好和援佛入儒的二程理学构成宋学助飞的两翼。《汉书·地理志》云：巴蜀人"未能笃信道德，反以好文刺讥"①。学界把蜀人为学的这个特点概括为"任情适性"四个字。追溯历史，司马相如和杨雄如此，陈子昂和李白如此，苏轼和苏辙兄弟更是如此。相对于洛学与关学，蜀学不纯，很杂，且异端色彩较明显。故寿勤泽先生称：蜀学"不仅具有异端倾向，而且具有杂学之长，富于思辨能力，崇尚实用价值，将崇实与尚虚予以恰当的结合，展现出独立自足的品格"②。所以唐宋八大家，苏家父子就占了三家，其在文

---

① 班固：《汉书》卷 28《地理志下》，北京：中华书局，1983 年，第 1645 页。
② 寿勤泽：《中国文人画思想史探源——以北宋蜀学为中心》，北京：荣宝斋出版社，2009 年，第 37 页。

坛地位之隆盛，可谓空前绝后。

（二）二苏对宋学的贡献

1. 苏洵的思想概要

苏洵（1009—1066年），字明允，号老泉，眉州眉山人。他在38岁之前，留心科场，其读书和作文均与科举有关。我们知道，在欧阳修主持科举考试之前，科举考试只重"太学体"，故文辞追求华丽，然却没有生气。所以他屡考屡败，终于幡然醒悟，尽焚旧作，闭户苦读，遂通六经百家之说，钻研汉唐古文，逐渐形成了自己的文章风格，而苏洵所形成的文章风格恰巧与欧阳修所提倡的诗文革新思想不谋而合。因此，宋仁宗嘉祐元年（1056年）老苏携二子入京应试，并将他所写的《权书》《衡论》和《几策》献于欧阳修，深为欧阳修所赏识，以为重见荀子之文，遂举荐他为秘书省校书郎。第二年，苏轼兄弟双双高中进士，于是"一日父子隐然名动京师，而苏氏之文章遂擅天下"[①]。

（1）与司马光相比，司马光推崇杨雄，诋毁孟子，而苏洵则推崇孟子，诋毁杨雄。

司马光著《潜虚》，将杨雄的《太玄》思想推进到一个新的历史阶段。苏洵著《太玄论》上中下三篇，从批判的角度，非难杨雄，方法相对简单。《太玄论》上篇论杨雄之说为"道不足取"，苏洵说："后之不得乎其心而为言，不得乎其言而为书，吾于杨雄见之矣。"[②] 在苏洵看来，文章须"得乎吾心"，而杨雄的《太玄》却"不得乎其心"，仅此而言，《太玄》之道不足取。《太玄论》说得很直白："《太玄》者，雄之所以自附于夫子，而无得于心者也。使雄有得于心，吾知《太玄》之不作。"[③] 这是其一。其二，苏洵把"六艺"中的"数"与"六经"截然对立起来，认为"数"（用以描述自然万物的运动规律，具有可变性）不能与经（即道，具有不变性）相提并论。苏洵说："天下之工乎曲学小数者，亦欲自附于《六经》，以求信于天下，然而君子不取也。"[④]

（2）与周敦颐、邵雍相比，苏洵对道学非常不感冒。

我们知道，从陈抟开始，经周敦颐、邵雍及程颐，构建了一个庞大的道统体系。他们强调，"太极"或"理"是先于宇宙万物的能动实体，我们

---

① 杜大珪编：《名臣碑传琬琰之集中》卷42《欧阳修·老苏先生洵墓志铭》，文渊阁四库全书本。
② 郭预衡主编：《唐宋八大家散文总集》卷4《苏洵》，石家庄：河北人民出版社，1995年，第2672页。
③ 郭预衡主编：《唐宋八大家散文总集》卷4《苏洵》，石家庄：河北人民出版社，1995年，第2672页。
④ 郭预衡主编：《唐宋八大家散文总集》卷4《苏洵》，石家庄：河北人民出版社，1995年，第2673页。

所生活的宇宙世界就是由这个能动实体创造的。这是宇宙本源意义上的先验论。苏洵对这一套理论不以为然，在他看来，那些"超然出于形器之表"的"微言高论"，有两个特点：第一个特点是"慕远忽近"而"鄙薄汉唐"，实际上就是"崇王道而贱霸道"；第二个特点是苟安旦夕，因循畏葸（xǐ），甚至后退。如唐代女性的相对开放与程朱理学对女性生活的禁锢，就是一种历史的倒退。苏轼回忆说，他父亲曾对自己讲过："自今以往，文章其日工，而道将散矣。士慕远而忽近，贵华而贱实，吾已见其兆矣。"①

庆历五年（1045 年），苏洵 37 岁。这一年，他同史彦辅一起东游京师。在京师，他与颜醇之等卿大夫交游，大概谈得很投机。史彦辅（998—1057年）又名史经臣，四川眉山人，屡试不中，潦倒以死。苏洵在《祭史彦辅文》中称他以"气豪"而"纵横放肆"，"奇文怪论，卓若无敌"。颜醇之是颜子的第 47 世孙，名太初，徐州彭城人，因住在凫、绎两山之间，号凫绎先生。苏洵拿凫绎先生的诗文对苏轼说："小子识之。后数十年，天下无复为斯文者也。"②

因为凫绎先生诗文"皆有为而作，精悍确苦，言必中当世之过"③。

（3）与欧阳修关系密切。

如前所述，苏洵从京师归来，他对北宋文化的历史发展有一个基本的价值判断，也是一种预测，那就是"道将散"。既然道统将会衰落，那么，用什么东西来取代道统呢？苏洵的主张是用"文统"。当时，欧阳修所倡导的古文运动，其主旨就是将"文统"从"道统"中解放出来，独立成一脉。于是，坚持道统的石介与倡导文统的欧阳修之间便产生了冲突。石介的理想是"能传圣人之道足矣"，因而对欧阳修"特屑屑致意于数寸枯竹、半握秃毫间"④的"诗文"，不屑一顾。然而，嘉祐二年（1057 年）知贡举时，利用主考官身份，欧阳修黜退一意专攻"太学体"的石介弟子而擢眉山二苏及曾巩于高第，虽然直接起因是摧抑险怪文风，但其中也似乎包含着某种扬"文统"抑"道统"的意味。⑤ 在这里，有一件事情需要提一提，当时，二苏到京城应进士举，张方平出于爱惜人才，亲自写信向自己的政敌欧阳修推荐二苏。从这件事情上，我们可以看出欧阳修的人品。

在苏洵所建立的"文统"体系里，欧阳修是一个划时代人物。如苏辙《欧阳文忠公神道碑》载：

① 苏轼：《东坡集》卷 24《凫（fu）绎先生文集叙》，文渊阁四库全书本。
② 苏轼：《东坡集》卷 24《凫（fu）绎先生文集叙》，文渊阁四库全书本。
③ 苏轼：《东坡集》卷 24《凫绎先生文集叙》，文渊阁四库全书本。
④ 洪本健编：《欧阳修资料汇编》上《石介·答欧阳永叔书》，北京：中华书局，2009 年，第 15 页。
⑤ 参见罗立刚：《论欧苏文人集团对"文统"建设的贡献》，《中国文学研究》1999 年第 3 期。

昔孔子生于衰周而识文武之道，其称曰："文王即没，文不在兹乎？"虽一时诸侯不能用，功业不见于天下，而其文卒不可弃。孔子既没，诸弟子如子贡、子夏，皆以文名于世。数传之后，子思、孟子、孙卿并为诸侯师，秦人以涂炭遇之，不能废也。及汉祖以干戈定乱，纷纭未已，而叔孙通、陆贾之徒，以《诗》、《书》、《礼》、《乐》弥缝其阙矣。其后贾谊、董仲舒相继而起，则西汉之文，后世莫能仿佛。盖孔氏之遗烈，其所及者如此。自汉以来，更魏、晋、历南北，文弊极矣。虽唐正观、开元之盛，而文气衰弱，燕、许之流偓强其间，卒不能振。惟韩退之一变复古，阔其颓波，东注之海，遂复西汉之旧。自退之以来，五代相承，天下不知所以为文。祖宗之治，礼文法度追迹汉、唐，而文章之士，杨、刘而已。及公之文行于天下，乃复无愧于古。①

在上文中，"文统"承传的线索十分明晰：孔子继文武之道发端为"文"，经子贡、子夏等传至子思、孟子、荀子，历汉人陆贾、贾谊、董仲舒至唐代韩愈，再经韩愈传至欧阳修。

与之不同，"道统"的传承有三说：一说以韩愈为代表。韩愈在《原道》中说："尧以是（指'言忠信，行笃敬'）传之舜，舜以是传之禹，禹以是传之汤，汤以是传之文武周公，文武周公传之孔子，孔子传之孟轲。轲之死，不得其传焉。"② 言外之意是韩愈自己是孟子的继承者。但程朱一派不这样认为，他们将韩愈排挤出道统之外。所以就有了另一种说法。程颐说："周公没，圣人之道不行；孟轲死，圣人之学不传。道不行，百世无善治；学不传，千载无真儒……先生（指程颢）出，揭圣学以示人，辨异端，辟邪说，开历古之沉迷，圣人之道，得先生而复明，为功大矣。"③ 这支"道统"体系，从尧到周公、孟子，再到程颢。第三说以黄榦为代表。黄榦在《徽州朱文公祠堂记》中说："尧、舜、禹、汤、文、武、周公生，而道始行；孔子孟子生，而道始明；孔孟之道，周、程、张之继之；周、程、张子之道，文公朱先生又继之。此道统之传，历万世而可考也。"④ 黄榦（1152—1221 年），是朱熹的弟子和女婿，福建长乐人，主张"壮国势而消外侮"，在地方颇有政绩。

从"文统"看"道统"，苏洵认为《周礼》是君主用来束缚人的，是违

---

① 苏辙：《苏辙散文全集》，北京：今日中国出版社，1996 年，第 314 页。
② 韩愈：《韩昌黎全集》卷 11《原道》，文渊阁四库全书本。
③ 程颐：《伊川文集》卷 7《明道先生墓表》，文渊阁四库全书本。
④ 黄榦：《黄勉斋先生文集》卷 5《徽州朱文公祠堂记》，文渊阁四库全书本。

反人的本性的；至于《周易》则是"圣人不因天下之至神，则无以施其教"，所以他们故意搞得"如神之幽，如天之高"，[1] 让人摸不着头脑。苏洵的这种叛道思想，成为理学和蜀学矛盾斗争的焦点。同理学群体一样，欧阳修周围也形成了一个阵容强大的诗文群体，如曾巩、王安石、二苏等，都因欧阳修的举荐而登上北宋的政治舞台。

（4）与王安石的关系。苏洵对王安石存有偏见，方勺《泊宅篇》载，在欧阳修举行的一次家宴上，苏洵对在座的宾客，有的比较熟悉，有的则比较陌生。于是，苏洵与欧阳修之间就有了下面一段对话：

苏洵问："适坐有囚首丧面者何人？"欧阳修回答说："介甫也。文行之士，子不闻之乎？"苏洵说："以某观之，此人异时必乱天下，使其得志立朝，虽聪明之主，亦将为欺惑。内翰何为与之游乎。"[2]

至于两人产生偏见的原因，宋人有多种说法。如龚颐正《芥隐笔记》载：

> 荆公在欧公坐，分韵送裴如晦知吴江，以"黯然销魂，惟别而已"分韵，时客与公八人，荆公、子美、平甫、老苏、姚子张、焦伯强也。时老苏得"而"字，押"谈诗究乎而"，而荆公又作"而"字二诗，……最为工。君子不欲多上人，王、苏之憾，未必不稔于此。

又叶梦得的《避暑录话》卷上云：

> 苏明允本好言兵，见元昊叛，西方用兵久无功，天下事有当改作，因挟其所著书，嘉祐初来京师，一时推其文章。王荆公为知制诰（应为群牧判官），方谈经术，独不嘉之，屡诋于众，以故明允恶荆公甚于仇雠（仇）。

从此，两人处处对着干，其积怨亦越来越深。如嘉祐三年（1056年），苏洵与王安石都向宋仁宗上书，表达他们各自的政治主张。①王安石要求"变更天下之弊法"[3]，然而，苏洵却认为"法不足以制天下"[4]，关键在于整顿吏治。②王安石说："自古治世……患在治财无其道耳"，"盖因天下之力，以生天下之财，取天下之财，以供天下之费"[5]；苏洵则针锋相对，说

---

[1] 郭预衡主编：《唐宋八大家文集》，编委会编：《唐宋八大家文集·苏洵文集》，北京：中央民族大学出版社，2002年，第26页。

[2] 蔡上翔著，中华书局上海编辑所编辑：《王荆公年谱考略》，北京：中华书局，1959年，第154页。

[3] 郭预衡主编：《唐宋八大家文集·王安石文》，北京：人民日报出版社，1997年，第160页。

[4] 张玉霞编：《苏洵全集》1，长春：时代文艺出版社，2001年，第116页。

[5] 郭预衡主编：《唐宋八大家文集·王安石文》，北京：人民日报出版社，第165页。

宋朝的财政危机源于"赋敛之不轻，民之不聊生"①。可见，两人的焦点是"生财"还是"节流"。后来，在苏洵和王安石之间发生了一件事情，终于激化了两人的矛盾。张方平记其事说："安石之母死，士大夫皆吊，先生独不往，作《辨奸论》一篇。"②

预言王安石是"大奸慝（tè）"，必"为天下患"。关于《辨奸论》的真假，学界有两派观点：宋人的观点，认为《辨奸论》为真；清人的观点开始发生变化，如李绂（fú）在《穆堂初稿·书〈辨奸论〉后》，认为此文是邵伯温为攻击王安石而伪造的"赝品"。邓广铭先生亦主张是"伪作"。然而，曾枣庄先生却力主《辨奸论》不是伪作，确是苏洵之作品。③ 笔者个人的看法是真，不过这个问题还可以继续讨论。

为了便于问题的理解，笔者在此特将林语堂先生认为的北宋"通变"派与"流俗"派的简单成员构成列表展示如下（表 5-5）。④

表 5-5　北宋"通变"派与"流俗"派的简单成员构成表

"通变"派或当权派	王安石（拗相公）	神宗（雄心万丈的皇帝）	曾布（活跃的政客）	吕惠卿（声名狼藉，后出卖王安石）
	李定（母丧不奔，后弹劾苏东坡）	王雱（王安石之子）	谢景温（王安石姻亲）	蔡卞（王安石女婿）
	章惇（先为同年友好，后为苏东坡敌人）	吕嘉问（王安石手下的贸易霸主）		
"流俗"派或反对派	司马光（反对派之首，大史学家）	韩琦（元老重臣）	富弼（老臣）	吕诲（第一个发动攻击的人）
	曾公亮（脆弱人物）	赵抃	文彦博（老好人）	张方平（元老重臣，苏家"叔伯"辈好友）
	范镇（元老重臣，苏家"叔伯"辈好友）	欧阳修（元老重臣，苏家"叔伯"辈好友）	苏东坡	苏子由（东坡之弟）
	范仲淹（伟人）	孙觉（高俊，易怒，东坡密友）	李察（矮壮，东坡密友）	刘恕（性火爆，东坡密友）
	苏颂（熙宁中三学士）	宋敏求（熙宁中三学士）	李大临（熙宁中三学士）	

（5）苏洵论"势"与"机"。

第一，苏洵撰有《审势》篇。他对"势"有下面的见解："天下之势有强弱，圣人审其势而应之以权。势强矣，强甚而不已则易折；势弱矣，弱

---

① 张玉霞编：《苏洵全集》1，长春：时代文艺出版社，2001 年，第 119 页。
② 张方平：《文安先生墓表》，张玉霞编：《苏洵全集》1，长春：时代文艺出版社，2001 年，第 222 页。
③ 曾枣庄：《苏洵〈辨奸论〉真伪考》，彭裕商、舒大刚主编：《川大史学·历史文献学卷》，成都：四川大学出版社，2006 年，第 353—369 页。
④ 林语堂：《苏东坡传》，上海：上海书店出版社，1989 年，第 90—91 页。

甚而不已则曲。圣人权之，而使其甚不至于折与曲者，威与惠也……故处弱者利用威，而处强者利用惠。"①

苏洵（1009—1066 年），主要生活在宋仁宗时代（1023—1063 年在位）。对于当时的社会形势，宋朝内部有三派：一是以晏殊为代表的"太平盛世"派；二是范仲淹、欧阳修等的"积贫积弱"派；三是苏洵的强弱不均派。三派的认识一个比一个更深刻。在苏洵看来，北宋的"弱"不在于"势"，因为当时"制治有县令，有郡守，有转运使，以大系小，丝牵绳联，总合于上。虽其地在万里外，方数千里，拥兵百万，而天子一呼于殿陛间，三尺竖子驰传捧召，召而归之京师，则解印趋走，唯恐不及"②。此处所言"势"显然指的是中央集权制度，这种政治体制上通下达，政令出一，能够形成强大的合力。按理说，这样强大的国势怎么会出现"弱"的状态呢？苏洵指出：体制虽好，但执行的环节常常与之不相适应。他说："习于惠而怯于威也，惠太甚而威不胜也。"具体表现是："赏数（多）而加于无功"，"刑弛而兵不振"，"官吏旷惰，职废不举，而败官之罚不加严；多赎数赦，不问有罪，而刑罚之禁不能行；冗兵骄狂，负力幸赏，而姑息纵容不敢节制；将帅全军覆没，匹马不还，而兵败之责不加重"③ 等。结论："弱在于政，不在于势。是谓以弱政败强势。"④ 这样导致的后果必然是："虽号百岁之承平，未尝一日而无事。"⑤ 再具体一点讲，就是"法之公而吏之私"，这就是问题的关键和症结。

因此，苏洵主张通过立威以整顿吏制。然而苏洵没有位至权相，进行革新，从而把自己的理想变为现实。假如苏洵真得在现实社会中推行他那一套"法术"，是否行得通，恐怕还是个疑问。他用此攻击王安石可以，但是他绝对不敢保证他的"法术"就一定比王安石变法走得更远，或者取得的成效更加显著。

第二，苏洵对"机"的阐释。"圣人"有没有"机"，或者说有没有"心术"，对这个问题，苏洵作了肯定的回答。苏洵说：

> 圣人之道，有经、有权、有机。是以有民，有群臣，而又有腹心之臣。曰经者，天下之民举知之可也；曰权者，民不得而知矣，群臣知之可也；曰机者，虽群臣亦不得而知矣，腹心之臣知之可也。夫使圣人而无权，则无以成天下之务，无机则无以济万世之功。然皆非天

① 张玉霞编：《苏洵全集》1，长春：时代文艺出版社，2001 年，第 2 页。
② 张玉霞编：《苏洵全集》1，长春：时代文艺出版社，2001 年，第 3 页。
③ 张玉霞编：《苏洵全集》1，长春：时代文艺出版社，2001 年，第 3 页。
④ 张玉霞编：《苏洵全集》1，长春：时代文艺出版社，2001 年，第 4 页。
⑤ 张玉霞编：《苏洵全集》1，长春：时代文艺出版社，2001 年，第 189 页。

下之民所宜知；而机者又群臣所不得闻，群臣不得闻，则谁与议？不议不济。然则所谓腹心之臣，不可一日无也。（张玉霞编：《苏洵全集》1，第 25 页）

由于"机"属于绝对保密的东西，故有"不议不济"之说。所以"机"在一定意义也叫作"阴谋"，看来"阴谋家"比"阳谋家"更有心机。从这个角度看，苏洵认为，政治家往往又是"阴谋家"。因为他说："善治天下者，先审其强弱，以为之谋。"（张玉霞编：《苏洵全集》1，第 2 页）这句话中，既有政治，同时又有阴谋，或称谋略、谋术等。

（6）苏洵的"义利"观。宋人的义理观，已见前述。苏洵说："义利，利义相为用，而天下运诸掌矣。"（张玉霞编：《苏洵全集》1，第 108 页）在这种思想的指导之下，苏洵认为："君子欲行之，必即于利。即于义则其为力也易；戾（即悖反）于利则其为力也难。"（同上，第 107 页）首先人是一个有感情的动物，这是产生"义"的生理基础。其次，人又是一个满足自己身体需要的各种物质欲望的动物，这是产生"利"的动力。与空谈性理的道学家不同，人不是"骷髅"，不是一堆骨头架子，没有欲望，没有血肉。在苏洵看来，人除了骨骼，更有血肉。所以，为了把人们的向心力凝聚为创造力，光有口号不行，要有实实在在的东西，尤其是那些能看得见和摸得着的有形物质。用现在的话说，既要有思想的东西，同时又要辅之以"物质刺激"，生活中有撒米捉鸡的现象，意思也一样。"赏"的目的是为了使下属更加为我效力，甚至为我效命。这是真正的领导艺术。于是，苏洵在《谏论》中说，君主对谏者，应当 "以赏为千金，以刑为猛虎，使其前有所趋，后有所避"[1]。

一句话，"圣人执其大利之权，以奔走天下"[2]。翻译成今天的话，即"有利走遍天下"。但利益分配要得当，不能滥用，更不能平均。因此，"古之圣人所以驱天下之人，而使争为善也。有功而赏，有罪而罚，其实一也"[3]。

（7）苏洵的人才观。苏洵认为，凡是奇才绝智都或多或少地存在"小过"。就像电视剧《亮剑》中的李云龙一样，能打胜仗，足智多谋，但毛病亦很多。因此，苏洵在《养才》中提出了"恕其小过"的思想。在苏洵看来，北宋朝廷起用的所谓"贤才"，都是一些循规蹈矩的老好人，而那些"在朝廷而百官肃，在边鄙而四夷惧，坐之于繁剧纷扰之中而不乱，投之于羽

---

[1]　张玉霞编：《苏洵全集》1，长春：时代文艺出版社，2001 年，第 98 页。
[2]　张玉霞编：《苏洵全集》1，长春：时代文艺出版社，2001 年，第 110 页。
[3]　张玉霞编：《苏洵全集》1，长春：时代文艺出版社，2001 年，第 111 页。

檄奔走之地而不惑"的奇杰之士，循规蹈矩者比较少，他们往往"常好自负，疏隽傲诞"，甚至有时候"不事绳检"，使气傲物。然而，他们"一旦翻然而悟，折节而不为此"①，则无疑是国家的栋梁，治国的奇才。一句话，用这样的人才，不可羁束以礼法。

可见，苏洵的思想不全是保守，也有革新。其务实的成分，使他距离现实的需要更近，使其思想更符合生活的常理，而不是悖反人性，悖反社会发展的基本要求。

2. 苏轼的思想概要

苏轼牢牢秉承其父的学统，矢志不移。他仕途不顺，为官期间，有 1/3 的时间过着流放生活。所以，这种被流放的人生是理解苏轼思想的前提。刘安世说："东坡立朝大节极可观，才意高广，惟己之是信。在元丰不容于元丰，人欲杀之；在元祐则虽与温公（即司马光）议论亦有不合处，非随时上下人也。"②"惟己之是信"除了"浩然"外，至今读了都令人感动。

1）苏轼的《春秋》学思想

苏轼没有专门的春秋学著作，但有几篇论文，如《春秋论》《宋襄公论》等。在《春秋》学上，当时《公羊传》《穀梁传》《左传》，异说纷纭，而苏轼力主《左传》。在他看来，"春秋者，后世所以学为臣之法也"③。又说："此书（指《春秋》）自有妙用，学者罕能领会，多求之绳约中，乃近法家者流。苛细缴绕，竟亦何用？惟邱明识其用，然不肯尽谈，微见端兆，欲使学者自得之，未可轻论也。"④ 那么，在众说纷纭的嘈杂声中，苏轼究竟从《春秋》学里听到了什么？

第一，天真无邪的稚童学语之音，他呈现给人们的是人性中最真实的那一面。苏轼说："《春秋》者，亦人之言而已，而人之言，亦观其辞气之所向而已矣。"⑤这是《〈春秋〉论》结尾的一句话，颇耐人寻味。乍一看，苏轼的话完全是废话，哪一部经典不是"人之言"，哪位先贤说的话不是"人话"，其实不然，仔细一想，确实有许多经典已经具有"宗教神学"的意义。因此，这些经典都成了与人相对的"神"的语言，死板教条，不可更改，全然没有了人情味。然而，在苏轼看来，"夫圣人之为经，惟其《礼》与《春

---

① 张玉霞编：《苏洵全集》1，长春：时代文艺出版社，2001 年，第 36 页。
② 车若水：《脚气集》，引马永卿《元城语录》卷上，曾涛等编：《苏文汇评》，台北：文史哲出版社，1998 年，第 172 页。
③ 顾之川校点：《苏轼文集》上，长沙：岳麓书社，2000 年，第 115 页。
④ 顾之川校点：《苏轼文集》上，长沙：岳麓书社，2000 年，第 628 页。
⑤ 顾之川校点：《苏轼文集》上，长沙：岳麓书社，2000 年，第 131 页。

秋》合，然后无一言之虚而莫不可考，然犹未尝不近于人情"①。《春秋》学的根据在于"人情"，此乃苏轼春秋学思想的典型特征。我们想一想，什么人才能做到"无一言之虚"，懂得"伪装"的人不行，只有"稚童"不会伪装，一就是一，二就是二，而不会把一说成二，更不会把二说成一。《春秋》学这种"稚化"的文论境界，深深感染了苏轼，因而从苏轼的诗文中，我们看到的是一个天性率真的苏轼，一个不会伪装自己观点的老孩童，一个还没有脱离一切喜怒哀乐，将其都写在面相上的"活宝宝"。对于苏轼而言，这不是幼稚，而是大智。

第二，淘米之乐。汩汩之水，流走的是糟糠，是无足轻重的麸皮，而沉淀下来的是真正的食粮，是历史文化的营养，是人类精神的大智慧。而《春秋左传》就是被历史沉淀下来的食粮，是历史文化的营养，是人类精神的大智慧，所以苏轼说："春秋，信史也。"② 由此出发，苏轼形成了三点看法。

（1）"邱明因事发凡，不专为经……其书盖依经以比事，即事以显义，不专为例……夫惟如是，故能备先王之志，为经世之法，以训天下后世。"③ 既然，《春秋左传》的特色是"即事以显义"，那么，如何把"事"中所蕴含的深刻寓意挖掘出来？苏轼认为："夫善观《春秋》者，观其意之所向而得之。"④ 以己意解经，是宋学的传统，而宋学的丰富性主要体现在这个方面，就苏轼来说，"己意"与他的生活处境密切相关，人在不同的生活场景中，对经学的理解是不一样的。这就是我们今天讲的"生态史学"。

（2）苏辙曾说："父兄之学，皆以古今成败得失为议论之要。"⑤ 苏学的这个特点，使之成为超绝百代的文坛奇才。诚如程民生先生所赞："古文八大家中苏氏父子三大家横空出世，异军突起，与中原、东南文坛接轨合流，将古文运动推向最高峰。尤其是雄视百代的苏轼，一跃成为超越欧阳修的最伟大作家。"⑥ 事实上，从春秋学的视角看，苏轼的伟大之处还不仅仅在于此，请看第三点。

（3）苏轼说："天下无君，篡君出而制天下。汤武既没，君安所取正哉？故篡君者，亦当时之正而已。"⑦ "正"指"正统"，什么是"正统"？苏轼

---

① 顾之川校点：《苏轼文集》上，长沙：岳麓书社，2000 年，第 127 页。
② 顾之川校点：《苏轼文集》上，长沙：岳麓书社，2000 年，第 149 页。
③ 张大亨：《春秋通训·后叙》，北京：中华书局，1991 年，第 120 页。
④ 顾之川校点：《苏轼文集》上，长沙：岳麓书社，2000 年，第 134 页。
⑤ 苏辙：《栾城后集》卷 7《历代论·引》。
⑥ 程民生：《宋代地域文化》，开封：河南大学出版社，1997 年，第 354 页。
⑦ 顾之川校点：《苏轼文集》上，长沙：岳麓书社，2000 年，第 3 页。

认为："夫所谓正统者，犹曰有天下云尔。"[①] 所谓"有天下"，就是指"建立统一而强大的中央政权，使天下有法有制可循，生民免于战争与暴乱以全其生，这是历史、文化存在发展的基本条件"[②]。以此为标准，苏轼在评判三国时期的"正统"时，将魏国视为正统，与程颐把蜀国看作正统的观点大相径庭。这种观念分歧，归根到底还是"王"与"霸"之异。《左传》贵"霸"，这是苏轼的观点。因此，苏轼更多的是关注"霸道"在历史中的合理性，即"圣人之褒贬裁断不过是要于不合理的现实中求得治理的可能方略，是依据现实条件以求规范现实的政治学"[③]。从这个角度看，苏轼所谓的"正统"思想是一种立足于不以道义为基础和目标的"事功"场景。在这个大的场景之下，"有秩序"的强权胜于"至公大义"。苏轼的思想确实不合时宜，如前所述，宋神宗想学唐太宗，王安石劝诫他学唐太宗的"霸道"不好，不如学尧舜的"王道"。在这里，苏轼明确表示要建立强大的国家政治，要以统一天下之事功为政权合法性的基础。这是什么胆量，在宋代统治被辽吓破了胆的背景下，军事上已经开始转向保守，苏轼却还在鼓动进攻，主张大一统，这不是给皇帝眼里插柴，找死吗？

然而，苏轼的《春秋》学响应者喁喁（yóng），形成了以苏轼为思想领袖的《春秋》学学派，主要成员有：苏辙、苏元老、苏籀（zhòu）、家安国、张大亨、崔子方等。

2）苏轼的军事思想

第一，战争为"不得已"之举。苏轼曾说："昔者尝读《左氏春秋》，以为丘明最好兵法。"[④] 战争是一种令人恐惧的政治，但凡有一点生息，或云"得已"，都不愿发动战争，让老百姓饱受战争之苦难。苏轼说：

> 夫惟圣人之兵，皆出于不得已，故其胜也享安全之福，其不胜也必无意外之患。后世用兵，皆得已而不已，故其胜也则变迟而祸大，其不胜也变速而祸小。是以圣人不计胜负之功而深戒用兵之祸。何者？兴师十万，日费千金，内外骚动，殆于道路者七十万家。内则府库空虚。外则百姓穷匮。饥寒逼迫，其后必有盗贼之忧；死伤愁怨，其终必致水旱之报。上则将帅拥众，有跋扈之心；下则士众久役，有溃叛之志。变故百出，皆由用兵。至于兴事首议之人，冥谪尤重。盖以平

① 顾之川校点：《苏轼文集》上，长沙：岳麓书社，2000年，第2页。
② 江湄：《从"大一统"到"正统"论——论唐宋文化转型中的历史观演变》，首都师范大学史学研究编写组编：《首都师范大学史学研究》第3辑，北京：北京燕山出版社，2005年，第226页。
③ 江湄：《北宋诸家〈春秋〉学的"王道"论述及其论辩关系》，《哲学研究》2007年第7期。
④ 顾之川校点：《苏轼文集》上，长沙：岳麓书社，2000年，第59页。

民无故缘兵而死，怨气充积，必有任其咎者。是以圣人畏之重之，非不得已，不敢用也。①

对于历史上的战争，苏轼的基本评价是"得已而不已"。所以，不管胜负都有祸患，只不过有的"迟"，有的"速"而已。他的结论是："胜则变迟而祸大，不胜而变速而祸小，不可不察也。"② 但我们不能因此而惧怕战争，因为面对外敌的入侵，就必须予以坚决还击，不能听之任之。他说："盖王者之兵，出于不得已，而非以求胜敌也。故其为法，要以不可败而已。"③ 问题是：在"不得已"的情况下，出兵胜了，没得说，万一胜不了又该怎么办呢？苏轼没有回答这个问题，于是，网上就有人提出了"假如苏轼活到高宗时期，他将是主战派还是主和派"的问题。这个问题恐怕是个历史悬案了，永远不会有答案。

然而，苏轼确实非常重视训练军队。

第二，训练军队而常备无患。关于宋朝的军制，王曾瑜先生在《宋代兵制初探》一书中有详细论述，兹不累牍。尽管苏轼生活的时期，北宋的社会生存状态相对安稳，但是战争的隐患随时都会发生。苏轼认为，北宋的相对和平局面，不是主动得来，而是通过"奉"（1044 年，宋仁宗与西夏言和）的手段换来。他说："今国家所以奉西北之虏者，岁以百万计，奉之者有限，而求之者无厌，此其势必至于战。战者，必然之势也。"④ 在此，苏轼一针见血，明确指出用"物质利益"来求"和"，不是长久之计。事实果如苏轼所言，如治平元年（1062 年），西夏攻略庆州；绍圣三年（1096 年）西夏 50 万大军进攻宋朝鄜（fū）延路，然各州县守御完备，夏军只好进攻金明砦（zhài），守城的 2500 名士兵仅剩 5 名，其他全部阵亡。

禁军是北宋军队的主要力量，随着军费的不断增长和冗兵的日益增多，军队的战斗力不仅没有提高，反而逐渐减弱，原因何在？苏轼分析说：禁军的驻地不固定，"三岁而一迁，往者纷纷，来者累累，虽不过数百为辈，而要其归，无异于数十万之兵三岁而一出征也。农夫之力，安得不竭？"⑤ 解决的办法是：除了军制作适当调整和变革之外，主要还在于训兵旅与教

---

① 苏轼：《代张方平谏用兵书》，苏轼撰，孔凡礼点校：《苏轼文集》，北京：中华书局，1986 年，第 1049 页。
② 苏轼：《代张方平谏用兵书》，苏轼撰，孔凡礼点校：《苏轼文集》，北京：中华书局，1986 年，第 1049 页。
③ 顾之川校点：《苏轼文集》上，长沙：岳麓书社，2000 年，第 58 页。
④ 《苏轼散集·策别安万民五》，郭预衡主编：《唐宋八大家散文总集》，石家庄：河北人民出版社，1995 年，第 4483 页。
⑤ 《苏轼散集·策别厚货财二》，郭预衡主编：《唐宋八大家散文总集》，石家庄：河北人民出版社，1995 年，第 4489 页。

战守，提高各地兵民的军事素质。

训兵旅分几个方面：一是蓄才用。苏轼认为，北宋军队战斗力的衰弱，主要原因是"无才用"①，而选拔可用之才，不能单凭读几本兵书和试以武举而见用，应当从新兵中选拔，其法"观其颜色和易，则足以见其气；约束坚明，则足以见其威；坐作进退，各得其所，则足以见其能"②。二是练军实。其主要的实现途径是兵民合一，不仅寓兵于农，而且还要在兵与民之间进行良性的交替循环。按照宋朝军制，"兵至六十一始免"③。这种体制虽然能保证军队的数量，但战斗力不强，且系造成冗兵冗费的主要原因。因此，苏轼建议："五十已上，愿复为民者，宜听；自今以往，民之愿为兵者，皆三十已下则收，限以十年而除其籍。"④ 这样，"使民得更代而为兵，兵得复还而为民，则天下之知兵者众，而盗贼戎狄将有所忌"⑤。三是倡勇敢。苏轼认为："天下之人，怯者居其百，勇者居其一，是勇者难得也。"⑥那么，如何能让这些"勇者"甘愿为朝廷赴汤蹈火、效命疆场呢？当然是厚赏和利诱。用苏轼的话说，就是"天子必有所私之将，将军必有所私之士，视其勇者而阴厚之"⑦。在苏轼看来，"私者，天下之所恶也。然而为己而私之，则私不可用。为其贤于人而私之，则非私无以济"⑧。四是，其他措施。由于宋代士兵的生存状态比较恶劣，因此，各地常有逃兵为盗的现象。故苏轼知徐州时，非常重视改善士兵的生活，使"士皆饱暖，练熟技艺"⑨，以此来减少士兵逃亡。另外，苏轼在登州写下了《登州召还议水军状》，主张训练水师，得到朝廷批准，因此，登州成为屯驻宋代水军重兵的重要训练基地。又如，他出知定州军州事，连上《乞增修弓箭社条约状》《乞降度牒修定州禁军营房状》等几道奏章，因事行法，"警众革弊"，深得军心和民心。特别是为了保家御寇，他组织乡民，成立弓箭社。农事余暇，

① 《苏轼散文集·策别训兵旅一》，郭预衡主编：《唐宋八大家散文总集》，石家庄：河北人民出版社，1995 年，第 4490 页。
② 《苏轼散文集·策别训兵旅一》，郭预衡主编：《唐宋八大家散文总集》，石家庄：河北人民出版社，1995 年，第 4491 页。
③ 马端临：《文献通考》卷 153《兵考五》，北京：中华书局，1999 年，第 1333 页。
④ 《苏轼散文集·策别训兵旅二》，郭预衡主编：《唐宋八大家散文总集》，石家庄：河北人民出版社，1995 年，第 4493 页。
⑤ 《苏轼散文集·策别训兵旅二》，郭预衡主编：《唐宋八大家散文总集》，石家庄：河北人民出版社，1995 年，第 4493 页。
⑥ 《苏轼散文集·策别训兵旅三》，郭预衡主编：《唐宋八大家散文总集》，石家庄：河北人民出版社，1995 年，第 4494 页。
⑦ 《苏轼散文集·策别训兵旅三》，郭预衡主编：《唐宋八大家散文总集》，石家庄：河北人民出版社，1995 年，第 4494 页。
⑧ 《苏轼散文集·策别训兵旅三》，郭预衡主编：《唐宋八大家散文总集》，石家庄：河北人民出版社，1995 年，第 4494 页。
⑨ 王文诰注，于宏明点校：《苏轼全集》12，长春：时代文艺出版社，2001 年，第 3516 页。

挑选青壮，习武练功，以备不时之需。

教战守的主要措施有：①纠正"轻武"的思想观念。在苏轼看来，北宋"重文轻武"之风，导致举国上下讳言兵事，"天下之人，骄惰脆弱，如妇人孺子不出于闺门。论战斗之事，则缩颈而股栗；闻盗贼之名，则掩耳而不愿听"。在朝中，士大夫认为言兵则"生事扰民"①。结果造成"天下之民知安而不知危，能逸而不能劳"②之被动局面。因此，必须对全民进行"忧患"意识的教育。②如前所述，禁军和厢军之所以骄横和凌压百姓，其中原因之一就是"其心以为天下之知战者，惟我而已"。现在从民众开始，使之"皆习于兵，彼知有所敌，则固已破其奸谋，而折其骄气"③。即"使用经过训练的郡县的士兵，来消减、代替'禁军'"④。③对士大夫则树立"尊尚武勇"的风尚，不仅要钻研经书，而且更要"讲习兵法"。苏轼说："庶人之在官者，教以行阵之节。役民之司盗者，授以击刺之术。每岁终则聚之郡府，如古都试之法，有胜负，有赏罚，而行之既久，则又以军法从事。然议者必以为无故而动民，又扰以军法，则民将不安，而臣以为此所以安民也。"⑤ 在此，苏轼提出了"安民"与"扰民"的关系。在苏轼看来，这个问题与特定的社会大环境有关系，在面临战争的历史背景下，只顾享受安逸，这是很危险的。因此，在思想上，时刻提醒民众应当居安思危；在行动上，应经常练兵习武，"使其耳目习于钟鼓旌旗之间而不乱，使其心志安于斩刈杀伐之际而不慑"。惟其如此，才能出现这样的局面："虽有盗贼之变，而民不至于惊溃。"⑥

第三，苏轼的军事后勤主张。概括地讲，主要有以下几个方面：

（1）赢得战争主要靠"节用廉取"，而不能依赖"广取给用"。苏轼说："人君之于天下，俯己以就人，则易为功；仰人以援己，则难为力。是故广取以给用，不如节用以廉取之为易也。"⑦"廉取"即少取于民。

（2）军队的补给以当地的经济发展为基础，走"自养"之路，方能无往而不胜。苏轼说："古之为兵者，戍其地，则用其地之民；战其野，则食

---

① 《苏轼散文集·策别安万民五》，郭预衡主编：《唐宋八大家散文总集》，石家庄：河北人民出版社，1995 年，第 4483 页。
② 《苏轼散文集·策别安万民五》，郭预衡主编：《唐宋八大家散文总集》，石家庄：河北人民出版社，1995 年，第 4483 页。
③ 《苏轼散文集·策别安万民五》，郭预衡主编：《唐宋八大家散文总集》，石家庄：河北人民出版社，1995 年，第 4484 页。
④ 谢士祥：《浅说苏轼的军事思想》，《广西师院学报》1988 年第 2 期，第 69 页。
⑤ 《苏轼散文集·策别安万民五》，郭预衡主编：《唐宋八大家散文总集》，石家庄：河北人民出版社，1995 年，第 4483—4484 页。
⑥ 《苏轼散文集·策别安万民五》，郭预衡主编：《唐宋八大家散文总集》，石家庄：河北人民出版社，1995 年，第 4482 页。
⑦ 顾之川校点：《苏轼文集》上，长沙：岳麓书社，2000 年，第 34 页。

其野之粟，守其国，则乘其国之马，以是外被兵而内不知，此所以百战而不殆也。"① 以唐朝为例，苏轼说："唐有天下，置十六卫府兵。天下之府八百余所，而屯于关中者，至有五百。然皆无事则力耕而积谷，不惟以自瞻养，而又有以广县官之储。"②

（3）避免"弃财"和"弃民"现象的发生。苏轼说："民者天下之本，而财者民之所以生也。有兵而不可使战，是谓弃财。不可使战而驱之战，是谓弃民。"③ 这句话的意思是，有军队而不能打仗，等于抛弃财产。而把不能打仗的人派上战场，等于抛弃百姓。可见，苏轼的思想既尖锐又深刻。

思考题：

1. 讨论邵雍象数学的历史观及其影响。
2. 如何认识欧阳修学术思想在宋学中的地位。
3. 简述苏轼对宋学的贡献。

---

① 王文诰注，于宏明点校：《苏轼全集》10，第 2954 页。
② 顾之川校点：《苏轼文集》上，长沙：岳麓书社，2000 年，第 36 页。
③ 顾之川校点：《苏轼文集》上，长沙：岳麓书社，2000 年，第 36 页。

第六讲
宋学发展时期的诸家学派概述之四

进入南宋，学术发展的总体特征是：由原来的百花竞放变为一花独秀。至于其间的曲折，史学界多有揭示，自不必烦琐。最终的结果是王安石"新学"与蜀学先后被打压下去，只留周程理学继续在南宋传播。当然，在理学传播的过程中，也有观点冲突，如朱陆及朱陈之间的论辩等。与整个国家的走向趋于"保守"相适应，理学的发展亦逐渐转入"内向"，并成为南宋学术发展的主要特点。

一、胡宏与五峰学派

（一）五峰学派概述

胡宏（1105—1161 年），字仁仲，福建崇安人，家住衡山五峰，人称五峰先生。其为人刚直，与其父胡安国不同，他不私交秦桧，不求功名利禄，一生矢志于道，以振兴道学为己任，主要著作有《知言》《皇王大纪》等。黄百家在《五峰学案》案语中有一段评述："文定（胡安国）以游广平之荐，误交秦桧，失知人之明。想先生兄弟窃所痛心，故显与桧绝……先生初以荫补承务郎，避桧不出。至桧死，被召，以疾卒……其志昭然，千古着见焉。"[1] 作为一代宗师，胡宏与其父一起创立湖湘学派，而湖湘学派系连接北宋、南宋洛学的关键环节，在南宋理学发展史上具有重要地位。

---

① 《宋元学案》卷 42《五峰学案》，第 1367 页。

（二）胡宏的主要学术思想

1.《知言》及其仁政思想

首先，宋代无"圣人"。

《知言》共 6 卷（四库本），表面上讨论的是性理问题，实则针对的是宋代的专制政治体制。例如，胡宏说："封建也者，帝王之所以顺天理，承天心，公天下之大端大本也。不封建也者，霸世暴主之所以纵人欲，悖天道，私一身之大孽大贼也。"① 此处，胡宏所讲的"封建"，与我们今天所说的"封建"不是一个意思。今天的教科书把西周至清朝这段历史时期，称作"封建社会"，而把"夏商"称作"奴隶社会"。但是，胡宏对"封建"制度有他自己的解释，他说："封建之法，本于鸿荒之世，群雄之所以自立者也。法始于黄帝，成于尧舜。夏禹因之，至桀而乱。成汤兴而修之，天下以安，至纣而又乱。文王武王兴而修之，天下亦以安。至幽王而又乱。齐桓晋文不能修而益坏之，故天下纷纷不能定，及秦始皇而扫灭之，故天下大乱，争起而亡秦，犹反覆手于须臾间也。"② 这样，胡宏将周文王之前的历史，称为"封建社会"，而将"齐桓晋文"之后的历史，称为"暴乱社会"，亦即"霸世暴主"的社会。回顾近代关于"封建"的争论，日本启蒙学者西周、福泽谕吉，中国翻译大家严复等均将中国的封建社会定在夏商周，而严复把秦以降称为"霸朝"，对于西周，福泽谕吉则称为"专制帝制社会"。③ 由此可见，胡宏尽管没有明确抨击宋朝的政治制度，但是从上述引文中，我们不难看出，胡宏对宋朝的政治制度是不满意的，因为宋朝仍然是"霸世暴主"的社会。有学者认为："它的政治体制是中国古代最为民主的。实行的是皇帝和士大夫共治天下的体制，以法治国。"④ 宋朝的政治制度在中国古代究竟是不是"最民主"？我们可以继续讨论。然而，宋代的胡宏认为宋朝的政治制度不如"尧舜夏禹"时代的"封建"政治制度好，王安石亦有此说法。在胡宏的视域内，"封建"政治制度的思想形态就是"圣人之道"。其理论成果主要表现为四部经典：《易》《诗》《书》《春秋》。胡宏说："圣人之道若何？曰：圣人者，以一人理亿兆人之德性，息其争夺，遂其生养者也。"⑤

所谓"圣人"的充分必要条件是"理德性"与"息争夺"。这是因为人

---

① 胡宏：《知言》卷 6，文渊阁四库全书本。
② 胡宏：《知言》卷 6，文渊阁四库全书本。
③ 冯天瑜：《中国"封建社会"再认识》，中国社会科学院历史研究所，中国社会科学院经济研究所，中国社会科学杂志社《历史研究》编辑部编：《封建名实问题讨论文集》，第 304 页。
④ 李裕民：《破除偏见，还宋代历史以本来面目》，《求是学刊》2009 年第 5 期，《新华文摘》转载。
⑤ 胡宏：《知言》卷 6，文渊阁四库全书本。

们的"德性"不是天生"向善"，而是需要引导和调理。那么，宋代士人的"德性"是否符合"圣人"的"生养之道"呢？胡宏说："水有源，故其流不穷；木有根，故其生不穷；气有性，故其运不穷；德有本，故其行不穷。孝悌（tì）也者，德之本欤。"① 在宋代，"孝悌"观念的反复强化，似乎并不像有些学者估计得那么乐观。我们知道，唐宋变化的一个突出特征就是宗族制度的弱化。唐代为门阀士族社会，与之相比，宋代则是一个重新建立宗族规制的过渡时期，即从唐代门阀士族社会向明清宗族组织和制度的转折时期。张载总结此期的宗族特点是："管摄天下人心，收宗族，厚风俗，使人不忘本，须是明谱系、世族与立宗子法。"② 为此，宋代出现了许多谱牒、族产、族规、族塾义学、族长等新的"敬宗收族"现象。③ 但是，人口的频繁流动，又使这种"敬宗收族"的努力遇到了极大的困难和挑战。程民生先生对这个问题有专门论述，见《论宋代的流动人口》（《学术研究》2006 年第 7 期）。《续资治通鉴长编》"乾德四年闰八月乙亥"条载：

> 古者乡田同井，人皆安土重迁，流之远方，无所资给，徒隶困辱，以至终身。近世之民，轻去乡土，转徙四方，固不为患。而居作一年，即听附籍，比于古亦轻矣。

这种"安土重迁，流之远方"的社会现象，对本来已经被淡化的家族观念来说，更是雪上加霜。所以，北宋后期的李昭圮说：

> 义不足以相守，则时有桴鼓之警；恩不足以相保，则或起父子之讼。壮力分于出赘，世业入于兼并，户口隐于图版，夫家脱于联伍。轻乡危家，远出千里。故秦多晋寇，而鲁杂齐语……今天下壮有力之民，侨寓杂处，散于四方，手不服未耜之勤，心不知田亩之乐，为淫巧奇技、屠贩游博，其无理之甚者，啸聚不逞，杀人于货。邑里不告讦，门关不诃问，县官乡吏察治无术。④

"敬宗收族"需要"安土重迁"，故《汉书·元帝纪》载："安土重迁，黎民之性；骨肉相附，人情所愿也。"⑤ 然而，宋代的"轻乡危家，远出千里"现象，却使传统家族制度的根基无法稳定。这样，便产生了某些士大夫垂先示范，并通过族田、义塾及族规等方式来强化士人的家族观念的现象。从这个角度讲，宋代无圣人。

---

① 胡宏：《知言》卷 2，文渊阁四库全书本。
② 张载：《张载集》，北京：中华书局，1978 年，第 259 页。
③ 参见王善军：《宋代宗族和宗族制度研究》，石家庄：河北教育出版社，2000 年。
④ 李昭圮：《乐静集》卷 26《属民》，文渊阁四库全书本。
⑤ 班固：《汉书》卷 9《元帝纪》，北京：中华书局，1983 年，第 292 页。

再说"息争夺",宋代的社会现实距此目标就更加遥远了。

一则民间"好讼"成习,反映了宋代法制文明的程度比较高。如《清明集》载:"浙右之俗,嚣讼成风。"① 江西东西路之民亦"尤好争讼"②。周密又说:"江西人好讼,是以簪笔之讥,往往有开讼学以教人者,如金科之法,出甲乙对答及哗讦(jié)之语。盖专门于此,从之者常数百人,此亦可怪。又闻括(指沈括)之松阳(即浙江处州松阳)有所谓业嘴社者,亦专以辩捷给利口为能。"③ 所谓"业嘴社",实际上就是专门帮人词讼的机构。不要以为宋朝的法律无条件地维持公正和公平,更不要以为宋朝的法律倾向于保护弱者。恰恰相反,在绝大多数情况下,"豪民巨室,有所讼诉,志在求胜,不吝挥金,苟非好修自爱之士,未有不为污染者"④。与商品经济相适应,"词讼"也被商品化,有钱人暗中操纵官吏的判案过程,几乎每个环节都不能以"理法"行事。所以,"或贫而为富所兼,或弱而为强所害,或愚而为智所败,横逆之来,逼人已甚,不容不一鸣不平,如此而后与之为讼"⑤,这是宋代判官胡颖说过的一段话,也是研究宋代法制史者反复引用的经典之论。我们承认,在宋代的"讼诉"群体中,不排除"哗徒"的存在,他们"以恐胁把持为生,与吏囊橐,视官府如私家,肆行不忌"⑥。这些"哗徒","多有无图之辈,并得替公人之类,或规求财物,或誇逞凶狡,教唆良民,论不干己事,或借词写状,烦乱公私"⑦。他们是造成民间冤案的根源之一,但不是主要根源。如众所知,宋代惩罚"哗徒"不可谓不严厉,郭东旭先生在《名公"息讼"之术透视》一文中对此有详论,有兴趣者不妨一读。然而,即便如此,宋代仍讼事不息,冤狱不止。所以像"包公戏"等反映宋代冤狱和诉讼的元初杂剧的出现,绝对不是偶然现象,它是历史与现实相结合的产物。如果不是冤情太深,广州妇女何以"虽遭刑责而不畏耻"⑧,说她们不怕死,那是假话。只有她们在遇到冤情无处伸张的时候,才会视死如归,才会把死看做是痛苦人生的解脱。在宋代,讼诉的成本很高,代价极大。对此,黄榦基于息讼的考量,"恐吓"

---

① 中国社会科学院历史研究所宋辽金元史研究室校:《名公书判清明集》卷 12《专事把持欺公冒法》,北京:中华书局,1987 年,第 484 页。
② 《宋史》卷 88《地理志四》,北京:中华书局,1985 年,第 2192 页。
③ 周密:《癸辛杂识续集上》,北京:中华书局,1988 年,第 159 页。
④ 中国社会科学院历史研究所宋辽金元史研究室校:《名公书判清明集》卷 1《谕州县官僚》,北京:中华书局,1987 年,第 5 页。
⑤ 中国社会科学院历史研究所宋辽金元史研究室校:《名公书判清明集》卷 4《妄诉田业》,北京:中华书局,1987 年,第 123 页。
⑥ 王林撰:《燕翼诒谋录》卷 4,北京:中华书局,1981 年,第 33 页。
⑦ 李元弼:《作邑自箴》卷 6《劝谕民庶牓》,四部丛刊本。
⑧ 庄绰:《鸡肋篇》卷中,见《说郛》卷 27 上,文渊阁四库全书本。

百姓不要走讼诉之路，因为"毫末之争，动经岁月，赢粮弃业，跋涉道途，城市淹留，官府伺候，走卒斥责，猾吏诛求，奸狱拘囚，箠楚业毒，何以堪忍"[1]。笔者倒认为，黄榦所说绝不仅仅在于"恐吓"，而是道出了当时的实际情形。凡此种种，都说明了宋代还没有做到"息争夺"。所以，按照胡宏对"圣人"的理解，宋代确实不具备产生"圣人"的社会条件。再进一步，我们必然会从胡宏的言语中推论出这样一个观点：二程所建立的那种以"圣人"为中轴的"道统"体系难以成立。可以想象，在当时，这是多么危险的觉悟和思想。于是，就不难理解，胡宏的这种非正宗的理学倾向为什么在南宋被"世儒"所不容。

因此，胡宏理学思想的出现，预示着理学内部分野的不可避免性。

其次，性是"天下之大本"。

与二程不同，胡宏认为："天命之谓性。性，天下之大本也。"又"心也者，知天地宰万物以成性者也"[2]。这是一条心学路线，与二程所开辟的"理学"路线不是一脉。在这里，"心"除了具有本体的意义外，最根本的一个特点就是：心其实是人类智力活动的一个组成部分。它内在于人类本身，是人类自主性的重要标志。相对而言，二程的"理"则是外在于人类本身，是独立于人类之外的一种客观力量，但是它能够将其特性赋予人类思维，从而通过人类的思维达到认识自然以及认识它自身的目的。"理"无法认识自己，它想要认识自己，只有通过人类思维。然而，人类没有"理"便不能思维，就不能构建家庭与国家。这个过程，就是"理一分殊"的过程。程颐曾分别比较了张载"理一分殊"与墨子"兼爱"的不同：

> 《西铭》明理一而分殊，墨氏则二本而无分。分殊之蔽，私胜而失仁；无分之罪，兼爱而无义。分立而推理一，以止私胜之流，仁之方也。无别而迷兼爱，至于无义之极，义之贼也。[3]

在二程看来，"三纲五常"之类属于"分殊"的范畴，它们是先天的和不可变更的。然而，墨子"兼爱"却消除了人与人之间的社会差别，如等级、权力的不平等、财富的分化等。"分殊"所表现出来的上述特征，实际上都是"理一"的程序表达，或者是"理一"的外化。朱熹说：

> 天地之间，理一而已。然乾道成男，坤道成女，二气交感，化生万物，则其大小之分，亲疏之等，至于十百千万而不能齐也，不有圣

---

① 黄榦：《勉斋集》卷 34《临川劝谕文》，文渊阁四库全书本。
② 胡宏：《知言》卷 1，文渊阁四库全书本。
③ 程颢、程颐著，王孝鱼点校：《二程集》上，北京：中华书局，2004 年，第 609 页。

贤者出，熟能合其异而反其同哉，西铭之作，意盖如此，程子以为明理一而分殊，可谓一言以蔽之矣……盖以乾为父，以坤为母，有生之类，无物不然，所谓理一也。而人物之生，血脉之属，各亲其亲，各子其子，则其分亦安得而不殊哉。一统而万殊，则虽天下一家，中国一人，而不流于兼爱之弊，万殊而一贯，则虽亲疏异情，贵贱异等，而不牿于为我之私。此西铭之大指也。①

在这里，我们应特别注意程朱对"仁"的理解，颇与胡宏不同。程朱反复强调"分立而推理一，以止私胜之流，仁之方也"，即"仁"是"理一"之用，牟宗三称"仁是生道"②，因而理与仁的关系是体与用的关系。但是，胡宏却不以为然，他说："静观万物之理，得吾心之悦也易。动处万物之分，得吾心之乐亦难。是故，智仁合一，然后君子之学成。"③ 在胡宏看来，认识"理一"并不难，难的是"万物之分"如何同我们的愿望相一致。我们不想生活在等级制度的社会形态之中，但是等级制度偏偏与人们相影相随。于是，人们想要把自己的理想付诸实践，就得对社会进行革新，使之与我们的心理诉求相符合。这里，胡宏实际上是在探讨社会发展的动力问题。他潜意识地揣测到了人们的现实需要是推动社会发展的根本力量，这个认识尽管不是唯物史观的思想，但是他看到了"分殊"的不合人意。因此，他才提出了"智仁合一"的思想命题。"仁"是行动与实践，"智仁合一"即把"智"（或称"思想"和"理论"）的东西通过"仁"（即实践）转变成现实的东西。按照胡宏的理解，"仁"在社会实践的运动过程中，具体表现为下面几种形式。

第一种形式：仁是行政的目的。胡宏说："财出于九赋，兵起于乡遂，士选于庠塾，政令行乎世臣，然后政行乎百姓，而仁覆天下矣。"④ 此处之"九赋"泛指各类赋税，"乡遂"指地方基层社会组织，"庠塾"指地方学校，"世臣"则指"累世修德之旧臣"。⑤ 其中"九赋""乡遂""庠塾"都是西周的制度，看来胡宏还是非常憧憬西周的行政管理模式的。当然，在胡宏的观念世界里，尤其是理想的政治形态应是"政令行乎世臣"，这一点极其重要，而"仁"主要依靠"累世修德之旧臣"来操纵和运作。显然，胡宏的话里有话，其锋芒亦有所指。因为从宋哲宗至宋高宗初期，掌控宋朝国

① 郑福田主编：《永乐大典》第 3 卷《西铭》，呼和浩特：内蒙古大学出版社，1998 年，第 1502 页。
② 牟宗三：《心体与性体》第 2 卷，上海：上海古籍出版社，1999 年，第 365 页。
③ 胡宏：《知言》卷 1，文渊阁四库全书本。
④ 胡宏：《知言》卷 1，文渊阁四库全书本。
⑤ 焦循：《孟子正义》卷 2《梁惠王章句下》，《诸子集成》第 2 册，石家庄：河北人民出版社，1986 年，第 84 页注。

家命运的朝臣，多奸臣，而"世臣"实在太少。所以，胡宏终身不仕南宋，恐怕与他的这种思想认识有关。

第二种形式：死刑与生刑合理运用。胡宏说："生刑轻则易犯，是教民以无耻也。死刑重则难悔，是绝民自新之路也。死刑生刑，轻重不相悬，然后民知所避，而风化可兴矣。"① 乍一看，胡宏的刑罚思想显得十分幼稚和迂腐。实际上，在现实的刑罚实践中，究竟如何合理和"仁性"地运用"生刑"与"死刑"，确实是一个执法中的疑难问题。由于胡宏刑罚思想没有对此作进一步的阐释，因此，他是否主张"法意，人情，实为一体"②，不得而知。但是，他所提出的问题，直到今天都有重要的理论价值和现实意义。

第三种形式：仁之道在于推行"封建诸侯"（即现代意义上的联邦）制度。胡宏说："郡县，天下可以持成平，而不可以支变故；封建诸侯，可以持承平，可以支变故。"③"郡县制"相对于"封建诸侯"制，是历史的一个大进步，胡宏主张"封建诸侯"制（张载亦有是论）是主张历史的倒退，不可取，这是必须强调的。然而，周朝分封天下，历时 700 余年，这是秦始皇以后行郡县制的任何朝代都无可比拟的，这就是为什么古代有那么多的士大夫主张恢复"封建诸侯"制。既然两者不能各自独立而行，那么在现实的政治体制中，能不能使两者并行，共处于一个统一体之中？根据汉初的实践，是完全有可能的。我们知道，在秦始皇三十四年（公元前 213 年），曾因博士齐人淳于越反对郡县制而引发"焚书坑儒"之祸。后来汉初又由于封建诸侯，而导致七国之乱，似乎"封建诸侯"制理应彻底退出历史舞台。但历史的发展轨迹往往是曲折复杂的，在汉代以后，"封建诸侯"制并没有完全销声匿迹，而是在一定的历史时期，再现其存在的可能性和必要性，如西晋、明朝等。尽管"封建诸侯"制仅仅是一种辅助性的制度，不是社会发展的主流，但这也说明，两者并非不能并行，一国两制或称"郡国制"，使郡国杂处，以相牵制，关键是如何把两者的关系处理好。然而，这需要各种社会条件的成熟和完善。所以胡宏在写给张栻的信中说："封建，择可封者封之，错杂于郡县之间，民不自骇也。"④ 明末顾炎武亦主张"寓封建之意于郡县之中"⑤，试图融合两者，但终因复

---

① 胡宏：《知言》卷 1，文渊阁四库全书本。
② 《名公书判清明集》卷 9《户婚门·取赎·典卖田业照当来交易或见钱或钱会中半收赎》，北京：中华书局，1987 年，第 311 页。
③ 胡宏：《知言》卷 2，文渊阁四库全书本。
④ 胡宏：《胡宏集》，北京：中华书局，1987 年，第 131 页。
⑤ 顾炎武：《亭林文集》卷 1《郡县论》，学古斋金石丛书本。

杂的时局变换而没有也不可能变成现实。这个问题，在今天又以新的形式出现，即中央与地方的关系问题。回顾郡县制与"封建诸侯"制的论争，郡县制的根本在于加强集权，而封建诸侯制的根本则在于突出分权，两者的目标不一致，或者说恰好相反。那么，究竟采用一种什么样的机制，能够使两者在制衡之中各自发挥自己的优势，目前学界尚在探讨之中。

第四种形式：寝兵。胡宏说："善为天下者，务寝兵。兵，刑之大者耳。虽汉唐盛主，礼乐废缺，法令专行，是兵常兴而未尝息也。纪纲如是，而欲有三代之文章，其可得乎？"[①] 兵事是宋代的一个大问题，宋人议论最多。关于宋代兵制本身的问题，本文不拟详述。至于兵燹（xiǎn）之害以及战争对宋代社会的影响，恐怕每个人脑子里都有一笔账。以南宋江淮地区为例，张勇和陈蓉检索相关史料，并统计了当时的兵燹次数，如表 6-1 所示。[②]

表 6-1 南宋江淮地区兵燹统计简表

时间	灾情	史料来源	救灾方式
绍兴六年（1136 年）十月	和州……经贼残破	《宋会要辑稿》食货六三之五	蠲免
绍兴六年（1136 年）十二月	淮西……今来贼马破	《宋会要辑稿》食货六三之七、《宋史》卷 174	蠲免
绍兴六年（1136 年）十二月	滁州……累经残破	《宋会要辑稿》食货六三之五	蠲免
绍兴九年（1139 年）十二月	两淮……虏人践踏	《宋会要辑稿》食货五九之四一	赐物
绍兴十二年（1442 年）五月	舒州残破	《宋会要辑稿》食货六三之八	蠲免
绍兴三十二年（1162 年）四月	淮东州军近贼马蹂践	《宋会要辑稿》食货六三之一九、《宋史》卷 32	蠲免
绍兴三十二年（1162 年）四月	安丰军……金贼侵犯	《宋会要辑稿》食货一二之一五	蠲免
绍兴三十二年（1162 年）八月	淮南路……残破	《宋会要辑稿》食货一〇之六	蠲免
隆兴元年（1163 年）二月	金贼犯（高邮军），烧毁屋宇、农具、稻斛无余	《宋会要辑稿》食货五八之一	借贷
隆兴元年（1163 年）八月	被……贼马残破	《宋会要辑稿》食货六三之二一、《宋史全文》卷二十四上	蠲免
隆兴二年（1164 年）十一月	虏骑犯边两淮之民皆过江南	《宋会要辑稿》食货五八之三	赈济
隆兴二年（1164 年）十一月	两淮之民流移	《宋会要辑稿》食货五八之三	赈给
隆兴二年（1164 年）十一月	两淮残破	《宋会要辑稿》食货五八之三、《宋史》卷 33	赈济
乾道元年（1165 年）五月	屡经兵火	《宋会要辑稿》食货五八之四	赐钱、赈济

① 胡宏：《知言》卷 1，文渊阁四库全书本。
② 张勇，陈蓉：《南宋江淮地区兵燹多发因素及救济分析》，《社会科学论坛》2009 年第 12 期，第 127 页。

续表

时间	灾情	史料来源	救灾方式
乾道二年（1166 年）三月	扬州、高邮军、真州、无为军、和州……残破	《宋会要辑稿》食货六三之二五	蠲免
乾道二年（1166 年）十月	两淮残破	《宋会要辑稿》食货六三之二六	蠲免
乾道四年（1168 年）三月	真州、六合县人户因为虏人侵扰烧劫残破	《宋会要辑稿》食货六三之二四	蠲免
乾道六年（1170 年）十二月	扬州兵火	《宋会要辑稿》食货六三之三一	蠲免
乾道九年（1173 年）十一月	楚、滁、濠、庐、光州、盱眙、光化军管内……寿春府……残破或经人民侵扰	《宋会要辑稿》食货六三之二四、《江南通志》卷 83	赈恤
嘉定二年（1210 年）六月	两淮被兵	《宋会要辑稿》食货五八之二七	赐度牒

兵燹往往会导致巨大的甚至是无法挽回的文化灾难。例如，苏轼在《李氏山房藏书记》中称：

> 余友李公择少时读书于庐山五老峰下白石庵之僧舍，公择既去而山中之人思之，指其所居为李氏山房，藏书几九千余卷。①

可惜，这笔巨大的文化遗产，后毁于兵燹，损失惨重。故南宋诗人姜夔写了一首《扬州慢》，描写了淳熙丙申（1176 年）扬州城战后的"黍离之悲"。词云：

> 淮左名都，竹西佳处，解鞍少驻初程。
> 过春风十里，尽荠麦青青。
> 自胡马，窥江去后，废池乔木，犹厌言兵。
> 渐黄昏，清角吹寒，都在空城。
> 杜郎俊赏，算而今、重到须惊。
> 纵豆蔻词工，青楼梦好，难赋深情。
> 二十四桥仍在，波心荡、冷月无声。
> 念桥边红药，年年知为谁生？②

清人陈廷焯评："'犹厌言兵'四字，包括无限伤乱语，他人累千百言，亦无此韵味。"③ 其独造之"厌"字，道出了多少人对兵燹的憎恶之情以及对沦丧之痛的伤悲。胡宏的"寝兵"思想与姜夔的"犹厌言兵"主张，不

---

① 苏轼：《东坡全集》卷 36《李氏山房藏书记》，文渊阁四库全书本。
② 姜夔：《白石道人歌曲》卷 4《自制曲·扬州慢》，文渊阁四库全书本。
③ 《白雨斋词话》卷 2《第六则》，王灼等撰，陈颖杰校释：《词品》，哈尔滨：北方文艺出版社，2000 年，第 341 页。

谋而合，反映了当时广大民众希求社会和谐与民心思定的迫切愿望。当然，兵燹之苦在一定历史阶段内不可避免。

2.《皇王大纪》及其"绝兼并之端，止狱讼之原"思想

对此书的总体评价，《四库全书》提要云：

> 是书成于绍兴辛酉（1141 年），绍定（1228—1233 年）间，尝宣取入秘阁。所述上起盘古，下迄周末，前二卷皆粗存名号事迹，帝尧以后始用《皇极经世》编年。[①]

首先，以帝尧"元载甲辰"为中国古代史纪年的开端，为南宋以后多数史家所采信。如马廷鸾的《读史旬编》，赵世对的《易学蓍贞》，龚士炯的《历代年表》等。那么，帝尧"元载甲辰"究竟始于何年？学界有多种认识，如表 6-2 所示。

表 6-2 学界对帝尧"元载甲辰"的多种解释示例

元载甲辰始年	文献来源	著者	原文
公元前 2183 年	《帝王世纪》	（西晋）皇甫谧	《初学记》引《帝王世纪》："自禹至桀，并数有穷，凡十九王，合四百三十二年。"
公元前 2325 年	日度议	（唐）僧一行等	《新唐书·历志》引《大衍历议·日度议》
公元前 2357 年	《皇极经世书》	（北宋）邵雍	
公元前 2357 年	应体诗话	（清）杨秉杷	"凡唐尧元载甲辰至今道光二十四年甲辰（1844 年），凡四千二百有一年。"
公元前 2357 年	《历代纪事年表》	（清）王之枢等	"所载事迹，上起帝尧元载甲辰，下迄元顺帝至正二十八年，始末三千七百二十五年。"
公元前 2297 年	《中外历史年表》	翦伯赞等	原文见中华书局，1985 年，第 4 页
公元前 2357 年	《五帝及夏商周帝王年表》	先立辉	原文见《重庆社会工作职业学院学报》2005 年第 2 期
公元前 2224 年	《皇极经世》与《夏商周年表》	郭彧	原文见《国际易学研究》第 9 辑，华夏出版社，2007 年
公元前 2357 年	《三皇五帝断代工程与夏商周断代工程》	王大有	原文见《博览全书》2001 年第 2 期

从儒学的视角看，确定帝尧"元载甲辰"是建立"王统"的需要，这是没有问题的。但胡宏如此看重帝尧的"元载甲辰"，则还有另外一种需要，那就是为南宋社会的变革提供一种相对理想的政治模式。在胡宏的历史观念里，帝尧的民主性更强，"公天下"意识更经典。就帝尧的个人品行来讲，

---

① 《四库全书·皇王大纪提要》，文渊阁四库全书本。

他"奉养俭素，富而不汰，贵而不骄，黄收纯衣，彤车白马，物不尚奇，器不宝玩，好乐不听淫泆，其仁如天，其知如神"①。可见，帝尧具有垂范和镜鉴作用。因为他身上所体现出来的每一个优良品行，恰恰为秦始皇以后的历朝封建帝王所缺失。至于帝尧的政权运行机制，则完全是透明的和开放的，整个行政过程均在民众的监督之下。胡宏记载说：帝尧"作布政之宫曰：衢室。立诽谤之木，使天下得尽其言。建进善之旌，使天下得尽其才。置谏鼓于朝，使天下得攻其过。天下之人，无有异心，不赏而劝，不罚而治"②。对于如何维持和调整包含衣、食、住、行、用及社会风俗等在内的社会生活秩序，帝尧命"羲和立浑仪之制"，"世世相传为畴师，以建寅月为岁首，十二载甲寅"。③ 又"大荒之开自帝太昊，炎帝、黄帝保聚生养。至于尧时人民众多，耕牧之地日少"，且遭遇河水泛滥，民无所定，于是，"群臣荐崇伯鲧往治之七十载"。④ 上述措施，大仁大义，关乎民生，似无疑问。不过，当我们再继续深入考察时，帝舜的某些做法就未必妥当了。下面我们来谈论第二个议题。

其次，帝舜的惩罚手段，成为后世帝王"私天下"的一种暴力工具。胡宏说：

> 共工者，金天氏子也。毁信废忠，崇饰恶言，靖谮庸回，服谗搜慝，以诬盛德。天下谓之穷奇，舜北流之于幽陵。谨兜者，有熊氏之子也，掩义隐贼，好行凶匿，丑类恶物，顽嚚不友，是与比周，天下谓之浑敦，舜南放之崇山。三苗之君，贪于饮食，冒于货贿，侵欲崇侈，不可盈厌，聚敛积实，不知纪极。不分孤寡，不恤穷匮。天下谓之饕餮，舜西窜之三危。崇伯鲧不可教训，不知话言，告之则顽，舍之则嚚，傲很明德，以乱天常。筑堤城以湮洪水，九载绩用，弗成，天下谓之梼杌，舜东殛之于羽山，迁四族于四裔以御魑魅。⑤

从尧到舜，不管这里面的权力转移是否"和平过渡"，但有一点应当肯定，那就是当时整个社会制度正处于一个大变革时期，即由氏族社会向阶级社会的转变。这个巨大的历史变化必然导致国家政治生活的重新调整，而帝舜流放四凶浑沌、穷奇、梼杌、饕餮，实际上可以看作是这种历史变化的一种必然结果，以及权力的相对集中。对于"流放四凶"，儒家的正统

---

① 胡宏：《皇王大纪》卷3，文渊阁四库全书本。
② 胡宏：《皇王大纪》卷3，文渊阁四库全书本。
③ 胡宏：《皇王大纪》卷3，文渊阁四库全书本。
④ 胡宏：《皇王大纪》卷3，文渊阁四库全书本。
⑤ 胡宏：《皇王大纪》卷3，文渊阁四库全书本。

史书无不加以褒扬和美化。然而，究竟怎样评价"四凶"，确实还需要我们认真反思。例如，帝舜流放共工的原因主要是他"毁信废忠"，这是儒家的政治理念和道德标准，它的实质是要求臣民绝对效忠于君主，共工没有做到这一点，所以帝舜就将他及其部族"北流之于幽陵"。"幽陵"系指今北京及河北北部一带地区。在此，怎样理解"毁信废忠"？从君主的权力层面看，敢于忤逆君主权力的部族，必然会被边缘化，用后世著述家的话说，就是"夷化"。这样，中原与四夷便构成一种中心与边缘的关系，不仅政治被边缘化，而且文化被边缘化，甚至经济生活也被边缘化。当然，四夷的存在反过来又构成了对中原政权的一种威胁，有时甚至是严重的威胁。从汉到唐再到宋，都是如此。讙兜的罪名主要是"掩义隐贼"和"顽嚚不友"，在此"贼"可解释为"寇贼"，意思就是讙兜欲率众造反。故帝舜将其"放之崇山"，孔颖达疏：崇山"盖在衡岭（即湖南省衡阳县之衡山）之南也"，也有人说在"泗城"（今广西凌云县和西林县一带）之南。过去，按照儒家的道德标准评判，讙兜的行为理应受到流放的惩罚。然而，我们是否可以换一个角度来观察和分析。对于帝舜继承帝尧的君位，是否符合氏族部落联盟的推选程序，因为帝舜不是公举或者说公选的结果，姑且不论，仅仅就讙兜所领导的氏族起义而言，其进步意义是不言而喻的。因为帝舜的权力原则上是一种赠予，而不是公选，这不符合氏族部落联盟的民主程序。因此，讙兜所领导的氏族起义仅仅是为了维持公正和公平，何罪之有？依笔者看，帝舜流放讙兜，完全是为了排除异己。饕餮的主要罪名是"贪于饮食"和"冒于货贿"，用今天的话说，就是崇末贱本，以经商为主，不事农耕。儒家思想是与自然经济相适应的，它本质上看不起商人，所以帝舜流放饕餮及其部族，应是中国古代历史上最大的一桩冤案。崇伯鲧是帝尧的功臣，却成了帝舜的罪臣，其间的蹊跷很多，发人深省。帝舜流放崇伯鲧的主要罪名是"不知话言"和"以乱天常"，这说明崇伯鲧非常正直诚实和光明磊落，他说话不会阿谀奉承，更不会口是心非。这样的大臣，本是国之大幸，民之万福，可是，最终却被"东殛之于羽山"（位于江苏东海县和山东临沭县交界）。尽管他治理洪水没有成功，但也罪不至于流放。帝舜这种对所谓"罪臣"的惩罚方式，一直沿用至清朝，可见，其影响之大。

当然，我们为"四凶"被流放打抱不平，绝不意味着帝舜就是一位暴君。事实上，帝舜确实做了不少功德之事。例如，他惩罚臣鲧，却不罪连子孙，而是区别对待，以公过论弃用，有功则用，有过则弃。如众所知，夏禹是鲧之子，胡宏《皇王大纪》记载说："鲧之妻有莘氏女，曰修纪，感流星之祥，生子禹于石纽，长于西羌，师于大成。"① 后来，他"潜心《图书》，南游衡山，东登宛委，见石匮发之，得金简玉字'洪范九畴'，究天地之理，知万物之性。舜荐禹为司空，往平水土"。又"颛（zhuān）项裔孙伯益大费，能议百物，尧命益作虞（指掌管山泽之官职）。弃自幼而游戏树艺，五谷辄美，大及长，便弓矢，有殊能，为大司马。甚好农事，尧命为后稷（jì）与禹偕行"②。上述几个历史人物，绝对是为儒家文化所标榜的千古圣人。夏禹不仅得到"洪范九畴"，而且"往平水土"，继续其父鲧的治河事业，终于取得成功。伯益系嬴姓的始祖，如《史记》载："昔伯翳为舜主畜，畜多息，故有土，赐姓嬴。"③ 伯益的属地在东夷，而东夷又系帝舜流放鲧之地，这里与中原王朝的关系相对比较紧张。所以，当大禹过世之后，伯益与夏启爆发了争夺君位之争，结果伯益失败被杀，而与伯益相关的文明成就几乎在这场争夺君位之战中，全遭毁坏。如东夷地区延续了几千年的规模巨大的尧王城，两城，凌阳河和段家河古城都毁于一旦，荡然无存。由此，夏启彻底将以"公天下"为特色的军事民主制摧毁，从而开创了以"家天下"为特色的君主世袭先例和传统。对于夏启这个人物，除了《孟子》溢美之外，则多为士人所诟病。《书·甘誓》载，夏启为了攻打有扈氏，竟然对民众采取卑鄙的恐吓手段，逼迫民众维护他的权威。夏启放言："左不攻于左，汝不恭命；右不攻于右，汝不恭命；御非其马之正，汝不恭命。用命，赏于祖；弗用命，戮于社，予则孥（指妻子和儿女）戮汝。"④ 这句话的意思是说我让你们去征讨有扈氏，你们不能违抗，顺从者赏，违抗者死，其妻子和儿女被罚为奴隶。有学者说夏启"赏于祖"与"戮于社"，表示自己不敢专行，笔者看不是，不仅不是，而且夏启借机在祖社面前，大肆淫威，炫权耀力。《战国策》又载：

> 禹授益而以启为吏，及老，而以启为不足任天下，传之益也。启与支党攻益而夺之天下，是禹名传天下于益，其实令启自取之。⑤

上述史实，《皇王大纪》均有记载。然而，这里暴露出的问题，究竟是阳谋还是阴谋，很难说清楚。我们所看到的后果是：合法继承者被杀，而不合法的继承者反而登上了君主之位。胡宏确实是在描述历史过程，但是他的用意却并不完全在于叙述历史本身。我们读《皇王大纪》，既要读史，

---

① 胡宏：《皇王大纪》卷 3，文渊阁四库全书本。
② 胡宏：《皇王大纪》卷 3，文渊阁四库全书本。
③ 司马迁：《史记》卷 5《秦本纪》，北京：中华书局，1985 年，第 177 页。
④ 周秉钧译注：《白话尚书》，长沙：岳麓书社，1995 年，第 56 页。
⑤ 刘向：《战国策》卷 29《燕王哙既立》，上海：上海古籍出版社，1988 年，第 1059 页。

又要读人，尤其是要读懂胡宏这个人。胡宏是宋代儒学的另类，他的思想主张既传统，又不传统。例如，在夏启与伯益的君位问题上，胡宏的言外之意是想告诉我们这样一个道理：在王统问题上，没有正统与合法之分别，谁赢得了政权谁就赢得了正统以及合法性。联系到南宋的现实，宋高宗就面临着这样的皇位困境。对此，武汉大学的张星久先生写了一篇论文，名为《阴影下的宋高宗——论高宗的皇位合法性危机与其对金政策的关系》，专门讨论了此问题，笔者不必重复。不过，我想强调的问题是：胡宏之所以主张以胜负论英雄，实在是迫于形势危难。因此，胡宏对夏启诛杀伯益，便有了下面的说法：

> 启贤能，敬承继王之道，伯益奉启践天子位……（夏启二年）启除丧伯益，归政，就国于箕山。①

在墨子那里，夏启是个荒淫无道的暴君，但在胡宏笔下却成了"贤君"，两者的认识相差十万八千里。这并不重要，重要的是宋高宗继承了大宋的王统，而宋钦宗变成了金兵的阶下囚，这就是活生生的现实。当然，这种现实并非不可改变，但即使现实改变了，情况又能怎样？宋钦宗做了南宋的皇帝，一定比宋高宗更能救大宋江山于危难之中吗？不见得。所以宋高宗与金朝的关系十分微妙，一句话，对宋高宗而言，北虏二帝的性命不重要，重要的是他的皇权无论如何都不能轻易转让出去。

最后，《皇王大纪》倡导"井田制"，胡宏认为这种田制最合理。关于"井田制"，胡宏说："后稷思天下有饥者，犹己饥之。教民稼穑，树艺五谷，令民一夫一妇，受田五十亩，校数岁所收之中为定式，而贡五亩于公。"② 这是西周"井田制"的雏形，其目的在于人人有田耕。宋代的田制比较乱，贫富无定势，田产无定主是其常态。对这种田制，胡宏没有直接说三道四，而是借题发挥，他在议论《商鞅变法》时说：

> 先王之所以沟封田井者，亩数一定。不可诡移，一也。邑里阻固，虽有戎车不可超越，二也。道路有制，虽有奸宄，不可群逞，三也。此三利者，绝兼并之端，止狱讼之原，沮寇盗、禁奸宄于未兆，所以均平天下行政，教美风俗，保世永年之大法也。秦一废之，及今千六百岁，而弊日益深，而戎马不可禁矣。可胜叹哉！（胡宏：《五峰集》卷4《商鞅变法》，文渊阁四库全书本）

---

① 胡宏：《皇王大纪》卷5，文渊阁四库全书本。
② 胡宏：《皇王大纪》卷3，文渊阁四库全书本。

可见，"井田制"的好处主要在于：防外敌入侵和防内奸动荡。胡宏当然没有直接批评宋代田制的利弊，但是南宋初年对其政局构成威胁的两大隐患恰恰是外敌入侵和内奸动荡。显然，胡宏所言是有针对性的。

（三）五峰学派的主要传承

五峰学派的主要传人，如图 6-1 所示。

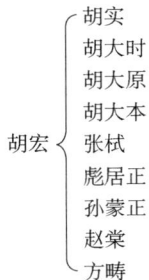

胡宏 —— 胡实
胡大时
胡大原
胡大本
张栻
彪居正
孙蒙正
赵棠
方畴

图 6-1　五峰学派的主要传承示意图

张栻（1133—1180 年），字敬夫，号南轩，其学虽得自胡宏，但"论其所造，大要比五峰更纯粹，盖由其见处高，践履又实也"[①]。在张栻看来，"仁为四德之长而又可以兼包焉"[②]。在此基础上，他把"人欲"与"天理"对立起来，主张"己私克则天理存，仁其在是矣"[③]。在"人性善"方面，张栻首先以"性"具四德，以性之"渊源纯粹"，以"循其性之本然"及以"气禀之性可以化而复其初"来论证人性善的理性特征，其次他把"格物致知"看作是体认天理的重要途径，而"居敬主一"则是人们为了"存天理、去人欲"而必须经历的内心专一及自我完善的修养过程。

二、朱熹与闽学

（一）朱熹思想的特色及其境遇

以朱熹为代表的闽学，是宋学的灵魂。关于朱熹在中国思想史上的地位，钱穆先生有一段评论，非常经典。他说：

---

① 黄宗羲原著，全祖望补修，陈金生等点校：《宋元学案》卷 50《南轩学案》案语，北京：中华书局，1986 年，第 1635 页。
② 张栻：《南轩集》卷 18《仁说》，文渊阁四库全书本。
③ 黄宗羲原著，全祖望补修，陈金生等点校：《宋元学案》卷 50《南轩学案》，北京：中华书局，1986 年，第 1618 页。

在中国历史上，前古有孔子，近古有朱子，此两人，皆在中国学术思想史及中国文化史上发出莫大声光，留下莫大影响。旷观全史，恐无第三人堪与伦比……朱子崛起南宋，不仅能集北宋以来理学之大成，并亦可谓其乃集孔子以下学术思想之大成。此两人，先后蔚立，皆能汇纳群流，归之一趋。自有朱子，而后孔子以下儒学，乃重获新生机，发挥新精神，直迄于今。①

钱穆尊崇朱熹，并为之说了很多好话。但朱熹的影响究竟有多大，需要结合中国的国情来具体分析。朱熹思想的实际影响，发生在元代之后。南宋的朱熹仅仅是政治形态的朱熹，还不是文化形态的朱熹。例如，《林下偶谈》载有这样一件事：

晦翁帅潭（今长沙），一日赵丞相（即赵汝愚）密报："已立嘉王（宁宗）为今上，当首以经筵召公。"晦翁藏袖内，竟入狱取大囚十八人立斩之。才毕，而登极赦至。②

这个事件如果不是有人别有用心，故意诋毁朱熹的话，那么，朱熹此举实在荒唐而又残忍，有损其以标榜"中和"为己任的儒者形象。还有一件事，与朱熹关系甚大，须在此一提。据《夷坚志》记载：

台州官奴严蕊，尤有才思，而通书究达今古。唐与正为守，颇属目。朱元晦提举浙东，按部发其事，捕蕊下狱。杖其背，犹以为伍伯行杖轻，复押至会稽，再论决。蕊堕酷刑，而系乐籍如故。③

可见，在南宋士人的眼里，朱熹更像一位"酷吏"，俨然一副酷苛刑杀的面目。看来朱熹主张"仁政爱民"，确有伪善的一面。例如，《四朝闻见录》载监察御史沈继祖纠劾朱熹的"罪状"有：

……诱引尼姑二人以为宠妾，每之官则与之偕行，谓其能修身，可乎？冢妇不夫而自孕，诸子盗牛而宰杀，谓其能齐家，可乎？知南康军，则妄配数人而复与之改正；帅长沙，则匿藏赦书而断徒刑者甚多；守漳州，则搜古书而妄行经界，千里骚动，莫不被害；为浙东提举，则多发朝廷赈济钱粮，尽与其徒而不及百姓，谓其能治民，可乎？又如据范染祖业之山以广其居，而反加罪于其身；发掘崇安弓手父母之坟以葬其母，而不恤其暴露，谓之恕以及人，可乎？男女婚嫁，必

---

① 钱穆：《朱子新学案》第 1 册，成都：巴蜀书社，1986 年，第 1 页。
② 丁传靖辑：《宋人轶事汇编》卷 17 引《林下偶谈》，北京：中华书局，1981 年，第 940 页。
③ 洪迈撰，何卓点校：《夷坚志》第 3 册，北京：中华书局，2006 年，第 1217 页。

择富民，以利其查聘之多；开门授徒，必引富室子弟，以责其束修之厚。夫廉也，恕也，修身也，齐家也，治民也，皆熹平日窃取《中庸》、《大学》之说以欺惑斯世者也。今其言如彼，其行乃如此，岂不为大奸大慝也耶？[1]

由于涉及南宋的党争，上述史实未必都真实，可能有一面之词，但其中有的史实却是众口如一，这就让人不得不信了。在南宋，朱熹的境遇有两变：一变发生在光宗和宁宗时期，当时朱熹的思想遭到强压，最后导致庆元党禁；另一变发生在理宗后期，朱熹开始被推举为仅次于孔子的圣人。对于前者，余英时先生在《朱熹的历史世界——宋代士大夫政治文化的研究》一书中，论述精当，给读者以沉思。朱熹的思想为什么被光宗和宁宗拒斥，这个问题比较复杂，但为了突出论题的学术性，笔者提出几点看法，仅供参考。

第一，对南宋形势的总体把握，内忧重于外患。南宋立国，金、西夏、宋三足鼎立。对于这种政权格局，叶适认为："今日存亡之势，在外而不在内；今日堤防之策，乃在内而不在外。"[2] 在叶适看来，南宋的主要危险是外敌，而为了应付这种局面，需要从改革内政入手，为战胜外敌创造条件。然而，朱熹对形势的认识，与叶适不同，他主张南宋政府应推行偏重防内的国策，"以合战、守之计以为一"[3]。故淳熙年间，朱熹在上孝宗书中，言明六事。他强调：

> 今天下大势，如人有重病，内自心腹，外达四支，无一毛一发不受病者。且以天下之大本与今日之急务，为陛下言之：大本者，陛下之心；急务则辅翼太子，选任大臣，振举纲纪，变化风俗，爱养民力，修明军政，六者是也。[4]

上述六事中，没有抗金一事。在朱熹看来，抗金不是主要的政治，而内修德业才是最重要的政治。朱熹说：制卸夷狄之道"其本不在乎威强而在乎德业，其备不在乎边境而在乎朝廷，其具不在乎兵食而在乎纪纲"[5]。因此，"振三纲明五常，正朝廷厉风俗，是乃中国治夷狄之道"[6]。朱熹对南宋形势所作出的判断，不能说不正确，因为有两个理由：一是从历史上

---

① 叶绍翁：《四朝闻见录·丁集》，北京：中华书局，1997 年，第 154 页。
② 叶适：《习学记言序目》卷 43《唐书六》，北京：中华书局，1977 年，第 634 页。
③ 朱熹撰，郭齐、尹波点校：《朱熹集》卷 13《奏劄》，成都：四川教育出版社，1996 年，第 510 页。
④ 《宋史》卷 429《朱熹传》，第 12758 页。
⑤ 朱熹撰，郭齐、尹波点校：《朱熹集》卷 13《奏劄》，成都：四川教育出版社，1996 年，第 511 页。
⑥ 《朱文公文集》卷 30《答汪尚书》。

看，中国对待"夷狄"，历代多采取德化感召、羁縻、怀柔之策，宾服四夷，如周公在灭殷商之后，对其原属民，"启以商政，疆以周索"，即仍延续殷商的政策，不至于因新政权的建立而造成社会秩序的混乱；通过汉初与匈奴以及唐与吐蕃的和亲等，其中在汉高祖、惠帝、吕后、文帝、景帝共 60多年的苦心经营之下，西汉经济达到了鼎盛时期。二是南宋内乱较多，终南宋一朝共发生了 200 多次兵变和农民起义。因此，朱熹提出的治国方案是：

> 天下之务莫大于恤民，而恤民之本，在人君正心术以立纪纲。盖天下之纪纲不能以自立，必人主之心术公平正大，无偏党反侧之私，然后有所系而立。君心不能以自正，必亲贤臣，远小人，讲明义理之归，闭塞私邪之路，然后乃可得而正。①

这一套议论，对于志在收复失地的宋孝宗来说，显然，是给他添堵。孝宗公开表示：像史浩、朱熹这样的儒者，"多高谈，无实用"②。在此，宋孝宗虽然没有明确批评朱熹的思想，但实际上，在言谈话语之间，宋孝宗已经否定了朱熹的理学思想。

第二，对人生境界的定位，精神重于物质。朱熹在官场上不是一个春风得意者，他在绍兴十八年（1148 年）中进士，绍兴二十三年（1153 年）至绍兴二十七年（1157 年）任泉州同安县主簿。淳熙五年（1178 年），除知南康军。史浩任右相，荐其入朝，不成。光宗朝，除知漳州。宁宗初，除焕章阁待制、侍讲，这是朱熹所任最高官职。可惜，不久即以本职提举南京鸿庆宫。当然，在政治上不能施展宏图，那么，在精神上能不能变成圣人？这个问题是朱熹一生都在思考并力行的人生价值之所在。例如，淳熙六年（1179 年）朱熹非常高兴地接受了知南康军的任命。南康军北宋太平兴国七年（982 年）置，辖境包括今江西星子、永修、都昌等县地。我们知道，在南康军有一座书院非常著名，那就是白鹿洞书院，为宋代四大书院（白鹿洞书院、应天府书院、岳麓书院和嵩阳书院）之一。它坐落于江西省庐山五老峰南麓的后屏山之阳，人们去庐山一定要拜访此地。朱熹看中的不是知南康军这个官职，而是宋太宗赐"九经"的白鹿洞书院。对于白鹿洞书院的认知，是在他读了《国朝会要》之后。在当时，白鹿洞书院对于南宋教育的价值，或许无足轻重，但对于朱熹创建和传播其道学思想却是一处十分重要的平台，朱熹当然求之不得。于是，朱熹在白鹿洞书院门前的一块巨石上刻下了"钓台"两字，这块石头下面虽有溪水，但水潭

---

① 《宋史》卷 429《朱熹传》，第 12753—12754 页。
② 《宋史全文》卷 24 下《宋孝宗二》，哈尔滨：黑龙江人民出版社，2004 年，第 1679 页。

很浅，并无大鱼。既然这处地方没有大鱼，那朱熹为什么还要在这个地方钓鱼？很显然，朱熹心不在钓鱼，而是寓幽微与邃宏之思于其中，机谋深沉。所以，明代的刘世扬在"钓台"两字之侧，又补充了四个字："意不在鱼"，一语道破了朱熹振兴白鹿洞书院的"天机"。钱穆先生说：

> 宋学精神，厥有两端：一曰革新政令，二曰创通经义，而精神之所寄则在书院。革新政令，其事至荆公而止；创通经义，其业至晦庵而遂。而书院讲学，则其风至明末之东林而始竭。[①]

其中"精神之所寄则在书院"说得非常好，一下子就点中了朱熹用心书院的命穴。又"创通经义，其业至晦庵而遂"中的"遂"，是实现和完成之义。在钱穆看来，宋学到朱熹那里才真正实现了书院的"经义"化和内圣化。朱熹无愧于"元晦"这个称号。绍兴十五年（1145 年），刘子翚（hui）发现他的这个学生"乐善思义"，眼界高远，内慧腾异，因此，给他取名"元晦"。刘子翚曾记述此事说：

> 字以"元晦"，表名之义：木晦于根，春荣华敷；人晦于身，神明内腴。昔者曾子，称其友曰：有若无，实若虚，不斥厥名，而传于书。虽百世之远，揣其气象，知颜氏如愚。迹参并游，英驰俊驱。岂无他人，夫谁敢居？自诸子言志，回欲无伐，一宣于言，终身弗越。陋巷暗然，其光烈烈。从事于兹，惟参也无惭。贯道虽一，省身则三。夹辅孔门，翱翔两骖（cān）。学的欲正，吾知斯之为指南。惟先吏部，文儒之粹，彪炳育珍，又华其继。来兹讲磨，融融熹熹。真聪廓开，如源之方驶；望洋渺，老我缩气。古人不云乎：纯一不已。怅友道之衰，变切切而唯唯。子德不日新，则时余之耻。弗谓此耳，充之益充，借曰合矣，宜养于蒙。言而思毖，动而思颠，凛乎惴惴，惟曾、颜是畏。[②]

何谓"岂无他人"和"纯一不已"？用一两句话确实不好讲清楚。故为了阐释的需要，笔者不妨引入德国古典哲学体系中的三个概念：自我、本我和他我。其中，"他我"是指"我"作为一个存在体，需要借助外在的人和物来显现。也就是说，"我"的价值只有通过外在的事物来体现，相当于西方哲学中的"他人主义"，如舍己救人、忘我工作等，都是"他我"的价值表现。"自我"是指以"我"为生活的中心，相当于西方哲学中的"个人主义"，它的价值表现就是"自私"。"本我"与"他我"和"自我"不同，

---

① 钱穆：《中国近三百年学术史》，北京：商务印书馆，1997 年，第 7 页。
② 刘子翚：《屏山集》卷 6《杂著·字朱熹祝词》，文渊阁四库全书本。

它既不是"个人主义",又不是"他人主义",而是超越了"自我"和"他我",并蛰伏于万事万物的运动变化之中,不断地展现自身。它类似于黑格尔的"绝对观念",但又有中国哲学的特征,而能够清楚表达这个思想状态的概念,就是"天理"。在中国哲学史上,单独的"天"和单独的"理"很早就出现了。然而,"天理"这个概念却是程颢首先提出来的。程颢说:"吾学虽有所受,天理二字却是自家体贴出来。"① 按照传统的解释,"天"主要是指自然的天,"理"主要有两层意思:一是一般儒学所理解的意思,即理就是自然界发展变化的规律;二是佛学所理解的意思,即理就是"以否定方式超越一切现象界的'彼岸'存在,是绝对虚空的精神境界"②。那么,朱熹所讲的"理"主要是指哪个层面的意义呢?笔者的理解是佛学意义上的"理",但它经过了朱熹的改造。因为朱熹讲得很清楚:"佛氏偏处只是虚其理,理是实理,他却虚了,故于大本不立也。"③ 在此,朱熹将佛学的"否定"变成了"肯定",同时,把"虚理"变成了"实理",即理是一个实实在在的精神实体。所以,朱熹所讲的"天理",包含两个方面的意义:自然界发展变化的规律,以及超越万物之上的绝对实在的精神实体。把两者结合起来,就是"天理"概念的内涵。从这个角度讲,我们不能把范仲淹所倡导的书院与朱熹所创建的书院混淆起来,虽说它们都是书院,但两者不是一个层面的书院。这里只讲一点区别:因范仲淹而扬名的应天府书院(在今河南商丘市内),建在了繁华的闹市区,而朱熹所倡导的书院多建在幽静的山林之中。仅以此而言,韩国受到朱熹思想的影响,其书院文化最为纯正。另外,范仲淹所倡导的书院兼"经义"与"治事",而朱熹所倡导的书院则仅仅以"正心诚意"为主旨,他的基本教育思想是"始乎为士,终乎为圣人"④。朱熹这样解释他的教育思想:

> 熹窃观古昔圣贤所以教人为学之意,莫非讲明义理,以修其身,然后推己及人,非徒欲其务记览为词章,以钓声名取利禄而已。⑤

他不仅讲"明理修身",而且还要讲"推己及人",这就把书院文化与佛教寺院文化区别开来。如前所述,朱熹把书院建在远离闹市的山林之中,似乎与佛教寺院没有什么不同。但是,佛教寺院以避世遁俗、潜心修行为宗旨,而朱熹的书院虽远离闹市,但绝不是避世遁俗,而是当他的学生修

---

① 朱熹:《伊洛渊源录》卷3《明道先生·遗事》,文渊阁四库全书本。
② 蒙培元:《理学范畴系统》,北京:人民出版社,1998年,第8页。
③ 《朱子语类》卷126《释氏》,第3027页。
④ 朱子:《二程遗书》卷18《刘元承手编》,文渊阁四库全书本。
⑤ 真德秀:《西山读书记》卷21《师道》,文渊阁四库全书本。

成"圣贤"之学后，便转回到世俗社会之中，走精英治国之路。因为在朱熹看来，"圣贤"就是人类的精英，他们持道纯一而宏富，义吐光芒，辞成廉锷，是传承中华民族精神之脊梁。宋人黄榦说："道之正统待人而后传，自周以来，任传道之责者不过数人，而能使斯道章章较著者，一、二人而止耳。"① 此言非常有道理，我们知道，人类社会的发展和进步，需要精英。然而，精英分子往往与现实的社会运行程序不能合拍，因此他们不免会成为制造社会"杂音"者，因而在一定范围内会遭受到现实社会尤其是执政当局的打压。如五四时期的先进知识分子与北洋政府的关系，就是一个典型的实例。

（二）朱熹的主要著述及其思想内容

以上讲了朱熹思想的主要特点，下面拟对朱熹的主要著述及其主要思想范畴作简略介绍。

1. 朱熹的主要著述

如前所述，朱熹从绍兴二十七年（1157 年）到淳熙五年（1178 年）除知南康军之前，没有在地方上任职，安贫乐道，潜心著述。对此，《宋史》揭示其原因说：

> （朱熹）尝谓圣贤道统之传散在方册，圣经之旨不明，而道统之传始晦。于是竭其精力，以研究圣贤之经训。②

在这里，我们必须提到一个人物，他就是李侗，别名延平先生，南剑州剑浦（今福建南平）人。他主张"默坐澄心，体认天理"，又说："讲学切在深潜缜密，然后气味深长，蹊径不差。若概以理一，而不察其分之殊，此学者所以流于疑似乱真之说而不自知也。"③ 然而，为学的本质却不在此，伤时忧国，是为学的政治境界。我们前面所说的"圣贤"教育，实则是精英教育的本意，即在于此。因此，那些精英一定是现实社会的批判者，而不是附和者，更不是粉饰者。故李侗说：

> 今日三纲不振，义利不分。三纲不振，故人心邪僻，不堪任用，是致上下之气间隔，而中国日衰。义利不分，故自王安石用事，陷溺人心，至今不自知觉。人趋利而不知义，则主势日孤，人主当于此留

---

① 《宋史》卷 429《朱熹传》，第 12769 页。
② 《宋史》卷 429《朱熹传》，第 12769 页。
③ 《宋史》卷 428《李侗传》，第 12747 页。

意，不然，则是所谓"虽有粟，吾得而食诸"也。①

"虽有粟，吾得而食诸"，源自《论语·颜渊》，意思是说，当"三纲不振"时，人主应当有这样一种忧患心态，扪心自问：即便有了粮饷，我又如何能吃得下去呢？此言对朱熹的影响至为深刻，他几乎一生都在为之践行。所以，从绍兴二十七年（1157年），此年朱熹28岁，至隆兴元年（1163年）的七年间，朱熹师从李侗，学习《春秋》《中庸》《论语》及《孟子》，得道之正统。于是，朱熹的后学将他与师从李侗的这段生活和学习情况，以实录形式编成《延平答问》一书，原名为《延平李先生师弟子答问》。虽然此书不是朱熹亲手编成，但它比较全面地记录了朱熹思想的形成过程，至为关键。朱熹的孙婿赵师复在《跋〈延平答问〉》中说："文公领簿同安，反复延平之言，若有所得，于是尽弃所学而师事焉。则此编所录，盖同安既归之后。"② 李侗说：体认天理，不能离开《中庸》。因为"《中庸》以喜怒哀乐未发已发言之。又就人身上推导至于见得大本达道处，又浑然只是此理，此理就人身上推导。若不于未发已发处看，即何缘知之？"③ 此处的"大本达道"，实际上就是前面讲的"本我"，或云"大我"，而唯《中庸》能体验这个"大我"。在这一点上，朱熹与李侗非常一致。

《程氏遗书》25卷，附录1卷，朱熹编集，成稿于乾道四年（1168年）。朱熹与李侗在思想传承上，有相同处，更有不同处。例如，李侗讲：静坐体究，是达理的唯一途径。朱熹开始也这样认为，但后来他很快发现，李侗所讲的"静坐"与禅定没有分别，体现不出理学的特色。于是，他通过整理二程遗书，发现比"静"更适合达理的方法便是"敬"。朱熹说："某旧见李先生，尝教人静坐，后来看得不然，只是一个'敬'字好，方无事时敬于自持，及应事时敬于应事，读书时敬于读书，便自然贯动静，心无时不在。"④ 用这个思想反观《程氏遗书》，朱熹认为，这部书的突出价值，就在于"诚能主敬以立其本，穷理以进其知，使本立而知益明，知精而本益固，则日用之间，且将有以得乎先生之心"⑤。

《西铭解义》，撰成于乾道八年（1172年）。《西铭》原名为《订顽》，系《正蒙·乾称篇》中的开头部分，约计260多个字。后程颐将其改为《西铭》，遂成为程朱理学阐幽发微之名篇，当时"士人尊横渠《西铭》过于《六

---

① 《宋史》卷426《李侗传》，第12747—12748页。
② 李清馥：《闽中理学渊源考》卷5《文靖李延平先生侗学派》，文渊阁四库全书本。
③ 朱熹：《朱子全书》第13册，《延平答问》卷2，第329页。
④ 《延平答问后录》。
⑤ 朱熹撰：《朱子文集》卷11《程氏遗书后序》，丛书集成本。

经》"①。《西铭》一文尽管遭到杨时、林栗、陆九韶等人的批评，但从主流思想而言，肯定者居多数。《西铭》气派之大，确乎胜于其他性理家的杂说，所以深度把握它，对于透彻理解中国古代传统的"天人合一"观念，意义非同寻常。余英时先生认为，《西铭》所表达的是一种"小我与宇宙合一的精神境界"②，这种理解是正确的。而《西铭》之所以引起朱熹的高度重视，其关键在于《西铭》中的一句话："天地之塞，吾其体；天地之帅，吾其性。民吾同胞，物吾与也。"③ 这是一个伟大的理性命题，在理性面前，一切都是平等的。用朱熹的话说，即"宇宙之间，一理而已。天得之而为天，地得之而为地，而凡生于天地之间者，又各得之以为性"④。张载把维持这种伦理秩序的力量称为"仁"。前面讲过，朱熹正在寻找自然界发展变化的规律与超越万物之上的绝对实在的精神实体之间的那个结合力，或者朱熹正在致力于发现统摄物理与人伦的实在之道，而《西铭》恰好满足了朱熹的这种思想需要。

《论孟精义》34 卷，其中《论语》20 卷，《孟子》14 卷，成稿于乾道八年（1172 年）。该书荟萃二程、张载、范祖禹、吕希哲、吕大临、谢良佐、游酢、杨时、侯仲良、尹焞（tūn）及周孚先等论说，旨在向人们展示儒学在宋代的接力、延续和递进。如众所知，从汉至唐，是汉学时代，与宋学相对，特点是重章句和训诂，义取实训，缺点是错乱经文，背离了"六经"的微言大义。所以，宋人把汉学看作是儒学发展的一个断裂带，故孔孟之学不传。从这个角度看，朱熹高度评价了宋代新儒家的历史功绩。他说：

> 论孟之书，学者所以求道之至要。古今为之说者，盖已百有余家。然自秦汉以来，儒者类皆不足以与闻斯道之传。其溺于卑近者，既得其言而不得其意；其骛于高远者，则又支离蹐驳，或乃并其言而失之，学者益以病焉。宋兴百年，河洛之间有二程先生者出，然后斯道之传有继，其于孔子孟子之心盖异世而同符也。故其所以发明二书之说，言虽近而索之无穷，指虽远而操之有要，使夫读者非徒可以得其言，而又可以得其意，非其可以得其意，而又可以并其所以进于此者而得之。其所以兴起斯文，开悟后学可谓至矣。⑤

《资治通鉴纲目》59 卷，又称《紫阳纲目》，是《资治通鉴》的节本。

---

① 朱熹撰：《朱子文集》卷 71《记林黄中辨易、西铭》，台北：德富文教基金会，2000 年，第 3536 页。
② 余英时：《宋明理学与政治文化》海外卷，长春：吉林出版社团有限责任公司，2008 年，第 128 页。
③ 《张载集》，北京：中华书局，1978 年，第 62 页。
④ 朱熹：《晦庵先生朱文公文集》卷 70《读大纪》，四部丛刊本。
⑤ 朱熹：《晦庵先生朱文公文集》卷 75《语孟集义序》，四部丛刊本。

朱熹生前未能定稿，其门人赵师渊继之在樊川书院续编完成。总的来看。此书虽然创造了一种新的史学体例——纲以大字提要，目以小字叙事的纲目体，但是由于它缺乏对原始材料的收集与裁定，故其政治意义大于史学意义。李方子称：这部书"宏纲细目，实本《大学》三纲领、八条目，所以规制尽善，前此未有也。"① 又说："至于此书之成，义正而法严，辞核而旨深，陶铸历代之偏驳，会归一理之纯粹，振麟经之附绪，垂懿范于将来，盖斯文之能事备矣。"② 当然，我们必须看到，此书对宋代史学发展的积极影响。嘉定十二年（1219 年），李方子首次刊刻《资治通鉴纲目》于泉州。自此，不仅宋宁宗和宋度宗要求经筵讲读《资治通鉴纲目》，而且儒士围绕此书，先后撰写了《纲目疑误》《纲目发明》《纲目书法》等多种著述。可见，朱熹《资治通鉴纲目》在当时开出了一条史学走向社会化和通俗化的成功之路，迄今仍对我国史学发展起着启示和借鉴作用。

《八朝名臣言行录》24 卷，内容包括宋太祖、宋太宗、宋真宗、宋仁宗、宋英宗、宋神宗、宋哲宗和宋徽宗八朝共 97 人（不包括附传 7 人）的言行事迹，为南宋"言行录"体例的首创之作，也被史学界看作是一部以人物为线索的北宋简史。其书征引文献直录原文，不掺杂编辑者的主观评价，从而有利于人们用平视的眼光去观照每一个真实的历史人物。朱熹在序中说："予读近代文集及记事之书，观其所载国朝名臣言行之迹，多有补于世教。然以其散出而无统一，既莫究其始终表里之全而又汨于虚浮怪诞之说，予常病之，于是掇其要聚为此录，以便记览。尚恨书籍不备，多所遗阙，嗣有所得，当续书之。"③ 这段话既讲到了《言行录》的优点，又说到了其不足，其自我评价是符合实际的。由于朱熹编集史书的目的非常明确，如果把《论孟精义》《西铭解义》看作是"体"，那么，《资治通鉴纲目》和《八朝名臣言行录》就是"用"。朱熹将这种"用"与"有补于世教"联系起来，所以他在"名臣"的选择上，便以道学的理念为标准。这就是此书中没有周敦颐、二程、张载的原因。显然，在朱熹看来，周敦颐、二程、张载属于"圣贤"级别的人物，而其他名臣则仅仅属于能够较好实践"仁道"者，尚不具备"圣贤"的条件。朱熹不把他心目中的"圣贤"与一般名臣混在一起，表明他仍然牢牢把握着"以理写史"的价值标准和"王道"原则。朱熹说："中人之性，半善半恶，有善则有恶。"④ 因此，《言行录》所选择

① 黄宗羲：《宋元学案》卷 49《晦庵学案下》，第 1581 页。
② 光泽县地方志编纂委员会编：《光泽县志》附录《资治通鉴纲目后序》，北京：群众出版社，1994 年，第 787 页。
③ 朱熹：《八朝名臣言行录·序》，《四部丛刊》本。
④ 《朱子语类》卷 72《易八·咸》，第 1813 页。

的"名臣"中除寇准、包拯这些刚正不阿的"忠臣"之外，同时也有像吕夷简、赵抃等一些有人格缺陷者。尤其值得一提的是，在南宋士人普遍贬损王安石的历史背景下，朱熹却能够较为公正地评价王安石，确实体现了他的"中人"实学观。

《太极图说解》，撰成于乾道九年（1173 年）。"易"是中国文化的根，它本身所具有的思辨思维及其所提出的思维原则，是构建中国哲学思想的重要基石。故此，黑格尔在《哲学史讲演录》第 1 卷中说："中国人也曾注意到抽象的思想和纯粹的范畴。古代的易经（论原则的书是）这类思想的基础。"[①] 所以，《史记》记载："孔子晚而喜《易》，序《彖》、《繫》、《象》、《说卦》、《文言》。读《易》，韦编三绝。曰：'假我数年，若是，我于《易》则彬彬矣。'"[②] 何谓"彬彬"？《论语·雍也》云："质胜文则野，文胜质则史。文质彬彬，然后君子。"其中"史"的本义是掌文书者，由于职业的习惯，他们便形成了多闻习事，诚或不足的办事风格，用通俗的话说就是圆滑而虚浮不实。整个句子翻译成白话就是：原生态的性情超过了刻意伪装的礼表，人就会显得粗鲁；反过来，刻意伪装的礼表超过了原生态的性情，人就会显得浮华不实。只有把刻意伪装的礼表和原生态的性情巧妙地结合起来，相互协调，不朴不史，才能够成为君子。对此，李泽厚先生有一段解释，发人深省，他说："'质'，情感也；'文'，理性也。'质胜文'近似动物，但有生命；'文胜质'如同机器，更为可怖。"[③] 一个人要真正做到既有思想又不被当作工具，确实很难。当时，朱熹初涉仕途，尚未经过官场沉浮的考验，因此，他对宋代士大夫的地位和责任，应当说还是充满信心的。一方面，宋代皇帝推行"与士大夫治天下"的策略，另一方面，士大夫又要争取绝对的话语权，如程颢、朱熹都在为"师道尊严"而艰难跋涉，他们高举替天行道的旗帜，奋力建言立说。此时，"天道"在朱熹的整个思想体系里，居于非常特殊的位置。在他看来，"《易》之为书，广大悉备，然语其至极，则此图尽之，其旨岂不深哉！抑尝闻之，程子昆弟之学于周子也。周子手是图以授之。程子言性与天道，多出于此"[④]。既然"程子言性与天道，多出于此"，那么，朱熹自然不会放弃利用"太极图"放言"替天行道"的机会与时机。从这个角度看，朱熹对于"太极图"，其意既在其中，又在其外。换言之，周敦颐的"太极图"仅仅是朱熹用来阐发他自己"天道"思想的一种工具，有点借巢产卵的意思。例如，在"太极图"

---

① 黑格尔：《哲学史讲演录》第 1 卷《中国哲学》，北京：商务印书馆，1997 年，第 120 页。
② 司马迁：《史记》卷 47《孔子世家》，北京：中华书局，1985 年，第 1937 页。
③ 李泽厚：《论语今读》，合肥：安徽文艺出版社，1998 年，第 157—158 页。
④ 周敦颐撰：《周敦颐集》，长沙：岳麓书社，2007 年，第 8 页。

里，太极居于最高层次，然而，朱熹在《太极图说解》里，却在"太极"之前又加上了一个"无极"。这样，"无极而太极"就变成了"太极图"的最高层次。因而，宇宙本体就发生了质的变化。由此，便产生了宋学发展史上的一桩公案：朱熹的注是否符合周敦颐原作的思想。这个公案迄今仍未定论，学界还在争论之中。

《通书解》，撰成于乾道九年（1173 年）。此与前揭《太极图说解》是姊妹篇，理论上相互衔接，前者讲的是天道，此书讲的则是人道，两者的结合构成了"天人合一"的基本内涵。不过，无论是"天道"还是"人道"，都属于"易学"之体系，系易学这个肌体的两翼。《通书》又名《易通》，全书 40 章，以"诚"与"主静"为思想范畴，全书不是采取对《周易》一书进行逐卦疏解的解经方法，而是择其要害，以己意解经，体现了宋学独立和自由的治学精神。由于《通书》所表达的思想，往往不在文辞之上，而是隐在文辞之下，故读懂它并不容易。朱熹承认：初读《通书》，"茫然不知其所谓，而甚或不能以句，壮岁获游延平先生之门，然后始得闻其说之一二。比年以来，潜玩既久，乃若粗有得焉，虽其宏纲大用所不敢知，然于其章句文字之间，则有以实见其条理之愈密，意味之愈深，而不我欺也"①。周敦颐的思想究竟具有什么样的价值？北宋社会为什么会造就出一位儒学宗师？从社会根源上说，它与北宋特定的社会面相有关。我们知道，周敦颐主要生活在宋仁宗时期，这个时期北宋社会已经进入了政治和经济发展的关键时期，各种社会矛盾纠结在一起，内忧外患，风雨欲来，兆示着一场思想革命即将来临。因此，启良先生在为《周敦颐集》所写的序言中，以"儒学的革命"为题。笔者个人认为，这个定位是准确的。《通书》开篇的一句话就是："诚者，圣人之本。"朱熹解："诚者，至实而无妄之谓。天所赋，物所受之正理也，人皆有之，而圣人之所以圣者无他焉，以其独能全此而已。此书与太极图相表里。诚即所谓太极也。"②注意这里出现了两个概念：诚与圣人。"诚"这个概念不独是《中庸》学的移植，它确实反映了北宋社会的现实需要，即正是由于不诚实现象的严重性，才迫使那些志士仁人以"诚"为立人之本和扶危之源。"圣人"是少数，他们是变革社会的精英，分两类：一类如范仲淹、欧阳修、王安石等，他们是政治变革派；另一类如周敦颐、二程、张载等，他们是理论变革派。恩格斯曾经在《自然辩证法导言》中说：15 世纪的欧洲是这样一个时代，"是一个人类前所未有的最伟大的进步的革命，是一个需要而且产生了巨人——在

---

① 朱熹：《晦庵先生朱文公文集》卷 14《题跋·周子通书后记》，四部丛刊本。
② 谭松林，尹红整理：《周敦颐集》，长沙：岳麓书社，2002 年，第 15 页。

思想能力上、热情上和性格上、在多才多艺上和学识广博上的巨人的时代"①。那么，我们也可以说，11 世纪的北宋，是一个中国古代前所未有的最伟大的进步的革命时代，是一个需要而且产生了巨人——在思想能力上、热情上和性格上、在多才多艺上和学识广博上的巨人的时代。从唐到宋的进步，不单单是一个封建王朝取代另一个封建王朝的历史动荡，更是一个"新道德"战胜与变革"旧道德"的历史转折。正如陈寅恪先生所说：

> 纵览史乘，凡士大夫阶级之转移升降，往往与道德标准及社会风习之变迁有关。当其新旧蜕嬗之间际，常呈一纷纭综错之情态，即新道德标准与旧道德标准，新社会风习与旧社会风习并存杂用。各是其是，而互非其非也。斯诚亦事实之无可如何者。虽然，值此道德标准社会风习纷乱变易之时，此转移升降之士大夫阶级之人，有贤不肖拙巧之分别，而其贤者拙者，常感受苦痛，终于消灭而后已。其不肖者巧者，则多享受欢乐，往往富贵荣显，身泰名遂。其故何也？由于善利用或不善利用此两种以上不同之标准及习俗，以应付此环境而已。②

不仅周敦颐的《通书》是应付"此道德标准社会风习纷乱变易"之"环境而已"的思想结晶，而且朱熹的《通书解》更是应付"此道德标准社会风习纷乱变易"之"环境而已"的思想结晶。

《程氏外书》12 卷，撰成于乾道九年（1173 年）。对二程思想的发现，无疑是朱熹的一大历史贡献。若不是朱熹，二程可能永无出头之日，更不会被后人列于圣人之位。从表面上看，《程氏外书》基本上都是二程门人的"拾遗"。如卷 1 为"朱公掞（shan）录拾遗"，卷 2 为"朱公掞问学拾遗"，卷 3 为"陈氏本拾遗"（陈氏即杨时的弟子陈渊，早年从学程颐），卷 4 为"程氏学拾遗"（系程颐弟子李参所录），卷 5 "冯氏本拾遗"（出自冯理、冯忠恕父子的录本），卷 6 为"罗氏本拾遗"（出自程颐、杨时门人罗从彦的录本），卷 7 为"胡氏本拾遗"（出自胡安国家本），卷 8 为"游氏本拾遗"（系游酢所录），卷 9 为"春秋录拾遗"（为程颐弟子王蘋所录），卷 10 为"大全集拾遗"（"大全集"为程颐《大全集》），卷 11 为"时氏本拾遗"（时紫芝所录），卷 12 为"传闻杂记"（系诸人对二程言行的辑录）。此书为"拾遗"，既然是二程遗漏的言行，又采自众手，就不免显得庞杂。但是，朱熹辑录此书的目的非常明确，那就是以"内圣"为本，而畅言圣贤气象。二

---

① 恩格斯：《自然辩证法》，北京：人民出版社，1957 年，第 5 页。
② 刘桂生，张步洲：《二十世纪中国学术文化随笔大系——陈寅恪学术文化随笔》，北京：中国青年出版社，1996 年，第 182—183 页。

程说:"学者不学圣人则已,欲学之,须是熟玩圣人气象,不可止于名上理会。如是,只是讲论文字。"① 此"圣贤气象"为二程所创,而"讲论文字"需要"熟玩圣人气象",这与传统的"圣王风范"相差巨大。如《荀子》说:"圣也者,尽伦者也;王也者,尽制者也。两尽者,足以为天下极矣,故学者以圣王为师。"② 其中"尽伦"为道德层面的诉求,而"尽制"则为事功层面的诉求。然而,宋代理学把"尽制"看成是阻止成就"尽伦"的障碍,属于不提倡或需要严格禁止的东西,"存天理,灭人欲"指的就是这个意思。从深层的原因看,"圣贤气象"的出现,是封建专制主义发展到一定阶段之后所产生的一种必然结果。对此,颜元解释说:"在朝莅政,正心诚意之外无余言。"③ 从现实的层面讲,王安石变法的失败及南宋士儒对它的否定,促使朱熹的思想朝右看,向内转。当时,君权的不断强化,也客观上要求士大夫的境界不要总是盯着"外在"的东西,如权力、俸禄等,而是应当以"正心诚意"为宗旨去从政,况且宋代的官员常常被置于待制的状态,面对如此境地,宋代的士大夫更需用"孔颜乐处"来自立自强,自得其乐。虽然朱熹不讲究研究物,但他好尚揣摩人。于是,沿着这条处事方法继续走下去,便出现了《自激时代》所讲的现象:"西方知识分子是智慧外用,用在物上。分析观察发明创造,统称科学。而东方则是拿人的聪明回头用在生命的本身上,譬如儒家。所以,西方人沉迷于物欲,而东方人精于人与人的关系。"④ 话虽偏颇,但不是没有道理。《程氏外书》的实质就在于鼓励士人结党,如书中那么多的二程思想的追随者,他们事实上已经组成了一个互保性的思想阵营,不过,在理论上朱熹却杜绝营私。

《伊洛渊源录》14 卷,撰成于乾道九年(1173 年)。关于此书撰写的缘起,首先,佛教学术史对它的影响颇为直接。梁启超说:"旧史中之《儒林传》、《艺文志》,颇言各时代学术渊源流别,实学术史之雏形。然在正史中仅为极微弱之附庸而已。唐宋以还,佛教大昌,于是有《佛祖通载》、《传灯录》等书,谓为宗教史也可,谓为学术史也可,其后儒家渐渐仿效,于是有朱晦翁《伊洛渊源录》一类书。"⑤ 其中禅宗的"灯录体"亦称"谱录体",对儒家学术史的编纂影响最为显著。其次,二程理学的沉浮,迫使朱熹从学案的角度,去认真梳理理学发展的历史脉络,为其进一步传承指明了方向。由此可见,二程理学命运多蹇。我们知道,孔子之学具有排他性

---

① 《河南程氏外书》卷 10《大全集拾遗》,《二程集》,北京:中华书局,2004 年,第 404 页。
② 《荀子·君道》。
③ 颜元:《存学编》卷 2《性理评》。
④ 孙日日:《自激时代》,http://www.williamlong.info/archives/3053.html。
⑤ 梁启超:《中国近三百年学术史》,北京:东方出版社,1996 年,第 359—360 页。

的特点，因而，他非常强调自己学说的正统性，所谓"祖述尧舜"指的就是这个意思。汉武帝"独尊儒术"之后，儒家分化得比较厉害，然而，关于谁为孔子之学的正统，是孟子还是荀子，人们便开始相互争抢了。受此风的影响，佛门中亦出现了谁为佛法嫡传的问题。于是，各门派之间"争斗愈烈，鸿沟愈深，不惟登坛舌战，恶语相加，而且竟刀刃相见"①。宋代道学正统的确立，虽然没有刀刃相见，但是恶语相加还是有的，如新学、蜀学与洛学的矛盾冲突和斗争就非常激烈。由于当时的历史环境不利于洛学的传播，所以其正统地位很难被确认。甚至还在南宋高宗绍兴六年（1136年）、孝宗淳熙五年（1178 年）和淳熙十年（1183 年）三次被禁黜。其被禁黜的理由基本上都是由于程氏之学，多"游言浮词"及"淫说鄙论"，且又"饰怪惊愚"，结果造成了"士风日弊、人才日偷（即陷于安逸）"②的局面。可见，南宋之初程氏之学尚不被多数学者认可。为此，朱熹不得不花费极大的精力来从事书院建设，其用意就是大量培养和造就程学人才，寄希望于他们有朝一日能够主持朝政，为理学正名，并逐步扭转理学被不断边缘化的困境，变被动为主动。为了实现这个目的，在书院范围内进行道统教育非常有必要。这应是朱熹撰写《伊洛渊源录》的主要动机。此书开创了史学编纂体例上的"学案"体，开辟了中国古代学术史发展的新天地，为宋代史学理论的发展增加了新篇章。当然，究竟《伊洛渊源录》是中国学案体史书的发端还是《明儒学案》是中国学案体的发端，目前学界尚有分歧。但从学术源流的角度讲，把《伊洛渊源录》看作是中国学案体的发端，较为公允。那么，什么是学案体？陈金生说："大概是介绍各家学术而分别为之立案，且加以按断之意（案、按字通）。按断就是考察定论。因此，学案含有现在所谓学术史的意思。"③考《宋史·道学传》基本上取材于此书，由此，理学上的门户之见遂成为一种治学观念。

《伊洛渊源录》共载 46 人的言行事迹，卷 1 为周敦颐，卷 2 和卷 3 为程颢，卷 4 为程颐，卷 5 为邵雍，卷 6 为张载，卷 7 为吕希哲、范祖禹、杨国宝、朱光庭，卷 8 为刘绚、李籲（yū）、吕大忠、吕大钧、吕大临，卷 9 为苏昞、谢良佐、游酢，卷 10 为杨公时，卷 11 为刘安节、尹焞（tūn），卷 12 为张绎、马伸、侯仲良、王蘋，卷 13 为胡安国，卷 14 为"程氏门人无记述文字者"20 人（王端明、刘承议、林大节、张阆中、冯圣先、鲍商霖、周伯忱、唐彦思、谢用休、潘子文、陈贵一、李嘉仲、孟敦夫、范文

---

① 陈祖武：《中国学案史》，台北：台湾文津出版社，1992 年，第 21 页。
② 陈邦瞻：《宋史纪事本末》卷 80《道学崇黜》，北京：中华书局，1977 年，第 867—870 页。
③ 陈金生：《〈宋元学案〉编纂的原则与体例》，《书品》1987 年第 3 期。

甫、畅中伯、李先之、畅潜道、郭立之、周恭叔、邢尚书)。

仅从书中所开列的名单即可看出,朱熹虽标榜"王道",但就《伊洛渊源录》而言他却非常霸道,非程学不举,如王安石一派无一人入录。在朱熹看来,"夫安石以其学术之误,败国殄(tiǎn)民"[①]。虽然朱熹对王安石其人亦多有赞美之辞,但他对王学却基本持否定态度。因为"王氏之学,正以其学不足以知道,而以老释之所谓道者为道",而"以老释之似,乱周孔之实"。[②] 因此,《伊洛渊源录》的政治意义远远大于其学术意义。

《古今家祭礼》16 篇,撰成于淳熙元年(1174 年)。张载和程颐都非常重视宗法建设,这与宋代家庭关系的变化有关。虽然"唐型家庭"与"宋型家庭"规模差不多,三代五口,但是家庭的核心变了,唐型家庭以祖父母为核心,而宋型家庭则以壮年夫妇为核心。[③] 然而,孔子的家庭学说考察的是规模相对较小的家庭内部关系,如三纲五常等。不过,由于南北家庭环境的差异,故吕思勉先生提出了"聚居之风,古代北胜于南,近世南胜于北"[④] 的观点。此处所说的"近世"是指宋以后,尤其是南宋以后。受金亡北宋的影响,北方居民大量南迁,聚族而聚。例如,《夷坚志》载:兴化仙游县"叶氏族派百余家,皆居一村"[⑤]。在新的环境下,如何维系整个家族安居乐业,特别是如何处理小家与家族的关系,便成了当时士人普遍关注的话题。

2. 朱熹思想的主要范畴

《仁说图》与"仁道"诸范畴如图 6-2 所示。

由于朱熹对《仁说图》没有给出更加详细的阐释,所以我们只能就图而论图。这幅图从表面上看,显得有些散乱和零碎,但仔细辨来,却条理清晰,范畴明确。整个图大体可分成四个层次:第一个层次是"仁"与"人";第二个层次是仁的内在结构,由两对范畴组成,即"已发"与"未发","性情"与"情爱";第三个层次是"仁之体用"关系,主要由五个范畴组成,即"公""爱""孝悌""恕""知觉"。以上范畴前后衔接,彼此制约,共同构成了一个关于"仁道"的范型体系,而这个范型体系也就成为朱熹整个理学思想的一个纲领性总结。

1)"仁"与"人"

关于"人"的定义和内涵,在不同的历史阶段和不同的文化背景下,

---

① 朱熹:《晦庵集》卷 70《读两陈谏议遗墨》,文渊阁四库全书本。
② 朱熹:《晦庵集》卷 34《与东莱论白鹿书院记》,文渊阁四库全书本。
③ 邢铁:《宋代家庭研究》,上海:上海人民出版社,2005 年,第 31 页。
④ 吕思勉:《中国制度史》,上海:上海教育出版社,1985 年,第 395 页。
⑤ 洪迈:《夷坚志·支戊》卷 2《叶丞相祖宅》,北京:中华书局,1981 年,第 1064 页。

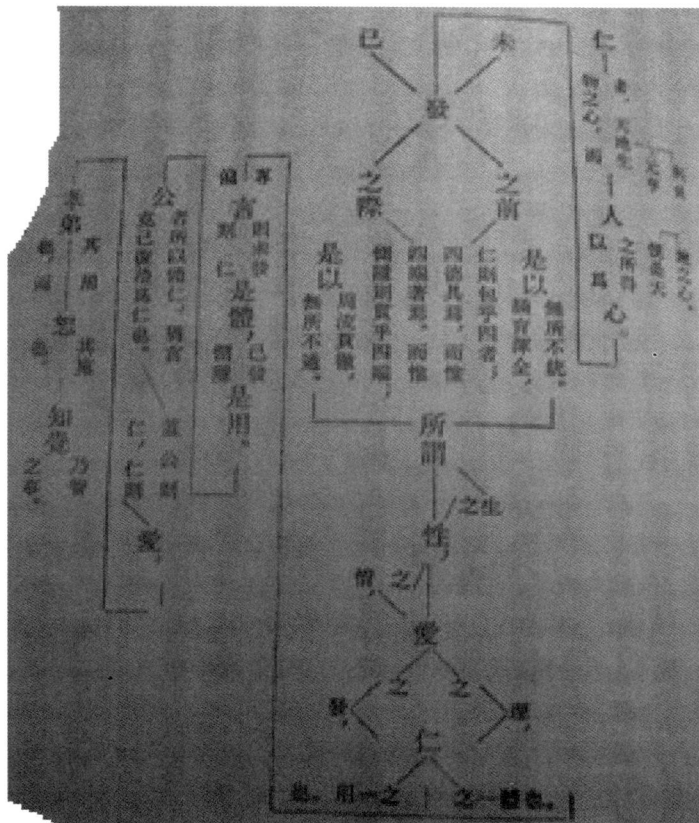

图 6-2　《仁说图》(《朱子语类》卷 150《朱子二》)

人们对它的理解是有差异的。例如，在古希腊，亚里士多德认为"人类自然是趋向于城邦生活的动物"①，或可说"人类在本性上，也正是一个政治动物"②。同时，亚里士多德还从道德的角度区分了人与动物的本质差异，他说："人类不同于其它动物的特性就在他对善恶和是否合乎正义以及其它类似观念的辨认，而家庭和城邦正是这类义理的结合。"③ 18 世纪中叶，随着自然科学尤其是解剖学的发展，拉美特利从人的自然属性出发，认为人本身仅仅是一架"极其精细、极其巧妙的钟表"④。与上升的资产阶级利己主义社会思潮相适应，爱尔维修更把"自私"看成是人的天性，他说："在任何时代，任何国家，人们过去、现在和未来都是爱自己甚于爱别人的。"⑤ 与

---

① 亚里士多德：《政治学》1253A3-5。
② 亚里士多德：《政治学》1253A3-5。
③ 亚里士多德：《政治学》1253A33-33。
④ 冒从虎等：《欧洲哲学史》下册，天津：南开大学出版社，2000 年，第 76 页。
⑤ 冒从虎等：《欧洲哲学史》下册，天津：南开大学出版社，2000 年，第 87 页。

此相反，由于中国没有产生"利己主义"思想的社会基础，故对于"人"的理解，"利他"是其立足点，而"公"则是人的本然之性。可见，中国古人对"人"的阐释，具有本民族的鲜明特色。朱熹的思想离不开中国传统文化的深厚土壤，他以儒家经典为经纬，以南宋文化为背景，提出了"公在前，恕在后，中间是仁。公了方能仁，私便不能仁"[①]的主张。从这个角度讲，人以"公"为特征，其"恕"及"仁"等道德性质都是在"公"的基础上派生出来的，没有"公"也就没有了"恕"与"仁"等道德性质，人也就不能称之为人了。因此，为了说明"仁"的性质，则必须首先弄明白"公"为何物。

朱熹对"公"的记述，仅《朱子语类》就逾百见，考其内涵虽有小异，但大多却具有着相同的性质。在此，为了说明问题，我们特摘录几则如下。

> 公却是仁发处。无公，则仁行不得。[②]
>
> 义理身心所自有，失而不知所以复之。富贵身外之物，求之惟恐不得。纵使得之，于身心无分毫之益，况不可必得乎！若义理，求则得之。能不丧其所有，可以为圣为贤，利害甚明。人心之公，每为私欲所蔽，所以更放不下。但常常以此两端体察，若见得时，自须猛省，急摆脱出来！[③]
>
> 将天下正大底道理去处置事，便公；以自家私意去处之，便私。[④]
>
> 意不诚，是私意上错了；心不正，是公道上错了。[⑤]
>
> 圣贤以天地万物为一体，公其心而无所私。[⑥]
>
> 无私主也不是惝悷没理会，只是公。[⑦]

综上所述，我们不难得出结论，所谓"公"其实就是"天理"的同义词，它是一种先天的客观存在，且于人生相伴而行。在通常情况下，人的社会行为如果为"天下正大底道理"所支配，那么，这个人就站在了"公道"的立场，遂成为一个具有"公心"的人。凡是具有"公心"的人，同时都具备了"仁"的品质。所以，朱熹说："仁在内，公在外。"[⑧] 当然，用西方近代哲学的语言说，"公心"也可理解为"自我意识"。"自我意识"

---

① 《朱子语类》卷 6《性理三》，第 116 页。
② 《朱子语类》卷 6《性理三》，第 116 页。
③ 《朱子语类》卷 13《学七》，第 225 页。
④ 《朱子语类》卷 13《学七》，第 228 页。
⑤ 《朱子语类》卷 16《大学三》，第 343 页。
⑥ 《朱子语类》卷 140《问遗书》，第 3339 页。
⑦ 《朱子语类》卷 140《问遗书》，第 3342 页。
⑧ 《朱子语类》卷 6《性理三》，第 116 页。

是一个能动的主体，它不断地否定自己和展现自己，而"公心"亦是一个自我否定的过程，朱熹将这个过程称为"克尽私欲"。他说："仁是本有之理，公是克己工夫极至处。"① 而"克己工夫极至处"即是"仁"，这就是"公却是仁发处"的意思。因此，朱熹说："克尽私欲之后，只就自身上看，便见得仁也。"②

如果我们用道德进化的眼光来看，则人可分成不完善的人与完善的人两类。其中，具有"公心"的人是"完善的人"，而没有"公心"的人则是"不完善的人"。在朱熹看来，没有"公心"不等于没有"人心"，"人心"本身就是一种"仁"③，所以，"仁"本身亦可以分出不同的层次来。

首先，"仁"是人作为"类存在"的基本条件。人之为人有诸多条件，如杜维明先生在台湾大学所作的"我的学思里程"报告中，曾提出了"六经"与人的关系问题。在他看来，"六经"就是对人的一种规范，"六经"之教就是立人之教，就是把不完善的人塑造成完善的人的过程。于是，《诗经》之于"诗教"，使人成为一个具有美学感性的动物；《礼记》之于"礼教"，使人成为一个具有社会关系的动物；《尚书》之于"政教"，使人成为一个具有政治性的动物；《春秋》之于"史教"，使人成为一个具有历史性的动物；《易经》之于"理教"，使人成为一个具有理性的动物。所以，那些正在规范中的人便是不完善的人，而那些超越了规范的人便是圣人，便是完善的人。由此也可以说，常人都是不完善的人，而圣人都是完善的人。至于"仁者人也"应当说也是一种规范中的常人，因而是不完善的人。故朱熹说："仁是仁，不可说。故以人为说者，是就人性上说。"（《朱子语类》卷 61《孟子十一》，第 1459 页）此处所说的"人性"是指"仁端"。而人人具有"仁端"，这是朱熹理学思想的基本特点。

其次，"仁"是指做人的道理。朱熹说："'仁者，人也。'人之所以为人者，以其有此而已。一心之间，浑然天理，动容周旋，造次颠沛，不可违也。一违，则私欲间乎其间，为不仁矣。虽曰二物，其实一理。盖仁即心也，不是心外别有仁也。"④ 在这里，"仁心"实际上就是"道心"。可惜，"道心惟微"，在一般的社会条件下，"道心"常常为"人心"所遮蔽，不易显见，故而需要"公"（即大公无私）的修养和教育，从这个角度讲，"公是仁之方法"。⑤ 朱熹说："人之所以得名，以其仁也。言仁而不言人，则

---

① 《朱子语类》卷 6《性理三》，第 116 页。
② 《朱子语类》卷 6《性理三》，第 116 页。
③ 《朱子语类》卷 6《性理三》，第 116 页。
④ 《朱子语类》卷 61《孟子十一》，第 1459 页。
⑤ 《朱子语类》卷 6《性理三》，第 116 页。

不见理之所寓；言人而不言仁，则人不过是一块血肉耳。必合而言之，方见得道理出来。"①

最后，"仁人"便是一种完善的人。例如，君子就是一种"仁人"。朱熹说："党，类也，偏也。君子过于厚，小人过于薄，观此则仁与不仁可知。君子过于厚，厚虽有未定处，终是仁人。"② 那么，如何判断"仁人"？从事上看，朱熹说："仁在事。若不于事上看，如何见仁。"③ 故有人问："子文之忠，文子之清，'未知，焉知仁'？"朱熹回答说："此只就二子事上说。若比干、伯夷之忠、清，是就心上说。若论心时，比干、伯夷已是仁人，若无让国、谏纣之事，亦只是仁人，盖二子忠、清元自仁中出。"④ 由于"仁是全体"，照此来说，那二三事能反映出"仁人"的本质吗？朱熹的回答是肯定的。他说："毕竟一事做得是时，自可以见其全体。古人谓观凤一羽，足以知其五色之备。如三子之事皆不可见，圣人当时许之，必是有以见得他透彻。若二子之事，今皆可考，其病败亦可见。以表证里，则其里也可知矣。"⑤ 那么，究竟什么是"仁人"呢？"正其谊不谋其利，明其道不计其功"的人，就是"仁人"，通俗地说，那些说话办事不计功利的人，就可称作"仁人"。可见，"仁人"是成就"圣人"的前提。

朱熹曾思考过一个问题，即历史上的君主，尤其是那些开明的君主，是不是"仁人"？

这个问题很尖锐，也很尴尬。但朱熹并没有过多考虑当今君主的心里感受，他直接而大胆地作出了否定回答。他是这么说的：

> 汉高祖、唐太宗，未可谓之仁人。然自周室之衰，更春秋战国以至暴秦，其祸极矣！高祖一旦出来平定天下，至文景时几致刑措。自东汉以下，更六朝五胡以至于隋，虽曰统一，然隋炀帝继之，残虐尤甚，太宗一旦埽除以致贞观之治。此二君者，岂非是仁者之功耶！⑥

朱熹的意思是说，不仁之人亦能成就仁者之功。从科学的角度讲，这个思想是符合辩证法的。任何历史人物都有其两面性，纯粹的"仁人"是没有的。朱熹讲汉高祖、唐太宗"未可谓之仁人"，是就他们成就帝业之前的所作所为来说的，如刘邦为强化自身对抗项羽的后方势力而"引水灌废邱"，多少无辜百姓遭殃；李世民则为争太子位而发动"玄武门之变"，兄

① 《朱子语类》卷 61《孟子十一》，第 1459 页。
② 《朱子语类》卷 26《论语八》，第 657 页。
③ 《朱子语类》卷 6《性理三》，第 116 页。
④ 《朱子语类》卷 29《论语十一》，第 735 页。
⑤ 《朱子语类》卷 29《论语十一》，第 734 页。
⑥ 《朱子语类》卷 44《论语二十六》，第 1128 页。

弟相残，等等。这些行为都跟"仁人"的距离相差很远，但这丝毫不影响他们成为中国古代历史上少有的盛事明主，并作出一番得民心、顺民意的"弘毅"事业。既然像刘邦、李世民这样的君主都不能称为"仁人"，那么，对于常人而言，是不是想成为一个"仁人"就更加不现实了呢？不是的。前面讲过，"仁人"就是"克己复礼"，就是说话做事不计功利的人。这个标准对所有人都是一样的，即使是君主亦不例外。因此，常人想成为一名"仁人"并非不可能，在一般情况下，大概须要经过以下几种途径。

第一种途径是"颜子工夫"。朱熹说："今若能'克己复礼'，天下自是称他是仁人。"①"克己"即克去私欲，而克去私欲该从何处下手？当然是在"私欲"刚刚萌生之时。从严格的意义上来讲，应当像颜子那样，"只心术间微有些子非礼处，也须用净尽截断了"②。朱熹说："他力量大，圣人便教他索性克去。譬如贼来，颜子是进步与之厮杀。"③这是一种"见义勇为"型的"仁人"，而"见义勇为"也是在任何社会里都需要大力倡导的一种人类精神，我们不妨称之为"仁人"精神。

第二种途径是"仲公工夫"。与颜子直接地与贼一刀两断的方式不同，仲公讲究的是一种正本清源法，或称"迂回法"，这个方法适用于相对弱势的人和群体。例如，同样是贼来，圣人不教仲公"进步与之厮杀"，而是"教他坚壁清野，截断路头，不教贼来"④。而这种方法的实质就是"一面自守，久而贼自遁去"⑤。与"颜子工夫"相比，"仲公工夫"显得更明智，更理性，但究竟是使用"仲公工夫"，还是"颜子工夫"，最终还要因人因地而异。然不管使用何种方法，其本来目的只有一个，那就是去做"仁人"。

第三种途径是"己所不欲，勿施于人"⑥。"己所不欲，勿施于人"见于《论语·颜渊》，李泽厚先生认为，这个命题不仅可作为个人修养用，而且"可作为现代社会某种公共道德的传统资源，即个体均生活在一个平等、独立、以契约关系为原则的群体环境中，尊重别人即尊重自己"⑦。《论语·公冶长》还有另外一句话："我不欲人之加诸我也，吾亦欲无加诸人。"与"己所不欲，勿施于人"相比较，此处更加强调"利己"的原则，因为它以"我不欲人之加诸我也"为重心，恰与"己所不欲，勿施于人"强调"利他"性的社会道德原则形成了鲜明的对照。可见，"己所不欲，勿施于人"才是

---

① 《朱子语类》卷41《论语二十三》，第1058页。
② 《朱子语类》卷41《论语二十三》，第1059页。
③ 《朱子语类》卷41《论语二十三》，第1059页。
④ 《朱子语类》卷41《论语二十三》，第1059页。
⑤ 《朱子语类》卷41《论语二十三》，第1059页。
⑥ 朱熹：《论语精义》卷6下《颜渊第十二》。
⑦ 李泽厚：《论语今读》，合肥：安徽文艺出版社，1998年，第279页。

成就"仁人"的可靠方法。

第四种途径是"用心惟仁"。朱熹说:"盖仁人之用心惟仁所在而已,仁之所在则从之,不论所以也。"① 既然"利他"是"仁"的基本特征,则"用心惟仁"就是心里总想着别人,而不是自己。在现实的社会生活里,人与人的关系虽然比较复杂,但有一个基本的"仁"的原则,那就是爱他人胜过爱自己。孔子说:"仁者,爱人。"而在具体的生活实践中,爱他人的人一般也自爱,这正是"用心惟仁"所预期达到的道德效果。朱熹同意这样的说法:"仁者爱人,必能自爱其身,事得其序,谓之有序;得其和,谓之有乐。惟仁者外有其序,内有其和,则无不慊于吾心矣。"②

由仁人"必自爱其身"的前提出发,我们自然会提出一个问题:"仁人"既"利他"又"利己",则究竟哪一方更重要呢?是"利他"重于"利己",抑或"利己"重于"利他"?从一般的道德意义上讲,"利他"重于"利己"。然而,需要具体问题具体分析,如孔子说:"微子去之,即箕子为之奴,比干谏而死。"(《论语·微子》)他们三个虽然都是"仁人",且"各得其本心",但结果不同。为什么?这就涉及对"仁人"的理解问题了。朱熹曾举例说:"谓杀身成仁,义也,非仁也。"③ 也就是说,"仁人"践仁并不一定非要"杀身成仁",这是一种"中和"的说法,具有很大的随机性和灵活性,是能够为多数"仁人"所认同的一种实践仁道之方式。所以,朱熹说:"仁人者,私欲不萌,而天下之公在我,是以是非不谬而举措得宜也。"④ 可见,成就"仁人"的关键是两条:一是"私欲不萌";二是"举措得宜"。而把没有私心与采取适宜的方式结合起来,就成为评价"仁人"的客观依据。因此,微子、箕子、夷齐三者之仁是"各随它分上,或去,或奴,或让底,亦皆可见其终身大体处"⑤。一句话,"盖仁人不以所恶,伤所好之体"⑥。

2)"已发"与"未发"

陈来先生在《宋明理学》一书中,把"已发"与"未发"当作一对非常重要的独立的理学范畴来看待,可见陈先生之见地甚高。不过,严格说来,"已发"与"未发"应是朱熹"仁道"体系里的一对道德范畴,且它的指向十分明确,其用意也很讲究,外延似乎比较狭窄,根本不是随便就可以外展的东西。在《仁说图》里,朱熹是这么说的:

---

① 朱熹:《论语精义》卷9下《微子第十八》。
② 朱熹:《论语精义》卷2上《八佾第三》。
③ 朱熹:《四书或问》卷20《论语·卫灵公》。
④ 朱熹:《四书或问》卷2《大学传十章》。
⑤ 《朱子语类》卷48《论语三十》,第1194页。
⑥ 朱熹:《四书或问》卷20《论语·卫灵公》。

心：未发之际，四端著焉。而惟恻隐则贯乎四端；是以周流贯彻，无所不通。

心：已发之前，四德具焉，而惟仁则包乎四者；是以涵育浑全，无所不统。①

显然，"未发之际"与"已发之前"都是指人类意识的一种心理状态，是内在的涵养功夫。但"未发之际"与"已发之前"又是不同的，其两者的最显著差别就是它们肯定不是同一个阶段的心理状态，而"四端"与"四德"就是两者区别的鲜明标志。朱熹在他的著作里，讲"四端"与"四德"的地方并不多，如《朱子语类》里之"四端"仅 29 见，"四德"稍多点，亦不过 62 见。而在《晦庵集》中情况恰好相反，"四端"53 见，而"四德"仅 38 见。下面，我们试将"四端"和"四德"各自不同的意义指向，罗列于后，以便分析和比较。

先看"四端"的几种意义指向：第一，从源头说，"四端"是指"天命"，具体而言即"恻隐、恭敬、辞逊、是非"之心。如朱熹说："'知天命'，却是圣人知其性中四端之所自来。如人看水一般，常人但见为水流，圣人便知得水之发源处。"② 换言之，也可说"四端"是人心所固有的本然之物，但它具有"随触而发"的特性，如朱熹说："仁言恻隐之端，如水之动处。盖水平静而流，则不见其动。流到滩石之地，有以触之，则其势必动，动则有可见之端。如仁之体存之于心，若爱亲敬兄，皆是此心本然，初无可见。及其发而接物，有所感动，此心恻然，所以可见，如怵惕于孺子入井之类是也。"③ 第二，从人的心理功能看，"四端"是指人之情，如朱熹说："四端便是情，是心之发见处。四者之萌皆出于心，而其所以然者，则是此性之理所在也。"④ 第三，从心与物的关系看，则"四端"是指"心在内者，却推出去"于事物上的用力功夫，如朱熹说："人之一心，在外者又要收入来，在内者又要推出去。《孟子》一部书皆是此意。"⑤ 第四，"四端"的核心是"不忍人之心"，故朱熹说："孟子言四端，首言'不忍人之心'，便是不忍人之心能包四端也。"⑥ 第五，从"四端"生生不息的动力看，气是产生"四端"的根源。气就是宇宙那生生不息之气，就是仁之为仁的内在根据。朱熹说："心如谷种，其生之性，乃仁也。"⑦ 由上述可见，"四端"不

① 《朱子语类》卷 150《仁说》，第 2633 页。
② 《朱子语类》卷 5《性理一》，第 79 页。
③ 《朱子语类》卷 53《孟子三》，第 1287 页。
④ 《朱子语类》卷 5《性理三》，第 90 页。
⑤ 《朱子语类》卷 19《论语一》，第 436 页。
⑥ 《朱子语类》卷 20《论语二》，第 465 页。
⑦ 《朱子语类》卷 20《论语二》，第 469 页。

是隐而不显的东西，恰恰相反，"四端"实际上是"仁心"的一种待发的应战状态，具有一触即发之势。如果事情出现了，"四端"还在整装之中，岂不误了大事！因此，朱熹在讲到"四端"的这个特点时，用了一个"敬"字。他说："存主在敬，四端渐会扩充矣。"① 至于"敬"，则它的特征有三：谨畏、惺惺和主一。如朱熹说："敬只是常惺惺法。"② 而此"惺惺"即是一种警省的待发状态。

再看"四德"的几种内涵：第一，"四德"即"仁义礼智"，其对应于"元亨利贞"。朱熹说："仁为四端之首，而智则能成始而成终；犹元为四德之长，然元不生于元而生于贞。盖天地之化，不翕聚则不能发散也。仁智交际之间，乃万化之机轴。此理循环不穷，吻合无间，故不贞则无以为元也。"③ 可见，"四德"具有"万化之机轴"的作用。第二，"四德"即是"爱之理"④。朱熹云："仁是爱之理，爱是仁之用。未发时，只唤做仁，仁却无形影；既发后，方唤做爱，爱却有形影。未发而言仁，可以包义礼智；既发而言恻隐，可以包恭敬、辞逊、是非。四端者，端如萌芽相似，恻隐方是从仁里面发出来的端。"⑤ 如果用本质与现象的关系来言之，则"四端"是现象，"四德"却是本质，现象是可见的，而本质隐藏于现象之后，是不可见的，但透过现象可以看到本质，即"'因其恻隐，知其有仁。'因其外面发出来底，便知是性在里面"⑥。在此，"爱"是现象，而"爱之理"则是本质。第三，"四德"是"理"与"气"的统一体。朱熹说："'元亨利贞'，理也；有这四段（即物之始、遂、实、成，引者注），气也。有这四段，理便在气中，两个不曾相离。若是说时，则有那未涉于气底四德，要就气上看也得。所以伊川说：'元者，物之始；亨者，物之遂；利者，物之实；贞者，物之成。'这虽是就气上说，然理便在其中。伊川这说话改不得，谓是有气则理便具。所以伊川只恁地说，便可见得物里面便有这理。若要亲切，莫若只就自家身上看，恻隐须有恻隐底根子，羞恶须有羞恶底根子，这便是仁义。仁义礼智，便是元亨利贞。"⑦

因此，就心这个层面说，"四德"为"未发"，而"四端"为"已发"。对于这一点，朱熹特别地作过说明，他说：

> 盖人生而静，四德具焉。曰仁曰义曰礼曰智，皆根于心而未发，

① 《朱子语类》卷 53《孟子三》，第 1285 页。
② 《朱子语类》卷 62《中庸一》，第 1503 页。
③ 《朱子语类》卷 6《性理三》，第 109 页。
④ 《朱子语类》卷 20《论语二》，第 465 页。
⑤ 《朱子语类》卷 20《论语二》，第 465 页。
⑥ 《朱子语类》卷 20《论语二》，第 465 页。
⑦ 《朱子语类》卷 68《易四》，第 1689 页。

所谓理也，性之德也。及其发见则仁者，恻隐；义者，羞恶；礼者，恭敬；智者，是非。各因其体以见其本，所谓情也，性之发也，是皆人之所以为善者也。但仁乃天地生物之心，而在人者故特众善之长，虽列于四者之目，而四者不能外焉。《易传》所谓专言之，则包四者亦是正指生物之心，而言非别有包四者之仁，而又别有主一事之仁也。①

通过这段话，我们至少能够厘清如下三种关系。

一是"未发""已发"与"心"的关系，其结论是：心是"未发"和"已发"的共同基础，没有"心"这个概念，则"未发"和"已发"这两个范畴也就不存在了。然而，"心"分"天地之心"与"人物之心"。对"天地之心"的有与无，朱熹的回答是："天地之心未尝无，但静则人不得而见尔。"②"人物之心"不是生理器官，而是对人物行为起着主宰作用的东西，朱熹把这个主宰者解释为"理"。他说："心固是主宰底意，然所谓主宰者，即是理也，不是心外别有个理，理外别有个心。"③ 在朱熹看来，"天地之心"不是别的，正是"生物"本身，这是一个非常思辨的思想。朱熹说："天地之心，别无可做，'大德曰生'，只是生物而已。"④

但是，从生成万物的过程看，"天地生物之心"只是一团和气。朱熹用"甑蒸饭"作比喻："甑蒸饭，气从下面滚到上面，又滚下，只管在里面滚，便蒸得熟。天地只是包许多气在这里无出处，滚一番，便生一番物。他别无勾当，只是生物，不似人便有许多应接。"⑤ 这滚上滚下的"和气"便是生物的物质基础，故"天地生人物，须是和气方生。要生这人，便是气和，然后能生。人自和气中生，所以有不忍人之心"⑥。又"天地生物，自是温暖和煦，这个便是仁。所以人物得之，无不有慈爱恻怛之心"⑦。这样一来，"天地之心"便自我复制出"人物之心"，而由于"人物之心"本身具有了"天地之心"的性质和特征，所以"生物无不肖他"。⑧

二是"心体"与"心本"的关系。朱熹说："各因其体以见其本。"显然，这个"体"不是独立于"心"之外的客观存在，而是它本身就存在于"心"中，与"心"为一体，故云"心之体"，或称"心体"。那么，究竟什

① 朱熹：《晦庵集》卷 32《答张钦夫论仁说》。
② 《朱子语类》卷 71《易七》，第 1791 页。
③ 《朱子语类》卷 1《理气上》，第 4 页。
④ 《朱子语类》卷 69《易五》，第 1729 页。
⑤ 《朱子语类》卷 53《孟子三》，第 1281 页。
⑥ 《朱子语类》卷 53《孟子三》，第 1280 页。
⑦ 《朱子语类》卷 53《孟子三》，第 1280 页。
⑧ 《朱子语类》卷 53《孟子三》，第 1280 页。

么是"心体"？朱熹曾十分形象地说："心体本是运动不息。"① 如果我们从另外一个角度看，"心体"亦可理解为"心之用"。例如，朱熹说："心一也，有指体而言者，'寂然不动'是也；有指用而言者，'感而遂通'是也。"② 而此处的"感而遂通"指的就是"心体"。至于朱熹所说的"心本"，实际上是指"心之本体"，就是产生"心体"的原因。由于朱熹谈论"心本"的地方较多，且相互之间又略有不同，故有强调一下的必要。我们将朱熹论述"心本"的地方作了归纳，主要观点有三："虚灵自是心之本体，非我所能虚也。"③ 此其"心本"的内涵之一。"心之本体，湛然虚明。"④ 此其"心本"的内涵之二。"未发之际，便是中，便是'敬以直内'，便是心之本体。"⑤ 此其"心本"的内涵之三。可见，从动与静的角度讲，"心体"指心之动的方面，或指心之"已发"状态；而"心本"则指心之静的方面，或指心之"未发"状态。

三是"性"与"情"的关系。朱熹说："所谓情也，性之发也。"然而，什么是性？朱熹说："退之说性，只将仁义礼智来说，便是识见高处。如论三品亦是。但以某观，人之性岂独三品，须有百千万品。退之所论却少了一'气'字。程子曰：'论性不论气，不备；论气不论性，不明。'此皆前所未发……如'人生而静'，静固是性，只著一'生'字，便是带着气质言了，但未尝明说著'气'字。惟周子《太极图》却有气质底意思。程子之论，又自《太极图》中见出来也。"⑥ 可见，朱熹继承了周程的"气质之性"思想，认为性可分成两个部分：未发之性（即"静固是性"）和已发之性（即"性之发"）。借此，朱熹指出了儒释两教在性方面的差异，他说："儒释言性异处，只是释言空，儒言实；释言无，儒言有。"⑦ 这里所说的"实"和"有"，均与"气"有关。由于气本身处于永恒和无限的运动之中，所以，性也就必然地具有了一种本能的和内在的趋动之倾向。在此，如果没有气与性的结合，我们就无法真正地理解性如何"发"而为"情"。朱熹说："太极，理也；动静，气也。气行则理亦行，二者常相依而未尝相离也。"⑧ 而不论性归结于哪一个层次，形而上抑或形而下，其气与性都是不能分割的。于是，有人问："心统性情。"朱熹回答说：

---

① 《朱子语类》卷 47《论语二十九》，第 1191 页。
② 《朱子语类》卷 62《中庸一》，第 1512 页。
③ 《朱子语类》卷 5《性理三》，第 87 页。
④ 朱熹：《晦庵集》卷 5《答李孝述继善问目》。
⑤ 《朱子语类》卷 87《礼四》，第 2263 页。
⑥ 《朱子语类》卷 137《战国汉唐诸子》，第 3272 页。
⑦ 《朱子语类》卷 126《释氏》，第 3015 页。
⑧ 《朱子语类》卷 94《周子之书》，第 2376 页。

性者，理也。性是体，情是用。性情皆出于心，故心能统之。统，如统兵之"统"，言有以主之也。且如仁义礼智是也，孟子说："仁义礼智根于心。"恻隐、羞恶、辞逊、是非，本是情也，孟子曰："恻隐之心，羞恶之心，辞逊之心，是非之心。"以此言之，则见得心可以统性情。一心之中自有动静，静者性也，动者情也。①

"一心之中自有动静"讲的就是"心"与"气"的关系，而这种心与气的关系，则可以称作"气质之性"。所以，"气质之性"本身包含着两层意思：一是心气之体为性，二是心气之用为情。故"心是体，发于外谓之用。孟子曰：'仁，人心也。'又曰：'恻隐之心。'性情上都下个'心'字。'仁人心也'，是说体；'恻隐之心'，是说用"②。把这句话跟上面一段话结合起来看，性与情的关系即可一目了然。若用最简短的语言来表达，就是相对于心而言，性是体，而情是用。

当然，若仔细分解，则"已发"与"未发"的内容远不止这些。例如，朱熹说："盖天下只是一个天机活物流行，发用无间容息，据其已发者而指其未发者，已发者人心，而凡未发者皆其性也。"③ 其所谓"天下只是一个天机活物流行"指的应是"天理"，即"天命流行生生不已之机"④，或云"天理本真，随处发见，不少停息"⑤。这就是说，不管"已发"还是"未发"，都是"天理"的表现形态，都是以天理为存在的依据，都具有"生生不已"的特点。而既然"已发者人心"，我们就可据此推断，"凡未发者皆其性也"之"性"应当指"气质之性"。这种对"已发"与"未发"的界定，是朱熹理学思想发展的必然。又如，朱熹认为"察养"的工夫应重点放在"未发"处，因为"未发"是"已发"的根基，"已发"是"未发"的结果。他说："盖发处固当察识，但人自有未发时，此处便合存养，岂可必待发而后察，察而后存耶？"⑥ 所以，"程子曰：'未发之前更如何求？'只平日涵养便是。"⑦ 明代理学大儒王阳明曾说："破山中贼易，破心中贼难。"⑧ 所谓"心中贼"，就是指人们存在于"未发"状态中的私欲，可见，在"未发"时的"察省"不是短期、容易的行为，而是一种长期的艰难的"涵养"功夫。朱熹强调"未发"之前的道德修养，其真正用意亦在于此。当然，对

---

① 《朱子语类》卷 98《张子之书》，第 2513 页。
② 《朱子语类》卷 98《张子之书》，第 2513 页。
③ 朱熹：《晦庵集》卷 32《答张敬夫》。
④ 朱熹：《晦庵集》卷 30《与张钦夫》。
⑤ 朱熹：《晦庵集》卷 30《与张钦夫》。
⑥ 朱熹：《晦庵集》卷 32《答张敬夫》。
⑦ 朱熹：《晦庵集》卷 30《与张敬夫》。
⑧ 黄宗羲：《明儒学案》卷 30《粤闽相传学案》。

"已发"与"未发"的"察养",并不是两个相互独立的事件或过程。从统一性的角度看,"已发"与"未发"两者此起彼伏,既相互联系,又相互作用和相互影响,"发者方往而未发者方来,了无间隔"①。

3)"性情"与"情爱"

朱熹说:"喜怒哀乐之未发谓之中,性也;发而皆中节谓之和,情也。"②此处的"性"与"情"既是一个心理过程,又是一种道德情感。不过,由于两者具有共同的存在依据,故而朱熹经常地将两者结合起来,构成一个"性情"。较孤立的"性"与"情"的意义而言,"性情"则被赋予了新的思想内涵。例如,朱熹说:

> 德者,人之得于身者也。爱、宜、理、通、守者,德之用;仁、义、理、智、信者,德之体。理,谓有条理;通,谓通达;守,谓确实。此三句就人身而言。诚,性也;几,情也;德,兼性情而言也。③

可见,性情的相互结合就是德。而德在朱熹的理学思想体系中,具有"形而上"的意义。他说:

> 圣人全动静之德,而常本之于静也。④
> 道之得于心者谓之德。⑤

因此,从德以静为本性的特征看,"性情"应为道之本体。如人杰《录》云:"性情犹情性,是说本体。"⑥ 有人问:"利贞者性情。"朱熹回答说:

> 此是与元亨相对说。性情如言本体。元亨是发用处,利贞是收敛归本体处。体却在下,用却在上。盖春便生,夏便长茂条达,秋便有个收敛撮聚意思,直到冬方成。
>
> "利贞者,性情也",是乾元之性情。始而亨时,是乾之发作处,共是一个性情。到那利贞处,一个有一个性情,百谷草木皆有个性情了。元亨方是他开花结子时,到这利贞时,方见得他底性情。就这上看乾之性情,便见得这是那"利贞诚之复"处。⑦

在此,朱熹对"性情"的阐释,虽不免有些神秘,但他的思维理路是清晰的。在他看来,事物的发展变化实际上就是一个从本体中来,又返回

---

① 朱熹:《晦庵集》卷 30《与张敬夫》。
② 朱熹:《晦庵集》卷 32《答张敬夫》。
③ 《朱子语类》卷 94《周子之书》,第 2396 页。
④ 《太极图说解》。
⑤ 《通书解》。
⑥ 《朱子语类》卷 69《易五》,第 1729 页。
⑦ 《朱子语类》卷 69《易五》,第 1729 页。

到本体中去的演变过程。而"性情"并不是自本体中分化出来的那一刻起，就将自我展示出来，而是只有到事物的一个演变周期即将结束的时候，它才不得不显示自己的模样，即从后台走向前台。朱熹说：

> 《易》言"利贞者，性情也"。元亨是发用处，必至于利贞，乃见乾之实体。万物到秋冬收敛成实，方见得他本质，故曰"性情"。此亦主静之说也。①

可见，所谓"性情"就是事物的本质，就是事物存在的本体，就是动静中的"静"。

"爱"则不同，"爱"跟"性情"的特征刚好相反，它是事物的现象，是事物表现于外的过程，是动静中的"动"，是个"人心"。故朱熹说：

> 人心所从，多所亲爱者也。常人之情，爱之则见其是，恶之则见其非。故妻孥之言，虽失而多从，所憎之言，虽善为恶也。苟以亲爱而随之则是私情，所与岂合正理！②

"爱之则见其是，恶之则见其非"应是人性里面最为严重的劣根之一，偏听偏信的祸根亦在于此。历史上不乏因此而败家败国者，如妲己之于纣王，杨国忠之于唐玄宗，等等，都是很典型的例子。正因人们感到克服此弊之难，尤其是对君主来说，更是如此，所以它便成了判别君主之昏与明的主要标准。而唐太宗的开明实与他的"纳谏"意识有关，"纳谏"的基本特点就是能听得进逆耳之言。故宋太祖说："唐太宗虚心求谏，容受尽言，固人主之难事。"③ 而魏征对于"纳谏"亦曾讲过一段著名的话，贞观二年（628 年），唐太宗问魏征曰："何谓为明君暗君？"魏征回答说："君之所以明者，兼听也。其所以暗者，偏信也……是故人君兼听纳下，则贵臣不得壅蔽，而下情必得上通也。"④ 从心理学角度说，"人心所从，多所亲爱者也"，而人君一旦以"所亲爱者"之是非为是非，则祸患亦就随之而来了。因之，宋太祖对此则倍加防范，并以"家法"的形式固定下来，遂成为宋代"无内乱"的重要依据。如宋人说："祖宗朝不以女谒进人，不以戚里废法，貂珰不以典机密，舆台不得加节钺，此良法也。"⑤ 当然，朱熹并不是要抑制情爱，他所要抑制的是那些"溺于情爱"的举止。例如，他认为阮

---

① 《朱子语类》卷 94《周子之书》，第 2384 页。
② 朱熹，吕祖谦：《近思录》卷 10《政事》。
③ 朱熹：《晦庵集》卷 28《与留丞相书》。
④ 吴兢：《贞观政要》卷 1《君道》。
⑤ 《群书会元截江网》卷 17《时政》。

籍"居丧饮酒食肉"的行为就是"蔑视礼法,专事情爱"。① 在朱熹的文本里,"情爱"多限于"闺门之内",如上所述,这种思想认识可能跟宋代特殊的政治气候和文化环境有关。朱熹说:

> 臣闻天下之本在国,国之本在家。故人主之家则天下无不治,人主之家不齐则未有能治其天下者也。是以三代之盛,圣贤之君能修其政者,莫不本于齐家。盖男正位乎外,女正位乎内。而夫妇之别严者,家之齐也;妻齐体于上,妾接承于下,而嫡庶之分定者,家之齐也;采有德,戒声色,近严敬,远技能者,家之齐也;内言不出,外言不入,苞苴不达,请谒不行者,家之齐也。然闺门之内,恩常掩义,是以虽以英雄之才尚有困于酒色,溺于情爱而不能自克者,苟非正心修身动由礼义使之有以服吾之德,而畏吾之威,则亦何以正其宫壸,杜其请託,检其姻戚,而防祸乱之萌哉!《书》曰:"牝鸡之晨,惟家之索。"《传》曰:"祸之兴,莫不本乎室,家道之衰,莫不始乎梱内。"惟圣明之留意焉,则天下幸甚。②

在这段话里,朱熹把"治家"提升到了牵涉国家安危的高度,突出了"家"在"仁道"中的地位和作用。这既是朱熹整个思想体系的需要,同时亦是人类社会道德实践的基础,更是朱熹"实理"思想的根本。不过,我们还应看到,中国社会是一个典型的农业社会,与之相适应,人们对"家"就形成了某种特殊的感情,"家"观念十分牢固,"家"文化尤其壮观,于是,"家"便成了维系人们思想感情的重要纽带,成了人们寄托人生情感之所在。故"成家"就成了人生中最大的事情,备受人们的关注。从这个意义上说,朱熹理学本身就是一种家文化。朱熹说:"有天地然后有万物,有万物然后有男女,有男女然后有夫妇,有夫妇然后有父子,有父子然后有君臣,有君臣然后有上下,有上下然后礼仪有所错。夫妇之道不可以不久也,故受之以恒。"③ "夫妇"是成家的标志,它是整个社会关系的一块基石,即"男女有别而后夫妇有义,夫妇有义而后父子有亲,父子有亲而后君臣有正"④。可见,确立"夫妇关系"对于强化民族的亲和力,意义非同一般。因此,朱熹才格外看重"成家"与"治家"的社会作用。那么,如何治家呢?朱熹提出了"四齐"原则。在"四齐"中,"别男女"是根本。朱熹说:"淫乱者,生于男女无别。男女无别则夫妇失义,婚礼聘享者,所

---

① 《朱子语类》卷 27《论语九》,第 705 页。
② 《朱子语类》卷 12《封事》。
③ 朱熹:《周易本义》卷 11《周易序卦传》。
④ 朱熹:《仪礼经传通解》卷 2《家礼二之上》。

以别男女、明夫妇之义也。"① 又说："窃惟礼律之文，婚姻为重，所以别男女，经夫妇，正风俗，而防祸乱之原也。"② 显而易见，"别男女"的根本目的就是严格限制男女"情爱"，而"婚礼"就是给男女规定出正当情爱关系的基本方式。除此之外，那些非正当的男女关系都被视作"淫乱"行为，它是败家亡国的"罪魁祸首"之一。所以，"情爱"这个思想范畴具有很强的针对性，它是朱熹推行仁道的一个真正着力点。虽然朱熹"别男女"思想在特定的历史条件下具有一定的合理性，但"别男女"不等于非置妇女于死地不可，而朱熹的"别男女"思想则表现出了严重的歧视妇女倾向。例如，他说："男帅女，女从男，夫妇之义由此始也。妇人，从者也。幼从父兄，嫁从夫，夫死从子。"③ 在朱熹的理学视域内，身为女性简直没有活头，她们已经连一点做人的尊严都没有了，甚至在某种程度上，她们的"爱"也是被限制的。不仅如此，妇女还要承担"家人离"的全部责任，如朱熹很明确地说："家人离，必起于妇人。"④ 你说，女人活得冤不冤！

当然，"正家"不仅仅拘于"夫妇"关系，其他如父子关系、兄弟关系甚至君臣关系等，也都属于"家人"的范畴，他们之间也存在着"情爱"关系。但为什么朱熹不把这些关系看得比"夫妇"关系更重要呢？这是因为朱熹所说的"夫妇"关系不是一般的"夫妇"关系，而是从齐家、治国之高度来说的"夫妇"关系，尤其是从君主治国这个角度来说的"夫妇"关系。朱熹说："寝席之交而后有夫妇之际。"⑤ "寝席之交"其实不止"夫妇"关系，但仅就"夫妇"意义上的"寝席之交"而言，以"寝席"之言为是的君主大有人在，远的不说，近的如北宋的真宗与刘皇后、徽宗与其爱妾彭氏等就是例子。然而，在朱熹看来，无论是君主还是平民，"夫妇"之间不是不讲"情爱"，而是不要溺于"情爱"。一般的和正当的"情爱"关系，朱熹则认为是"情性之正也"。例如，朱熹以《诗经·邶风·燕燕》中卫国君主庄姜与戴妫的爱情为例，说明了"情性之正"的"情爱"关系，是合理的和美好的。他赞同时举对"燕燕"诗篇主题的解读："燕燕诗前三章，但见庄姜拳拳于戴妫，有不能已者。及四章，乃见庄姜于戴妫非是情爱之私，由其有塞渊温惠之德，能自淑慎其身，又能以先君之思而勉己以不忘，则见戴妫平日于庄姜相劝勉以善者多矣。故于其归而爱之若此，无非情性之正也。"⑥ 看来，这种"相劝勉以善者"的"情爱"还是应当提倡

① 朱熹：《仪礼经传通解》卷 37《王朝礼十四》。
② 朱熹：《晦庵集》卷 20《申严婚礼状》。
③ 朱熹：《仪礼经传通解》卷 2《家礼二之上》。
④ 朱熹，吕祖谦：《近思录》卷 8《治体》。
⑤ 朱熹：《仪礼经传通解》卷 2《家礼二之上》。
⑥ 《朱子语类》卷 81《诗二》，第 2103—2104 页。

的，因为它对家国天下有益而无害，反之，则对家国天下有害而无益。

4）"公"与"爱"

"公"的概念已见前述，无需赘言。在此，我们只作几点小的补充：①如果"情爱"属于私意的话，那么，"公"则是一种属于社会性的"仁之理"。朱熹说："爱属乎情，爱乃仁之一事。理属乎性，而理乃仁道之大全。故爱不是仁，而爱之理则仁也。"（《晦庵集》卷 57《答李尧卿》）爱不是仁，而仁是爱之理；"公"亦不是仁，但"公"是仁之理。朱熹说："仁是爱底道理，公是仁底道理。故公则仁，仁则爱。"① ②"公"作为"仁底道理"，是先天的和自在的，而不是后天的和外在的。对此，朱熹有一段点评"公而以人体之"的话说得很清楚，他说："'公而以人体之'，此一句本微有病。然若真个晓得，方知这一句说得好，所以程先生又曰：'公近仁。'盖这个仁便在这'人'字上。你元自有这仁，合下便带得来。只为不公，所以蔽塞了不出来；若能公，仁便流行。譬如沟中水，被沙土雹靉壅塞了，故水不流；若能担去沙土雹靉，水便流行。如'克己复礼为仁'。所谓'克己复礼'者，去其私而已矣。能去其私，则天理便自流行。不是克己了又别讨个天理来放在里面也。故曰：'公近仁。'"② ③就方法而言，公是"克己功夫到处"。朱熹说："公是仁之方法，人是仁之材料。有此人，方有此仁。盖有形气，便具此生理。若无私意间隔，则人身上全体皆是仁。如无此形质，则生意都不凑泊他。所谓'体'者，便作'体认'之体，亦不妨。"③

因此，公、仁与爱三者之间的关系，如图 6-3 所示。

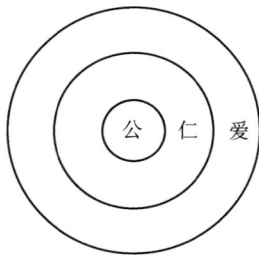

图 6-3　公、仁与爱三者之间的关系示意图

从仁道的角度看，"仁"是连接"公"与"爱"的媒介与桥梁。如果用本质和现象这对哲学范畴来说，则"公"是"仁"的本质，而"爱"是"仁"的现象。当然，公、仁、爱三者亦可用先后次序来表示。如朱熹说："仁是

---

① 《朱子语类》卷 6《性理三》，第 116 页。
② 《朱子语类》卷 95《程子之书》，第 2453 页。
③ 《朱子语类》卷 95《程子之书》，第 2453—2454 页。

人心所固有之理，公则仁，私则不仁。未可便以公为仁，须是体之以人方是仁。公、恕、爱，皆所以言仁者也。公在仁之前，恕与爱在仁之后。公则能仁，仁则能爱能恕故也。"① 公、恕、爱三者的"先后"，不仅是时间上的在先与在后问题，而且在逻辑上，凡是"先在"的，都必定较"后在"者更为本质，更为核心。例如，"公是仁之理，不可将公便唤做仁，将公而以人体之，故为仁。只为公而物我兼照，故仁所以能照，所以能爱"②。

由"公"这个概念，而进一步衍生出朱熹的"公意识"。"公意识"不像理、气、性、心那样具有一定的抽象性和思辨性，故常常为哲学史界所忽视。例如，冯友兰著《中国哲学史》，其第十三章是专讲朱子之学的，他重点介绍了"理""太极""气"及"人物之性"等几个范畴，但对"公意识"没有作解释。侯外庐等所著《宋明理学史》洋洋 50 多万字，竟亦未给"公意识"以一席之地。难道说是朱熹讲"公意识"太虚伪了吗？抑或是"公意识"在 20 世纪六七十年代已被人们搞臭了吗？其实，"公意识"是人生最切要的道德实践之一，是人类真正的良心之所在，而"公意识"跟人类文明有一种水涨船高的关系。一般地说，"公意识"越自觉，人类文明水平就越高；反过来，人类文明水平越高，则人们的"公意识"就越强烈。当然，由于人类物质文明与精神文明具有不同步性，所以"公意识"跟人类文明之"水涨船高"的关系也不能一概而论。当人类尚处于开化的早期阶段，物质生活虽然不十分富裕，但人们为了共同对付恶劣的自然环境，便不得不团结起来，依靠醇化人们的精神元素来传承自己的文明，从而推动社会的发展和进步。与之相反，当人类的物质文明累进到一定的历史阶段，人们不必再专业性地去对付来自自然环境的危险了，因为来自同类的威胁更甚于来自自然环境的危险，所以，人们便有了集团之别和阶级之分。此时，"公意识"被大大地削弱了，"利己主义"甚至变成了某些阶级的共同的指导思想和生存原则。于是，人们就设想人类未来的"公意识"应当是什么样的。尤其是在现实的社会条件下，人们究竟该为创造"公意识"的社会氛围做点什么？毫无疑问，共产主义社会的道德意识就是一种"公意识"。由此而上溯到"子学时代"，《礼记·礼运》曾对"公意识"有这样一段描述：

> 大道之行也，天下为公。选贤与能，讲信修睦，故人不独亲其亲，不独子其子，使老有所终，壮有所用，幼有所长，矜寡孤独，废疾者皆有所养。男有分，女有归。货恶其弃于地也，不必藏于己；力恶其

① 《朱子语类》卷 95《程子之书》，第 2455 页。
② 朱熹：《孟子精义》卷 14《尽心章句下》。

不出于身也，不必为己。是故谋闭而不兴，盗窃乱贼而不作，故外户而不闭，是谓大同。

按照《礼记》的理解，"公意识"是"大同"社会的一种思想道德，它既是对"三代"社会风貌的怀念，又是对未来社会发展模式的憧憬。既然是"憧憬"，那就是说它毕竟还是一种理想，至少在当下是不可能实现的，但这丝毫没有否认它本身具有某种现实的可能性。《礼记》的作者认为，"三代"以降，"公意识"沦丧，则"天下为家，各亲其亲，各子其子，货力为己"①。所以，我们不妨将"天下为家"的意识称为"私意识"。对于"公意识"与"私意识"这两种道德现象，我们不能简单地作道德批判，因为"凡是合乎理性的东西都是现实的；凡是现实的东西都是合乎理性的"②。例如，"私意识"的现实合理性就存在于社会的基本矛盾运动之中，其根本点就在于人类的物质生产不能满足人们对物质及精神消费的客观需要，因而有的人便想方设法甚至不择手段地去掠夺他人的财富以满足自己的物质和精神需要。由此，"公意识"和"私意识"就在这种历史背景下不可避免地构成了现实社会的两大价值伦理学说，在中国古代也称"君子"与"小人"之说。而朱熹对"君子"与"小人"的界定，就是以"公意识"和"私意识"这两大价值伦理学说为标准的。例如，朱熹说：

> 君子小人，即是公私之间。皆是与人亲厚，但君子意思自然广大。小人与人相亲时，便生计较，与我善底做一般，不与我善底做一般。③

《论语》云："君子周而不比"，朱熹释"比"与"周"时说：

> 比之与周，皆亲厚之意。周则无所不爱。为诸侯则爱一国，为天子则爱天下，随其亲疏后薄，无不是此爱。若比，则只是捡择。或以利，或以势，一等合亲底，他却自有爱憎，所以有不周处。④

> 周固是好，然而有一种人，是人无不周旋之。使所周之人皆善，固是好。万一有个不好底人，自家周旋去，这人会作无穷之害。此无他，只是要人之同己，所以为害。君子则不然，当亲则亲，当疏则疏而已。⑤

试想，在连基本生活条件都不能满足的现实境遇里，人们又如何做得不势利？

---

① 《礼记·礼运》。
② 黑格尔：《法哲学原理》，北京：商务印书馆，1961年，第11页。
③ 《朱子语类》卷24《论语六》，第581页。
④ 《朱子语类》卷24《论语六》，第582页。
⑤ 《朱子语类》卷24《论语六》，第582页。

可是，"公意识"不能一蹴而就，亦不能守株待兔，它的实现需要一步一步地走，更需要一点一滴地做。一句话，人们应当为"公意识"的实现而积极地去创造条件。根据《礼记》的设想，"小康"之后是"大同"，而"小康"社会也是"公意识"与"私意识"斗争最为剧烈的历史阶段。在这个历史阶段里，人们不仅要为"公意识"战胜"私意识"创造现实的社会物质条件和精神条件，而且还要为"公意识"的成长创造良好的社会政治和思想文化氛围。特别重要的是，我们面对形形色色的"势利"思想和行为，不应公私不分，更不能反耻为荣，为"小人"开绿灯而反过来去孤立君子！压抑"公意识"，甚至打击和迫害具有"公意识"的君子！自阶级社会产生以来，历朝历代均有让"君子"很难堪的事情发生，而打击和迫害具有"公意识"的君子之社会现象更是无朝不有，无代不见，真的是往事不堪回首。例如，燕国的乐毅，赵国的廉颇，魏国的邓艾，南朝的王敬则，唐朝中后期的高仙芝等，都是中国古代历史上具有"公意识"的忠良之臣，结果却遭到奸佞小人的打击迫害，难怪朱熹无可奈何地说："舜举十六相，诛'四凶'，如此方恰好，两边方停匀。后世都不然，惟小人得志耳。方天下无事之时，则端人正士行义谨饬之士为小人排摈，不能一日安于朝廷，迁窜贬谪。及扰攘多故之秋，所谓忠臣义士者，犯水火，蹈白刃，以捐其躯；而小人者，平世固是他享富贵，及乱世亦是他宽，纵横颠倒，无非是他得志之日。君子常不幸，而小人者常幸也。"① 可见，"公意识"战胜"私意识"是何其艰难！

尽管难，但"公意识"还得大力去提倡，还得有人去做。由一人及十人，由十人及百人，由百人及千人、万人，总有一天，"公意识"会成为主导整个人类社会进步的理性法则，而"私意识"将无容身之地，到那时，"私意识"就像过街老鼠，人人喊打。试看将来的世界，必定是"公意识"的世界。这是问题的一个方面。另一方面，我们还应当清醒地意识到，"小康"之世毕竟是一个相当长的历史时期，在这个历史时期里，"公意识"还面临着"私意识"的严峻挑战，如有不慎就很可能会上演"私意识"甚嚣"公意识"之上的社会悲剧。因此，对于"公意识"的前途，我们既不能盲目乐观，也不能坐待其被"私意识"所沉沦。为此，我们对"公意识"的性质及其表现形式应多多少少地有所认识和了解。

第一，心系公众或他人的利益，是"公意识"的根本性质。朱熹说："譬如一事，若系公众，便心下不大段管；若系私己，便只管横在胸中，念念

---

① 《朱子语类》卷 131《本朝五》，第 3140 页。

不忘。只此便是公私之辨。"① 又说："将天下正大底道理去处置事，便公；以自家私意去处之，便私。"② "将天下正大底道理去处置事"不仅适用于一般的人际关系，而且尤其适用于身处要职的国家工作人员。因为国家工作人员代表国家来具体行使管理国家事务的权力，所以他们能否真正地"将天下正大底道理去处置事"，就直接关系到人心之向背，关系到一个国家的前途与命运，非同儿戏。朱熹说："凡事只认自家有便宜处做，便不恤他人，所以多怨。"③ 一个普通人如果"只认自家有便宜处做，便不恤他人"，其产生的"怨"可能仅仅危及一人或几人，而一个国家工作人员如果"只认自家有便宜处做，便不恤他人"，那么，他所产生的"怨"就可能危及百人、千人甚至万人。对于国家的执政者来说，这个后果是非常可怕的。所以，树立"执政为公"的理念，对于提高整个国民的"公意识"素质，从而维护一个国家的长治久安具有极其重要的现实意义。

第二，"好善恶恶"是"公意识"的重要特征。朱熹说："君子之于人，无一人使之不得其所，这便是周；小人之于人，但见同于己者与之，不同于己者恶之，这便是比。君子之于人，非是全无恶人处，但好善恶恶，皆出于公。"④ 当然，"公意识"之表现为"好善恶恶"，绝不能仅仅停留在心里或嘴边，而是要实实在在地付诸行动。面对恶的事，敢于挺身而出，除恶务尽。只有这样，我们才能对得起做人的良心。然而，在现实生活中，并非人人都能如此。故《论语》说："唯仁者能好人，能恶人。"何以如此？朱熹解释说："好善而恶恶，天下之同情。若稍有些子私心，则好恶之情发出来便失其正。惟仁者心中浑是正理，见人之善者则好之，见不善者则恶之。或好或恶，皆因人之有善恶，而吾心廓然大公，绝无私系，故见得善恶十分分明，而好恶无不当理，故谓之'能好能恶'。"⑤ 所谓"仁者"不仅"无私心"，而且"好恶当于理"。在这里，我们应当避免两种思想倾向：一种是"正而不公"，即"有人好恶当于理，而未必无私心"⑥，如那些为了某种目的而以理处事者，就是这样一类人；另一种是"公而不正"，即"有人无私心，而好恶又未必皆当于理"⑦，如"山杠爷"就是这样的一类人。

第三，"公意识"的种种表现，如下。

第一种表现是"仁者不忧"。所谓"忧"，其实就是一种"计较"意识，

---

① 《朱子语类》卷16《大学三》，第345页。
② 《朱子语类》卷13《学七》，第228页。
③ 《朱子语类》卷26《论语八》，第665页。
④ 《朱子语类》卷24《论语六》，第581—582页。
⑤ 《朱子语类》卷26《论语八》，第646页。
⑥ 《朱子语类》卷26《论语八》，第645页。
⑦ 《朱子语类》卷26《论语八》，第645页。

就是一种从私心中产生出来的患得患失心理。而那些具有"公意识"的人，其胸怀坦荡，光明磊落，"何忧之有"。朱熹说："仁者，天下之公。私欲不萌，而天下之公在我，何忧之有！"①　而从理性的层面看，凡是那些不按照客观规律办事的人，无不忧；相反，那些按照客观规律办事的人，必无忧。朱熹同意这样的解释："仁者顺理，故不忧。若只顺这道理做去，自是无忧。"②　而"人所以忧者，只是卒然遇事，未有一个道理应它，便不免有忧"③。

第二种表现是"敬"。"敬"是一种内心正直的体现，用人格学的术语讲，就是"质直"。朱熹说："质是朴实，直是无偏曲，而所行又合宜。"④　所谓"合宜"，就是知道哪些事应当做，哪些事不应当做，且不计功利。但在现实生活中，很多人不是这样。如朱熹说："今人做事，未论此事当做不当做，且先计较此事有甚功效。既有计较之心，便是专为利而做，不复知事之当为矣。"⑤　一般地讲，凡做事"合宜"的人，多能成就一种高远的道德境界。朱熹说："凡人若能知所当为，而无为利之心，这意思便自高远。才为些小利害，讨些小便宜，这意思便卑下了。"⑥　所以，"敬时内面一齐直，彻上彻下，更无些子私曲。若不敬，则内面百般计较，做出来皆是私心。欲利甲，必害乙；利乙，必害丙，如何得安！"⑦

第三种表现是仁者"常过于爱，失之厚"。对每个人来说，"爱"与"厚"都意味着付出，其"过"字则形象地反映了仁者之"公意识"的一种社会现实，即那些真正具有"公意识"的人，活得实在是太累了，他们真的需要全社会的关注和爱护，我们应当为之建立一种积极的保护仁者的制度体系，让他们在现实生活中不吃亏。我们应当认识到那些具有"公意识"的仁者是真正的社会精英，他们是人类社会最可贵的精神财富。朱熹说："所谓君子过于厚与爱者，虽然是过，然亦是从那仁中来，血脉未至断绝。若小人之过于薄与忍，则与仁之血脉已是断绝，其谓之仁，可乎？"⑧　厚道与残忍是君子与小人在待人接物方面表现出来的显著差别，与此相连，厚道又可进一步推演出廉与严等行为原则，而残忍可则进一步推演出贪婪及纵欲等危害社会的不仁不义行为。故朱熹把这些行为看作是与"仁之血脉

---

① 《朱子语类》卷 37《论语十九》，第 983 页。
② 《朱子语类》卷 37《论语十九》，第 984 页。
③ 《朱子语类》卷 37《论语十九》，第 985 页。
④ 《朱子语类》卷 42《论语二十四》，第 1092 页。
⑤ 《朱子语类》卷 42《论语二十四》，第 1093 页。
⑥ 《朱子语类》卷 42《论语二十四》，第 1093 页。
⑦ 《朱子语类》卷 44《论语二十六》，第 1145 页。
⑧ 《朱子语类》卷 26《论语八》，第 658 页。

已是断绝"的行为，此已类于禽兽了。所以孔子说："观过知仁。"朱熹释："此是就人有过失处观之。谓如一人有过失，或做错了事，便观其是过于厚，是过于薄。过于厚底，虽是不是，然可恕，亦是仁者之类。过于薄底，便不得，便是不仁了。"① 因此，对于小人之"贪"，我们绝不能等闲视之。故历朝历代都有严厉的惩贪法律，至于效果如何，那是另外一个话题。我们现在所关注的是不能让贪者成灾。对于"贪"可分为两种类型：庶民之贪与官贪。庶民之贪一般只是贪图小利，或可曰"损人利己"，而官贪之贪则是贪图大利和厚利，甚至为了贪利而不惜出卖国家的利益，这或可曰"损公肥私"，甚或"祸国殃民"。因此，官贪猛于虎。我们虽然不能说凡有权力的地方，都有"贪官"，但"官贪"却是一种"权力之贪"。从这个角度讲，治贪之本还在于建立一套有效的权力监督机制，使之有权而不能贪，而没有办法去贪，那样为官者就是想贪也不敢贪了。从理论上看，人类非到此种境地则不能根除官贪之弊。

"公意识"如此，下面再论"爱"这个范畴。

"爱"是什么？自从人类有了这个词之后，它就始终没有形成一个成型和统一的说法。正如美国作家卢森所说："爱是绝对没有模式和规律的，爱也是不可能说清楚的。"当然，若要像数学原理或物理定律那样给出"爱"的统一方程式，在目前人类的社会条件下，则是根本无望的。但这并不妨碍人们对它作定性的考察，而且在可能的范围内，去创造一种关于爱的学说与理论，如墨子的"兼爱"说就是一种爱的学说。在他看来，天下乱臣贼子之兴风作浪，实在是根源于人类相互之间的"不相爱"。于是，墨子提出了"兼相爱，交相利"②的命题。这个命题包含两层含义：一是"爱"是利他的，二是"爱"以"互利"为基础，如墨子所说："夫爱人者，人必从而爱之；利人者，人必从而利之。"③ 如果"兼爱"能普及于万民，固然皆大欢喜，可是人类目前最困惑的问题是：人们的爱心并不能对等，因为它不是一件物品，可以到市场上去交换来同样价值的另外一件物品。因此，这里便遇到了一个悖论，即吾之爱心为什么不能换来他人同样的爱心。关于这个问题，笔者想每个成年人恐怕都有过这样很惶恐但很无奈的经历。这个经历能说明什么问题呢？它只能说明人类的爱首先是"自私"的这个最鲜明的生存事实，而孔孟反对"兼爱"说的道理亦正在于此。例如，孔子说："圣人因严以教敬，因亲以教爱。"④ 显而易见，孔子不仅承认了爱

---

① 《朱子语类》卷 26《论语八》，第 657 页。
② 《墨子》卷 4《兼爱中》。
③ 《墨子》卷 4《兼爱中》。
④ 裴传永编：《论语外编——孔子佚语汇释》，济南：济南出版社，1995 年，第 66 页。

是自私的这个事实，而且还把"自爱"看作是"爱人"的基本前提。所以，他说："不爱其亲而爱他人者，谓之悖德。"① 不过，我们千万不要误解，孔子重讲亲亲之爱，讲家人之礼，绝不是舍弃了天下之道，恰恰相反，孔子强调"亲亲"正是为了天下大同，其"自爱"的目的主要在于"爱人"。故孟子说："仁者爱人，有礼者敬人。爱人者人恒爱之，敬人者人恒敬之。"②

可以说，孔墨的学说成为西汉以后中国伦理思想进一步发展和演变的两块基石。一般来说，战国以降，中国古代关于"爱"的思想和学说尽管众说纷纭，但总体上没有跳出孔墨的窠臼。例如，在墨子"兼爱"说的基础上形成了"爱"的"功利主义"学派，其主要代表人物有吕不韦、李觏等。吕不韦说："善不善，本于利，本于爱，爱利之道大矣。"③ 李觏亦说："治国之实，必本于财用……礼以是举，政以是成，爱以是立，威以是行。"④ 在西方近代，爱的功利主义性质比较突出，故功利主义的爱，事实上已经成为西方学界的主流思想。例如，洛克说："一件存在或不存在的东西如果能给人以一种快感，则那人在反省那个快乐之感时，便会得到爱情观念。"⑤ 又如，斯宾诺莎更直截了当地说："爱不是别的，乃是为一个外在的原因的观念所伴随着的快乐。"⑥ 与之相对，不计功利的"爱"，是儒家思想的重要特点，同时也是中国古代伦理学的主导思想。而自孔孟之后，此境界的"爱"又可具体分为两派：一派是"亲亲"之爱，另一派是"泛爱"。严格来说，"亲亲"之爱是一种自私的爱，但由于儒家讲"推己及人"，也就是用爱自己的方式去爱他人，故"亲亲"之爱往往被一些儒学家看成是"爱人"的前提。例如，三国文学家刘廙曾说："夫人主莫不爱爱己，而莫知爱己者之不足爱也。"⑦ 而"泛爱"论者认为，"爱"是一种宇宙精神，是仁或善的本质体现。如周敦颐说："君子悉有众善，无弗爱且敬焉。"⑧ 朱熹释："恶无不劝，故不弃一人于恶。不弃一人于恶，则无所不用其爱敬矣。"⑨ 这就是说，爱不分好恶，一视同仁，因为爱既是一种与生俱来的天性，又是一种可以化恶为善的神奇力量。实际上，在阶级社会里，"爱"从来都是不平等的，更不是万能的。而用"爱"来软化被压迫阶级的反抗斗争，应是宋代理学的重要功能之一。因此，朱熹亦自觉地以"泛爱"说来立论，认

① 裴传永编：《论语外编——孔子佚语汇释》，济南：济南出版社，1995 年，第 66 页。
② 《孟子》卷 8《离娄下》。
③ 《吕氏春秋》卷 13《听言》。
④ 《直讲李先生文集》卷 16《富国策第一》。
⑤ 洛克：《人类理解论》上册，北京：商务印书馆，1997 年，第 200 页。
⑥ 斯宾诺莎：《伦理学》，北京：商务印书馆，1962 年，第 102 页。
⑦ 刘廙：《全三国文》卷 34《魏三十四·慎爱》。
⑧ 《周敦颐集·通书》，长沙：岳麓书社，2002 年，第 35 页。
⑨ 《周敦颐集·通书》，长沙：岳麓书社，2002 年，第 35 页。

为"爱"不分贵贱，不分你我，皆一气相属，天理使然。他说：

> 如君之所以仁，盖君是个主脑，人民土地皆属它管，它自是用仁爱。试不仁爱着，便行行不得。非是说为君了，不得已用仁爱，自是理合如此。试以一家论之：为家长者便用爱一家之人，惜一家之物，自是理合如此，若天使之然。每常思量着，极好笑，自那原头来便如此了。又如父之所以慈，子之所以孝，盖父子本同一气，只是一人之身，分成两个，其恩爱相属，自有不期然而然者。其它大伦皆然，皆天理使之如此，岂容强为哉！①
>
> 周则无所不爱。为诸侯则爱一国，为天子则爱天下，随其亲疏厚薄，无不是此爱。②
>
> 爱是泛爱那物。③
>
> 夫子有言，弟子入则孝，出则弟，谨而信，泛爱众而亲仁。④

可见，朱熹所说的"爱"，是一种表现为"亲疏厚薄"的伦理之爱，是一种天然就不平等的爱。

首先，从伦理上说，"爱之本柄"即"心之德"。朱熹说："'爱之理，心之德。'爱是恻隐，恻隐是情，其理则谓之仁。心之德，德又只是爱。谓之心之德，却是爱之本柄。人之所以为人，其理则天地之理，其气则天地之气。"⑤"爱之本"亦可称作"仁"，如朱熹说："仁是爱的道理。"⑥ 因此，"仁是根，恻隐是萌芽。亲亲、仁民、爱物，便是推广到枝叶处"⑦。而"推广"的过程，在朱熹看来，不是外在的，而是内在的，发生于"仁"自身之中的。仁的特征是"以天地万物为一体"⑧，朱熹说："若爱，则是自然爱，不是同体了方爱。惟其同体，所以无所不爱。所以爱者，以其有此心也；所以无所不爱者，以其同体也。"⑨

其次，从天然禀气的角度说，爱则生来就不平等。朱熹说："论万物之一原，则理同而气异；观万物之异体，则气犹相近，而理绝不同。"⑩ 又说："气相近，如知寒暖，识饥饱，好生恶死，趋利避害，人与物都一般。理不

---

① 《朱子语类》卷 17《大学四》，第 383 页。
② 《朱子语类》卷 24《论语六》，第 582 页。
③ 《朱子语类》卷 87《礼四》，第 7 页。
④ 《晦庵集·别集》卷 3《方耕叟》。
⑤ 《朱子语类》卷 6《性理三》，第 111 页。
⑥ 《朱子语类》卷 6《性理三》，第 116 页。
⑦ 《朱子语类》卷 6《性理三》，第 118 页。
⑧ 《朱子语类》卷 33《论语十五》，第 853 页。
⑨ 《朱子语类》卷 33《论语十五》，第 852 页。
⑩ 《朱子语类》卷 4《性理一》，第 57 页。

同，如蜂蚁之君臣，只是他义上有一点子明；虎狼之父子，只是他仁上有一点子明；其他更推不去。恰似镜子，其他处都暗了，中间只有一两点子光。大凡物事禀得一边重，便占了其他底。如慈爱底人少断制，断制之人多残忍。盖仁多，便遮了义；义多，便遮了那仁。"①就男女性别来说，则"妇人之仁，只流从爱上去"②。此乃气偏之故。

"爱"既然是"泛爱众"，那么，它本身就应当有一个道德实践的平台，使"爱"借此以实现其"泛爱"的目的。人生而不平等，这是朱熹理学的一个重要原则。他说："人之性皆善。然而有生下来善底，有生下来便恶底，此是气禀不同。"③"性者万物之原，而气禀则有清浊，是以有圣愚之异。"④但不管是圣还是愚，对于"泛爱"的意义来说，有一条底线是不能动摇的，那就是欲"泛爱"必先"自爱"。当然，"自爱"不当会导致"自私"，而修身的目的就是将"自爱"引向"泛爱"，使之达到一个高尚的道德境界。所以，高尚之人与卑鄙之人的差别就在于，究竟如何去控制"自爱"的演化路径，是朝着"自私"的方向发展还是朝"泛爱"的方向发展？在朱熹看来，人生来都是善的，而"自私"和"泛爱"都是后天培养的结果。这样，从人性善到"泛爱"之间就有了一定的内在必然性，同时也就有了某种程度实现的可能性，而"自爱"则成为这个可能性的重要环节与关键条件。由于"爱身"是把握"自爱"的客观尺度和最直接、最基本的道德实践前提，因此，朱熹非常强调"爱身"对于实践"泛爱"的决定性作用。他说：

> 仁恐始于爱身，礼恐始于敬身，义恐始于制此身之宜，智恐始于明此身之礼。盖不爱其身则是自绝，故必不爱亲，而亦无以爱亲；不敬其身则是自贱，故必不敬亲，而亦无以敬亲。⑤

那么，"爱身"与"自爱"是一种什么样的关系呢？

从表面上看，"爱身"与"自爱"都是一种自我的道德实践行为，属于一个人的事情。其实不然，朱熹说："身本出于父母。"⑥也就是说，每个人的身体从本质上说都不完全属于自己，因为你的身体是父母给的。所以，从这个层面上讲，"爱身"就是爱父母。故孔子说："身体发肤受之父母，不敢毁伤，孝之始也。"⑦就此而论，凡自残者，都是不敬不孝之人，因为

---

① 《朱子语类》卷4《性理一》，第57页。
② 《朱子语类》卷4《性理一》，第57页。
③ 《朱子语类》卷4《性理一》，第69页。
④ 《朱子语类》卷4《性理一》，第76页。
⑤ 朱熹：《晦庵集·续集》卷5《答李孝述继善问目》。
⑥ 朱熹：《晦庵集》卷100《劝谕榜》。
⑦ 朱熹：《孝经刊误》。

任何人都无权残害自己的身体。在朱熹看来，每个人不是天生就知道"爱身"的，一般来讲，人之为人，只有当其真正懂得人身之"所自"，他才能建立起"自爱"的信心与"爱身"的自觉意识。朱熹说：

> 窃疑先智次仁次礼次义，且就身言之，恐必知此身受形所自，而四肢百骸血气皆相贯属，吾所当爱然后有自爱之心，知爱之而不忍伤，则必敬之而不敢忽。爱敬既生，方可裁制其宜以全爱敬之道。①

相对于万事万物来说，"爱"不是外力使然，而是万事万物本来如此。所以，"自爱"是天德，是天性。朱熹说：

> 假使天地之间净尽无一物，只留得这一个物事，他亦自爱。②
> 此理之爱，如春之温，天生自然如此。③

因此，从"自爱"到"亲亲"，到"泛爱"，就构成了朱熹理学的基本道德实践模式。不过，现实社会是一个极其复杂的组织体系，其中每个环节都不是孤立的，而任何一个环节都不能不受到其他环节的影响。如道德与法律的矛盾和冲突，孝悌与朋党之争的政治趋向与价值选择，忠君跟改朝换代的社会变革，等等，这些问题不是虚设的，而是与每个人的现实生活都密切相关。人不是生活在真空里，人是社会的人，于是，如何正确处理各种社会关系，便是考量一个人是否成熟的关键标志。所以，爱不是万能的，而是有局限的和有节制的。

"自爱"无疑是重要的，它的确也是立人的基础。但"自爱"是跟社会现实相互联系着的，那种脱离社会现实的"自爱"，跟没有"自爱"的社会存在一样可怕。例如，朱熹就坚决反对那种孤芳自赏型的"自爱"，他以"杨朱"为例，深刻地阐释了这个社会学道理。他说：

> 盖杨氏见世间人营于名利，埋没其身而不自知，故独洁其身以自高，如荷蓧、接舆之徒是也。然使人皆如此洁身而自为，则天下事教谁理会？④
> 如东晋之尚清谈，此便是杨氏之学。杨氏即老庄之道，少间百事废弛，遂启夷狄乱华，其祸岂不惨于洪水猛兽之害！⑤
> 杨朱看来不似义，他全是老子之学。只是个逍遥物外，仅足其身，

---

① 朱熹：《晦庵集·续集》卷5《答李孝述继善问目》。
② 《朱子语类》卷95《程子之书》，第2447页。
③ 《朱子语类》卷95《程子之书》，第2447页。
④ 《朱子语类》卷55《孟子五》，第1320页。
⑤ 《朱子语类》卷55《孟子五》，第1320页。

不屑世务之人。只是他自爱其身，界限齐整，不相侵越，微似义耳，然终不似也。①

另外，朱熹还强调，"泛爱"并不是平等地去爱所有的人，而是"爱有差等"②，也就是说，你应当去爱你该爱的人，而不应当去爱你不该爱的人。因此，朱熹反对墨子的"兼爱"说。他认为：

> 墨氏见世间人自私自利，不能及人，故欲兼天下之人人而尽爱之。然不知或有一患难，在君亲则当先救，在他人则后救之。若君亲与他人不分先后，则是待君亲犹他人也，便是无父。③

所以，"墨氏兼爱，又弄得没合杀。使天下怅怅然，必至于大乱而后已，非'率兽食人'者何？"④

众所周知，在一个人们不能平等生活在一起的社会里，任何"泛爱"都是有条件的，而那些烦琐的道德禁区便是"泛爱"不能突破的底线，否则，你将被你所生存的社会所抛弃、淹没。例如，"泛爱"中最应属男女婚配没有拘束了。其实不然，在中国古代的整个封建制度下，恰恰是最应没有拘束的那些属正常情况下的"爱"，却偏偏受到了严格的限制，甚至在某些方面还存在着严重的歧视行为。相对于其他的封建时代，宋代可能是最开明的历史阶段了。然而，即使在宋代，男女之间的婚配关系也没有难以逾越的壁垒。如宋真宗诏令："禁诸路转运使副、诸州官吏与管内官属结亲，违者重置其罪。"此令限制宋朝有直接上下级关系的官吏之间的通婚。宋仁宗诏令："士庶之家尝更佣雇之人，自今毋得与主之同居亲为昏，违者离之。"⑤ 此令规定了主仆之间是不能通婚的。宋哲宗又诏："宗室嫁娶，缌麻（即五服以内的近亲，引者注）以上须两世，袒免（即五服以外的远亲，引者注）须一世有官，非诸司出职及进纳、伎术、工商杂类、恶逆之家子孙若违碍及妄冒者，犯人并媒保各以违制论。"⑥ 此令则规定了宋代宗室"不得与杂家之家婚嫁"及宗室只能跟现任文武升朝官之家结亲。在宋朝，不仅"诸杂户不得与良人为婚"⑦，而且官民之间一般也不允许通婚，如宋《户令》沿袭唐之规定："诸州县官人在任之日，不得共部下百姓交婚，违者虽

---

① 《朱子语类》卷55《孟子五》，第1321页。
② 朱熹：《晦庵集》卷67《论语或问说一》。
③ 《朱子语类》卷55《孟子五》，第1320页。
④ 《朱子语类》卷55《孟子五》，第1320页。
⑤ 李焘：《续资治通鉴长编》卷177至和元年十月壬辰。
⑥ 李焘：《续资治通鉴长编》卷490元祐三年三月甲子。
⑦ 《宋刑统》卷14《户婚律·主与奴聚良人》。

会赦仍离之。"① 如此等等。我们承认上述规定，在特殊的历史条件下，有的规定具有合理性，如禁止同属官吏之间交婚，可以防止官场之间的裙带关系，它对于净化各地命官要员的总体执政环境不无裨益。然而，有些规定却带有严重的身份歧视，而这种等级化的婚姻现象阻碍了社会的进步，不利于人类情感资源的优化组合与人类基因资源的合理配置，因而是不合理的和落后的。

朱熹认为，"爱"是"仁"的爱。有人问："孝悌为仁之本。"朱熹回答说："这个仁，是爱底意思。"② 虽然"仁者爱之理"，但朱熹又很肯定地说："'爱之理'，爱自仁出也。然亦不可离了爱去说仁。"③ 这就是说，"仁"与"爱"是统一的，是不可分割的。我们说，既然不能离了爱来谈仁，仁也就自然而然地成为包含着"爱"的仁了。因此，"盖仁，性也，性只是理而已。爱是情，情则发于用。性者指其未发，故曰'仁者爱之理'。情即已发，故曰'爱者仁之用'"④。因而为了调节"仁"与"性""情"及"爱"之间的关系，朱熹特别地引用和发挥了"情爱"这个情意绵绵的语词，从而大大加强了其理学思想的感性色彩和道德情趣。

总之，既要"自爱"，又要不溺于"自爱"，甚至变得"自私"与"尖刻"。从"自爱"到"亲亲"，实际上，也不是纯粹自我实现的过程，有时它会受到外来物欲的严重冲击。因此，"自爱"与"亲亲"两者之间固然有先天的相互统一的基础，但在不同社会的价值趋向之下，"自爱"与"亲亲"之间很可能会被掺入一些势利的成分，甚至在特殊的社会背景下，"亲亲"关系也被势利化。而防止"亲亲"关系及"泛爱"关系被"势利"化的重要途径，除了提高整个社会的法制文明，尤其应当强化每个社会个体的道德文化素质，而"恕"与"孝悌"便是属于个人道德文化修养的两个基本内容，也是"仁"这个道德体系中的两个极其重要的思想范畴。

5）"孝悌"与"恕"

从道德伦理的层面讲，"孝悌"为"仁"之根本。朱熹说：

> 仁之为性，爱之理也。其见于用则事亲从兄，仁在爱物，皆为之之事也。此论性而以仁为孝悌之本者然也。但亲者我之所自出，兄者同出而先我，故事亲而孝，从兄而弟，乃爱之先见而尤切者，若君子

---

① 王溥：《唐会要》卷 83《嫁娶》。
② 《朱子语类》卷 20《论语二》，第 461 页。
③ 《朱子语类》卷 20《论语二》，第 464 页。
④ 《朱子语类》卷 20《论语二》，第 464 页。

以此为务，而力行之。至于行成而德立，则自亲亲而仁民，仁民而爱物。其爱有差等，其施有渐次，而为仁之道，生生而不穷矣。此学孝悌所以为仁之本也。①

论仁，则仁是孝悌之本；行仁，则自孝悌始。②

岂特孝悌为仁之本？四端皆本于孝悌而后见也。③

把上述引文综合起来分析，则"孝悌"本身是"爱"的一种形式，属"亲亲"的范畴。在人类社会的历史发展过程中，"亲亲"的物质基础就是家庭，而家庭则是具有血缘关系的人类个体间的一种"亲爱"组合。当然，这种"亲爱"也许在一定条件下是违背妇女意志的，但家庭一旦形成，它就会受到法律的保护，同时，理论意义上的"性爱"或者"情爱"也就开始发生了。恩格斯指出："古代所仅有的那一点夫妇之爱，并不是主观的爱好，而是客观的义务。"④ 在这里，恩格斯特别强调"夫妇之爱"对于"家庭"的意义。毫无疑问，"在中世纪以前，是谈不到个人的性爱的"⑤。因为青年男女原则上属于整个家族和社会，一般情况下，婚姻以家族的利益为转移，所以，儒家以"齐家"为做人的第一要义。而"齐家"的开端不是"夫妇之爱"，而是"家族之爱"。什么是"家族之爱"？简单地说，"家族之爱"就是"孝悌之爱"，就是那种原始的"亲亲之爱"。不过，话又说回来，如果没有这种"亲亲之爱"，就不会有道德之"仁"。因此，从朱熹说"爱"者为"仁之道，生生而不穷矣"的本意讲，"仁"跟"爱"的地位不但是平等的，似乎"爱"较"仁"更为基础和重要。"爱"是一种先天的道德情感，它是与生俱来的，是能动的，因此，它才赋予"仁"以"生命"。所以，从这个角度讲，"仁"就是"性爱"（狭义的两性之爱）。但在儒学的境域内，"性爱"却不是至高无尚的，而将男女之爱与传宗接代关联起来，是中国古代关于两性文化的一个显著特点，如孟子说："不孝有三，无后为大。"⑥在此，"后"就是后继者，可见，"传宗接代"是家族社会畸形发展的产物，它是维持封建婚姻的底线，也是其"夫妇之爱"的行为规范。

尽管中国古代没有与"两性之爱"相对应的"性爱"一词，但就意境而言，"性爱"一词，实源于《周易》。如《周易·系辞下》说："天地氤氲，万物化醇，男女构精，万物化生。《易》曰：'三人行则损一人。'"其中，"男

---

① 朱熹：《晦庵集》卷 67《论语或问说一》。
② 《朱子语类》卷 20《论语二》，第 463 页。
③ 《朱子语类》卷 20《论语二》，第 463 页。
④ 《马克思恩格斯选集》第四卷，北京：人民出版社，1972 年，第 72—73 页。
⑤ 《马克思恩格斯选集》第四卷，北京：人民出版社，1972 年，第 72 页。
⑥ 《孟子》卷 7《离娄章句上》。

女构精"是指两性的结合，而"三人行则损一人"，则是指由男女两性所组成的家庭，按照《周易》的理解，一夫一妻制家庭是最合理的，是谓"三人行则损一人"则成"两人"。在《周易》里，"男女构精"并没有强调"构精"的基础是"爱"还是其他，它所关注的仅仅是"两个人"的家庭。故朱熹说："天地男女，都是两个方得专一，若三个便乱了。三人行，减了一个，则是两个，便专一。"① 而为了维护这"两个人"的家庭，孔子坦言："君子有三戒：少之时，血气未定，戒之在色；及其壮也，血气方刚，戒之在争；及其老也，血气既衰，戒之在得。"② 而由于"少之时"的男女情爱往往防不胜防，故儒家从维护家的本位利益出发，对"少之时"的"在色"问题提出了许多防范措施。如孟子说："男女授受不亲，礼也。"③《礼记·内则》更规定："外内不共井，不共湢浴，不通寝席"；"女子出门，必拥蔽其面"；"男女不同椸枷"等。朱熹则根据南宋社会的发展实际，特别是针对寺院中男女出家以乱人伦的现象提出了严厉的批评，他说："先王之世，男各有分，女各有归，有媒有娉，以相配偶，是以男正乎外，女正乎内，身修家齐，风俗严整，嗣续分明，人心和平，百物顺治。降及后世，礼教不明，佛法魔宗，乘间窃发，唱为邪说，惑乱人心，使人男大不婚，女长不嫁，谓之出家，修道妄希来生福报，若使举世之人尽从其说，则不过百年，便无人种。"④ 然而，生命规律是无法逃避和改变的，所以，那些出家男女"血气既盛，情窦日开中，虽悔于出家外，又渐于还俗。于是，不婚之男无不盗人之妻，不嫁之女无不肆为淫行"⑤。为此，朱熹主张禁止民间"私创庵宇"以"聚集男女，昼夜混杂"。他在《劝谕牓》中曾规定："男女不得以修道为名，私创庵宇，若有如此之人，各仰及时婚嫁"，"约束寺院民间不得以礼佛传经为名，聚集男女，昼夜混杂"⑥。朱熹之所以这么做，不独是因为害怕人类本能的种的繁衍受阻，他更担心封建礼教的基础由此而被摧毁。此外，由于正处于婚龄中的青年男女，"血气未定"，其对两性关系还缺乏正确的认识和相应的社会或家庭责任感，因此，在朱熹看来，"有媒有娉"的婚姻才是可靠的和合礼的。所以，在以"家"为婚姻基础的社会背景下，纯属于"个人的性爱"的婚姻是没有的。因为婚姻是从属于"家"的，"家"的利益高于两个人的私情。如果从"公"与"私"的角度讲，则

---

① 《朱子语类》卷 76《易十二》，第 1950 页。
② 《论语》卷 16《季氏》。
③ 《孟子》卷 7《离娄章句上》。
④ 朱熹：《晦庵集》卷 100《劝女道还俗牓》。
⑤ 朱熹：《晦庵集》卷 100《劝女道还俗牓》。
⑥ 朱熹：《晦庵集》卷 100《劝谕牓》。

"家"属"公"的范畴，而"情爱"属"私"的范畴。当"公"与"私"发生矛盾时，"私"应服从于"公"。例如，朱熹认为卫君与戴氏的"情爱"就是一种"非私"的"爱"，因为他们为了国家的需要而牺牲了自己的"情爱之私"，因而将他们的"爱"归于"情性之正"。① 可见，朱熹理学对婚姻问题如此关注，其目的还是在于维护和巩固"家"的神圣不可侵犯之地位与尊严。

"家"是什么？《尔雅·释宫》说："宫谓之室，室谓之宫，牖户之间，谓之扆，其内谓之家。""扆"是立在牖户之间的大屏风，而用屏风围起来的地方就是家，单就这一点来说，家就是一个充满着温馨与甜美的生活空间。然从家的布局来看，周伯温据《说文》云："豕居之圈曰家。"而"后人借为室家之家。"② 这就是说，作为一个家的条件是须有养猪的地方，因为家的维持需要一定的物质基础。由此扩展开来，则有"大夫之邑曰家"且"妇谓夫曰家"③，"一夫受田百亩曰夫家"（《孟子》），以"居其地为家"④ 等。由上述说法，我们不难得出这样一个结论：家是一种生活的依赖，尤其是对妇女更是如此。因此，宋人的基本婚姻条件就是"不顾门户，直求资财"⑤。那么，以"资财"为基础的婚姻幸福吗？当然不一定幸福。但反过来问：没有一定财富作保证的婚姻能持久吗？也不一定。两者相较，在现实的社会框架内，前者更易于为人们所接受和认同，特别是在封建社会的土地制度下，更是如此。于是，宋人对妇女就有了"嫁鸡逐鸡"及"嫁狗逐狗"的说法。如欧阳修说："人言嫁鸡逐鸡飞，安知嫁鸡被鸩逐。"⑥ 宋人赵汝鐩又说："嫁狗逐狗鸡逐鸡，耿耿不寐展转思。"⑦ 诚然，"嫁狗逐狗鸡逐鸡"的婚姻，绝对不是以感情为基本的。但是，在中国封建社会的政治环境中，婚姻服从并服务于"族"和"家"，这是一条基本不变的婚姻原则，即使是在相对开放的宋代，这个原则亦没有开放。从学理上讲，既然否定了"私情"的合礼性，那就必然肯定了"家"的神圣不可侵犯性。所以，为维护"家统私"与"仁主爱"的礼性地位，朱熹非常强调"孝悌"与"恕"的纲常作用。或许有人会说，没有"个人情爱"的婚姻是不道德和不人性的婚姻，这个思想对于家族观念比较淡薄的西方世界来说，可能是对的，但对于几千年的家族制封建社会来说，就很不现实了。试想，在这样的社会背

---

① 《朱子语类》卷 81《诗二》，第 2104 页。
② 《康熙字典》，上海：上海书店出版社，1985 年，第 310 页。
③ 《周礼·地官》。
④ 蔡邕：《独断》。
⑤ 吕祖谦：《皇朝文选》卷 180《福州五戒》，《四部丛刊》本。
⑥ 《文忠集》卷 7《代鸠妇言》。
⑦ 赵汝鐩：《野谷诗稿》卷 1《古别离》。

景之下，谁又能以牺牲家族的利益来满足"个体情爱"的需要呢？

在现实社会里，而不是在网络世界里，无论何人，只要他还活着，那么，毫无疑问，他就是一个以家为生活依靠的人。所以，"亲亲"关系就是人们需要面对和处理的基本社会关系之一，而"孝悌"就是有效处理人们"亲亲"关系的根本道德原则。何谓"孝悌"？《墨子》卷10《经上第四十》云："孝，利亲也。"《经说上第四十二》释："孝，以亲为芬，而能利其亲，不必得。"《尔雅》云："善事父母曰孝。"而《礼记》则将"孝"的含义进一步扩展到"继人之志"上，故有"君子之所谓孝者，先意承志，谕父母于道"①。照此推断，则"孝"的范围将上延至家族之宗，即涵盖同一男性祖先的所有后代，这是一个很长的和时间跨度很大的"亲亲"谱系。故孔子云："宗族称其孝焉，乡党称其悌焉。"② 在这里，"孝"局限于"宗族"之内，而"悌"则适用于"乡党"之间。一般地讲，"悌"包含着四种基本关系：一是兄弟关系；二是夫妻关系；三是朋友关系；四是君臣关系。如《新书·道术》云："弟敬爱兄谓之悌。"桓宽又说："闺门之内尽孝焉，闺门之外尽悌焉。"③ 此闺门内外分别尽"孝"与"悌"，即可表明两者的适用范围是不同的。其"悌"的适用范围较"孝"要宽泛得多，它几乎囊括了除父母及其亲长以外的所有社会关系，难怪韩愈说："孝悌为百行之本。"④

毋庸质疑，中国古代是一个家族制度较为完备的文明社会，与之相适应，关于家族的理论和思想亦形成了中国传统文化的特色，与西周的奴隶家族制度不同，宋代则是中国封建家族制度的成熟期和确立期。近人严复先生说："中国所以成今日现象者，为善为恶，姑不具论，而为宋人之所造成，什八九可断言也。"⑤ 从历史上看，唐末五代严重削弱了门阀宗族制度的统治地位，其结果使之传统的家族观念亦开始发生动摇甚或扭曲。因此，如何论证"家族"制度的合理性便很自然地成了宋代理学家的中心工作。二程说："古者家有塾，党有庠，故人未有不入学者。三老坐于里门，出入察其长幼揖让之序。如今所传之《诗》，人人讽诵，莫非止于礼义之言。今人虽白首，未尝知有《诗》，至于里俗之言，尽不可闻，皆系其习也。以古所习，安得不善？以今所习，安得不恶？"⑥ 又说："宗子法废，后世谱牒，尚有遗风。谱牒又废，人家不知来处，无百年之家，骨肉无统，虽至亲，

---

① 《礼记·祭义篇》。
② 《论语·子路》。
③ 桓宽：《盐铁论》卷6《殊路》。
④ 韩愈：《论语笔解》卷下《先进第十一》。
⑤ 《学衡杂志》，上海：中华书局，第13页。
⑥ 《二程集》，第178页。

恩亦薄。"① 这说明重整长幼之序及宗族之礼，是宋代社会变革的重要内容，同时也是理学产生的历史前提。程朱理学之所以产生在宋代，而不是唐代或明代，完全是跟宋代的特殊社会需要相适应的。如程颢"谓孟子没而圣学不传，以兴起斯文为己任"②。如果没有社会政治的需要，二程就不可能"以兴起斯文为己任"。所以，朱熹亦曾提出了这样的问题："古时君臣都易得相亲，天下有天下之君臣，一国有一国之君臣，一家有一家之君臣。自秦汉以来，便都辽绝。今世如士人，犹略知有君臣之分。若是田夫，去京师动数千里，它晓得什么君臣！本朝但制兵却有古意。"③ 此话的言外之意是说，除了"制兵"以外的"制礼""制乐"等都距离"古意"甚远，似有重振"礼""乐"之威权的必要。朱熹在另外一个地方，比较婉转地表达了这个思想。有人问："世宗果贤主否？"朱熹回答说："看来也是好。"又问："当时也曾制礼作乐。"朱熹则回答："只是四年之间，煞做了事。"再问："今《刑统》亦是他所作？"朱熹说："《开宝通礼》当时做不曾成，后来太祖足成了。而今一边征伐，一边制礼作乐，自无害事，自是有人来与他做。今人乡一边，便不对那一边；才理会征伐，便将礼乐做闲慢了。"（《朱子语类》卷136《历代三》，第3251页）朱熹虽不像程颢那样公然"以兴起斯文为己任"，但从他的言谈话语中，我们完全能感受到他无时不以"制礼作乐"为己任。朱熹不无感慨地说："呜呼，礼废久矣。士大夫幼而未尝习于身，是以长而无以行于家，长而无以行于家，是以进而无以议于朝廷、施于郡县，退而无以教于闾里。"（《晦庵集》卷83《跋三家礼范》）本来，自周衰以后，"俗蔽风讹，迭相夸尚"之习已成气候，而至于南宋则更"举世竞弛，恬不觉悟"，故"圣贤修己治人之方，国家礼义廉耻之教，益泯泯矣"（《晦庵集》卷91《陈师德墓志铭》）。事已至此，怎么办？经过考察，朱熹认识到推行"礼范"的难处不在"上"而在"下"，他说："礼不难行于上，而欲其行于下者，难也。"（《晦庵集》卷69《民臣礼议》）具体地讲，就是"惟州县之间，士大夫庶民之家，礼之不可已，而欲行之则其势可谓难矣"（《晦庵集》卷75《家礼序》）。在朱熹看来，家礼施行起来虽然难，但它对"士大夫庶民之家"又是绝不能缺少的。于是，朱熹在乾道庚寅（1170年）编成了《家礼》一书（《朱子语类·饶州刊朱子语录续录后序》，第3页）欲传习于民间。朱熹表示："愿与同志之士，熟讲而勉行之，庶几古人所以修身、齐家之道谨于终，追远之心犹可以复见，而于国家所以敦化导民之意亦或有小

---

① 《二程集》，第162页。
② 《二程集》上册，第638页。
③ 《朱子语类》卷134《历代一》，第3211页。

补云。"(《晦庵集》卷75《家礼序》) 从理论上讲,《家礼》虽然不是朱熹"礼学"的全部,如朱熹说礼"有家礼,有乡礼,有学礼,有邦国礼,有王朝礼,有丧礼,有祭礼"(《晦庵集》卷38《答李季章》) 等,却是他"礼学"思想的纲领,更是其日用之间诸修养功夫的向导和指南。朱熹说:

> "凡礼有本有文,自其施于家者,言之则名分之守,爱敬之实,其本也;冠、昏、丧、祭、仪、章度数者,其文也。其本者,有家日用之常礼,固不可以一日而不修其文。又皆所以纪纲人道之终始,虽其行之有时,施之有所,然非讲之素明,习之素熟,则临事之际,亦无以合宜而应节,是不可以一日而不讲且习焉也。"[①]

那么,"家礼"的根本是什么?毫无疑问是"察其长幼揖让之序"。如果用儒家的话说,就是两个字"孝悌"。朱熹说:"谨名分,崇爱敬"[②],此为家礼之本。以此为基础,朱熹对"孝悌"或"孝弟"的内涵作了如下的阐释与发挥。

第一,认为"孝悌"是"天理自然"。朱熹说:"父子、兄弟、夫妇皆是天理自然,人皆莫不自知爱敬。"[③] 又说:"'孩提之童,无不知爱其亲;及其长也,无不知敬其兄',是皆发于心德之自然。"[④] 他以唐明皇为例来说明"孝悌"皆源自"天理"的道理。在历史上,唐明皇的是非功过自有定论,兹不赘言。仅就其友爱兄弟言,唐明皇确实胜于唐太宗,至少朱熹是这么看的。如他说:"汉唐之兴,皆是为利。"而"三代而下,以义为之,只有一个诸葛孔明"。故"太宗亦只是为利"[⑤]。而为利则必不顾义,所以"唐太宗以晋阳宫人侍高祖,是致其父于必死之地,便无君臣父子夫妇之义"[⑥]。唐明皇则不同,在朱熹看来,"唐明皇为人,于父子夫妇君臣分上煞无状,却终始爱兄弟不衰,只缘宁王让位,所以如此。这一节感动,终始友爱不衰。或谓明皇因宁王而后能如此,这也是他里面有这道理,方始感发得出来。若其中元无此理,如何会感发得!"[⑦] 把"孝悌"视为先验的道德范畴,是与朱熹"存天理"的内在特征相统一的,而"孝悌"正是在这样的前提下获得了"永恒"的价值和意义。

第二,崇孝尚悌是人生第一要义。《孟子·离娄上》云:"事孰为大?事亲为大。事亲,事之本也。"那么,什么是"事亲"?朱熹说:"'于亲孝,

---

① 朱熹:《晦庵集》卷75《家礼序》。
② 朱熹:《晦庵集》卷75《家礼序》。
③ 《性理大全书》卷65《君臣》。
④ 《朱子语类》卷20《论语二》,第472页。
⑤ 《朱子语类》卷136《历代三》,第3244页。
⑥ 《朱子语类》卷136《历代三》,第3245页。
⑦ 《朱子语类》卷20《论语二》,第459页。

故忠可移于君；事兄弟，故顺可移于长'，便是本。"① 在中国人的观念里，"以小见大"既是为文之至道，也是为人的最高境界。家相对于国而言，尽管层次低，规模小，但家却是国之细胞和命脉，是圣明之主治国的社会基础。对此，朱熹已经形成了比较成熟的认识。例如，朱熹说："'孝悌为仁之本'，是事父母兄既尽道，乃立得个根本，则推而仁民爱物，方行得有条理。"② 因此，将"官品"与"人品"之善性统一起来，并进行综合考察录用，就成为"举孝廉"的重要依据。在隋唐之前，我国没有科举取士的途径，而一般所说的"举孝廉"本身便是取士的方法。可见，在中国古代，孝子的地位是很崇高的。取士以孝，有社会效果吗？从孔孟至程朱，都给予了肯定的回答。

孔子说："立爱自亲始，教民睦也；立教自长始，教在顺也。教以敬长，而民贵用民。孝以事亲，顺以听命，错诸天下，无所不行。"（《礼记·祭义》）又说："其为人孝悌，而好犯上者鲜矣。"③

孟子曰："尧舜之道，孝悌而已矣。"④

朱熹进一步论证说："孝、弟、慈者，家之所以齐也。推行于国则所以事君事长，便民之道不外乎是……三行者修于家则三教者成于国，盖上行下效、感应之机自然而然也。"⑤ 又"伊川曰'仁主于爱，爱莫大于爱亲。'爱则仁之施，仁则爱之理也。仁者，爱之理，而爱莫大于爱亲，故推行仁道自孝悌始，是乃行仁之根本也。根本既立，则亲亲而仁民，仁民而爱物至于廓然大公，无所不爱而有以全尽其仁道之大，则皆由此本既立，而自生生有不可遏者耳"⑥。

可见，家与国具有"同构性"。有鉴于此，"孝悌"的社会功能和作用就越加显著，故朱熹强调，学问的本质就在于力求"家庭雍睦悠久之计"⑦，因而"学问之大端者，以求孝悌之实"，并"力行之"，不过，"其功夫所施有序而莫不以爱亲敬长为先"⑧。这个思想既是对儒家"家本位"伦理学说的继承，同时又反映了南宋社会道德发展的基本趋势，应当说它在客观上不仅构成了朱熹"正本清源"性道德实践的主体，而且更充分地体现出了朱熹"仁学"的本质特点。

---

① 《朱子语类》卷 20《论语二》，第 460 页。
② 《朱子语类》卷 20《论语二》，第 461 页。
③ 《论语·学而篇》。
④ 《孟子·告子下》。
⑤ 朱熹：《晦庵集》卷 52《答汪长孺别纸》。
⑥ 朱熹：《晦庵集》卷 51《答董叔重》。
⑦ 朱熹：《晦庵集》卷 54《答郭希吕》。
⑧ 朱熹：《晦庵集》卷 54《答郭希吕》。

第三，孝悌之品行宜从小培养和教育。虽然"孝悌"对每个行为主体来说，都具有先验性，即"仁之心"，但是由于每个人的禀气不同，且"孝悌是事"[1]，两者毕竟不完全是一回事。所以，从"仁之心"转变为"孝悌之事"是需要一个培养过程与修养工夫的。如吕不韦说："人亲莫不欲其子之孝，而孝未必爱。"[2] 而朱熹则认为："爱念动出来便是孝。"（《朱子语类》卷 20《论语二》，第 472 页）此"念动"亦称"本体发动"，有人问："'以仁为孝悌之本'，这个'仁'字，是指其本体发动处言之否？"朱熹回答说："是。道理都自仁里发出，首先是发出为爱。爱莫切于爱亲，其次便到弟其兄，又其次便到事君以及于他，皆从这里出。如水相似，爱是个源头，渐渐流出。"[3] 在这里，我们看到从仁到爱，到孝悌，到忠恕，中间经过了很多环节。根据朱熹的说法，仁本身属"道心"的范畴，它具有先验性，而"爱"则属于"人心"的范畴，其中"道心"为"善"，而"人心"则有善有恶，因此，人生固有的"道心"在生活实践中经常为"人心"所遮蔽，结果使"道心"不能正常地和自动地作用于人们的"应事接物"上。这时，就需要一个"自我"与"自他"相结合的修养工夫，"自他"主要是指社会教育（以讲史为主）和学校教育（以私学为主）这两种形式。据载，在宋代道学家或理学家的鼓动下，两宋的学校教育形式非常灵活多样。例如，南宋耐德翁在端平二年（1235 年）所撰写的《都城纪胜》一书中说：当时，临安城内外"有文武两学、宗学、京学、县学之外，其余乡校、家塾、舍馆、书会，每一里巷，须一二所，弦诵之声，往往相闻"[4]。其中，"义塾"或称"义学"为范仲淹所创，是"家塾"或"私学"的一种主要形式，其社会影响非常之大。因其"有补世教"[5]，故各地士人纷纷效仿，于是出现了"学校之设遍天下"[6]的人文景象。而以小学教育为侧重，以"人伦日用"为内容，以"蒙以养正"[7]为宗旨，则成为宋代理学教育的基本特征。如朱熹说："大学之序，特因小学已成之功"，而小学因有"收其放心，养其德性"的功效，故为"大学之基本"。[8] 在朱熹看来，"古人由小学而进于大学，其于洒扫、应对、进退之间，持守坚定，涵养纯熟"，然"今人未尝一日从事于小学而曰必先致其知，然后敬有所施，则未知其以何为主，而格

---

① 《朱子语类》卷 20《论语二》，第 462 页。
② 《吕氏春秋》卷 14《必己篇》。
③ 《朱子语类》卷 20《论语二》，第 472 页。
④ 耐德翁：《都城纪胜·三教外地》，文渊阁四库全书本。
⑤ 宋如林：《苏州府志·学校志》，光绪三年（1877 年）江苏书局刊本，第 25 页。
⑥ 脱脱等：《宋史》卷 155《选举志》。
⑦ 《周易·蒙卦》。
⑧ 《四书或问》卷 1《大学经一章》。

物以致其知也"①。因此，朱熹认为小学主要以"格物"为其教学内容，即"小学者，学其事；大学者，学其小学所学之事之所以"②。换言之，就是小学学"事"，大学学"理"。而为了适应小学教育的心理成长实际，朱熹编写了不少启蒙读物和小学教材，如《小学》《童蒙须知》《训蒙诗》等。当然，小学教育的根本目的还在于培养少年儿童的自理与自立之独立生活能力。对此，朱熹曾明确地指出："夫童蒙之学，始于衣服冠履，次及言语步趋，次及洒扫涓洁，次及读书写文字，及有杂细事宜，皆所当知。"③另外，从道德实践的角度看，则"古人之教，自其孩幼而教之以孝悌、诚敬之实，及其少长而博之以诗、书、礼、乐之文，皆所以使之，即夫一事一物之间各有以知其义礼之所在，而致涵养践履之功也"④。

"爱"就其有"亲爱"与"他爱"之分说，它自身也是有矛盾的，这个矛盾即是"自私"与"无私"的矛盾。因此，以"爱"为特征的"孝悌"必然会遇到一个很现实的道德悖论，当然，此也是朱熹"仁学"自身无法避免的先天性生理缺陷。一方面，每个人都有"亲爱"的本性。因此，"行爱从孝悌始"，而"亲亲是第一件事"⑤，而"爱"本身是"情"不是"仁"，因此，"爱"从本质上说，是一种私的表现形式，简言之，"爱"就是一种人欲。所以，"人心所从，多所亲爱者也"，然"苟以亲爱而随之，则是私情所与，岂合正理！"⑥又"人之所亲爱而辟焉"⑦，其"辟"同"僻"，即"偏"的意思。按照朱熹的说法，如果两家产生了矛盾，则双方应各以自家为心，不能舍自家而偏向人家，否则就是"悖德"。他说："不爱其亲而爱他人者，谓之悖德。"⑧另一方面，"仁"的本性跟"天理"是一致的。朱熹同意这样的看法："浑然无私，便是'爱之理'。"⑨而"无私"即"天理"之本性，对于人生而言，"无私"（即天理）与"自私"（即人欲）是贯穿始终的一对矛盾，甚至在一定程度上还是截然对立的矛盾。朱熹说："人只有个天理人欲，此胜则彼退，彼胜则此退，无中立不进退之理。凡人不进便退也。"⑩如果爱仅仅停留在"亲亲"的层面上，而不进一步向"亲他"的

---

① 朱熹：《晦庵集》卷42《答胡广仲》。
② 《朱子语类》卷7《学一》，第124页。
③ 《童蒙须知序》。
④ 朱熹：《晦庵集》卷42《答吴晦叔》。
⑤ 《朱子语类》卷20《论语二》，第461页。
⑥ 朱熹、吕祖谦：《近思录》卷10《政事》。
⑦ 《仪礼经传通解》卷16《学礼十》。
⑧ 《朱子语类》卷20《论语二》，第461页。
⑨ 《朱子语类》卷20《论语二》，第469页。
⑩ 《朱子语类》卷13《学七》，第224页。

层面提升，那么，"人欲胜，则天理灭"①。反过来，如果人在"亲他"的层面而不是在"亲亲"的层面上讲"爱"，那么，结果必定是"天理存，则人欲亡"②。可是，在阶级社会中，爱从来都不是全民性的，而人欲之爱即"私爱"则无法亡，"才有私欲，则义礼智都是私，爱也是私爱"③。因此，当"亲亲"与"亲他"两者之间发生了不可调和的矛盾时，朱熹主张丢"亲他"而保"亲亲"，在他看来，"亲亲"关系重于"亲他"关系。朱熹用图示之说："中写'仁'字，外一重写'孝悌'字，又外一重写'爱物'字。谓行此仁道，先自孝悌始，亲亲长长，而后次第推去，非若兼爱之无分别也。"④ 又说："爱有差等，其施有渐次。"⑤

众所周知，在宋代，因"私"结党的现象非常严重，且为不少正人君子所诟病。故北宋的田锡说："管蔡流言，周公诛之，大义灭亲之断，自周公始也。"⑥ 又，南宋的陈东也说："《传》曰：'大义灭亲。'古者，人臣之用心也，苟事干天下国家，虽父子不敢相隐，故舜殛鲧而禹不敢一言之救。"⑦ 朱熹亦以"三代之治"作为他追慕的社会理想，可是，朱熹仅仅以"孝悌"作为三代之治的根本原因。实际上，按照田锡、陈东等人的看法，"三代之治"，不仅在于"孝悌"，而且还在于"大义灭亲"。朱熹只推崇"孝悌"的一面，而不承认"大义灭亲"的一面，暴露了其思想的狭隘性和局限性。当然，朱熹不是没有看到两者的对立，例如，他说："公则无情，仁则有爱。公字属理，仁字属人。克己复礼，不容一毫之私，岂非公乎？亲亲仁民而无一物不爱，岂不仁乎？"⑧ 只不过在朱熹看来，因"亲亲"是天理所发，故"仁政"不能"隔绝于亲亲之间"。他说："恻隐一端，近而发于亲亲之间，亲之所以当亲，是天命流行者然也，吾但与之流行而不亏，其所当亲者耳，一或少有亏焉，则天理隔绝于亲亲之间，而不流行矣。"⑨ 可见，"大义灭亲"是"隔绝于亲亲之间"的事情，所以，它跟天理相违背了，而朱熹不讲"大义灭亲"的原因正在于此。

然而，我们说朱熹不讲"大义灭亲"，并不等于说他连"亲他"之爱都不讲了。前面说过，朱熹的"爱"是有差等的，其实现过程也是渐次的。爱不仅有"亲亲"，而且还有"仁民"和"爱物"。毫无疑问，"亲亲"是"本

① 《朱子语类》卷13《学七》，第224页。
② 《朱子语类》卷13《学七》，第224页。
③ 《朱子语类》卷20《论语二》，第476页。
④ 《朱子语类》卷20《论语二》，第462页。
⑤ 朱熹：《晦庵集》卷67《论语或问说一》。
⑥ 田锡：《咸平集》卷12《断论》。
⑦ 陈东：《少阳集》卷2《辞诰命上钦宗皇帝书》。
⑧ 朱熹：《晦庵集》卷58《答杨仲思》。
⑨ 朱熹：《晦庵集》卷57《答陈安卿》。

然"之亲,而"仁民""爱物"则是"派生"之亲。那么,人们如何将"本然"状态下的"爱"转移到"他人"或"他物"身上去呢?朱熹为了回答这个问题,不能不拿来儒家的"恕"范畴,以其作为解决爱本身由此及彼问题的一把钥匙。朱熹说:

> 仁之发处自是爱,恕是推那爱底,爱是恕之所推者。若不是恕去推,那爱也不能及物,也不能亲亲、仁民、爱物,只是自爱而已。若里面元无那爱,又只推个甚么?①

那么,"恕"有何特点呢?

第一,与"仁"相比,"恕"具有勉强性和计较性。朱熹说:"熟底是仁,生底是恕;自然底是仁,勉强底是恕;无计较、无睹当底是仁,有计较、有睹当底是恕。"② 在这里,所谓"熟底""自然底""无睹当底"的意思就是没有任何妨碍的运动,就是"私欲净尽"的"生生不已",就是"仁"。朱熹说:"做到私欲净尽,天理流行,便是仁。"③ 如果说"仁"是"私欲净尽"的结果,那么"恕"就是"私欲净尽"的过程,此即"勉强底"意思。所以,仅就"私欲净尽"而言,"仁"是完成时,而"恕"是进行时。一般来说,正在进行中的"恕"尚需要克服来自"私意"方面的阻力。故朱熹说:

> 恕便是推己及物。恕若不是推己及物,别不是个什么。然这个强恕者,亦是他见得"万物皆备于我"了,只争著一个"反身而诚",便须要强恕上做工夫。所谓强恕,盖是他心里不能推己及人,便须强勉行恕,拗转这道理。然亦只是要去个私意而已。私意既去,则万理自无欠阙矣。④

何谓"推己及人"?按照朱熹的说法,"推己及人"就是"推此理以及人也。我诚有此理,在人亦各有此理。能使人有此理亦如我焉,则近于仁矣"⑤。在现实社会中,人的需要是多种多样的,人的物质需要如此,人的精神需要更是如此。而欲将存在于我心中的理推及于其他人,并使之接受它,这确实是一种很见功底的"恕"功夫。例如,朱熹举例说:"今人有些小物事,有个好恶,自定去把了好底,却把不好底与人。这般意思如何得

---

① 《朱子语类》卷 95《程子之书一》。
② 《朱子语类》卷 6《性理三》,第 116 页。
③ 《朱子语类》卷 6《性理三》,第 117 页。
④ 《朱子语类》卷 60《孟子十》,第 1436 页。
⑤ 《朱子语类》卷 60《孟子十》,第 1437 页。

开阔？这般在学者，正宜用工，渐渐克去，便是求仁工夫。"① 其实，此"求仁工夫"就是"强恕"的过程，可见，两者从本质上看是统一的和趋同的，而"强恕"的"计较性"就是指在说话办事的过程中，应努力克去那些只想自己而不想别人的"私意"。如朱熹说："'强恕而行'，临事时却为私利之心夺，不强则无以主恕。"② 在此，"强恕"就有点强迫的味道了。在生活实践中，人们的"已私"具有普遍性，而克服"已私"光靠自觉不行，在某种程度上还非得强迫不能落到实处。因此，朱熹说：强恕的目的即"以去已私之蔽，而求得夫天理之公也"③。

第二，与"忠"相比，"恕"具有"著力"性和"贯通"性。朱熹说："忠是自然，恕随事应接，略假人为，所以有天人之辩。"④ 可见，"恕"不仅是一个认识过程，而且是一个需要"假人为"的道德实践过程，此"假人为"即"著力"之意。朱熹说："以己及物，仁也；推己及物，恕也。"⑤又"以己，是自然；推己，是著力"⑥。对于"著力"，朱熹还有两种说法：一有"反思的意思"，二有"转折意"。⑦"著力"不是为"恕"而"恕"，而是为"仁"而"恕"，因为"恕"的目的是"推己及人"。朱熹说："圣人之恕，便是众人之仁；众人之仁，便是圣人之恕。"⑧ 在此，圣人之于众人，即是"转折意"；而"恕"之于"忠"，则是"贯通"的意思。有人问："推广得去，则天地变化，草木蕃。推广不去，天地闭，贤人隐，如何？"朱熹回答说："亦只是推己及物。推得去，则物我贯通，自有个生生无穷底意思，便有'天地变化，草木蕃'气象。天地只是这样道理。若推不去，物我隔绝，欲利于己，不利于人；欲己之富，欲人之贫；欲己之寿，欲人之夭。似这气象，全然闭塞隔绝了，便似'天地闭，贤人隐'。"⑨ 为了说明"忠则一"和"恕则贯"的问题，他甚至举了下面这个例子以为明示："一，譬如元气；八万四千毛孔无不通贯，是恕也。"⑩

第三，从万事万物的生成过程看，"恕"具有多样性的特征。程颐在回答杨时的提问时，曾提出了"理一而分殊"的概念。⑪ 对此，朱熹作了下面

① 《朱子语类》卷 29《论语十一》，第 758 页。
② 朱熹：《晦庵集》卷 32《答张敬夫》。
③ 朱熹：《晦庵集》卷 61《答欧阳希逊》。
④ 《朱子语类》卷 27《论语九》，第 691 页。
⑤ 《朱子语类》卷 27《论语九》，第 692 页。
⑥ 《朱子语类》卷 27《论语九》，第 690 页。
⑦ 《朱子语类》卷 27《论语九》，第 690 页。
⑧ 《朱子语类》卷 27《论语九》，第 690 页。
⑨ 《朱子语类》卷 27《论语九》，第 690 页。
⑩ 《朱子语类》卷 27《论语九》，第 697 页。
⑪ 《二程集》上，第 609 页。

的解释，在朱熹看来，"理一"是"体"，而"分殊"是"用"，"盖循其用则散殊，杂扰变化无穷而大本一原，初不贰也。只此二者，包括人道已尽。然人之有是身，即有自私之蔽，心既不宰而情为之主，发不以正而人之生道息焉。故斯须之间有不存则君子之不仁者有矣。盖须是于统体上看其发用，一出于天理之公而无人欲之私以乱之，事事物物莫不皆然，始为尽人之道"①。与张载与程颐的"理一分殊"观不尽相同，朱熹更加强调其伦理学的意义。他说："忠则一理，恕则万殊。"② 又说："忠贯恕，恕贯万事。"③ "忠为恕体，是以分殊而理未尝不一；恕为忠用，是以理一而分未尝不殊。"④ 在这里，"分"有两层意思：一是从本原上讲，由理与气的相互作用而生成宇宙万物，而宇宙万物的存在方式及结构形态各具特色；二是人类个体千差万别，禀性各异。因此，当人们用"恕"这种形式来相互沟通时，必然会遇到各自私心的困扰。正是由于这个原因，"恕"才具有了"强迫性"。"强恕"是人类道德意识发展尚不充分的一种表现形式，它是跟相对落后的社会经济形态相适应的。

　　按照朱熹的理解，"恕"应分为"亲""民""物"三个层次，或为其必然的和内在的三个历史发展阶段。他说：圣人以"理一而分殊"为基础，"各自其分，推之曰亲，曰民，曰物；其分各异，故亲亲、仁民、爱物亦异"⑤。说"亲亲"而不说"仁亲"，说"仁民"而不说"亲民"，说"爱物"而不说"亲物"或"仁物"，说明三者之间有比较鲜明和严格的分界，故"亲亲"不同于"仁民"和"爱物"，而"仁民"亦不同于"亲亲"和"爱物"，"爱物"亦然。何谓"亲亲"？仅从字面上说，"亲亲"就是一种建立在血缘关系基础上的人类感情。朱熹说："爱之发，必先自亲亲始。"⑥ 此"爱亲"系指父母，然后依次为兄弟、君主及其他有血缘关系的人。对此，朱熹说："道理都自仁里发出，首先是发出为爱。爱莫切于爱亲，其次便到弟其兄，又其次便到事君以及于他，皆从这里出。"⑦ 又说："如爱，便是仁之发，才发出爱来时，便事事有：第一是爱亲，其次爱兄弟，其次爱亲戚，爱故旧，推而至于仁民，皆是从这物事发出来。"⑧ 故在"亲亲"层面上的"道德原则"就是"孝悌"，而"孝悌"作为一个道德范畴，因受"私情"

① 朱熹：《晦庵集》卷 56《答方宾王》。
② 《朱子语类》卷 27《论语九》，第 695 页。
③ 《朱子语类》卷 27《论语九》，第 695 页。
④ 《朱子语类》卷 27《论语九》，第 694 页
⑤ 朱熹：《晦庵集》卷 56《儒释之异》。
⑥ 《朱子语类》卷 20《论语二》，第 473 页。
⑦ 《朱子语类》卷 20《论语二》，第 472 页。
⑧ 《朱子语类》卷 119《朱子十六》，第 2870 页。

的影响，它与"公共的道德"之间既有相一致的地方，也有不相一致的地方。对于不一致的地方，为避免出现"犯上"之乱，朱熹特别提出了一个概念即"谏"。所谓"谏"其实就是以下规劝上的意思，而这个"规劝"也不是一般的想说就说，而是讲求一定的策略和一定的方式方法。朱熹对"谏"的含义主要有以下几点论述：

> 至如子从父之令，本似孝，孔子却以为不孝。与其得罪于乡间，不若且谏父之过，使不陷于不义。①

> 一家之中，尊者可畏敬，但是有不当处，亦合有几谏时。不可道畏敬之，便不可说著。若如此惟知畏敬，却是辟也。②

> "几，微也。"微谏者，下气、怡色、柔声以谏也。见得孝子深爱其亲，虽当谏过之时，亦不敢伸己之直，而辟色皆婉顺也。"见志不从，又敬不违"，才见父母心中不从所谏，便又起敬起孝，使父母欢悦；不待父母有难从之色，而后起敬起孝也。若或父母坚不从所谏，甚至怒而挞之流血，可谓劳苦，亦不敢疾怨，愈当起敬起孝。③

> 乾坤只是一个健顺之理，人之性无不具此。"虽千万人，吾往矣"，便是健。"虽褐宽博，吾不惴焉"，便是顺。如刚果奋发、谦逊退让亦是……但要施之得其当；施之不当，便不是乾、坤之理。且如孝子事亲，须是下气怡色，起敬起孝；若用健，便是悖逆不孝之子。事君，须是立朝正色，犯颜敢谏；若用顺，便是阿谀顺旨。④

用今天的眼光看，如此之"谏"是一种不平等的对话，它所暴露的是一种没有人格尊严的"家长制"作风，理应抛弃才是。然而，历史是在"扬弃"中进步的。尽管"几谏"有很多不人性的地方，可是它所推崇和维护的并不是为父的专制，而是那种黏着力极强的"亲亲"关系，换言之，即使为父的专制也是根植于"亲亲"之间的专制。所以，里面的有些东西还是不能丢的，还是可以为我所用的。

朱熹说："仁如水之源，孝悌是水流底第一坎，仁民是第二坎，爱物是第三坎。"⑤

那么，朱熹眼中的"仁民"应当是什么样子呢？朱熹有个非常形象的比喻，他将"亲亲""仁民""爱物"三者比作一棵树，他说："木有根，有

---

① 《朱子语类》卷 14《大学一》，第 263 页。
② 《朱子语类》卷 16《大学三》，第 356 页。
③ 《朱子语类》卷 27《论语九》，第 704 页。
④ 《朱子语类》卷 74《易十》，第 1884 页。
⑤ 《朱子语类》卷 20《论语二》，第 463 页。

干，有枝叶，亲亲是根，仁民是干，爱物是枝叶。"① 由此可见，"仁民"是"恕"这个伦理范畴的骨架，是朱熹理学思想的重心所在。朱熹曾讲到"本然之权度"问题，也就是人们说话办事的标准问题。他说："本然之权度，亦只是此心。此心本然，万理皆具。"② 虽然"度物之轻重长短易，度心之轻重长短难"③，但是朱熹仍然给出了"度心之轻重"的筹码，这个筹码就是："爱物宜轻，仁民宜重，此是权度。"④ 这里反映了朱熹以人为本思想的基本特征，是其价值判断的灵魂和道德律的根本点。以此为基准，朱熹对宋朝的社会政治及历史人物便有了下面的评价与看法：

第一，"仁宗有意于为治，不肯安于小成，要做极治之事。只是资质慈仁，却不甚通晓用人，骤进骤退，终不曾做得一事，然百姓戴之如父母。契丹初陵中国，后来却服仁宗之德，也是慈仁之效。"⑤

第二，"运使本是爱民之官，今以督办财赋，反成残民之职。提刑本是仁民之官，今以经、总制钱，反成不仁之具。"⑥

第三，"且如一个范文正公，自做秀才时便以天下为己任，无一事不理会过。一旦仁宗大用之，便做出许多事业来。"⑦

可见，在朱熹的视野里，"仁民"既可看作是一种思想境界和社会理想，也可看成是一种宏大的事业。朱熹说："仁是无形迹底物事，孟子恐人理会不得，便说道只人心便是。却不是把仁来形容人心，乃是把人心来指示仁也。所谓'放其心而不知求'，盖存得此心便是仁；若此心放了，又更理会甚仁！"⑧ 此仁指"心"，即所谓"仁，人心也"。这个"人心"并不是生理学意义上如每个人拳头大小的肌性空腔泵血器官，"仁体"究竟是个什么形状？确实很难说清楚。朱熹在写给林熙之的诗中说："仁体难明君所疑，欲求直接转支离。"⑨ 朱熹又说："'仁者，天下之正理'。只是汎说，不是以此说仁体。"⑩ 又说："'爱之理'，只是就仁体段说。"⑪ 而作为"理"的"仁"却"无形影"⑫。有人认为乾坤即"仁体"，朱熹表示反对，他说：那仅仅

---

① 《朱子语类》卷 20《论语二》，第 472 页。
② 《朱子语类》卷 51《孟子一》，第 1223 页。
③ 《朱子语类》卷 51《孟子一》，第 1223
④ 《朱子语类》卷 51《孟子一》，第 1223—1224 页。
⑤ 《朱子语类》卷 127《本朝一》，第 3044 页。
⑥ 《朱子语类》卷 128《本朝二》，第 3078 页。
⑦ 《朱子语类》卷 129《本朝三》，第 3088 页。
⑧ 《朱子语类》卷 59《孟子九》，第 1405—1406 页。
⑨ 朱熹：《晦庵集》卷 6《送林熙之诗五首》。
⑩ 《朱子语类》卷 25《论语七》，第 606 页。
⑪ 《朱子语类》卷 20《论语二》，第 466 页。
⑫ 《朱子语类》卷 20《论语二》，第 464 页。

是"取其姑为宏阔广大之言，以形容仁体而破有我之私而已"①。在朱熹看来，"春夏秋冬便是天地之心"②，而"'其体谓之易'，在人则心也"③。此"人心"具有"语默动静，变化不测"④的特点，因而是一个不可言状的东西。仁体虽然不可言状，但能"体之"，其"体之"的方法，朱熹有下面的说法：

> 仁是本有之性，生物之心，惟公为能体之。⑤

> 程先生曰："学者识得仁体，实有诸己，只要义理栽培。"恐人不晓栽培，更说"如求经义，皆栽培之意"。⑥

> 虽有此质，正须实下求仁功夫，乃可实见。近处未能如此，即须矫揉到此地位，然后于仁为近可下功夫。若只守却刚毅木讷字，要想象思量出仁体来，则恐无是理也。⑦

> 更察之日用之间，卓然实见仁体可也。⑧

在《仁术》诗中，朱熹总结道："在昔贤君子，存心每欲仁。求端从有术，及物岂无因。恻隐来何自，虚明觉处真。扩充从此念，福泽遍斯民。"⑨

所以，"仁"绝不是一个仅仅表征逻辑的概念，而是一个实实在在的道理，一个能够从日常生活实践中"体察"出来的客观实体。从朱熹的言谈话语中，我们多少能感受得到他对"仁体"的态度是很认真和很虔诚的，他似乎在努力建立一种"仁"的宗教。如朱熹说："人言仁不可主兵，义不可主财。某谓，惟仁可以主兵，义可以主财。"⑩而这个理念跟世界上所有宗教的根本主旨相符合，可见，上述思想绝不是朱熹的信口之说，既然他说得如此坚决，那么，这表明他长期思索的结果，是其仁学思想发展的必然归宿。朱熹说：为学之道二，"仁与不仁而已矣，圣人千言万语，只是要教人做人"⑪。

综合起来，我们大概形成了这样一个概念，即"仁体"虽然不好说清楚，但是诸如"公""爱""孝悌""恕"等范畴，却都是"仁体"的结构，从结构中认识和把握"仁体"应是朱熹仁学区别于其他理学家的地方。

---

① 朱熹：《晦庵集》卷 36《答陆子美》。
② 《朱子语类》卷 95《程子之书一》，第 2423 页。
③ 《朱子语类》卷 95《程子之书一》，第 2422 页。
④ 《朱子语类》卷 95《程子之书一》，第 2422 页。
⑤ 朱熹：《晦庵集》卷 32《又论仁说》。
⑥ 《朱子语类》卷 117《朱子十四》，第 2820 页。
⑦ 朱熹：《晦庵集》卷 43《答曹晋叔》。
⑧ 朱熹：《晦庵集·续集》卷 2《答蔡季通》。
⑨ 朱熹：《晦庵集》卷 2《仁术》。
⑩ 《朱子语类》卷 138《杂类》，第 3291 页。
⑪ 《朱子语类》卷 121《朱子十八》，第 2945 页。

而在"仁体"与诸结构之间尚有一个非常重要的媒介与桥梁，那就是"知觉"。

（三）闽学的主要传承

闽学的主要传人，如图 6-4 所示。

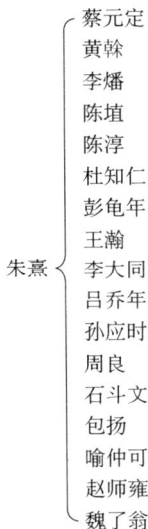

图 6-4　闽学的主要传承示意图

蔡元定（1135—1198 年），字季通，是朱熹学说的著名传人，又是南宋"庆元党禁"的核心人物之一，其代表著作有《皇极经世指要》《发微论》和《律吕新书》。朱熹曾经论蔡元定的为学特点时说："人读易书难，季通读难书易。"① 所以《宋元学案》称："（蔡元定）从文公游最久，精识博文，同辈皆不能及，尤长于天文、地理、乐数、兵阵之说，凡古书盘错肯綮，学者读之不能以句，先生爬梳剖析，细入秋毫，莫不畅达。"② 朱熹、蔡元定二人师友相称，并合作著书，据《宋史》称："熹疏释《四书》及为《易》、《诗》、《传》、《通鉴》纲目，皆与元定往复参订；《启蒙》一书，则属元定起稿。"③

彭龟年（1142—1206 年），字子寿，清江（今属湖北）人，湖湘学派成员之一。从张栻学，讲义利，尚实重效，主张"出一言必求其信，行一事

---

① 《宋史》卷 434《儒林四》，北京：中国文史出版社，2003 年，第 2333 页。
② 黄宗羲：《宋元学案》卷 62《西山蔡氏学案》，第 1979 页。
③ 《宋史》卷 434《蔡元定传》，北京：中国文史出版社，2003 年，第 12876 页。

必责其效，毋使人谓徒事虚文，以欺天下"①。在义利问题上，彭龟年呼吁"人谁无欲？多欲即昏"②。他既承认人的物质欲望，又适当限制人们物质欲望的过度膨胀，这是彭龟年折中理学与事功学派的思想产物，在此基础上，彭龟年认为，只要是有利于天下百姓的"利"，"取之有名，用之有道，虽忧世之君子亦不之责欤！"③这种"大利"观是其"务实"思想的重要体现。

三、陆九渊与象山学派

陆九渊（1139—1193 年），字子静，江西抚州金溪县人，自号象山翁。有"致君尧舜"的政治抱负，喜欢讲学。据载，他辞官归里之后，听讲者有"从游之盛，未见有此"④之称。在学理方面，陆九渊主张："古人教人不过存心养心，求放心"，故"保养灌溉，此乃为学之门，进德之地"⑤。那么，如何"求放心"呢？陆九渊把"心"与"理"统一起来，认为"心，一心也；理，一理也。至当归一，精义无二。此心此理，实不容有二"⑥。在此基础上，陆九渊主张"人皆有是心，心皆具是理，心即理也"⑦。于是，陆九渊以"发明本心"为根基，从而形成了独具特色的"心学"或称"心本论"思想体系，在中国哲学思想史上产生了深远的历史影响。

（一）象山学派概述

北宋有蜀学、洛学、朔学与关学之对立，到南宋，则出现了理学、心学与浙东事功派之间的相互争鸣。如前所述，朱熹的"理"具有较鲜明的客观色彩，而陆九渊的"心"则带有突出的主观色彩，两者具有一定的互补性，都能适应南宋社会发展的特殊需要。当时，士大夫的"独立"意识正在觉醒，而这种觉醒则是以"吏隐"的形式体现出来的。诚如有学者所言："宋代士人既想与现实政治保持密切的联系，又想努力摆脱'政统'的羁縻、控制，不为外物所役，获得个体人格的独立与自由，于是，边官边隐、似出似处的'吏隐'便成了他们调谐仕隐矛盾、求取适意人生的最佳

---

① 彭龟年：《止堂集》卷 4《论人主求言问学当务实疏》，文渊阁四库全书本。
② 彭龟年：《止堂集》卷 45《寡欲铭》，文渊阁四库全书本。
③ 彭龟年：《止堂集》卷 9《策问十道》，文渊阁四库全书本。
④ 陆九渊：《陆九渊集》卷 36《年谱》，北京：中华书局，1980 年，第 499 页。
⑤ 陆九渊：《陆九渊集》卷 5《与舒西美》，北京：中华书局，1980 年，第 64 页。
⑥ 陆九渊：《陆九渊集》卷 1《与曾宅之》，北京：中华书局，1980 年，第 4—5 页。
⑦ 王守仁：《阳明全书》卷 1《四部备要》，北京：中华书局，1984 年，第 37 页。

方式。"① 陆九渊就是通过这种方式，不断践行其"人生天地间，为人自当尽人道"② 之独立自主意识的道德精神。《宋元学案·象山学案》载：淳熙十四年（1187 年），陆九渊"既归，学者愈盛。每诣城邑，环坐二三百人，至不能容。结茅象山（指贵溪应天山），学徒复大集。居山五年，来见者案籍踰数千人"③。可谓盛极一时，而他的心学思想也发展到最后的完成阶段。

陆九渊的学术既不内向又不保守和不自我封闭，而是积极向外传播，这是象山学派的显著特色之一。例如，陆九渊把聚徒讲学作为传播其"心性之学"的重要途径，他的弟子也复如此，如杨简、袁燮、沈焕在浙中，傅季鲁在金溪，再传弟子钱时在贵溪，都聚徒讲学，他们对陆九渊"心学"的发扬光大起到了重要作用。跳出宋代党争的怪圈，陆九渊以一个纯粹的学者身份，进入到思想的境界，并试图从人类本身的心灵中寻求这种被心灵所提出的思想原理和道德实践依据。所以，只有思者之思，才能提出"六经注我，我注六经"④ 这样惊世骇俗的思想命题。按照诠释理念的不同，或许我们可以把朱熹的治学路径称为"我注六经"，而陆九渊的治学路径则称为"六经注我"，当然，不一定恰当。诚如李泽厚先生所说："'六经注我'和'我注六经'在治学层次上没有高低之分，而只是侧重点不同的研究方式。'六经注我'不是靠它所解释的对象，而是靠它所提供的观念、问题获得思想价值。皓首穷经有学术史的价值。可以一辈子搞一个人或一本书，但任何学术研究都带有个人的观念、思想，所以纯粹的'我注六经'是很难做到的，'我注六经'只能接近历史，永远有一定的限度。我所采用的'六经注我'的研究方式，是用经典材料来支持我的思想观点，同样是一种严肃的研究。"⑤ 也许正因为这个缘故，象山学派的流传甚广，一般而言，可分为两支：江西支与浙东支。对此，有学者分析说：

> 陆学门徒杨慈湖、袁洁斋、舒广平、沈定川，被誉为"甬上四先生"；鄞县史家文靖、忠宣、独善、和旨、鸿禧、饶州都是杨袁门下之杰出者；甬上之西尚有一大支，这一支自钱时而盛，钱时为慈湖高弟；江西方面则有鄱阳三汤子——存斋、晦静、息庵并起。晦静之后，其一传之从子东涧，即被誉为"海内名士"的余江人汤汉；其一传入浙江衢县的徐径畈，当时的名人谢枋得即徐之弟子。徐径畈殁，陆学一

---

① 张玉璞：《"吏隐"与宋代士大夫文人的隐逸文化精神》，《文史哲》2005 年第 3 期，第 50 页。
② 陆九渊：《陆九渊集》卷 35《语录下》，北京：中华书局，2008 年，第 470 页。
③ 黄宗羲原著，全祖望补修，陈金生等点校：《宋元学案》卷 58《象山学案》，北京：中华书局，1986 年，第 1885 页。
④ 脱脱等：《宋史》卷《陆九渊传》，北京：中华书局，
⑤ 李泽厚著：《走我自己的路—对谈集》，北京：中国盲文出版社，2002 年，第 406 页。

度衰落。至元则有江西上饶陈静明，浙江慈溪之赵宝峰并起，陆学又为之一兴。静明之弟子江西玉山人祝蕃远、江西余江人李侯庵、舒仲昌、吴尊光，号称"江西四先生"。安徽则有歙县的郑师山和休宁的赵东山。至明则有陈献章、湛若水，而王守仁对理学则有进一步发展，世人合称"陆王心学"。①

也就是说，到明朝中叶之后，由于王守仁的大力推动，终使"心学"在晚明的思想界呈现出压倒"朱学"之态势。

（二）陆九渊心学的主要内容

（1）心即理。理是宇宙间最大的存在，而理又是什么？陆九渊明确指出："诚者自成也，而道自道也。诚者物之终始，天地之道，可一言而尽也。"②"诚"这个概念，在周敦颐那里，已经被提升到"宇宙本体"的高度，如周敦颐在《通书·诚上章》中说："诚者，圣人之本。'大哉乾元！万物资始。'诚之源也。"③ 又说："诚，五常之本，百行之源也。"④ 所以只有"诚"才是为学之本，陆九渊说："凡欲为学，当先识义利公私之辨。今所学果为何事？人生天地间，为人自当尽人道。学者所以为学，学为人而已，非有为也。"⑤ 乍一看，"学为人"有何难？但陆九渊认为"学为人"先要"立志"，不是立"小志"，而是要"立大志"。陆九渊说："志于声色利达者，固是小。剿摸人言语底，与他一般是小。"⑥ 在此，"剿摸人言语底"指的是文章训诂，所以陆九渊主张，学者须立"大志"。他说："人要有大志。常人汩没于声色富贵间，良心善性都蒙蔽了。今人如何便解有志，须先有智识始得。"⑦ 所谓"大志"，就是指仁义道德。因此，陆九渊在解释《论语》所言"志于道，据于德，依于仁，游于艺"之内涵时说："道者，天下万世之公理，而斯人之所共由者也。……然上无教，下无学，非独不能推其所为以至于全备，物蔽欲汩，推移之极，则所谓不能尽亡者，殆有时而亡矣。弑父与君，乃尽亡之时也。民之于道，系乎上之教；士之于道，由乎己之学。然无志则不能学，不学则不知道。故所以致道者在乎

① 陈炎成：《象山学派的形成流传及其影响》，贵溪县政协文史资料研究委员会，金溪县政协文史资料研究委员会：《象山书院创办八百周年纪念专辑 1187—1987》，1987 年，内部资料，第 84—85 页。
② 陆九渊著，钟哲点校：《陆九渊集》卷 34《语录上》，北京：中华书局，1980 年，第 423 页。
③ 谭松林等整理：《周敦颐集》，长沙：岳麓书社，2002 年，第 17 页。
④ 谭松林等整理：《周敦颐集》，长沙：岳麓书社，2002 年，第 17 页。
⑤ 黄宗羲原著：《宋元学案》卷 58《象山学案》，北京：中华书局，1986 年，第 1889 页。
⑥ 黄宗羲原著：《宋元学案》卷 58《象山学案》，北京：中华书局，1986 年，第 1889 页。
⑦ 黄宗羲原著：《宋元学案》卷 58《象山学案》，北京：中华书局，1986 年，第 1889 页。

学，所以为学者在乎志。"① "德"有"九德"② "六德"及"三德"之说，陆九渊云："德之在人，固不可皆责其全，下焉又不必其三，苟有一焉，即德也。一德之中亦不必其全，苟其性质之中有微善小美之可取而近于一者，亦其德也。苟能据之而不失，亦必日积日进，日著日盛，日广日大矣。"③ 至于"仁"，孔子曰：只要具备了"恭、宽、信、敏、惠"④ 五种品德的人，就属于"仁人"了。所以，陆九渊说："仁之在人，固不能泯然而尽亡，惟其不能依乎此以进于仁，而常违乎此而没于不仁之地，故亦有顽然而不仁者耳。"⑤ 在这里，陆九渊提出了士人践行的道德目标，但是，宋代的实际情况又如何呢？陆九渊在《与曹挺之》的书信中，很痛心地指出："大抵学者且当大纲思省。平时虽号为士人，虽读圣贤书，其实何曾笃志于圣贤事业，往往从俗浮沉，与时俯仰，徇情纵欲，汩没而不能以自振。"⑥ 这里就出现了一个非常严重的问题：究竟如何理解人欲与天理的关系问题。与程朱理学将二者对立起来的认识不同，陆九渊主张二者在"本心"上具有一致性。他说：

> 天理人欲之言，亦自不是至论。若天是理，人是欲，则是天人不同矣。此其原盖出于老氏。《乐记》曰："人生而静，天之性也；感于物而动，性之欲也。物至知知，而后好恶形焉。不能反躬，天理灭矣。"天理人欲之言盖出于此。《乐记》之言亦根于老氏。且如专言静是天性，则动独不是天性耶？《书》云："人心惟危，道心惟微。"解者多指人心为人欲，道心为天理，此说非是。心一也，人安有二心？自人而言，则曰惟危；自道而言，则曰惟微。罔念作狂，克念作圣，非危乎？无声无臭，无形无体，非微乎？因言庄子云："眇乎小哉！以属诸人；警乎大哉！独游于天。"又曰："天道之与人道也相远矣。"是分明裂天人而为二也。⑦

用"本心"把"天理"和"人欲"统一起来，这是陆九渊思想的独特之处。所谓"本心"，当然是指人本身固有的仁义之心或四端之心。因此，陆九渊说："四端者⑧，即此心也；天之所以与我者，即此心也。人皆有是

---

① 陆九渊著，钟哲点校：《陆九渊集》卷 21《杂著》，北京：中华书局，1980 年，第 264 页。
② 《尚书·皋陶谟》云：所谓"九德"即"宽而栗，柔而立，愿而恭，乱而敬，扰而毅，直而温，简而廉，刚而塞，强而义"。
③ 陆九渊著，钟哲点校：《陆九渊集》卷 21《杂著》，北京：中华书局，1980 年，第 264 页。
④ 孔丘著，民俗文化编写组编译：《论语·阳货》，北京：中国致公出版社，2003 年，第 126 页。
⑤ 陆九渊著，钟哲点校：《陆九渊集》卷 21《杂著》，北京：中华书局，1980 年，第 264 页。
⑥ 陆九渊著，钟哲点校：《陆九渊集》卷 3《书》，北京：中华书局，1980 年，第 38 页。
⑦ 陆九渊著，钟哲点校：《陆九渊集》卷 34《书》，北京：中华书局，1980 年，第 395—396 页。
⑧ 孟子曰："恻隐之心，仁之端也；羞恶之心，义之端也；辞让之心，礼之端也；是非之心，智之端也。人之有是四端，犹其有四体也。"

心，心皆具是理，心即理也。"① 不过，陆九渊注意到，"人欲"如果失控，不能自制，那么，它就会遮蔽"天理"。所以，陆九渊说："所贵乎学者，为其欲穷此理，尽此心也。有所蒙蔽，有所移夺，有所陷溺，则此心为之不灵，此理为之不明，是谓不得其正，其见乃邪见，其说乃邪说。"②

（2）"学问求放心"。为学的本质是"致明致知之道"③，从这个角度讲，陆九渊所说的"学"不是一般意义上的"学"，如"人各随其所欲能者而学之，俗各随其所渐诱者而学之"④，而是"克己复礼"。他说："夫子所谓'克己复礼为仁'，诚能无毫发己私之累，则自复于礼矣。"⑤ 然而，由于各种情势所迫，学者常常不能"自复"。陆九渊坦言：

> 当今之世，谁实为有志之士也？求真实学者于斯世，亦诚难哉！非道之难知也，非人之难得也，其势则然也。有志之士其肯自恕于此，而弗求其志哉！今粗有其志，而实不能以自拔，则所谓学者，遂为空言以滋伪习，岂唯无益，其害又大矣。若其善利之间，尝知抉择，大端已明，大志已立，而日用践履，未能常于清明刚健，一有缓解，旧习乘之，捷于影响。应答之际，念虑之间，阴流密陷，不自省觉，益积益深，或遇箴药，胜心持之，反加文饰，因不能自还者有矣，甚可畏也。⑥

可见，"不能自还"恰恰说明"克己复礼"之难，即"所谓难者，乃己私难克，习俗难度越耳"⑦。为什么"己私难克"呢？陆九渊归之于"环境"，具体言之，就是在心与物相交之初，没有牢牢植立"仁道"之根基。所以"是心之稂莠，萌于交物之初，有滋而无芟，根固于怠忽，末蔓于驰骛，深蒙密覆，良苗为之不殖"⑧。这里的"良苗"是指道心，而除了"先知""先觉"的圣人自有"道心"外，常人则需要"先知觉后知，先觉觉后觉"⑨的教育过程。

陆九渊非常强调人的自觉能动性。他说："礼者理也，此理岂不在我？使此志不替，则日明日著，如川日增，如木日茂矣。必求外烁，则是自湮

---

① 陆九渊著，钟哲点校：《陆九渊集》卷11《书》，北京：中华书局，1980年，第149页。
② 陆九渊著，钟哲点校：《陆九渊集》卷11《书》，北京：中华书局，1980年，第149页。
③ 陆九渊著，钟哲点校：《陆九渊集》卷32《拾遗》，北京：中华书局，1980年，第372页。
④ 陆九渊著，钟哲点校：《陆九渊集》卷32《拾遗》，北京：中华书局，1980年，第372页。
⑤ 陆九渊著，钟哲点校：《陆九渊集》卷12《书》，北京：中华书局，1980年，第159页。
⑥ 陆九渊著，钟哲点校：《陆九渊集》卷12《书》，北京：中华书局，1980年，第158页。
⑦ 陆九渊著，钟哲点校：《陆九渊集》卷14《书》，北京：中华书局，1980年，第190页。
⑧ 陆九渊著，钟哲点校：《陆九渊集》卷19《记》，北京：中华书局，1980年，第228页。
⑨ 陆九渊著，钟哲点校：《陆九渊集》卷19《记》，北京：中华书局，1980年，第239页。

其源，自伐其根也。"① 因此，陆九渊坚信："道遍满天下，无些小空阙。四端万善，皆天之所予，不劳人妆点。但是人自有病，与他相隔了。"② 为了消除横亘在"天道"与"人心"之间的这条"隔离带"，陆九渊反复强调人与禽兽、草木的区别。他说："仁，人心也，心之在人，是人之所以为人，而与禽兽草木异焉者也，可放而不求哉？古人之求放心，不啻如饥之于食，渴之于饮，焦之待救，溺之待援，固其宜也。学问之道，盖于是乎在。"③ 文中的"是乎在"，是指"仁"，再具体一点说，就是"四端万善"。陆九渊说："心不可泊一事，只自立心。人心本来无事，胡乱被事物牵将去。若是有精神，即时便出便好，若一向去，便坏了。"④ 如果我们把"四端万善"与"立心"联系起来，就很容易理解陆九渊为什么强调"精神"对于"学道"的重要性。陆九渊说："人心只爱去泊著事，教他弃事时，如猢狲失了树，更无住处。"又说："人不肯心间无事，居天下之广居，须要去逐外，著一事，印一说，方有精神。"⑤ 这就明确了"放心"的要害处，即"去人欲"。陆九渊说："夫所谓害吾心者，何也？欲也。欲之多，则心之存者必寡；欲之寡，则心之存者必多。故君子不患夫心之不存，而患夫欲之不寡，欲去则心自存矣。"⑥ 既然人的心已被物所累，心就不能平静，学问就会无着落，所以陆九渊批评当时的学者说："其所谓学问者，乃转为浮文缘饰之具，甚至于假之以快其遂私纵欲之心，扇之以炽其伤善败类之焰，岂不甚可叹哉！"⑦

（3）"自立自重"。这是为陆九渊所提倡的一种学术精神，他说："自立自重，不可随人脚跟，学人言语。"⑧ 在此，陆九渊从"道"的层面落脚，他看到了人们远离"天道"的社会现实，而对于这种社会现实，他不是一味地谴责和批判，而是循循善诱，使人们能自觉发明本心。例如，陆九渊说："四端皆我固有，全无增减。"⑨ 在陆九渊看来，"四端"即是人的本心，发明本心不能只是依靠外在的知识灌输，关键是要看人的自觉性和能动性，所以他主张："穷究磨炼，一朝自省。"⑩ 当然，"穷究磨炼"的工夫很苦，它需要持之以恒的顽强进取，即"有志于道者，当造次必于是，颠沛必于

---

① 陆九渊著，钟哲点校：《陆九渊集》卷12《书》，北京：中华书局，1980年，第159页。
② 黄宗羲原著：《宋元学案》卷58《象山学案》，北京：中华书局，1986年，第1890页。
③ 陆九渊著，钟哲点校：《陆九渊集》卷32《拾遗》，北京：中华书局，1980年，第373页。
④ 黄宗羲原著：《宋元学案》卷58《象山学案》，北京：中华书局，1986年，第1892页。
⑤ 黄宗羲原著：《宋元学案》卷58《象山学案》，北京：中华书局，1986年，第1892页。
⑥ 陆九渊著，钟哲点校：《陆九渊集》卷32《拾遗》，北京：中华书局，1980年，第380页。
⑦ 陆九渊著，钟哲点校：《陆九渊集》卷32《拾遗》，北京：中华书局，1980年，第373页。
⑧ 陆九渊著，钟哲点校：《陆九渊集》卷35《语录下》，北京：中华书局，1980年，第461页。
⑨ 陆九渊著，钟哲点校：《陆九渊集》卷35《语录下》，北京：中华书局，1980年，第461页。
⑩ 黄宗羲原著：《宋元学案》卷58《象山学案》，北京：中华书局，1986年，第1894页。

是，凡动容周旋，应事接物，读书考古，或动或静，莫不在是"①。

那么，人们为什么要"穷究磨炼"和"惟精惟一"② 去追求"天道"之境呢？此由"天道"之本性决定。例如，陆九渊说："道可谓尊，可谓重，可谓明，可谓高，可谓大。人却不自重，才有毫发恣纵，便是私欲，与此全不相似。"③ 道有"自重"的本性，于是，人们只有"自重"，其"人心"才能与"道心"相合与相融。然而，在很多情况下，人们无法控制自己的"私欲"，结果因"乱道"而难以发明本心。因此，陆九渊说："理只在眼前，只是被人自蔽了。因一向悮证他，日逐只是教他做工夫，云不得只如此。见在无事，须是事事物物不放过，磨考其理。且天下事事物物只有一理，无有二理，须要到其至一处。"④ 文中的"至一处"指的是"天道"，即"人精神千种万般，夫道一而已矣"⑤。陆九渊认为，人的道心是先天固有的，因此，他才提出了"人皆可以为尧舜"⑥的哲学命题。这个命题绝不是说说而已，而是要实实在在地去做事，用陆九渊的话说就是："此理塞宇宙，所谓道外无事，事外无道。舍此而别有商量，别有趋向，别有规模，别有形迹，别有行业，别有事功，则与道不相干，则是异端，则是利欲，谓之陷溺，谓之旧窠，说只是邪说，见只是邪见。"⑦ 为了实现这个目标，陆九渊强调："教小儿，须发其自重之意。"⑧ "自重"但不"重滞"，他说："内无所累，外无所累，自然自在。才有一些子意，便沈重了。彻骨彻髓，见得超然于一身，自然轻清，自然灵大。"⑨ 又说："重滞者难得轻清，刊了又重。须是久在师侧，久久教他轻清去。若自重滞，如何轻清得人。"⑩ 当然，无论是"自重"还是"自立"，其基本前提是："须是打叠田地净洁，然后令他奋发植立。若田地不净洁，则奋发植立不得。古人为学，即读书，然后为学可见。然田地不净洁，亦读书不得；若读书，则是假寇兵，资盗粮。"⑪ 可见，在陆九渊看来，"净洁田地"是自立和涵养的基础，更是读书为学的前提。陆九渊说："大凡为学，须要有所立。《论语》云：'己欲立而立人。'卓然有不为流俗所移，乃为有立。须思量天之所以与我者是甚底，

---

① 黄宗羲原著：《宋元学案》卷58《象山学案》，北京：中华书局，1986年，第1894页。
② 黄宗羲原著：《宋元学案》卷58《象山学案》，北京：中华书局，1986年，第1895页。
③ 陆九渊著，钟哲点校：《陆九渊集》卷35《语录下》，北京：中华书局，1980年，第460页。
④ 陆九渊著，钟哲点校：《陆九渊集》卷35《语录下》，北京：中华书局，1980年，第453页。
⑤ 陆九渊著，钟哲点校：《陆九渊集》卷35《语录下》，北京：中华书局，1980年，第451页。
⑥ 陆九渊著，钟哲点校：《陆九渊集》卷35《语录下》，北京：中华书局，1980年，第455页。
⑦ 黄宗羲原著：《宋元学案》卷58《象山学案》，北京：中华书局，1986年，第1890页。
⑧ 陆九渊著，钟哲点校：《陆九渊集》卷35《语录下》，北京：中华书局，1980年，第459页。
⑨ 黄宗羲原著：《宋元学案》卷58《象山学案》，北京：中华书局，1986年，第1894—1895页。
⑩ 陆九渊著，钟哲点校：《陆九渊集》卷35《语录下》，北京：中华书局，1980年，第464页。
⑪ 陆九渊著，钟哲点校：《陆九渊集》卷35《语录下》，北京：中华书局，1980年，第463页。

为还是要做人否？理会得这个明白，然后方可谓之学问。"① 又说："既知自立，此心无事时，须要涵养，不可便去理会事。"② 也就是说，"自重""自立"与"涵养"是相互统一的过程，不能顾此失彼，更不能滞滞泥泥，有所恐惧，应当是"诛锄荡涤，概然兴发"③。因为"后生自立最难，一人力抵当流俗不去，须是高着眼看破流俗方可"④。而在此环境中，一旦"有所恐惧，则不足以自立"⑤。因此，陆九渊反复给学者鼓动正气，使之"激厉奋迅，决破罗网"⑥，唯其如此，才能"自得，自成，不倚师友载籍"⑦，而成一家之言。

（4）"识病"。陆九渊说："学者不长进，只是好己胜。出一言，做一事，便道全是，岂有此理！古人惟贵知过则改，见善则迁。今各自执己是，被人点破，便愕然，所以不如古人。"⑧ 所谓"各自执己是"便是严重的"文病"，即文人之病。正是在此基础上，陆九渊才认为"辩便是进"⑨。在此，"辩"的含义比较多，其中最重要的一点就是"不被异端所惑"。据《陆九渊集·语录下》载：

> 先生语缪文子云："近日学者无师法，往往被邪说所惑；异端能惑人。自吾儒败绩，故能入。使古唐虞之时，道在天下，愚夫愚妇，亦皆有汀厚气象。是时便使活佛、老子、庄、列出来，也开口不得。惟陋儒不能行道，如人家子孙，败坏父祖家风。故释老却倒来点检你。如庄子云："以智治国国之贼。"惟是陋儒，不能行所无事，故被他如此说。若知者行其所无事，如何是国之贼？今之攻异端者，但以其名攻之，初不知自家自被他点检，在他下面，如何得他服。你须是先理会了我底是，得有以使之服，方可。⑩

当然，真正的学者还应有批判的眼光，陆九渊自己就说："老夫无所能，只是识病。"⑪ 这是陆九渊自谦的说法，而实际上，"识病"最见学者的学术功力，因为它是能人之所不能，非独具慧眼不行。陆九渊看到在很多学者中间比较普遍地流行着一种"空疏"病。包扬曾问陆九渊说："予因说道难

---

① 黄宗羲原著：《宋元学案》卷58《象山学案》，北京：中华书局，1986年，第1889页。
② 陆九渊著，钟哲点校：《陆九渊集》卷35《语录下》，北京：中华书局，1980年，第454页。
③ 陆九渊著，钟哲点校：《陆九渊集》卷35《语录下》，北京：中华书局，1980年，第452页。
④ 陆九渊著，钟哲点校：《陆九渊集》卷35《语录下》，北京：中华书局，1980年，第442页。
⑤ 陆九渊著，钟哲点校：《陆九渊集》卷35《语录下》，北京：中华书局，1980年，第434页。
⑥ 黄宗羲原著：《宋元学案》卷58《象山学案》，北京：中华书局，1986年，第1890页。
⑦ 陆九渊著，钟哲点校：《陆九渊集》卷35《语录下》，北京：中华书局，1980年，第452页。
⑧ 陆九渊著，钟哲点校：《陆九渊集》卷35《语录下》，北京：中华书局，1980年，第433页。
⑨ 陆九渊著，钟哲点校：《陆九渊集》卷35《语录下》，北京：中华书局，1980年，第436页。
⑩ 陆九渊著，钟哲点校：《陆九渊集》卷35《语录下》，北京：中华书局，1980年，第438—439页。
⑪ 陆九渊著，钟哲点校：《陆九渊集》卷35《语录下》，北京：中华书局，1980年，第447页。

学，今人才来理会此，便是也不是。何故？以其便以此在胸中作病了。予却能知得这些子，见识议论作病，亦能自说。"陆九渊回答说："又添得一场闲说话。一实了，万虚皆碎。"① 也就是说，任何学问都要"实"，即以"平实"作为做学问的最高境界。因为"虚妄最害人"，陆九渊说："后生全无所知底，似全无知，一与说都透得，为他中虚无事。彼有这般意思底，一切被这些子隔了，全透不得，此虚妄最害人。"② 那么，如何才能做到"实"呢？主要方法是：第一，"做得工夫实，则所说即事实，不话闲话，所指人病即实病。"③ 第二，"格心之非事"，陆九渊说："某与人理会事，便是格君心之非事。"④ 所谓"非事"，是指那些扰乱人心的俗事和杂事，为此，陆九渊告诫人们，只要做到了"无思无为，寂然不动"，就能"感而遂通天下之故"。⑤ 第三，要"自重"，这是前面说过的话题，但这里还须重复，因为它是为"实"的重要条件之一。陆九渊举例说："因曾见一大鸡，凝然自重，不与小鸡同，因得关雎之意。雎鸠在河之洲，幽闲自重，以此兴君子美人如此之美。"⑥ 与此不同，陆九渊又举例说："鷃鸡终日终日萦萦，无超然之意，须是一刀两断，何故萦萦如此？萦萦底讨个甚么？"⑦ 得"大鸡"之"凝然自重"，而除去"鷃鸡"之"污浊"之气，此所谓"荡夷污泽"是也。因此，陆九渊坦言："朽木粪土不可雕杇，惧人患此病证，故缜先激发其志气，使之知自奋厉，而后有门路进步可入。"⑧

（三）象山学派的主要传承

象山学派的主要传人，如图 6-5 所示。

杨简（1141—1126 年），字敬仲，慈溪（今浙江宁波市慈城镇）人，系由象山心学发展到阳明心学的重要环节。《宋史》有传，《四库全书总目提要》评其心学思想说："宋儒之学，至陆九渊始以超悟为宗，诸弟子中，最号得传者莫如杨简。然推衍九渊之说，变本加厉，遂至全人于禅。所著《慈湖遗书》，以心之精神是谓圣一语，为道之主宰。而以不起一意，使此心虚明洞照，为学之功夫。其极至于斥《大学》非圣言，而谓于思，孟于同一

① 陆九渊著，钟哲点校：《陆九渊集》卷 35《语录下》，北京：中华书局，1980 年，第 448 页。
② 陆九渊著，钟哲点校：《陆九渊集》卷 35《语录下》，北京：中华书局，1980 年，第 464 页。
③ 陆九渊著，钟哲点校：《陆九渊集》卷 35《语录下》，北京：中华书局，1980 年，第 457 页。
④ 陆九渊著，钟哲点校：《陆九渊集》卷 35《语录下》，北京：中华书局，1980 年，第 457 页。
⑤ 陆九渊著，钟哲点校：《陆九渊集》卷 35《语录下》，北京：中华书局，1980 年，第 456 页。
⑥ 陆九渊著，钟哲点校：《陆九渊集》卷 35《语录下》，北京：中华书局，1980 年，第 456 页。
⑦ 黄宗羲原著：《宋元学案》卷 58《象山学案》，北京：中华书局，1986 年，第 1890 页。
⑧ 黄宗羲原著：《宋元学案》卷 58《象山学案》，北京：中华书局，1986 年，第 1890 页。

$$
陆九渊\left\{\begin{array}{l}
陆持之——叶元老 \\
杨简 \\
袁燮 \\
舒璘 \\
舒琥 \\
舒琪 \\
傅梦泉 \\
傅子云 \\
邓约礼 \\
黄叔丰 \\
严松 \\
胡大时 \\
蒋元夫 \\
曹建 \\
符叙 \\
沈炳 \\
（私淑）赵彦肃
\end{array}\right.
$$

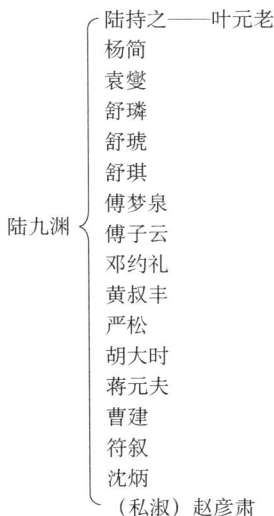

图 6-5　象山学派的主要传承示意图

病源．开后来心学之宗．至于宵冥恍惚，以为独得真传，其弊。"[①] 当然，杨简否定人的能动性和提倡蒙昧主义，确实遮蔽了陆九渊心学的思想精髓。

袁燮（1144—1224 年），字和叔，鄞县（今浙江宁波）人，与沈焕、舒璘、杨简一起，并称为"甬上四先生"。据光绪《鄞县志》评袁燮学问："师事九龄弟九渊，得其指授，具有原本。大旨在于发明本心，其传金溪之学较杨简为笃实。尝言人心与天地一，本精思以得之，兢业以守之，则与天地相似。"[②] 袁燮对陆派心学的突出贡献是他将心学的范畴引入到社会政治及伦理学领域，在此基础上，袁燮提出了两个重要命题：一是"天人本一致"，他说："何以天人本一致？只缘此心无天人之殊，天得此而为天，地得此而为地，人得此心而为人。今但为形体所隔，遂见有如此差别，试静而思之，所谓形体者安在？我之形体犹是无有，而又何有天人之异乎？此可见天人本一也"[③]。二是"君民本一体"，他说："君民本一体相须之义，初无尊卑之殊。苟见己之为尊，民之为卑，便是此心不一处，何者？当其见己之为尊，民之为卑，其心必侈然自大，吾之本心初未尝有侈然自大也，本心未尝有而外加益焉，非不一乎？"[④] 这些思想尽管还只是停留在纸面上，但在当时的历史背景下，不能否认它具有内在的思想价值和开启民智

---

① 纪昀总纂：《四库全书总目提要》卷 96《子部六·儒家类存目二》，石家庄：河北人民出版社，2000 年，第 2448 页。

② 纪昀总纂：《四库全书总目提要》卷 160，石家庄：河北人民出版社，2000 年。

③ 袁燮：《絜斋家塾书钞》卷 2《大禹谟》。

④ 袁燮：《絜斋家塾书钞》卷 5《咸有一德》。

的积极作用。

四、陈亮、叶适与事功学派

（一）事功学派概述

南宋学术在复杂的政治形势下，经过学者之间不断的论争与融合，逐渐形成了新的区域学术格局，出现了影响深远的三大思想流派：福建的理学、江西的心学和浙东的事功学。其中浙东是指浙江钱塘江以东地区，在这个区域内，伴随着工商业经济的蓬勃发展，士人的价值观逐渐开始从义理之学转向日用之学，而注重对实际问题的思考与解决，事实上已经成为整个浙东士人学术精神的重要体现。学界一般将浙东事功学分为三支：以吕祖谦为代表的金华学派，以陈亮为代表的永康学派，以及以叶适为代表的永嘉学派。

吕祖谦认为："百工治器，必贵于有用，而不可用工费为也。学而无所用，学将何为也？"[1] 又说："今人为学，多尚虚文，不予着实处下工夫。到临事之际，种种不晓。学者须当为有用之学。"[2] 可见，吕祖谦主张明理躬行，学以致用。谢山《同谷三先生书院记》云："宋乾、淳以后，学派分而为三：朱学也，吕学也，陆学也。三家同时，皆不甚合。朱学以格物致知，陆学以明心，吕学则兼取其长，而复以中原文献之统润色之。门庭径路虽别，要其归宿于圣人，则一也。"[3]

永康学派前无所承，在孝宗年间异军突起，专言事功，因陈亮祖籍婺州永康，故称"永康学派"，又因陈亮被尊称为龙川先生，故亦称龙川学派。清人黄百家解释说："永嘉之学，薛、郑俱出自程子。是时陈同甫亮又崛兴于永康，无所承接。然其为学，俱以读书经济为事，嗤黜空疏、随人牙后谈性命者，以为灰埃。亦遂为世所忌，以为此近于功利，俱目之为浙学。"[4] 陈亮的门人主要有喻民献、喻南强、吴深等。

永嘉学派的早期代表人物有薛季宣（《宋元学案》为其立"艮斋学案"）、陈傅亮（《宋元学案》为其立"止斋学案"）等，叶适，世称水心先生，浙江永嘉（今浙江温州）人，其学术被称为"永嘉学派"或"水心学派"。此派与温州地区的经济发展密切相连，认为雇佣关系和私有制是合理的，并

① 吕祖谦：《吕东莱先生遗集》卷20《杂说》，文渊阁四库全书本。
② 吕祖谦：《吕祖谦全集》第7册《左氏传说》，杭州：浙江古籍出版社，2008年，第68页。
③ 黄宗羲原著：《宋元学案》卷51《东莱学案》，北京：中华书局，1986年，第1653页。
④ 黄宗羲原著：《宋元学案》卷56《龙川学案》，北京：中华书局，1986年，第1832页。

具有浓厚的重商情结。故清人全祖望评论说："水心较止斋又稍晚出，其学始同而终异。永嘉功利之说，至水心始一洗之。然水心天资高，放言砭古人多过情，其自曾子、子思而下皆不免，不仅如象山之诋伊川也。要亦有卓然不经人道者，未可以方隅之见弃之。乾、淳诸老既没．学术之会总为朱、陆二派，而水心斳斳其间，遂称鼎足。"① 那么，全氏对永嘉学派的这个定位是否准确？学界的理解并不完全一致。既然全氏称叶适对南宋的功利学说"始一洗之"，则叶适一定有他不同于其他功利学者的独特之处。钱穆分析说："陈亮反对朱熹的，在朱熹的新传统里抹去了汉唐诸儒，叶适则反对朱熹新传统里所定孔曾思孟四子之书之不合。陈亮还是在争态度，叶适始是争思想。陈亮所根据的还是功利立场，叶适却直从正统宋学的义理立场来争辩。"② 可谓一言中的，指出了陈亮与叶适思想之差异。

下面，我们主要讲述陈亮和叶适的事功思想。

（二）陈亮、叶适的学术成就

1. 陈亮的学术成就

1）强调宇宙万物的本原是物

陈亮说："夫盈宇宙者，无非物；日用之间，无非事。"③ 这实际上是对"道"与"物"关系的一种回答。很明显，陈亮没有给"道"留地盘，即"道"只能在物中，不能脱离物而独立存在。所以陈亮说："夫道之在天下，何物非道。千涂万辙，因事作则。"④ 此处的"则"是指事物存在和发展的规律与法则，是宇宙万物运动变化的客观依据。由此，陈亮就与朱熹的理学和陆九渊的心学区别开来，例如，陈亮指出："夫道非出于行气之表，而常行于事物之间者也。……夫喜怒哀乐爱恶，所以受形于天地而被色而生者也，六者得其正则为道，失其正则为欲。"又说："夫道岂有他物哉，喜怒哀乐爱恶得其正而已。行道岂有他事哉！审喜怒哀乐爱恶之端而已。"⑤ 在理学家那里，天理（或义）与人欲（或利）是一种呈对立状态的存在形式，陈亮则看到了二者的统一性，主张"义利一元论"。他说：

> 自孟、荀论义利王霸，汉、唐诸儒未能深明其说。本朝伊洛诸公，辨析天理人欲，而王霸义利之说于是大明。然谓三代以道治天下，汉

① 黄宗羲原著：《宋元学案》卷 54《水心学案上》，北京：中华书局，1986 年，第 1738 页。
② 钱穆：《宋明理学概述》，台北：台湾学生书局，1984 年，第 215 页。
③ 陈亮著，邓广铭校注：《陈亮集》卷 10《经书发题》，北京：中华书局，1974 年，第 100 页。
④ 陈亮著，邓广铭校注：《陈亮集》卷 19《书·与应仲实》，北京：中华书局，1974 年，第 260 页。
⑤ 陈亮著，邓广铭校注：《陈亮集》卷 9《论·勉强行道大有功》，北京：中华书局，1974 年，第 97~98 页。

唐以智力把持天下，其说固已不能使人心服；而近世诸儒，遂谓三代专以天理行，汉唐专以人欲行，其间有与天理暗合者，是以亦能长久。信斯言也，千五百年之间，天地亦是架漏过时，而人心亦是牵补度日，万物何以阜蕃，而道何以常存乎？故亮以为汉、唐之君本领非不洪大开廓，故能以其国与天地并立，而人物赖以生息。惟其时有转移，故其闲不无渗漏。曹孟德本领一有跷欹，便把天地不定，成败相寻，更无着手处。此却是专以人欲行，而其间或能有成者，有分毫天理行乎其闲也。诸儒之论，为曹孟德以下诸人设可也，以断汉、唐，岂不冤哉！高祖、太宗岂能心服于冥冥乎！天地鬼神亦不肯受此架漏。谓之杂霸者，其道固本于王也。诸儒自处者曰义曰王，汉、唐做得成者曰利曰霸。一头自如此说，一头自如彼做；说得虽甚好，做得亦不恶，如此却是义利双行，王霸并用。如亮之说，却是直上直下，只有一个头颅做得成耳。①

这段话虽然较长，但中心思想却很简明。陈亮想要表达的核心观点就是：朱熹将"义"与"利"一分为二，而陈亮则把"义"与"利"合二为一，强调"直上直下，只有一个头颅做得成"，即"义"与"利"及"王"和"霸"同出于一个源头，是一元论，而不是两个源头。② 可见，陈亮的义利观比较彻底地贯穿了他的唯物主义"一元论"。

2）主张"昭昭而察知"的物质可知论

人的认识何以发生？从有形到无形，还是从无形到有形，陈亮与理学家之间存在着比较严重的分歧。陈亮反对空疏的理论说教，他批评当时的学风说："世之学者玩心于无形之表，以为卓然而有见。事物虽众，此其得之浅者，不过如枯木死灰而止耳。得之深者，纵横妙用，肆而不约，安知所谓'文理密察'之道？泛乎中流，无所底止，犹自谓其有德，岂不可哀也哉！"③ 又说："自道德性命之说一兴，而寻常烂熟无所能解之人，自托于其间，以端悫静深为体，以徐行缓语为用，务为不可穷测，以盖其所无；一艺一能，皆以为不足自通于圣人之道也。于是天下之士，始丧其所有，而不知适从矣。为士者耻言文章行义，而曰'尽心知性'，居官者耻言政事书判，而曰'学道爱人'。相蒙相欺，以尽废天下之'实'，则亦终于百事不理而已。"④ 在这里，陈亮所说的"实学"是指人的意识作用于有形之物

---

① 黄宗羲原著：《宋元学案》卷56《龙川学案》，北京：中华书局，1986年，第1832—1833页。
② 杨渭生等著：《两宋文化史研究》，杭州：杭州大学出版社，1998年，第578页。
③ 陈亮著，邓广铭校注：《陈亮集》卷19《书·与应仲实》，北京：中华书局，1974年，第259—260页。
④ 陈亮著，邓广铭校注：《陈亮集》卷15《序·送吴允成运干序》，北京：中华书局，1974年，第179页。

所产生的功效，他说："譬之金银铜铁，炼有多少，则器有精粗，岂其本质之外，换出一般，以为绝世之美器哉。"① 文中的"炼"是讲人的能动性和创造性，而美器即体现了人的创造价值。当然，人的创造性不是先天就有的能力，它需要后天的反复锤炼。然而，朱熹在解释孟子的"良知良能"思想时，引二程的话说："良知良能，皆无所由，乃出于天，不系于人。"② 这样，"良能"就变成了一种人生来就具有的能力，它不需要学习来获得。如"浩然之气"，朱熹引程颐的话说："天人一也，更不分别。浩然之气，乃吾气也。养而无害，则塞乎天地。"③ 对此，陈亮在批评理学家在"浩然之气"问题上的神秘主义思想倾向时说："故浩然之气，百炼之血气也。使世人争骛高远以求之，东扶西倒而卒不著实而适用，则诸儒之所以引之者亦过矣。"④ 也就是说，像"浩然之气"这样的"良能"不是与生俱来的，它需要后天的锻炼和培养。在陈亮看来，人认识和利用自然的能力是无限的。他说："夫心之用有不尽，而无常泯，法之文有不备，而无常废。人之所以与天地并立而为三者，非天地常独运，而人为有息也。人不立则天地不能以独运，舍天地则无以为道矣。"⑤ 又说："天下之大物也，须是自家力气可以干得动，挟得转，则天下之智力非吾之智力。形同趋而势同利，虽异类可使不约而从也。若只欲安坐而感动之，向来诸君子固已失之偏矣。"⑥ 从行动或事功的角度，主张人们应当大胆作为，充分发挥每个创造主体的自觉能动性，应是陈亮学术中最闪亮的思想光辉。

2. 叶适的学术成就

1）道的存在依赖于物的思想

道与物的关系是宋代理学和功利学派论争的焦点之一，同陈亮的立场一致，叶适积极主张："物之所在，道则在焉，物有止，道无止也，非知道者不能谈物，非知物者不能至道，道器广大，理备事足，而终归之于物。"⑦ 尽管在这里，叶适对物质的理解尚局限于"有限性"的层面，但是他否定了道可以离开物而独立存在的先验论，肯定了物对于道的"本原性"，此即"道器广大，理备事足，而终归之于物"所内含的本体意义。叶适又

---

① 黄宗羲原著：《宋元学案》卷 56《龙川学案》，北京：中华书局，1986 年，第 1836 页。
② 朱熹：《四书章句集注·〈孟子·尽心上〉》，北京：中华书局，1983 年，第 353 页。
③ 黎靖德编：《朱子语类》卷 52《孟子二·公孙丑上之上》，北京：中华书局，1986 年，第 1254 页。
④ 黄宗羲原著：《宋元学案》卷 56《龙川学案》，北京：中华书局，1986 年，第 1836 页。
⑤ 陈亮著，邓广铭校注：《陈亮集》卷 20《书·又乙巳春书之一》，北京：中华书局，1974 年，第 285 页。
⑥ 陈亮著，邓广铭校注：《陈亮集》卷 20《书·壬寅答朱元晦秘书》，北京：中华书局，1974 年，第 273—274 页。
⑦ 叶适：《习学记言序目》卷 47《皇朝文鉴一·诗》，文渊阁四库全书本。

说:"夫形于天地之间者,物也;皆一而有不同者,物之情也;因其不同而听之,不失其所以一者,物之理也;坚凝纷错,逃遁谲伏,无不释然而解,油然而遇者,由其理之不可乱也。"① 宇宙万物既有统一性,同时又各自呈现出千差万别的特点,这是一个很重要的思想。在此基础上,叶适认为事物的存在具有相互对立的两个方面,他说:"凡物之形,阴、阳、刚、柔,逆、顺,向、背,奇、偶,离、合,经、纬,纪、纲,皆两也。夫岂惟此,凡天下之可言者,皆两也,非一也。一物非不然,而况万物;万物皆然,而况其相禅之无穷者乎!"② 关于事物个性与共性的关系问题,叶适指出:

> 极之于天下,无不有也。耳目聪明,血气和平,饮食嗜好,能壮能老,一身之极也;孝慈友悌,不相疾怨,养老守孤,不饥不寒,一家之极也;刑罚衰止,盗贼不作,时和岁丰,财用不匮,一国之极也;越不瘠秦,夷不谋夏,兵革寝伏,大教不爽,天下之极也;此其大凡也。至于士农工贾,族姓殊异,亦各自以为极而不能相通,其间爱恶相攻,偏党相害,而失其所以为极;是故圣人作焉,执大道以冒之,使之有以为异而无以害异,是之谓皇极。天地之内,六合之外,何不在焉?立于不测,传于无穷,并包洪濛,执知其终!夫非为其有此极耶?
>
> 夫极非有物,而所以建是极者则有物也。君子必将即其所以建者而言之,自有适无,而后"皇极"乃可得而论也。
>
> 室人之为室也,栋宇儿筵,旁障周设,然后以庙以寝,以库以厩,而游居寝饭于其下,泰然无外事之忧;车人之为车也,轮盖舆轸,辐毂轫辕,然后以载以驾,以式以顾,而南首梁、楚,北历燕、晋,肆焉无重研之劳。夫其所以为是车与室也,无不备也。有一不备,是不极也,不极则不居矣。③

这一大段话,反复为各种研究叶适思想的论著所引用,足见它的重要性。不过,由于学者解读此文献的角度不同,因而在理解上产生歧异属正常现象。这里,有两个问题需要解释:第一,"皇极"的内涵如何理解。从上文的引述来看,既然叶适讲"各自以为极而不能相通",那么,这个"皇极"所指就是事物存在的个性,即一物与他物相区别的特殊性质。物质世界非常复杂,在这个复杂的存在系统中,各种事物之间既相互联系又相互区别,因此,物质世界便呈现出五彩缤纷的景象。基于此,叶适提出了皇

---

① 叶适:《叶适集》,北京:中华书局,1983年,第699页。
② 叶适:《叶适集》,北京:中华书局,1983年,第732页。
③ 叶适:《叶适集》,北京:中华书局,1983年,第728—729页。

极"使之有以为异而无以害异"的观点，皇极的本质是融合各种不同的事物存在于自身，统一不是纯粹的"一"，而是有差别的统一，矛盾即差别。第二，"有"与"无"的关系。道教崇尚虚无，而否定"有"，然而，在叶适看来，"无"不能生无，"无"是对"有"的一种抽象，或者说是"有"的共性和一般。

正如有学者分析的那样："事物和极的关系是'自有适无'，即从具体到抽象，有了事物才会有事物的极。这样就批判了朱熹等人的'无极而太极'，是'以无适无'，即从抽象到抽象的极。而从抽象到抽象的极是根本不存在的。"①

除了认识论的层面外，就具体事物来说，也存在"从有到无"的关系。

首先，有与无是认识事物的两种存在状态。叶适说："夫见其有而因谓之有，见其无而因谓之无者，此常人之识尔。所贵于智者，推其有无之所自来，不反手而可以除其患。且今之所谓钱乏者，岂诚乏耶？上无以为用耶？下无以为市耶？"② 同样是"有"和"无"，一般的感性认识和理性认识得出的结论是不一样的。在此，叶适冷静地看待"天下以钱为患"问题，体现了他在这个问题上的功利立场，即结合具体事物而不是脱离实际和抽象地谈论有无问题。

其次，从有到无是事物发展的一种趋势和过程。对具体事物来说，"有"如何产生"无"呢？叶适认为："夫天、地、水、火、雷、风、山、泽，此八物者，一气之所役，阴阳之所分，其始为造，其卒为化，而圣人不知其所由来者也。"③ 这里的"造化"也可理解为"无"，即一事物向另一事物的转化。故"极非有物，而所以建是极者则有物也"，其中"极非有物"是指尚未呈现出自身存在本质的事物，而"建是极者"是指已经存在的客观事物，也就是说物质世界总是在不断的转化和生成之中，于是，从旧事物产生新事物的过程，即可称为"造化"。

2）以"取用"为衡量事物是否有存在意义的价值尺度

叶适说："天下之物，养之者必取之，养其山者必材，养其泽者必渔。其养之者备，则其取之者多；其养之者久，则其得之者精。夫其所以养之者，固其所以为取也。古者将欲取士而用之，则必先养之。"④ 在"养"与"用"的关系问题上，叶适深刻揭露了南宋科举制不能培养有用之士的严重弊端，他说："夫科举之患极矣。何者？昔日专用词赋，摘裂破碎，口耳之

---

① 蔡德贵，侯拱辰：《道统文化新编》，济南：山东大学出版社，2000 年，第 748 页。
② 叶适：《叶适集》，北京：中华书局，1983 年，第 660—661 页。
③ 叶适：《叶适集》，北京：中华书局，1983 年，第 696 页。
④ 叶适：《叶适集》，北京：中华书局，1983 年，第 676 页。

学而无得于心。此不足以知经耳，使其知之，则超然有异于众而可行，故昔日之患小。今天下之士，虽五尺童子无不自谓知经，传写诵习，坐论圣贤。其高者谈天人，语性命，以为尧、舜、周、孔之道，技尽于此，雕琢刻画，侮玩先王之法言，反甚于词赋。南方之薄者，工巧而先造；少北之朴士，屈意而原学。众说溃乱，茫然而莫得其要。人文乖缪，大义不明，无甚于此，而知者曾不察欤！噫！其过在于不养耳。"① 又说："不尽天下之虑而终失天下之大计，此最大事，不可不极论也。古之所谓忠臣贤士，竭力以行其所知，言欲少，行欲多，言之若粗，行之必酬，故人莫敢多言而精于力行。今世议论胜而用力寡，大则制策，小则科举，高出唐、虞，下陋秦、汉，傅合牵连，皆取则于华辞耳，非当时之要言也。虽有精微深博之论，务使天下之义理不可逾越，然亦空言也。"② 在叶适看来，南宋社会存在着"人才日衰"和"国用日乏"③的现实问题，此外，尚有"和买"之患，"折帛"之患，"茶盐"之患，"资格为用人之害"，"诠选"之害，"荐举"之害，"吏胥"之害，等等。因此，叶适根据当时的社会实际，提出了许多属于实践层面的具体建议。例如，叶适说：

> 致今日之治无他道，上宽朝廷，下宽州县而已。竭朝廷之力使不得宽者，四驻扎之兵也；竭州县之力使不得宽者，厢、禁军、弓手、土兵也。然则何以治四驻扎之兵而宽朝廷？今既减轻总制，罢和买、折帛、蜀之折估、青草，而内出二年之费以供馈四总领矣。宜任四人者，由郡守摄都统制，召旧帅使归宿卫，钩考其隐冒、乾没、请给不尽及军人之罪，声而治之。然后使四人者一听其所为，而吾无问焉。所问者，吾欲精其军，使各不过三四万；吾欲用士之锐，而不并富其家小。夫厉士而养之，将用于死地以求胜也，乃为之立家，是兵为民也。④

这是很具体和很实在的建议，没有半点虚言。又如，在和战问题上，叶适认为："今世或有以为兵端可畏，易开难合，厚赂请和，可以持久，此偷安姑息之论也。兵何尝一日而不可用也，顾其用如何耳！"⑤ 于是，从"致用"的视角认识南宋的社会、经济、政治、文化、军事、外交等客观形势，既不盲目乐观，又不消极观望，而是积极应对，以"时用"为进取之动力便形成了"经制事功"的学术特色。

---

① 叶适：《叶适集》，北京：中华书局，1983 年，第 677 页。
② 叶适：《叶适集》，北京：中华书局，1983 年，第 759 页。
③ 叶适：《叶适集》，北京：中华书局，1983 年，第 777—778 页。
④ 叶适：《叶适集》，北京：中华书局，1983 年，第 820 页。
⑤ 叶适：《叶适集》，北京：中华书局，1983 年，第 683 页。

（三）事功学派的主要传承

1. 永康学派的主要传承

永康学派的主要传人，如图 6-6 所示。

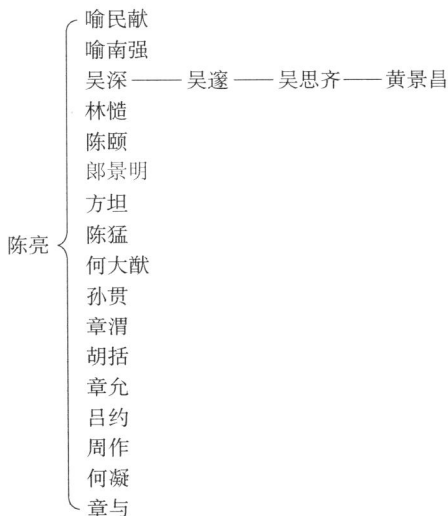

图 6-6 永康学派的主要传承示意图

喻南强，字伯强，号梅隐先生，南宋婺州义乌（今浙江）人。自幼负奇气，从陈亮学，颇得陈氏学说之精粹。陈亮曾说："喻伯强文墨翰议，凛然可畏也。"[1] 喻氏为学，崇尚实践，史称："南强读书不为口耳学，必欲见之实践。每至名义可喜事，击节慷慨，谓庶契可致。"[2] 秉性耿直，仗义任侠，他不仅敢为陈亮鸣冤，而且"秉烛为作书数通。南强又持走越，袖见诸台官，诵言无忌，卒直亮之冤"[3]。他"为文善驰骋，下笔辄数千言，不绳削而自合"[4]。可惜，其文今已不存。

孙贯，字冲季，永康人，从陈亮学，从事于王霸之学甚锐，惜年二十三卒。[5]

2. 永嘉学派的主要传承

永嘉学派的主要传人，如图 6-7 所示。

陈耆卿（1180—1236 年），字寿老，台州临海人，宁宗嘉定七年（1214

---

[1] 罗月霞主编：《宋濂全集·宋学士先生文集辑补》，杭州：浙江古籍出版社，1999 年，第 2041 页。
[2] 罗月霞主编：《宋濂全集·宋学士先生文集辑补》，杭州：浙江古籍出版社，1999 年，第 2042 页。
[3] 罗月霞主编：《宋濂全集·宋学士先生文集辑补》，杭州：浙江古籍出版社，1999 年，第 2042 页。
[4] 罗月霞主编：《宋濂全集·宋学士先生文集辑补》，杭州：浙江古籍出版社，1999 年，第 2042 页。
[5] 黄宗羲原著：《宋元学案》卷 56《龙川学案》，北京：中华书局，1986 年，第 1852 页。

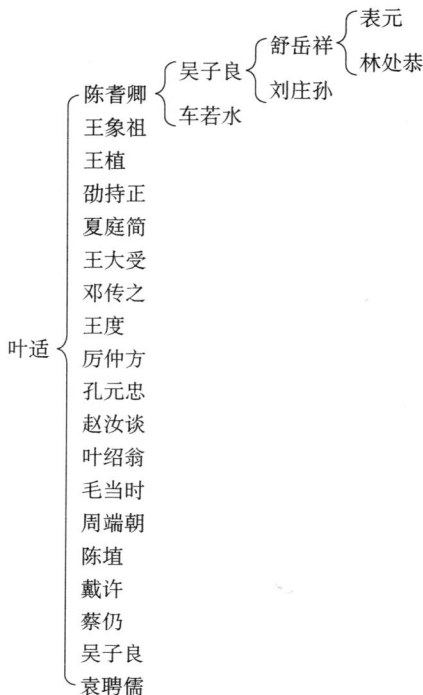

图 6-7　永嘉学派的主要传承示意图

年）登进士第，官至国子司业。叶适称赞他是"十年所未见"的难得之才，诗品天赋，秉性豪迈，其文"驰骤群言，特立新意，险不流怪，巧不入浮"①。今有《嘉定赤城志》40 卷传世，另清四库馆臣自《永乐大典》中辑出《筼窗集》10 卷。

叶绍翁，字嗣宗，号靖逸，福建路建宁府浦城县人，后徙居处州龙泉（今属浙江龙尔县），生卒年不详。曾居朝为官，后隐居西湖之滨，与真德秀、葛天民等南宋名流交往较多，其学以朱熹为宗，著作有《四朝闻见录》及《靖逸小集》，其"春色满园关不住，一枝红杏出墙来"已成千古传诵名句，意境幽远，美不胜收。

思考题：

1. 从理学思想的范畴看朱熹学术的历史地位。

2. 陆九渊心学思想体系的特点及其学术价值。

3. 简述南宋功利学派的主要代表人物及其学术成就。

---

① 叶适：《题陈寿老文集后》，陶秋英编选：《宋金元文论选》，北京：人民文学出版社，1984 年，第 352 页。